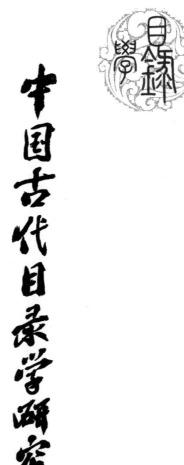

中国古代目录学研究

傅荣贤⊙著

知识产权出版社
全国百佳图书出版单位

图书在版编目（CIP）数据

中国古代目录学研究 / 傅荣贤著. — 北京：知识产权出版社，2017.5
ISBN 978-7-5130-4883-5

Ⅰ.①中… Ⅱ.①傅… Ⅲ.①目录学 - 研究 - 中国 - 古代 Ⅳ.①G257

中国版本图书馆 CIP 数据核字（2017）第 099616 号

内容提要

　　史学范式疏淡于理论提炼，学科范式则赋予西方"他者"标准，两者都不能揭示中国古代目录学的本质。本书旨在回归中国传统文化语境，从古代目录形式和内容的总和出发，勾勒具有普遍解释力的理论框架。作者认为，古代目录以文献单元的标引（著录、提要）和文献单元关系的揭示（分类、序言）为形式，通过主体介入的导向性话语，确认客体文献的价值论存在，文献背后的文化亦不再具有理智唯一性。由此建构的书目是一个兼具检索技术、学术考辨和"申明大道"之精神信仰的统一体系，并构成了与传统文明之间彼此型塑、互为因果的动态关系。本书可供古典文献学、图书馆学等涉及目录学专业的师生阅读，亦面向广义文史领域的读者。

　　　　责任编辑：许　波　　　　　　　　　　责任出版：刘译文

中国古代目录学研究

傅荣贤　著

出版发行：知识产权出版社 有限责任公司		网　　址：http://www.ipph.cn		
		http://www.laichushu.com		
电　　话：010 - 82004826				
社　　址：北京市海淀区西外太平庄55号		邮　　编：100081		
责编电话：010 - 82000860转8380		责编邮箱：xbsun@163.com		
发行电话：010 - 82000860转8101 / 8029		发行传真：010 - 82000893 / 82003279		
印　　刷：北京嘉恒彩色印刷有限责任公司		经　　销：各大网上书店、新华书店及相关专业书店		
开　　本：720mm×1000mm　1/16		印　　张：21.5		
版　　次：2017年5月第1版		印　　次：2017年5月第1次印刷		
字　　数：328千字		定　　价：66.00元		

ISBN 978 - 7-5130-4883-5

目　录

第一章 绪论

中国古代目录学研究,旨在从理论高度将中国古代的书目实践和学术思考纳入到一个具有内在逻辑统一性的理论框架之中。

一、中国古代目录学的研究意义

(一)为中国古代目录学的理论与实践建构分析框架

中国古代目录学渊源久远,成果丰富,形成了颇具民族特色的理论、方法和原则。然而,迄今为止的中国古代目录学研究主要是以传统的史学范式和西方的学科范式为圭臬的。

史学范式重视在史实层面上对古代精英目录学家和经典书目的历时性梳理,历史上的目录学知识和问题本身构成了研究的主要对象和最终目的,相对缺乏对史实背后目录学思想和精神旨趣的理论提炼。由此形成的成果严格来说只是年鉴编撰或史料梳理,不能对目录学本身提供终极性的解释原则,没有达到"由博返约"的"研究"要求。

学科范式则自觉接受域外话语的框限,虽不乏概念体系、逻辑推导以及理论框架的建构,但却以"精于求同""疏于别异"为信念,用额外赋予的西方近现代学科化的理论标准解读传统,从而形成貌似深刻、实则远离中国古代目录学建构原义的理论认知。总体上,书目的出现,标志着人类对文献的认识和文化的把握进入了反思的层次,因而是文化现象与意义体系,而不是形式化的工具系统。形式化接受逻辑的规范,只有共性没有个性。而文化现象虽然也有共性,但更多地体现为时代的、区域的以及民族的个性特点,对其做孤立研究以满足于找到一些静止的格式或规律的学术操作,并不能洞悉其本质。

有鉴于此,本书既努力突破重视史料挖掘与史实剪裁的史学范式,也拟突破西方话语霸权,回归中国传统文化语境,从古代目录学事实中抽象、概括其普遍规律,从而最终构建一个符合中国古代目录学自身特点的、因而也具有充分解释力的学理体系。

(二)为认识和分析传统文化提供观察视角

从学术分科的角度来看,人类对学术文化的反思主要是由文化哲学、学术史等学科担纲的。然而,目录通过著录一批文献并对文献进行分类和概括,实现了对文化的区分与整合,从而也完成了对文化的反思。与文化哲学和学术史相比,基于书目的文化反思颇具特色,且不乏优势[1]。

一方面,目录的表层文献序列为我们提供了一份传统典籍的清单,清单的范围指陈了主流文化的边界,文化世界首先对应于书目的世界。在这一意义上,书目构成了文化环境,对古代目录学的准确解读遂成为认识传统文化的一个必要条件。

另一方面,目录在构建文献序列的同时,还规划文化秩序,回应着文化失序的挑战。例如,据《汉书·艺文志》(以下简称《汉志》),刘向(约前77—前6)、刘歆(前50—23)父子不仅因"书缺简脱"和"以书颇散亡"而整理和保存文献的物理文本,从而维持知识载体的保存与积累,还要回应"昔仲尼没而微言绝,七十子丧而大义乖。故《春秋》分为五,《诗》分为四,《易》有数家之传。战国从衡,真伪分争,诸子之言纷然殽乱。至秦患之,乃燔灭文章,以愚黔首"的文化现状。他们在文本整理中将主流文化统一于《七略》体系,并在揭示千差万别的文化共性的基础上,重建文化秩序,从而摆脱无序,走出混沌。所以,清人龚自珍(1792—1841)《定庵文集·六经正名》曰:"微夫刘子政氏(按:刘向字子政)之目录,吾其如长夜乎?"章太炎(1869—1936)则指出:"仲尼,良史也。辅以丘明而次《春秋》,料比百家,若旋机玉斗矣。谈、迁嗣之,后有《七

---

[1] 傅荣贤.试论《七略》的文化哲学本质[J].图书馆理论与实践,2009(3).

略》。孔子殁,名实足以抗者,汉之刘歆。"❶认为刘歆《七略》的历史功绩堪与孔子《春秋》相颉颃。

因此,中国古代目录学始终致力于超越目录学"学科"的本能视域,在哲学高度分析文化的现实,开出重建理想型文化的有效处方。目录学家作为文化哲学主体,也将对目录规则的分析转换成了对文化普遍性问题的探讨。他们在条理文献的基础上条理文化,从而最终确立文化价值的应然取向。所以,古代目录学固然是传统文化规约下的产物,但也以书目自身的结构与形态表达文化主张,直接参与对民族文化精神与思维模式的建构,文化问题甚至可以直接归结为书目问题。例如,书目对数学文献的条理,反映了对数学世界的认知与塑造,藉此可以了解数学发展的细节乃至数学世界背后的价值观。并且,书目结构奠基于民族文化精神的共同信念之上,由此形成了可供个体成员衡量与认知文化的观念体系和结构框架。对古代目录学原创性的深度剖析,就是对中华民族的文化命脉和精神内核的剖析,堪称词约而旨远、言有尽而意无穷。相应地,立足于目录差异,也将"产生高度概括性的文化对比成果,反证跨文化研究的一些结论"❷。比如,比较中西目录学的异同,可以揭示中西方不同的思维特征乃至天道观的不同取向。由此,目录也成为观察世界、解释经验的特殊手段,甚至不同民族的认知方式与行为方式在各自的目录学中都可以得到很好的解释与说明。

(三)为正确认识知识组织的本质提供思路

时至今日,包括图书分类、书目、知识地图、元数据等在内的所有现代知识组织模式,本质上都是根据西方的科学信念而建构的。它们基本都是运用自然科学的思维,把需要组织的对象——文献(知识、信息)——视为客观化、逻辑化的存在,组织者则以独立于对象的姿态,理性地建构客观化、形式化的文献体系。这一基本操作默认:文献不管多么复杂,都可以在逻辑格局中找到差不多唯一的类别,而逻辑的周延性则是由文献的外部形态特征(如书名

---

❶ 章太炎.章太炎全集(三)[M].上海:上海人民出版社,1982:424-425.
❷ 傅荣贤.中西目录学比较研究刍议[J].四川图书馆学报,2009(1).

或著者姓氏的笔画顺序)或客观化的内涵本质(如学科属性)保证的,由此形成了一套精致的体系模型,并直接指向检索效率的最大化目标。然而,文献作为人类的精神产品,不仅是物理存在,也是一种审美、意志、信念和伦理存在,单纯以"可观察"的外在特征和机械化的学科逻辑为视角,并不能洞悉文献的精神本质。

相比而言,中国古人并不把文献定位在学科化的知识论层次之上,知识也不是打量文献的唯一角度。读者如何突破知识论的表象而触及文献的精神与意义,才是先贤思考的重点。因此,书目不仅是文献的客观知识序列,更是一种精神结构与心气系统。它对现代知识组织有着深刻的启迪,并能够提供范型转化的认知基础。

首先,世界上并不存在一劳永逸的知识组织模式。

知识组织模式和民族特征以及文化观念是密不可分的。任何一种模式,都只是特定时空条件下产生的文献揭示原则和整序类型,都不可避免地带有局限性,表现出各自"片面的深刻"或"深刻的片面"。例如,1879年杜威(Melvil Dawey,1851—1931)《杜威十进分类法》(*Dewey Decimal Classification*,DDC)以及自1917年沈祖荣(1883—1977)、胡庆生(? —1968)《仿杜威书目十类法》以来包括《中图法》(《中国图书馆图书分类法》)在内的书目分类,都只是19世纪西方科学思维主导下的临时性方案。因此,整序不同类型的文献(从而反思不同类型的文化)不会有"放之四海而皆准"的普遍模式,这正像一度被视为"古今不易之法"❶的《四库全书总目提要》(以下简称《四库总目》),也没有逃逸被颠覆的宿命一样。然而,在当今令人眼花缭乱的各种现代化的知识组织模式中,不断进步的只是各种"技术",作为"精神货币"(马克思语)的理性逻辑精神则得到了一以贯之的秉承。总体上,当前包括目录学在内的知识组织,已经习惯于用西方的主客二分理念来分析问题,学科化和逻辑化成为知识组织中唯一性的独白话语。但是,学科、专业、主题都可以成为知识组织的依据;语法、语用和语义则都有可能成为知识组织的有效视角。而中国古代目录学正是一种基于语用和语义规律的知识组织模式,它在二千年历

---

❶ 陈祖武,朱彤窗.乾嘉学术编年[M].石家庄:河北人民出版社,2005:225.

史上的行之有效,事实上宣告了西方语法化和学科化的组织方式并不具有必定和当然的合法性,知识组织的方式或模型完全可以有其他类型的设计方案。

其次,为独步中西的西方现代知识组织模式提供借鉴。

西方式的文献信息客观化以及由此而来的人与文献信息的主客对立,直接导致了知识组织的"科学"认知。而中国式的文献信息的人文化取向以及由此而来的文献信息与人的交互主体关系,则直接导致了书目建构的伦理方向,其实质是从人与文献信息的对待关系(而不是对立关系)出发,建立兼具道德实践合理性与审美实践合理性的体系。应该说,无论是中国古代还是西方现代,都没有臻致人类知识组织的最高和最终成就。相反,这种最高和最终成就的获得,只能建立在中西方不同体系的互补与融通的基础之上。

总体上,对"文献是什么"的基本判断是中西目录学共同的逻辑前提。但中国古人把文献视为价值论存在,因而强调"知人论世",重视对文献主体(作者)及其所处社会语境的研究。相应地,目录学家也积极介入客体文献,参与对文献价值的评价和表达,由此形成了语义和语用层次上的目录体系。

西方视文献为知识论存在,因而重视文献中的学科化知识。所以,"作者已死"。"作者已死"是罗兰·巴特(Roland Barthes,1915—1980)提出的命题,旨在强调读者的文献阅读往往忽略或超越了作者的文本建构原意,重新阐释并赋予了文献所没有的意义。我们借用这一概念,但所指内涵则与罗兰·巴特迥异。由于现代文献记录的"知识"是客观的,它的内容只能作对或错的二元判分:不反映对象客观性的知识将会被视为错误而无法通过同行评审正式出版或发表,正确的知识又因持守对象的客观性和确定性而把主体人置于客观对象之规律的"发现者"的地位。这样,作者只是知识的发现者和表述者而不是建构者,所以无须"知人"。进一步,客观知识与价值无涉,成为"放之四海而皆准的"的超越时空和社会历史语境的存在,因而也是语境缺失的,故亦无须"论世"。就像勾股定理,只要满足"三角形中有一个角为直角",就构成了等式 $a^2+b^2=c^2$。它跟这个三角形是张三还是李四的,先秦时期还是五四运动时期的,抑或美国华尔街还是叙利亚贫民窟的等等所有主体、时空、社会历史情境都没有任何关系❶。相应地,西方知识组织持守主客二分的原则,以观察者的身份对文献进行客观描述和逻辑揭示,由此形成了语法化的西式操作,并赢得了令人向往的文献检索效率。但西方式的现代知识组织不仅不能揭示文献信息的全部本质,也因无视文献行为中的主体因素而问题重重。近年来对人工语言与自然语言接口问题的持续性关注,即反映了语法化组织模式的固有局限。就此而言,面向语义和语用层面的中国古代目录学仍有时代价值,它的智慧源泉并未枯竭。

(四)指陈人类文化的可能走向

目录既是文献检索的工具系统,也是人类理解文化的基本态度和方法,它是对文化体系的确认和文化特权的强制性分配。因此,目录学的差异,既源自文化的差异,也强化或放大了这种差异。如果作为认识文化之途径的目录学只有西方独大的一种类型,那么人类看待文化的视野必将自蔽于片面化和主观化。相反,目录学类型的多样化,也意味着文化观念的多样化。

放眼世界,人类社会文化和历史进程是无限丰富和多样的,不同民族面临着不同的生态环境,必然导致不同的经验和智慧类型。因而,用于记录、反映各种经验和智慧的文献也必然千差万别。一元化和单向度的文化,诚然有利于政治上的整合,但也消解了多元化选择的各种可能。因此,文化的多元性是人类宝贵的精神财富,也是人类文明继续发展的重要支点。然而,当今世界文化的主流是西方的,西方理性主义的目录学也取得了独步中西的地位。以物理主义模式建立起来的现代西方式的目录学所强调的价值无涉的神话,保持着一种看似公平、正直的形象,实质上强化了人类对文献的学科化认识。于是,主观、经验、感觉以及自由、价值、信念等精神内涵,都丧失了存在的依据,由此也导致了真理与德行、价值与事实、伦理与实际需要的二元分离。就此而言,现代目录学无论多么"有效",也只是达到了一个相对肤浅和狭隘的目标。

在当今全球化时代,民族意义上的文化觉醒导致了文化的多元化诉求,

---

❶ 傅荣贤.论古代提要和现代摘要的文献观[J].图书情报工作,2016(6).

如何处理全球化和本土化(也是世界性与民族性)的关系已经引起人们的普遍关注。中国无限丰富的传统文化包含着对人类具有根本性的精神价值,正如法国前总理拉法兰(Jean-Pierre Raffarin,1948—)指出:"20世纪思想的主流是对抗的思想。现在法国的很多学者都主张一种复杂性思维,他们认为在政治思想方面应当能够把反面的、对立的、冲突的东西纳入进来。这种思维归结起来,其实就是超越的思维,和谐的思维。而我认为,中国的古老文明为世界上和谐思想的发展做出了卓越的贡献。"❶而"中国的古老文明"的一些基本内容和特征就积淀在古代目录学中。古代目录学创造了一种自主的思想体系,也是对"文明"的表述、组织和认识方式。就此而言,复兴中国传统文化、颠覆世界文化的西方中心主义一元话语,不仅是文化课题,也是目录学研究无可回避的课题。

二、中国古代目录学的研究现状

如上所述,传统的史学范式和西方的学科范式是迄今有关中国古代目录学研究的两个主要取向,它们虽然都有一定的存在合理性,但都不能揭示中国古代目录学的本质。

(一)传统的史学范式

大致在"西学东渐"的近代之前,中国学者主要秉承史学范式,侧重目录学历史的梳理。时至今日,仍不乏学者竟其余绪,满足于对历代目录学史实的描述及其历时性变化过程的揭示。

1. 中国古代目录学长期以来一直从属于历史学

历史上,自东汉班固(32—92)作《艺文志》列为《汉书》中的一卷,即预设了目录学从属于历史学的宿命。近人江人度[生卒年不详,光绪十八年(1892)就读两湖书院]云:"艺文一志,列于《汉书》,后世遂以目录归史部。不知班氏

---

❶ 拉法兰.中国的利益就是世界的利益[N].参考消息,2005年11月16日.

断代为书,秦灭以后,所存篇籍,自宜统加收纂,以纪一代之宏观,而目录家岂可援以为例?"江氏又曰:"史氏可以编艺文,而目录不得登乙馆。"❶江人度认为,班固作《汉书》辟《艺文志》专篇以纪典藏,可称善举,但这和目录学在学科上的归属并没有必然联系。然而,中国古代恰恰持守着将目录学从属于史学的传统。

南朝萧梁时期的阮孝绪(479—536)首次将目录列入《七录》的著录范围。他在《七录·纪传录》中列"簿录"类,著录包括《七略》在内的各种"名簿"和"官目"计36种。这是我国"书目之书目"的最早见存,并成为《隋书·经籍志》(以下简称《隋志》)在史部设立"簿录"类的先响。《唐六典》卷10记录秘书省所藏图书,且衷为四类,"乙部为史",史部之下又分十三小类。其中,"十三曰《略录》,以纪史策条目",著录《七略》等三十部目录,计二百一十四卷。《旧唐书·经籍志》(以下简称《旧唐志》)易"簿录""略录"之名为"书目";《新唐书·艺文志》(以下简称《新唐志》)易名"目录",并归之"史部"。嗣后,中国古代的官私书目多以"目录"为类名,将目录类文献归属于"史部"大类之下,从而也预设了目录学的基本定位以及对于目录学的学科接受视角。所以,张尔田(1874—1945)在为孙德谦(1869—1935)《汉书艺文志举例》一书所作之《序》中指出:"目录之学何昉乎?昉乎史。"

宋代的郑樵(1104—1162)和清代的章学诚(1738—1801)等学者都自觉地致力于目录学的理论探讨,他们的《通志·校雠略》和《校雠通义》分别代表了各自时代有关中国古代目录学理论研究的最高成就。正如他们的书名所显示的那样,郑、章皆有意将目录学纳入"校雠学"的范畴。然而,校雠学本身也是从属于历史学的。郑樵《校雠略》是其纪传体通史《通志》的一部分;章学诚的《校雠通义》则与其史学名著《文史通义》互为表里,也是典型的史学著作。历史上,刘向、班固、刘知几(661—721)、郑樵、章学诚乃至陈垣(1880—1971)、余嘉锡(1884—1955)、刘咸炘(1896—1932)、王重民(1903—1975)、姚名达(1905—1942)、来新夏(1923—2014)等古今著名目录学家都首先是以史学成就名世的历史学家,他们的目录学理论和实践无不接受着历史学一般理

---

❶ 转引自:姚名达.中国目录学史[M].上海:上海书店,1984:141.

论、方法和原则的规范,包含着某种史学眼光的审慎。因此,他们的相关成果与其说是独立学科意义上的"目录学研究",毋宁说是循文史思路而展开的"目录学史研究"。其全部学术努力不是非历史地追问目录学应该是什么,而是历史地追问目录学曾经是什么和曾经变成了什么。理解目录学、回答目录学的意义和存在,就是"理解、把握和集成某种历史"❶。

2. 重视对目录学史的勾勒和书目史实的爬梳

当史学范式成为中国古代目录学研究的主流话语,目录学研究就被转换为和简化为对书目的历时性勾勒以及对历史上的一些重要目录学史实的爬梳。

阮孝绪是我国历史上首位对目录本身展开研究的学者。《七录·序》云:"凡自宋齐以来,王公缙绅之馆,苟能蓄聚坟籍,必思致其名簿,凡在所遇,若见若闻,校之官目,多所遗漏,遂总集众家,更为新录。"《七录·序》十分重视对历史上的目录学家及其"名簿"和"官目"的历时性勾勒,内容涉及我国目录工作的起源和发展,包括从孔子整理六经述及刘氏父子校书编目,班固"因《七略》之辞,为《汉书·艺文志》",直到四部书目的产生和演化。在此基础上,阮孝绪重点讨论了历代主要书目之间的传承关系并分析各书目的特点及其得失醇驳。因此,《七录·序》可视为我国现存第一部有关目录学史的研究篇什。例如,《七录·序》曰:"魏秘书郎郑默删定旧文,时之论者,谓(《中经》)为朱紫别。晋领秘书监荀勖因魏《中经》,更著《新簿》,虽分为十有余卷,而总以四部别之……著作佐郎李充始加删正,因荀勖旧《簿》四部之法而换其乙丙之书,没略众篇之名,总以甲乙为次。"

嗣后,《隋志·簿录序》等承绪其事,降及近现代的相关论著则日臻完善了目录学学科史的体例。迄今为止的中国古代目录学成果,也基本上都是以"目录学史"的面貌呈现的。以专著为例,姚名达《中国目录学史》(商务印书馆1937年初版)、许世瑛(1910—1972)《中国目录学史》(台北中华文化事业委员会1954年印行)、吕绍虞(1907—1979)《中国目录学史稿》(安徽教育出版社

---

❶ 肖鹰.后美学与审美现代性批判——评J.M.伯恩斯坦《艺术的命运》[J].国外社会科学,1997(4).

1984年版)等都冠以"史"字。这些"史"著皆致力于书目知识的挖掘和历史现象的还原,揭示目录学精神和重建目录学的现实意义并不构成其思考的重点。一些未冠"史"字的著作,如台湾文史哲出版社1986年出版的昌彼得(1921—2011)与潘美月合著以及该社1995年出版的胡楚生的专著皆名之为《中国目录学》,但两书也未能摆脱史学范式的约束。

受益于学术期刊的发达,近代以来发表了大量有关中国古代目录学的研究论文。这批论文一方面聚焦于个案的研究,内容涉及某书目的作者、编撰情况、类表结构以及书目提要的有无及其得失等等。另一方面,也重视两种或两种以上书目传承与流变关系的揭示与比较。例如,对六分体系演化为四分体系的分析,对《千顷堂书目》与《明史·艺文志》(以下简称《明志》)之间渊源关系的研究等等。但它们仍是以史学视野为首要原则,以文史考证为主要方法,其研究思路基本没有超越"目录学史"的学术规范。

史学范式对历代重要目录学家和主要书目的史实梳理及其发生、发展的历时性勾勒,为我们呈现了有关中国古代目录学的基本知识及其演进历程,并成为进一步建构古代目录学理论体系的基础。然而,史学范式的不足也是显而易见的。

首先,过分重视对历代精英目录学家和经典书目的研究。

诸如,刘向、班固、郑樵、章学诚等学者以及《汉志》《隋志》《四库总目》等书目一直是学界长期聚焦的对象。然而,中国古代书目的数量极其繁夥,据来新夏主编的《清代目录提要》可知,仅"清人所编目录"即达"三百八十余种"❶。而"英雄榜""花名册"式的罗列,难免挂一漏万,导致绝大多数目录学家及其书目都在"非经典"的名义下逸出了研究的视野。

其次,史学范式缺乏对目录形式框架背后的精神揭示和理论提炼。

史学范式以揭示历史现象的真实为研究取向,重视史实的梳理,无疑是一种值得肯定的求实学风。但它"能铺叙而不能别裁""能因袭而不能创作"❷,"再现历史现象的要求被毋庸置疑地凌驾于挖掘目录学精神的要求之

---

❶ 来新夏.清代目录提要[M].济南:齐鲁书社,1997:凡例.

❷ 梁启超.新史学[J].新民丛报,1902(1)//桑兵.近代中国学术思想.北京:中华书局,2008:10.

上"❶。由此形成的研究成果多局限于认知层面,事实陈述多于意义阐释。即使偶有一得之见,亦多成饾饤,淹没在无限资料的比排和罗列之中。甚至满足于在学科内部衍生大量无关紧要的命题,诸如四分体系的确立者是郑默(213—280)、荀勖(?—289)还是李充(349—362或365);《七略》到底有没有互著和别裁,等等。我们从中获得的只是有关经典书目的某些确切知识,诸如《四库总目》的编撰年代、实际编撰者、分类体系乃至有多少则凡例或案语,其基本内容是什么等。由此,中国古代目录学堕落成了一门自闭于学术文化之外的考证之学。

(二)西方的学科范式

在"西学东渐"的近现代语境下,中国古代目录学无可避免地被放置在了与西方科学主义的目录学的对比之中。我们知道,学科化是西方近现代学术的典型特征,科学(science)一词的语源本意即为"分科之学"或"分科治学"❷。学科范式的基本特点是在厘清研究对象的基础上,通过实证研究的方法,确立具有可操作性的真理标准。这种实证方法主要包括以笛卡尔(René Descartes,1596—1650)为代表的逻辑分析和数理论证,以及以培根(Francis Bacon,1561—1626)为代表的经验观察与实验验证。建立在学科化范式基础上的西方目录学,重视文献标引和文献组织的客观化,从而也赢得了远远凌越中国古代目录学的检索效率。因此,西方目录学也被视为中国古代目录学的最高参照范本,以西方"他者"为镜像反思古代目录学学理上的不足成为研究的主流。

必须承认,以西方学理为观照,不仅有助于加深对古代目录学的认识,从而避免中国古代目录学研究局限于"中国"和"古代"的时空维度自说自话,也有助于在中西对比的层次上,平实地展开并呈现中国古代目录学的个性特征。但中西对比主要是在"求伍于他人"的理念下进行的,这不仅误解了"对

---

❶ 傅荣贤.经典的颠覆和叙述方式的更新——中国目录学史研究新论[J].图书情报工作,2007(8).

❷ 傅荣贤.中国近代知识观念和知识结构的演进[M].北京:知识产权出版社,2016:113.

比"的本质,也导致中国古代目录学个性特征的渐泯。简言之,它是以曲解中国古代目录学的本质为代价的。

1. 厘清目录学的研究对象

在类似"书目又称目录,它是著录一批相关文献,按照一定次序编排组织而成的一种揭示和报导文献信息的工具"[1]的现代目录定义中,与文献著录、组织与揭示等无关的内容都被排除在了目录学"学科"之外。然而,中国古代目录学既有与"学科"意义上的现代目录学相同的内容,也有与后者相异的旨趣。

一方面,中国古代目录也致力于呈现文献秩序,以便实现检索文献的目标。例如,"歆于是总群书"所"奏"之《七略》以及"删其要,以备篇籍"的《汉志》都反映了一批文献的秩序,说明若干看似杂乱无章的文献其实是有内在联系的。相应地,书目提供的文献秩序也在一定程度上兑现了检索文献的要求。又如,管庭芬(1797—1880)《海昌艺文志》记海昌一地艺文,卷首列姓氏韵编,以备检索。

另一方面,由《七略》《汉志》肇端的中国古代目录学并没有将自身价值限定在作为文献秩序以及提供文献检索的层次之上,而是要进一步指陈学术秩序("辨章学术考镜源流")和人伦秩序("申明大道""大弘文教")。从《汉志·总序》可知,秦始皇"燔灭文章"是"以愚黔首"的重要举措,而战国以降的"书缺简脱"则意味着"礼坏乐崩",文献兴衰直接对应于政治沉浮,说明书目不仅是形式主义的分类著录体系,也具有政治文化层面上的内涵。大致而言,"陈农求遗书于天下"和刘向的部分校雠工作主要是从物理文本的角度恢复因"燔灭文章"和"书缺简脱"而导致的文本缺失。而刘向"条其篇目,撮其旨意"的校雠工作以及刘歆"总群书"的分类编目工作则主要致力于纠偏"以愚黔首"和"礼坏乐崩"的文化现状,并进一步对"昔仲尼没而微言绝,七十子丧而大义乖"的文化失序予以规范,从而回归仲尼及其七十弟子"微言大义"的文化法度。

总之,"依刘向故事"的中国古代目录学既有作为文献秩序的表层结构,

---

[1] 彭斐章.目录学教程[M].北京:高等教育出版社,2005:1.

也是暗含文化秩序的深层结构，本质上构成了古人认识文献、进而阐释文化的一套意义系统和价值体系。但在西方式的现代学科范式观照下，这些"非目录学"的内容或者遭遇到了"批判"或者被无情地"祛魅"了。例如，蒋伯潜（1892—1956）指出"严格言之，研究学术源流派别，是学术史底任务，不是校雠目录学底任务。分类编目者，固须对于学术史有深切的研究，洞悉历代学术源流，所分之类方能妥当；而且分类明确的目录，确是研究学术史绝好的史料。但不能把目录学和学术史混为一谈，把学术史底工作，全部强纳于校雠目录学底范围中。所以条别学术源流，至多只能说是分类编目底一种成绩或效果，不是校雠目录学底本身的工作。"❶蒋氏之论，以及20世纪80—90年代对"辨章学术考镜源流"的持续批判，本质上都是要以"学科化"为原则努力将"非目录学"的内容剔出目录学的领地。而对类似"申明大道""大弘文教"的责难更是扇焰扬波，声势甚壮。例如，杜定友（1898—1967）曰："盖《（四库全书）提要》作者本无分类标准可言。儒、杂之分，在乎其人，而不在乎其学。褒之贬之，本无所据，惟以孔门弟子尊之为儒，以遂其尊圣卫道之念而已，所谓非客观之也。"❷杜氏之论的本质是认为，非客观化的"尊圣卫道"并不符合"学科化"的目录学思想，因而需要"祛魅"。

然而，古代目录既要建立表层的文献秩序从而达到检索目的，又要建立深层的文化结构从而规范文化和建构社会秩序。它突破了有限的外在结构，表达着无限的思想文化洞见，具有极其深刻的本体论意识。西方学科化的"领地意识"以及由此而来的实证精神对这些更为本质的内容采取了一瞑不视的态度，从而也误读了古代目录学的本质。

2. 追求客观化和逻辑化的研究方法

西方近现代"科学"强调主客二分，作为主体的研究者独立于作为客体的研究对象。因此，西方目录主要体现为形式主义的字典式目录和以学科属性与文献主题概念的逻辑类项为分类标准的分类目录。它们的最大特点是不带任何主观情感、信念或意愿，严格持守客观化的原则。例如，马克思（Karl

---

❶ 蒋伯潜.校雠目录学纂要[M].北京:北京大学出版社,1990:176.

❷ 杜定友.校雠新义(上)[M].上海:上海书店,1991:45.

Heinrich Marx,1818—1883)的《资本论》若按作者姓氏音序,将被排列在字母M的位置,若按书名音序将被排列在Z类。在分类目录中,《资本论》则被根据学科属性分到了"政治经济学"类目之下。这里,马克思作为全世界无产阶级和劳动人民的伟大导师以及《资本论》作为研究资本主义社会经济形态的巅峰之作的崇高地位,都不构成改变其位置和顺序的理由。

中国古代目录中的文献秩序主要是通过分类来建构的,但古代分类既不等同于形式逻辑分类也与文献的学科属性关系不大。例如,经史子集四部体系即跟逻辑或学科无涉。又如,《四库总目·子部》包含的知识门类颇为猥杂,作者根据"治世者所有事""小道之可观者""旁资参考者"及佛道"外学"为原则,将十四个子目概括为四个层次,是典型的根据文献价值的现实地位为依据而做出的划分。《四库总目·子部类序》曰:"儒家尚矣。有文事者有武备,故次之以兵家。兵,刑类也。唐、虞无皋陶,则寇贼奸宄无所禁,必不能风动时雍,故次之以法家。民,国之本也。谷,民之天也,故次以农家。本草、经方,技术之事也,而生死系焉。神农、黄帝以圣人为天子,尚亲治之,故次以医家。重民事者先授时,授时本测候,测候本积数,故次以天文算法。以上六家,皆治世者所有事也。百家方技,或有益,或无益。而其说久行,理难竟废,故次以术数。游艺亦学问之余事,一技入神,器或寓道,故次以艺术。以上二家,皆小道之可观者也。诗取多识,易称制器。博闻有取,利用收资,故次以谱录。群言歧出,不名一类,总为荟粹,皆可采摭菁英,故次以杂家。隶事分类,亦杂言也,归附于子部,今从其例,故次以类书。稗官所述,其事末矣,用广见闻,愈于博奕,故次以小说家。以上四家,皆旁资参考者也。二氏,外学也,故次以释家、道家终焉。"

这说明文献并不是客观的知识论存在,而是人伦意义上的价值论存在。同样,古代的提要、序言乃至凡例、案语等书目元素,也都采取了明确的导向性话语,努力将文献白纸黑字背后的人伦内涵揭示出来。例如,《汉志》对恢复仲尼及其七十弟子"微言大义"之文化法度的追求,就直接落实在对诸如《道家类序》这样的导向性话语之中。其云:"道家者流,盖出于史官,历记成败存亡祸福古今之道,然后知秉要执本,清虚以自守,卑弱以自持,此君人南面之术也。合于尧之克让，《易》之谦谦，一谦而四益，此其所长也。及放者为之，则欲绝去礼学，兼弃仁义，曰独任清虚可以为治。"这里，道家有"其所长"；而其"及放者为之"的不足，主要体现为"绝去礼学，兼弃仁义"等与儒家相抵触的思想。

显然，知识论意义上的学科或逻辑原则，并非古代分类的重要约束。但近现代以来的古典目录学研究，基本都义无反顾地走上了西方化的逻辑与学科化道路。

我们知道，术语是学科化研究的核心要素，凝聚着学科的基本特征。"西学东渐"以来，中国古代目录学中的一些主要(甚至全部)术语也走上了西方化的道路。例如，认为古代的"提要"就是西方的"摘要"，古代的"篦线""韵编""通检"就是今天的索引，都是显例。在西方学科范式视野下，学者们普遍相信，目录中所表达的东西一定是合乎逻辑的，面对文献就像面对其他物件一样，这就把目录范畴和逻辑范畴等同了起来。这一认识思路，集中体现在对"类"概念的认识上。姚名达认为，我国类书及其分类体系实为"现代最进步之主题目录"[1]。杜定友认为："自来部次图书，首重类例。类例者，犹今之分类也。"[2]昌彼得、潘美月曰："所谓的'类例'，即是现今习称图书的分类。"[3]事实上，古代书目分类不像近现代分类那样通过明确的类名范畴，建构一套关系裸露、法则繁琐的描写主义的形式体系，而是疏通、空灵，不滞于形且以意统形、心凝形释，努力建构出一种削尽冗繁的意义结构。《说文》云："类，种类相似，唯犬为甚。"段注云："说从犬之意也。类本谓犬相似，引申假借为凡相似之称。"强调"类"的相似，而不是性质相同。《周易·乾·文言》曰："同声相应，同气相求。水流湿，火就燥，云从龙，风从虎，圣人作而万物睹。本乎天者亲上，本乎地者亲下，则各从其类也。""类"不是事物性质的集合，而是功能的归类。所以，《汉志·六艺略》中的"易"与《数术略》中的"蓍龟"，《六艺略》中的"诗(经)"与《诗赋略》中的"歌诗"等等，虽然"性质"近同，但功能各异，因而被分到了不同的类目之下。基于同样的道理，《四库提要》讥《道藏目录》将仙道

---

[1] 姚名达.中国目录学史[M].上海：上海书店，1984:70.

[2] 杜定友.校雠新义(上)[M].上海：上海书店，1991:1.

[3] 昌彼得，潘美月.中国目录学[M].台湾：文史哲出版社，1986:69.

合一为不当,实未得其中三昧。又如,《四库总目·类书类小序》曰:"类事之书,兼收四部,而非经非史,非子非集。四部之内,乃无类可归。《皇览》始于魏文,晋荀勖《中经簿》分隶何门,今无所考。《隋志》载入子部,当有所受之。历代相承,莫之或易……其专考一事如《同姓名录》之类者,别无可附,旧皆入之类书,今亦仍其例。"类书列在子部,虽无学科化的理据,但却"有所受之",符合中国人的文化感受。

总之,西方分类是形式逻辑意义上的范畴,所谓的"类",是具有共同属性的事物所组成的自然类,符合同一律、矛盾律、排中律等要求。而中国古代没有形式逻辑,用西方的思想索解中国古代的"类",无论裁剪得多么周到和精致,都不能揭示出中国古代"类"的义理韵味和精神内涵。不假思索地运用西方学理来研读古代目录学,总给人一种"洋腔洋调"的感觉,与其说是在"分析"古代书目学,不如说是在"规范"古代目录学。这也是在用西方的方法论对古代目录学进行了近百年的圆说和修补之后,关于类、分类、类名等概念至今仍不清晰的主要原因。

3. 确立具有可操作性的真理标准

现代目录以二次文献作为身份标签,只是"揭示和报导文献信息的工具",查全、查准、查快的检索效率是其反省的唯一维度。从根本上说,这是"把科学看做一种实现目的的手段,而不是获得知识"[1],即把目录当成实现文献检索目标的工具性手段,目录"科学"变成了有关文献著录、组织和检索的"技术",因而特别重视对著录、组织、检索等技术手段的完善。作为工具的技术是建立在"计算理性"之上的,最有用的技术被认为是最确当的技术。于是,目录学就被简化为如何计算出一个文献服务效率最大化的目标以及达到这个目标的可行路径的分析,成本效益分析法(cost—benefit analysis)等经济学原则也成为衡量目录学价值的主要方法[2]。然而,技术只是在常识的水平上理解目录学,只能解决目录学的具体问题,思想的力量难以进入其中。

---

[1] 约翰·齐曼.元科学导论[M].刘珺珺,译.长沙:湖南人民出版社,1988:57.

[2] 傅荣贤,等.从文献服务到文化建构:论图书馆既是职业也是事业[J].大学图书情报学刊,2015(5).

　　而"标准"就是重要的"技术"要素之一。我们知道,近代西方科学旨在"去掉一切个人的因素,说出人类集体智慧的发现"❶。相应地,《文献著录总则》《检索期刊条目著录标准》等各种"标准"以及《中图法》《图书在版编目数据》等虽无其名但有其实的各种"标准",都反映了对"公度性"的追求。如《中图法》就是用人工语言以及符号化的分类代码,以克服自然语言的"个人因素",从而彰显其公度性的。由此形成了一套貌似精准、实质僵化的技术系统,本能地抑制着人的创新精神,人成了系统的奴隶❷。

　　相比而言,中国古人对文化秩序的追求高于对文献秩序的追求,因此,"确立具有可操作性的真理标准"并不是古代目录学的根本关切。在中国古代,技术本身并不能独立存在,它无法"逃逸"社会文化语境而只在文献整理的操作层次上获得独立发展。例如,古代目录中类别体系的设置需要同时考虑该体系与社会文化是否协调。又如,古代的"互著"表面上是关于书目著录的技术,即章学诚《校雠通义·互著》所谓"至理有互通、书有两用者""不以重复为嫌,其于甲乙部次之下,但加互著,以便检稽",从而彰显实践效度。但是,《校雠通义·互著》又曰:"古人著录,不徒为甲乙部次计……盖部次流别,申明大道。"互著在技术层面之外,还要兑现"部次流别,申明大道"的内涵。因此,互著不仅是以检索效度为取向的技术问题,更是一种人文表达。而当效率不再是技术的唯一反省维度,以泯灭主体能动性为特征的"公度性"也就失去了存在的合法性。在中国古代,书目的编制事实上也几乎没有任何"标准"可言,不仅分类体系有六分、四分、五分、七分、八分、九分、十二分等区别,同为四分的郑默《中经》、荀勖《晋中经簿》、《隋志》《崇文总目》《四库总目》等四部书目的具体类别体系也迥不相侔。同样,源自刘向《别录》的叙录(亦称书录、书叙),后世又发展出传录体、译才体、辑录体、提要体、序跋体、读书笔记体等形式与内容皆各具特色的体式,也见证了"标准"在中国古代目录学中的无效。

　　综上,中国古代目录学与其说建构文献秩序以便利于文献检索,毋宁说

---

❶ 罗素.人类的知识[M].张金言,译.北京:商务印书馆,1983:9.

❷ 傅荣贤,等.从文献服务到文化建构:论图书馆既是职业也是事业[J].大学图书情报学刊,2015(5).

建构文化秩序从而净化社会风气、引领社会和谐。因此,技术本身从未被提纯出来予以独立运思以求精进,以限制人的主观能动性为代价的各种"标准"也不构成古代目录学的底色。

4. 中国古代目录学的式微

近现代以来,因歆羡西方形式主义目录的现实效用,中国古代目录学被强行纳入西方的概念框架和理论体系之中,技术、效益及其物质层面上的实用性成为相关研究的主要视角。西方现代学术是以学术分科以及研究的系统化、逻辑化为前提的,通过借鉴西方学理,学者们普遍意识到学科独立是现代新兴学科的基本标准,并自觉地将中国古代目录学作为一个学科、一门学问来研究,古代目录学的相关史料第一次被从西方科学意义上的"目录学"的角度予以认读,有助于人们看到前人看不到的东西,也获得了郑樵和章学诚等"先儒未得而闻"的一些认识成果。并且,"一个现代学科必须具备当代意识以及当代文化基本的精神特征、价值观念和表达方式,这也构成了我们判定一个研究课题是否有意义的基本标准"❶。

然而,当古代目录学的西方化改造在取得一定程度的成功并貌似完成了学科现代化之后,我们却不无遗憾地发现,中国古代目录学因背弃了其特有的人文精神而成为没有文化生命的纯粹的工具或符号。于是,理性的西方目录学获得了普遍意义,而中国古代目录学则只具有特殊意义;西方目录学的发展程度高,中国目录学的进化水平低,中国古代目录学面临着前所未有的批判和质疑,如杜定友即认为传统四部分类"不完全,不概括,太简单,不合时,不合论理,无秩序,不普通,无标准,无远虑,无世界眼光,无科学思想"❷,他甚至得出了"中国无目录学"❸和"中国无分类法"❹的结论。

总体上,目录学研究的这种"外语化",有其深刻的学术背景和社会背景。

首先,其学术背景是世界范围内人文社会科学研究的自然科学化。有鉴于实证精神在自然科学领域取得的巨大成功,十九世纪末以来的许多人

---

❶ 傅荣贤.中国古代目录学是一门成熟的学科吗[J].图书馆杂志,2002(6).

❷ 杜定友.图书分类法[M].上海:上海图书馆协会,1925:28-29.

❸ 杜定友.校雠新义(下)[M].上海:上海书店,1991:15.

❹ 杜定友.校雠新义(上)[M].上海:上海书店,1991:12.

文社会科学也自觉效仿自然科学,以"事实"和"逻辑"为基础的自然科学方法成为研究人文社会问题的主流方法。它默认社会制度、人类经验、个人或群体的价值目标都是自然的,因而也是可以且只能用自然方法予以说明的。并且,只有达到了自然科学意义上的解释或说明,人文社会学科才算达到了"科学"的要求。同样,在目录学中,人们认为认知文献进而认知文化世界的唯一合适的方法就是理性的方法,其他方法都是不可接受的。然而,人文社会科学以人文社会现象与问题为对象,研究目标与自然科学也不尽相同。拿目录学来说,比照自然科学建立起来的目录学,将文献当作抽象的对象之物,舍弃了具体文献的现实意义,人的主体性也在主客二分的规训下遭到了无视。

其次,就其社会背景而言,严格意义上的"科学的"中国古代目录学研究是在20世纪初受到"西学东渐"的冲击和影响而起步的。它是中国被西方坚船利炮打败后,向西方寻求救国真理时而自觉接受西方文化中心论的结果,其核心特点就是基于单线进化论和实证原则,得出中学不如西学的结论。而在中华民族和平崛起的今天,我们无须再鹦鹉学舌般地操持着西方学理,亦步亦趋于西方的话语。当代人类学的研究成果表明,生活在不同地理环境中的人们,会生成不同的文化类型,记录不同文化类型的文献也是千差万别的。相应地,条理文献的目录学也旨趣有别,西方目录学并不是自明的普遍性公理前提。

今天,人文社会科学研究的自然科学化已经受到广泛的质疑,21世纪的中国也已经不是晚清时期的封建帝国。然而,借鉴西方学理来认识中国古代的书目实践,并建构相应的目录学理论,仍是今人研究的主流原则。我们认为,中国古代有不同于西方的、特色自成的目录学。按照西方学术标准建构中国古代目录学的学科范式,必将因不能回应精神层面上的文化问题而丧失有效性。这就需要我们立足于中西之"异",在充分反省"汉话胡说"(即用西方学术语言分析中国古代目录学)的研究方式的基础上,努力回归"汉话汉说"的研究轨道,从中国古代目录学自身形式和内容的总和出发,分析其固有的特点。

三、中国古代目录学的研究思路与研究方法

传统的史学范式疏淡于理论提炼,西方的学科范式则用"他者"眼光赋予中国古代目录学"额外的"价值标准,两者都不能揭示中国古代目录学的本质。我们应该在反思现有研究范式的基础上,重新思考古代目录学研究的应然路径。

(一)辩证理解目录学共时性与历时性的统一

由刘向发凡起例的中国古代目录学理论、方法和原则并没有取得类似秦始皇"书同文"式的政权庇佑。并且,中国古代目录的编制直接面向具体的当下文献,而文献又是处于变动不居的历史演变之中的。这决定了古代目录必然具有与时变化、因世迁贸的历史维度,中国二千年目录学历史上也从未出现过两部体例完全相同的书目。因此,本书仍将梳理中国目录学史上的著录、提要、分类和序言等书目因子的历时性演进过程,尤其重视对那些具有"拐点"地位的史实予以揭橥。

与此同时,中国古代目录学又存在着"依刘向故事"的理念坚守以及对"秘阁以为永制""千古著录成法"的自觉遵循,并形成了"时代之精神殆无特别之差异"❶的总体品格。这说明渊源于刘氏父子的中国古代目录学从一开始即已十分成熟,并形成了一以贯之的、属于"中国"地域和"古代"时期的个性化的目录学体系。任何一部"中国古代"的书目,固然都是目录学家的个人创造,但它必须以整个传统文化精神为建构基础。例如,古代的提要虽然名目繁多、旨趣不同,但重视和强调从"人"和"世"的角度揭示知识生产的前提性,则是不变的原则。又如,《汉志·六艺略·诗类序》认为齐鲁韩三家今文诗"或取《春秋》,采杂说,咸非其本义。与不得已,鲁最为近之"。然而,"三家皆列于学官"表明它们都获得了官方的认可,所谓"咸非其本义"无疑是作者个人的认识。但同时,作者对《诗经》"本义"的追求,又是与官方意识形态一致

---

❶ 姚名达.中国目录学史[M].上海:上海书店,1984:19.

的。就此而言,书目主体只是具有群体生存需要和伦理自觉的个体,因而只能是社会群体的一分子,个人对书目的创造作用是有限的,民族性必定先于个体性。在书目共性强大的规范作用下,中国古代目录学在历时性之"变"中存在着共时性之"不变",正是这个"不变"构成了中国古代目录学的基本底色。这可以很好地解释,书目主体个人的独特认知经常带来书目的合理化超越,但"依刘向故事"的目录学一般理论、原则和方法仍然得到了历二千年之久的忠实持守。

因此,对中国古代目录学内在精神的揭示和自身理论的提炼,比书目知识的历时性呈现更有价值,单纯的历史研究也不能穷尽古代目录学的内涵。只有突破历时性的维度,才能发现古代目录学一以贯之的共时性的本质特征。史学范式关注历代书目的来龙去脉、源流因革,疏淡于对古代目录学理论品格和精神价值的把握,恰恰遮蔽了目录学的精神和意义。诸如古代目录学的哲学基础、核心观念、文化渊源、民族特征、现代价值等问题,基本逸出了史学范式的研究范围。而古代目录学恰恰有着编码主体的精神参与以及读者主体的意义期待,因此,书目研究应该是一种精神活动和意义创造。这就需要从"史"的研究转向"论"的研究,即从纵向历史的梳理转向目录学内在理论品质的揭示。

首先,把古代目录学史研究和古代目录学研究区分开来。针对当前目录学史的梳理先于目录学意义之揭示的研究现状,甚至需要暂时"悬置"目录学史的研究。

其次,超越史料挖掘意义上的知性研究,全力以赴于对古代目录学理论的探讨。知性史料所呈现的目录学现象远远大于目录学的理论,从而给理论创新提供无穷资源。但史料本身并不是理论,必须立足史料而又不迷失于史料的丰富性,以"现象统观"和"由博返约"的原则洞见繁芜史料的内在精神统一性,达到现象和学理的彼此印证与相互发明。

总之,中国古代目录学体系在划分为无数个个性化表达的同时,又保持着目录学的民族精神统一性,就像人的脸型各异但同一个民族的脸型又有某种共同特征一样。因此,辩证理解历时性与共时性的关系是本书研究的重要原则。而在历时性研究成为主流取向的今天,尤其需要揭示"时代之精神殆无特别之差异"的中国古代目录学的总体精神气质,在本色意义上展示不同于西方的中国古代目录学理论体系。事实上,也只有重视理论建构和意义揭示,中国古代目录学才能真正构成一个独立的研究领域。

(二)辩证理解目录学民族性与世界性的统一

中国古代目录学与西方近现代目录学既有目录学之"同",又有因时空语境的不同而导致的彼此之"异"。

一方面,古今中外的目录体系首先都要通过"著录一批相关文献,按照一定次序编排组织而成"以成就一套相对完整的结构体系。作为一种针对"一批相关文献"的组织模式,中西目录学具有一定的可比性。这就为寻绎中西目录学之"同",从而在共同的话语规范下理解各自的本质提供了学理可能。例如,现代目录学乃至知识图谱、元数据等知识组织模式都包括文献(知识、信息)单元的描述和文献(知识、信息)单元之间关系的组织两大部分。以此为观照可以发现,①中国古代目录学的文献工作也起步于对一本本具体文献单元的描述和标引,其书目元素主要包括文献著录和提要;②在文献单元的描述和标引的基础上生成的一条条款目又必须组织有序,才能形成目录体系,相关书目元素主要包括分类和序言。显然,对古代目录的这一形式切分,完全可以与现代西方目录(乃至元数据等知识组织模式)相互比勘,并在比较中突显各自的特点。

另一方面,西方近现代目录学以排检文献为己任,追求著录、分类、摘要等相关技术的客观化和格式化。而中国古代目录学既要呈现出文献秩序,更要揭示文献秩序背后的文化秩序和人伦秩序。所以,技术上的客观化和格式化并不是中国先贤的追求。例如,在文献著录上,中国先贤十分重视通过对著录范围的严格限定而坚守文明的边界。在提要上,重视通过"知人论世"的考辨,揭示文本所反映的作者学行与志业,从而既在人伦价值的高度定位文献,也指明了寻绎文字背后的人伦价值应成为读者理解文献的基本取向。在分类上,古人十分重视通过非逻辑代码化的文字性类名以及非学科化的分类标准,建构以政教人伦为原则隐含的类别格局。

显然,中西目录学既"同"又"异",在描述和组织什么、如何描述和组织、为什么要如此描述和组织等根本性的目录学问题上皆不尽相同。这就需要以"我"为主进行中西比较,西方目录学的"他者镜像"只是进一步理解自我的参照,而不是框限自我的范本。例如,通过比较客观化的西方"摘要",有助于揭示古代"提要"的精神实质,通过西方逻辑代码化的分类标识可以反证中国古代以文字性的类名为分类标识的非逻辑化特征。

正确的"比较"还应该建立在动态的、具有广泛社会文化因素参与的方法论基础之上。我们知道,"古代中国"与"近代西方"具有不同的文化心理,而作为文化心理核心特征的思维方式,又是书目体系赖以生成和发展的根本动因。以著录和建构文献秩序为职志的书目,反映了观察世界、反思文化的一种民族逻辑,表征着对思想观念和关系原则的民族认知。思维方式与目录体系的这种深层统一性,决定了目录像语言一样,首先体现为"一种民族性的精神格局","同一民族中的个体成员总是以同样独特的方式"理解目录中类名及词法的一般意义,朝"同一个方向联结观念、组织思想,并在民族智力独创性与理解力相协调的范围内构造"目录,于是,一个民族就逐步地使目录"获得了一种独一无二的色彩和情调"❶。例如,1876年DDC以来的西方分类目录奠基于对文献的学科属性和主题概念的逻辑类项划分,直接对应于西方的实证精神以及可以追溯到亚里士多德(Aristotle,前384—前322)的形式逻辑训练。而中国古代目录学洋溢着浓郁的人文精神,并不以理性逻辑为圭臬,它直接对应于中华民族重抽象、轻具体,提倡通过灵感、直觉、顿悟来效法自然之道的传统思维。

中国古人不以客观世界作为思维的对象,而是从内在的主体意识出发赋予对象以意义。《庄子·齐物》曰:"天地与我并生,万物与我为一。"世界内在于人而存在,人的心灵中内蕴着自然的法则,认识外物只能通过《孟子·尽心上》"反身而诚"或《老子指略》"必求诸己"的路径,从主体自身寻求人和世界的普遍意义。同样,中国古代目录学也不是文献事实问题而是文献意义问题,即

---

❶ 刘瑾.语言哲学视野中的民族语言研究[J].外语学刊,2011(3).

书目与人的关系问题。这种主体性的投射是全方位的,从著录、提要对文献单元的定位,到分类、序言对众多文献关系的推演,再到书目总体系的生成,无不以目录主体的自我生存体验为依据。例如,记载非正统王朝割据政权事迹的"载记"作为分类的类名,其内涵不是单纯语法意义上的,而是充满着书目主体的情绪和感受,反映了对政权合法性的独特看法。

总之,书目的差异源自文化的差异,一个民族的社会历史、文化特征、思维习惯等等都会在书目中表现出来,并在本民族的每一成员中唤醒一种路向一致的精神力量。因此,目录学研究本质上是民族文化心理研究,必须从表层的文献结构深入到书目所隐含的心理、文化、认知等层面。例如,小学入经意味着语言文字学直接与儒家经学有关,数学入天文历法类所表达的数学理解也与今天的认识有别。显然,"中西目录学作为两种不同的文献整序模式,本质上反映了对世界和人之认识的不同的经验分野"❶。但受西方学科范式规训的中国古代目录学研究,只是将书目视为文献整序的纯粹的符号系统,而对书目中积淀的文化意义视而不见,从而也逸出了书目民族性的轨道。这就需要我们辩证地理解目录学的民族性与世界性之间的关系,努力在"文化认同"和民族身份本位的基础上揭示出中国古代目录学的本质。

(三)辩证理解目录学形式和内容的统一

无论是史学范式抑或学科范式,迄今为止的中国古代目录学研究多局限于对书目的著录、提要、分类、序言等形式因子的研究。然而,与这些形式因素相比,内容本体更为本质,目录的任何外在结构(如类名词汇和组织关系)都是由其内容特征决定的。现实中,我们首先要表达什么,然后才谈得上怎么表达,作为表达手段的形式只能是派生的、第二性的。近现代以来的西方目录学以排检文献为唯一取向,重视书目的表层结构和语法规则,并以为这些抽象的结构和规则就是目录的本质。其实质是把书目当作一种工具,认为通过实证主义的方法对书目进行层层分割,就可以揭示书目现象之间的因果关系。而中国古代目录学既要揭示文献秩序,也要揭示文献背后的文化秩序

---

❶ 傅荣贤.中西目录学比较研究刍议[J].四川图书馆学报,2009(1).

和人伦秩序,用章学诚的话说,书目既要"部次条别"从而形成文献秩序体系,也要"辨章学术考镜源流"从而建构文化秩序以及"申明大道"从而规范社会人伦(详见第二章第一节)。相应地,单纯西方式的形态研究并不能揭示中国古代目录学的精神内涵。这不仅意味着书目内容本身应成为研究的重点,还意味着对书目形式的分析也必须建立在对书目内容的认识基础之上。

一方面,需要加强对古代目录学内容的研究。中国先贤强调主观体悟而非认知模拟,崇本息末而非穷究事理,这使得中国传统文化的所有"形式"都温柔敦厚、富于人情味。同样,古代目录学两千年的发展也是其与生俱来的表意功能不断完善的过程,它的形式结构是以表意功能为核心的,过分突出形式会损害意义的把握。这就需要对目录形态抱持一种积极的否定,并以意义内涵的探勘作为目录学研究的运思重点。依章学诚之见,古代目录学具有三大内容:一是"部次条别"的文献检索;二是"辨章学术考镜源流"的文化秩序的建构;三是"申明大道"的理想信念。那么,这三大内容的具体内涵是什么,三者之间的优先次序若何,它们是怎样奠定中国古代目录学的精神底色的,由此导致的中国古代目录学有什么得失等等,都是古代目录学研究所无法回避的课题。

另一方面,需要分析古代目录学内容与结构形态之间的关系。它包括目录的内容旨趣是如何影响其形式结构的,以及反过来,相应性的形式结构又是如何表达内容旨趣的两个方面。总体上,西方式的目录学研究本质上只是对目录结构的研究,诸如著录方法、分类方法、排序方法等等,目的是为了获得最大的检索效率,从而也将形式异化成了内容。但问题是,书目的本质不在于其表面形态的纯粹物理性分析,而在于其形式结构与内在精神的深层关联。这就需要从古代目录的三大内容入手,把旨在表达内容的外在形态放在第二性的派生地位。

首先,内容决定形式,形式框架必须为内容服务。正是出于回应上述三大内容旨趣的需要,才导致了中国古代目录学形式结构的独特设计,也成为与现代目录学彼此异趣的理念原点。那么,中国古代目录学的形态特征在多大程度上受制于内容本质呢?例如,中国古代目录学的内容旨趣如何导致逻辑化和客观性在文献描述和组织中的淡出？

其次，形式结构一旦形成又会在一定程度上反作用于内容，从而改变内容的原始走向。例如，古代书目中的文献著录并不以客观化、规范化为取向；提要更为重视对学术内容和作者生平事迹的考证；分类也与西方逻辑分类相去甚远等等，这些形态特点如何强化了古代目录学在内容旨趣上对文化秩序和人伦秩序的追求？

总之，中国古代目录学研究不能满足于只对书目表层形态作机械的定性与析解，更不能把书目事实本身作为研究目的，这意味着对书目形式（著录、分类、序言、提要、小注等）的讨论与分析都不再有本体的地位。相反，必须在内容与形式相统一的高度分析古代目录学的本质，无论是对形式的分析还是对内容的探讨，都需要查找到两者之间对立又依存的另一面的验证。而一个复杂和完整的目录学研究程序往往需要在内容和形式之间反复转换视角、相互沟通、彼此验证，才能在书目内容和形式之总和的意义上，实现对古代目录学的完整把握。

（四）在传统文化背景中研究中国古代目录学

西方科学采取一种原子主义的观点来研究对象，努力把一切还原为一个个最基本的粒子。相应地，目录学也被视为独立于人和环境的客体对象，即把目录学现象从文化背景中分离出来，通过层层分解探究书目现象自身的规律。中国先贤相信人与世界、与社会是无法截然分开的，人的价值只能在自然与社会的"关系场"中确立。从发生学的观点来看，任何一种书目类型和它所从属于的文化系统之间都存在着内在的有机联系，有着深厚的文化积淀并携带着浓厚的文化特征。书目中的文献秩序，乃是世界秩序和人的社会结构关系的延伸，因而，目录学需要放置在对世界的认知图式和社会行为的运作模式中去理解。

首先，运用非逻辑化的独特言路。

中国古代目录学是中国先贤基于自身文化特点和理想诉求而独立发展起来的系统，符合本民族的认识心理和价值取向，具有深刻的民族性。中国古人从不把文献视为与思维主体对立的客体,因而十分重视从内在的主体意识出发,按照主体的评价与取向,赋予目录以意义。而西方式的学科化范式十分重视书目创造和运用中的形式确定性和性质可证性,是一种典型的主客二分思维的产物,并形成了用有限的机械性规则组织无限文献的理性主义的书目结构体系。它以理性精神和逻辑信念为原则,直接对应于对书目的二次文献定位,文献的著录与标引以及文献的组织与检索皆强调客观性、规范化。目录成为可供机械定性和析解的对象,书目形式结构的完善和精致化成为追求的目标。

中国先贤将文献定义为价值存在,因而知识论内涵以及文献的外部形态特征都不构成文献的根本。相应地,中国古代目录学努力指向书目之"形"背后的语境与各种文化象征,形态规则失去了独立存在的合法性。拿分类来说,某种文献不是"必然"要归入何类,而是要结合社会人伦和主体体验"应然"地归属于某个类别。古代目录学不讲究分门别类的精确而追求融会贯通的全面,不为枝节问题费踌躇而具有很强的随机性和丰富的联想余地。因此,运用西方式的机械性规则分析古代分类,难免会出现漏洞:书目规则在文献组织中呈现出逻辑不一致。这不是说,古人的思想表达可以不合逻辑,而是说文献的价值内涵难以通过清晰的定义来框范。

总体上,古代目录既是有一定之规的"死法",也是无一定之规的"活法",两者相济而不相妨。从外在形式看,书目首先是"器"——组织文献的一套符号系统。但从本质来看,书目也是"道"——与传统文化相通约的价值系统和意义系统。由于西方目录仅仅是"器",因而只有"死法"而没有"活法"。中国古代目录"道器合一","器"是以"道"为根柢的,而"道"又是一种形而上的范畴,只有通过"以神统形"的方式才能正确地理解和感受,单纯的逻辑规则是无助于把握其"道"的。

其次,从形式描写到背景解释。

书目形式的文化规定性及其与民族精神结构的通约关系表明,中国古代目录学不是一个封闭系统,对其作孤立研究以满足于找到一些静态的格式或规律是不可取的。研究古代目录学,必须超越表层形态的探讨,立足于目录背后的精神内涵,并最终与文化背景的解释性说明达成一致。因此,古代目录学本质上是解释性的科学,需要动用多种学科知识,研究书目的人文因素和文化环境。例如,以对象的本质属性或显性特征为根据做出的逻辑化分类,必然聚焦于文献的主题类项和类别的逻辑层次,小学就不可能归类于经部、数学也不会在天文历法类、整个经史子集的四分传统也将被彻底颠覆。学科分类的结果也许更"科学",但传统小学可以"宣扬于王者朝廷、其用最大"(《汉志·小学序》)的人伦内涵以及数学"万物同宇而异体,无宜而有用为人"(《荀子·富国》)的内涵就会丢失。相反,只有进入古人心目中的小学世界和数学世界,才能有效地"解释"其分类特点,诉诸逻辑的形式化"描写"将无法说明问题的本质。又如,北宋以来,儒家学者致力于振兴儒学,以期改变长期以来佛道气势凌驾于儒学之上的学术生态。学者们不信汉唐注疏,大胆疑古,或明或暗地吸收释道两家的心性义理之学,重新解释经书、提出新解,这在宋元书目中多有反映,而这正是设置"四书"类的一个重要原因。

因此,不能把书目当作孤立的现象,仅仅就书目本身来研究书目。而必须从文化背景出发,解释书目的特点。这也是为什么,中国古代的目录学被众多其他学科的学者所广泛重视,目录学家本身往往就是文史学者。古人对目录学的重视源于对目录学本体论意义上的一种文化感受,在古代书目结构中,对文献内容的理解占据了重要地位,文献内容的解释也成为人们认识世界和体验世界的一种重要方式,书目的深层结构和汉民族的文化结构是同质同构的。而现代目录学已经成为图书馆学或信息科学的一门分支,只重视对书目"是什么"的规律揭示,因而局限在了专业范围的狭小圈子之中。这种学科取向上的分途不是偶然的,它本质上反映了中西目录学的不同定位。"科学在认知的意义上把握世界,体现着价值中立的理性精神,从属于知识论的范畴",所以,现代目录学采用自然科学的方法以揭示其形式规则与表层特征。而文史学科"是以信仰为特征的意义世界,它以超越理性认知为基础,从属于价值论领域"❶。两者体现了事实判断(是否)与价值判断(应否)的分野,"能够的"和"应当的"、"我知道"和"我相信"、"表述的"和"表达的"也成为科学与人文的不同话语方式。相应地,只有超越自然科学的描写方法,才能洞悉中

---

❶ 何中华.科学与人文——保持必要的张力[J].文史哲,2000(3).

国古代目录学所承载的文化内涵和人文精神。

再次,文化视角的目录学研究与目录学视角的文化研究。

目录并不是自身实体存在的总和,不能通过纯粹的概念或理论来规定或理解目录对象。相反,目录是一个与文化互动的"关系"系统,目录在其所依附的文化中占据了重要的地位。书目系统作为一种特殊的文化现象,既是文化的一个组成部分,与其他文化现象互相影响、互相制约;又是反映文化其他方面的一面镜子,从中可以映射出民族文化的种种特征。这就需要既关注"文化中的目录",即视目录为文化的产物;又要关注"目录中的文化",即把目录视为文化的一种原因和理由。

一方面,目录学的理论与实践都与特定的文化语境有关,书目的每一次发展都离不开新的社会思潮的支撑,离不开社会变革以及随之而来的观念与方法更新的驱动。因此,把目录和整个社会生活和文化背景结合起来,对目录进行多元视角的观察才能获得对目录学的准确把握。"这就需要把社会制度、历史文化、思维方式、伦理旨趣等这些来自社会大文本的因素视为目录学的关键变量,相应地,古今中外的各种目录不仅有作为'目录'小文本之'同';还具有作为背景存在的社会大文本之'异'。目录学研究需要加强对目录和社会环境之间的互动关系的分析,即对目录与社会环境之间的广义交易予以评估。立足于社会大文本,也就是立足于广义的人类活动,这样的目录学研究既包括'客观'内容因而需要逻辑和实证;也包括社会、历史、文化乃至政治和伦理维度的内容,这又是纯粹理性的逻辑实证所无法掌握的,因而也需要非理性的和非逻辑的研究方法。换言之,目录学在充分认可理性思维模式的研究价值的同时,也应充分承认心灵体验和创造性想象在目录学研究中的意义,从而散发出被理性逻辑压抑着的人性成分"❶。

另一方面,目录作为对文献及其背后文化的编码(encoding)系统,创造了一种自主的思想体系,其组织方式广泛涉及社会政治、心理思维等问题,大量文化认知尤其是关于文化系统的知识是通过目录获得的。借用目录学系统和范例来解释文化现象和分析社会文化系统,不仅有助于认识文献类型和文

---

❶ 傅荣贤.论当代图书馆学研究范式的转变[J].大学图书馆学报,2009(1).

献秩序,也有助于对文化事实做出清晰的梳理,甚至能够获得书目所指向的文化理想。书目的规定性也是文化的规定性,人在进入书目的同时也进入了一种文化,编制和使用书目就是在进行着生生不息的文化认同工作。例如,《四库总目》以书目的形式对古代文献进行考据和再阐释,固然是明末清初顾炎武(1613—1682)等人提倡实学的产物,但《四库总目》作为典籍的整序模式,也是一个文化评估体系。它通过对文献的描述及其组织关系的确立,不断调整着人们对古籍的认知方式,影响到人们对汉唐考据之学的接受以及对宋明理学的反思。

目录与文化之间高度依存,两者不断地互相解释并彼此建构着对方。无论是目录还是文化,都不是理论上的先验存在。书目将文献分类或范畴化的同时,也将文化纳入了一种特定的秩序之中,呈现出人对文献的态度、对文化的认识,涉及人与文献(文化)的关系,从而最终与文化中的思想体系联系了起来。民族思维方式、哲学、心理等文化要素,能够帮助我们从整体上、方向上把握古代书目的结构特征,深刻理解古代书目在纷繁外表之下的文化规定性。反过来,目录作为一种文化的结构模型,也是一个带有根本性的文化问题。书目的编制表达着对当时文化的价值评估和对未来文化的理想建构,从中可以探勘书目主体在政治、经济、意识形态等领域的一系列重大政策的不同见解,并成为观察传统文化、解释先贤智慧的指南。

综上,强调目录学的中西之"异",必然要回归民族文化本位和自我身份立场。我们相信,一个民族的智力特征与该民族的目录是相互塑造、互为因果的。文化环境塑造了书目类型,又反过来为书目的类型所塑造。对古代目录学的研究如果不能取得传统文化的认同,其解释力将是十分有限的。而立足于中西之"异",就是承认中国古代目录学作为传统文化的一部分,"乃禹域所独然,殊方所未有也"(刘师培语)。对古代目录学的任何理论总结只能立足于古代书目事实,而不能以割裂传统为代价去复制异域文明的书目范式。而"运用非逻辑化的独特言路""从形式描写到背景解释"以及"文化视角的目录学研究与目录视角的文化学研究",正是由此滋生的三条重要的方法论原则。

第二章 中国古代目录的
内容旨趣和形式结构

　　广义的目录既包括一书目录，也包括群书目录。一书目录即篇目，旨在表征一书的内部篇章结构关系，对应的英文是contents；群书目录即书目，旨在表征一批相关文献之间的结构关系，对应的英文是bibliography或catalogue。其中，bibliography多指广义或泛称的目录，而catalogue多指具体的藏书目录或实有其书的在编目录。本书文题中的"目录"主要是指书目。从形态上看，书目既包括旨在描述和标引具体文献单元（每一书）的著录和提要，也包括旨在揭示若干文献单元（一批书）之间关系的分类和序言。因此，以"一批书"为对象的书目，是在以"每一书"为对象的篇目的基础上发展起来的。确立"每一书"内部篇章结构关系的篇目，也是进一步确立"一批书"彼此结构关系之书目的必然前提。历史上，刘歆以"总群书"为职志形成的书目——《七略》，正是在乃父刘向以"每一书"为对象的篇目之结集——《别录》——的基础上撰就的。

　　目录作为一个相对完整的体系，包括内容旨趣和形式结构两个相得益彰的组成部分。内容旨趣是目录所要表达的思想，形式结构是目录针对特定思想而选择的表达方式。目录首先需要表达什么，然后才谈得上如何表达。因此，内容旨趣相对于形式结构而言，具有根本性和前提性。然而，现有有关中国古代目录学的研究论著大多以时间为序，胪列历史上的一些精英目录学家及其经典书目，并以著录、提要、分类、序言等书目元素为纲目，展开对具体书目的形态分析，未免有颠倒内容旨趣和形式结构的主仆关系之嫌，由此也导致对中国古代目录学内容旨趣的确切义指不甚明了，并直接影响到对作为第二性的、旨在表达思想内容的形式结构的正确认识。

第一节 中国古代目录的内容旨趣

清人章学诚在《校雠通义·序》中指出："校雠之义,盖自刘向父子部次条别,将以辨章学术,考镜源流,非深明于道术精微、群言得失之故者,不足与此。"《校雠通义·互著》又曰:"古人著录,不徒为甲乙部次计,如徒为甲乙部次计,则一掌故令史足矣。何用父子世业,阅年二纪,仅乃卒业乎?盖部次流别,申明大道,叙列九流百氏之学,使之绳贯珠联,无少缺逸;欲人即类求书,因书究学。"

根据章学诚的洞见,中国古代目录学主要包括三大方面的内容:

一是有关"部次条别"的技术内涵,它对应于以组织文献、提供检索为指向的具体操作。章学诚所谓"不徒为甲乙部次计",表明"甲乙部次"也是刘氏目录工作的重要一环,只是不能"徒",即不能将这一环节异化为目录学的唯一内容。

二是"辨章学术考镜源流"的学术史内涵,即在"部次流别"从而"即类求书"的基础上"因书究学",系统梳理学术发生、发展的历史进程以及变化、演进的逻辑脉络与动态规律。需要强调的是,古代目录学确实具有学术史的价值,但章氏的"源流"是狭义的,他以"三代"为判分节点,"三代盛时"为"源","三代以后"为"流",与常识意义上包含学术发生、发展之长程历史的"学术史"并不完全等同(详下)。

三是"申明大道"的理想诉求,旨在通过书目提供规划和度量文化的尺度,大致对应于书目哲学的内容,它是有关文化的应然旨趣以及人之为人与社会和谐有序的"最高"学问。

其中,书目检索与学术考辨属于现实层面,而"申明大道"属于理想层面,说明始自西汉刘向、刘歆的中国古代目录学是一个兼具技术、知识和价值信仰的统一体系。"甲乙部次""考辨学术源流""申明大道"三者紧密相连,构成了中国古代目录学的主体内容。姚名达曰:"目录学者,将群书部次甲乙,条别异同,推阐大义,疏通伦类,将以辨章学术,考镜源流,欲人即类求书,因书究学之专门学术也。"❶汪辟疆(1887—1966)云:"窃以为目录之学,有本有末:穷六艺之流别,较四部之得失,外以通夫古今学术之邮,内以神其紬绎寸心之用,此目录学之本旨也;辟治学之门径,启著录之成规,大之可为通方致远之资,小之足为提要钩玄之助,此目录学之末节也。"❷姚、汪二先生的定义庶几近是。

一、"部次条别"的检索功能

中国古代目录学首先具有作为二次文献的检索功能。众所周知,北宋苏颂(1020—1101)《苏魏公文集》(附《苏魏公谭训》)卷四云:"原叔(王洙之字)令检书史,指之曰:'此儿有目录之学。'"这是我国"目录之学"的最早出处。而"目录之学"的根柢正是一个"检"字,也就是通过"部次条别"的功夫,实现文献标引与检索的工具价值。

(一)检索文献是中国古代目录的重要维度

古代目录具有检索功能是毋庸置疑的。唐代目录学家毋煚(?—722)《古今书录·序》曰:"苟不剖判条源,甄明科部,则先贤遗事,有卒代而不闻,大国经书,遂终年而空泯。使学者孤舟泳海,弱羽凭天,衔石填溟,倚杖追日,莫闻名目,岂详家代?"明代学者尤其重视目录的文献检索价值,并出现了诸如"检阅""查检""稽览""简阅""展阅"等旨在强调书目检索功能的专业术语。

例如,邱濬(1420或1421—1495)在《大学衍义补》卷九十四"图籍之储"中指出:"夫献书之路不开,则民间有书无由上达;藏书之策不建,则官府有书易至散失;欲藏书而无写之者,则其传不多;既写书而无校之者,则其文易讹;即校之矣,苟不各以类聚而目分之,则其检阅考究者无统矣。"高儒(1540年前后在世)《百川书志·自序》曰:"连床插架,经籍充藏,难于检阅。闲中次第部帙,定立储盛,又恐久常无据,淆乱遗志,故六年考索,三易成编。"徐图(约1553—?)《行人司重刻书目·自序》曰:"昔以藏书纷杂,不便检阅,特胪列其目而绣之梓。"这些史料中都出现了"检阅"这一术语。

❶ 姚名达.中国目录学史[M].上海:上海书店,1984:8.

❷ 汪辟疆.目录学研究[M].上海:华东师范大学出版社,2000:序.

陈第（1541—1502）《世善堂藏书目录·自序》曰："今粗为位置，以类相从，因成目录，得便查检。"徐惟起（1563—1639）《红雨楼书目·自序》曰："分经史子集四部，部分众类，著为书目四卷，以备稽览。"陈第和徐惟起分别运用了"查检"和"稽览"的概念。明末清初目录学家释智旭（1599—1655）在《阅藏知津·序》中说："顾历朝所刻藏乘，或随年次编入，或约重单分类，大小混杂，先后失准，致使欲展阅者，茫然不知缓急可否。故诸刹所供大藏，不过缄置高阁而已。纵有阅者，亦罕能达其旨归，辨其权实。"这是指出由于编次失序而导致"展阅者"索书和阅读的困难。祁承㸁（1563—1628）在《庚申整书小记》中说："架插七层，箱分四部，若卒旅漫野而什伍井然，如剑戟摩霄而旌旗不乱，此吾之部勒法也。目以类分，类由部统，暗中摸索，惟信手以探囊；造次取观，若执镜而照物，此吾之应卒法也。"祁氏在《庚申整书略例》中又云："部有类，类有目，若丝之引序，若网之就纲，井然有条，杂而不紊。前此而刘中垒之《七略》、王仲宝之《七志》、阮孝绪之《七录》，其义例不无取裁，而要以类聚得体，多寡适均，惟荀氏之四部称焉。两汉以下，志艺文者无不守为功令矣……经史子集之分，简而尽，约而详，循序仿目，简阅收藏，莫此为善。"祁承㸁重视"部勒法"，希望达到"信手以探囊"的"简阅"目的。

总之，文献检索是中国古代目录学的重要维度，明代学者对检索的情有独钟，更是确立了目录作为检索工具的历史地位，并为现实中的目录编撰提供了理论指导。例如，祁承㸁《澹生堂藏书目》致力于书目分类体系的完善，形成了包括4部44类235子目的三级图书分类体系，正是基于"简阅"的目的而编制的。而明朝宫廷文渊阁有103个书架，每架都有排架图以示庋放之书，也是为了便利于检索稽览起见。

降及清代，乾隆皇帝弘历（1711—1799）在纂修《四库全书》时主张撰述解题，形成了洋洋二百卷的《四库总目》。同时，他又命馆臣编制了"只载某书若干卷，注某朝某人撰，则篇目不繁，而检查较易"的二十卷本《四库全书简明目录》。甚至主张"辨章学术考镜源流"的清代目录学家章学诚，也提出编制索引以发挥目录检索功能的见解。其《校雠通义·校雠条理》曰："窃以典籍浩繁，闻见有限，在博雅者且不能悉究无遗，况其下乎？以谓校雠之先，宜尽取四库之藏,中外之籍,择其中之人名、地号、官阶、书目,凡一切有名可治,有数可稽者,略仿《佩文韵府》之例,悉编为韵。乃于本韵之下,注明原书出处及先后篇第,自一见再见以至数千百,皆详注之,藏之馆中,以为群书之总类。至校书之时,遇有疑似之处,即名而求其编韵,因韵而检其本书,参互错综,即可得其至是。此则渊博之儒,穷毕生年力而不可究殚者,今即中才校勘,可坐收于几席之间,非校雠之良法欤?"同样,麟庆(1791—1846)《嬛嬛妙境藏书目录·自序》曰:"(该目)载明卷数,注明架所,请年家子胡岫桐(世华)于丙午(道光二十六年)夏缮成四册,俾得按籍以稽。"形成了典型的排架目录。

显然,在组织文献的基础上排检文献,是中国古代目录学的一个重要内容。就此而言,它和现代目录的定义——"书目又称目录,它是著录一批相关文献,按照一定次序编排组织而成的一种揭示和报导文献信息的工具"[1]——是一致的。但中国古代目录学还包括考辨学术和申明大道的内容,这又是现代目录学所不具备的。并且,出于突出考辨学术和申明大道的目的,中国古代目录学的检索功能相对不彰。而当与西方近现代目录学相比时,其检索效率更是显得相形见绌。

(二)近代以来对中国古代目录检索功能的认识

由于受到西方近现代目录在现实的文献检索中所取得的巨大成就的鼓舞,中国学者也自觉地竞相效尤西方的目录学理念和技术,并直接影响到了对古代目录检索功能的理解。

首先,将书目定位为二次文献。

早在1925年,梁启超(1873—1929)《佛家经录在中国目录学之位置》一文即提出:"著书足以备学者顾问……取便检查,亦正是此学中一重要条件。"[2]"取便检查"是目录价值的重要体现。陈垣指出:"目录学就好像一个帐本,打开帐本,前人留给我们的历史著作概况可以了然。古人都有什么研究成果,

---

[1] 彭斐章.目录学教程[M].北京:高等教育出版社,2005:1.

[2] 梁启超.佛家经录在中国目录学之位置[J].图书馆学季刊,1925:创刊号.

要先摸摸底,至深入研究时才能有门径,找自己所需要的资料。"❶在这一理念指导下,中国近代目录在类型上增加了根据书名、作者字顺为排列原则的书名目录和著者目录。另外,联合目录、卡片目录、目录工作标准化以及"取杜威成法,参以己见"的现代分类目录,也得到了极大的发展。

尤其值得一提的是,在20世纪20—30年代,索引的编制蔚然成风,史有"索引运动"之称。1929年,在中华图书馆协会第一次年会上还成立了索引检字组,1930年洪业(1893—1980)组织成立了我国第一个专门从事索引编纂的机构——哈佛燕京学社引得编纂处❷。而索引的本质是强调文献检索的便利和快捷,正如郑振铎指出:"'索引'为用至大,可以帮助读者省了不少无谓的时力。古书的难读,大都因没有'索引'一类的东西之故。"❸胡适(1891—1962)、刘半农(1891—1934)、林语堂(1895—1976)、郑振铎(1898—1958)等著名学者皆深被流风,甚至亲自参与到编制索引的实践工作之中。例如,近代古史辨派的创始人顾颉刚(1893—1980)编有《尚书通检》,著名作家与教育家叶圣陶(1894—1988)编有《十三经索引》,王重民1925年编有《国学论文索引》(初编),后又有续编、三编问世,他也因此被誉为"是中国现代学术论文索引编纂的奠基人"❹。

不仅如此,中国学者还以此为圭臬,改造传统书目,使其向重视编目、排序、索引的二次文献方向发展。例如,哈佛燕京学社引得编纂处所编《艺文志二十种综合引得》即是对古代二十种重要史志目录所编的综合性索引。1926年上海大东书局影印本《四库总目》附有陈乃乾(1896—1971)所编著者索引,1929年浙江省立图书馆铅印的杨立诚(1888—?)所编《四库目略》,将《四库总目》著录的图书用表格的形式,从书名、著者、卷数、版本、书旨五个角度重新排列,便于检索和阅读。1930年商务印书馆排印本《四库总目》附四角号码书名和著者姓名索引,杨家骆(1911—1991)《四库大辞典》将《四库总目》著录和存目之书一万余条以及著者七千余条编成混排索引。1965年中华书局影印浙江翻刻本《四库总目》附四角号码、笔画二种书名及著者姓名索引。陈有方（1927—）于1985年台湾商务印书馆出版的《四库全书简明目录指南》将《四库全书简明目录》中的作者、书名、主题以及目录、页数编成索引，并用中英两种文字编排。

其次，因检索功能不彰而苛责中国古代目录学。

在西方学理观照下，"检索"在目录学中的地位被放大了。但中国古代目录是一个兼具技术、知识和信仰的统一体系，其中的"技术"因素并不具有独立的价值，检索文献并不是古代目录学的擅场。杜定友初版于1930年的《校雠新义》一书即根据西方以检索见长的目录学思想为原则，对中国古代目录学进行了批判。他认为："目录学为簿计之学。若商店出品之有货物目录，书籍内容之有章节目录，所以罗列诸品，第其甲乙，而求便于稽核取用也。图书馆之藏书，犹商店之货品也。苟无目录，则外人不知其内容；不第甲乙，则无从检取，故有图书目录之学。沿是以谈，则目录学之对象为图书，而其目的在致用。稽之我国目录，未有是也"❶杜先生又曰："专门之学必有系统之法，必有分类"，所以，在类型上有"著者目录、书名目录、字典式目录、分类目录，多至数十种。而我国旧日目录学惟分类目录一种而已……单言分类目录不能称为目录学也。"❷最后，他在古今对比的意义上指出："我国之有目录学垂数千年者，图书短少，故编目之法不求其详，藏书之所多在秘阁，鲜有公开。而阅者之人多积学之士，《七略》《四库》类能道之。故检查不见其艰，且书目简短，即全编反复稽检，亦未觉其费时失事。古之社会环境与夫古人为学治事之法与今日大相径庭，则吾人又焉可以期今日之目录哉？自印刷发明、传流益广，藏书之所动以百万册计，阅书之人日以千百，目录卡片千百万张，检目者惟一书一事是求，从未能将全部目录通核一过者。即欲为之，亦为时间所不许，则目录之法，岂有不异于昔日者哉。故曰中国无目录学者，盖言有古之目录学而无今之目录学也。"❸

❶ 杜定友.校雠新义(下)[M].上海:上海书店,1991:15-16.

❷ 杜定友.校雠新义(下)[M].上海:上海书店,1991:16.

❸ 杜定友.校雠新义(下)[M].上海:上海书店,1991:16-17.

综上,杜先生的核心思想有二:首先,"簿记图书而便检取"是目录学的唯一取向,由此引申出著录客观化和编目规范化的要求。所以,他指出:"编目之法贵有定规,记载之序贵有先后。《唐志》'集史'有卷而'正史'不计,是无定规也。《汉志》以姓氏冠书名,《四库》以著者为附注,是无先后也。"❶其次,中国古代目录学以考辨学术为职志,不重视文献检索,因此,"自来言目录者必及类例,以为类例之外无目录学也。故书目之刊布,必据《七略》《四库》编次之,序例必以人次、时次。此分类目录也,是为目录之一,而非目录之全体也。特我国目录学者未之见耳。"❷总之,"目录,簿记之学也……目录之簿,所以记书也。后世昧于此义,复误以目录之学为辨章学术,考镜源流之本""目录惟便检查,于学术源流、派别无所与焉"❸。

嗣后,沈祖荣、裘开明(1898—1977)、黎锦熙(1890—1978)、蒋伯潜、洪业、钱亚新(1903—1990)、金敏甫(1907—?)、程长源(1910—?)、何多源(1909—1969)、姚名达、马导源(生卒年不详,1934年在世)等学者,皆以西方目录学为准式,强调书目的检索价值。如1946年蒋伯潜《校雠目录学纂要》、1984年吕绍虞《中国目录学史稿》等对杜氏之论皆有所承嗣。20世纪80年代以来,对于古典目录所执着的"辨章学术考镜源流",学者们仍递有噬点,其中不乏推挹太过者。甚或认为,不仅考辨学术的古代目录学在现代一无所取,在古代也是阴差阳错的选择。例如,王国强《"辨章学术考镜源流"之再评判》❹一文对古代目录学"辨章学术考镜源流"再作批判,三致其意;程焕文《中国目录学传统的继承与扬弃:"辨章学术考镜源流"批判》❺一文也主张"扬弃辨考以建设重在排检的目录学""扬弃申明大道,以成致用之学"。

其基本思路是,西方以检索为取向的目录学应该是人类目录学的共同旨归,而中国古代目录学重视"辨章学术考镜源流",不能有效地实现作为检索

❶ 杜定友.校雠新义(下)[M].上海:上海书店,1991:2.

❷ 杜定友.校雠新义(下)[M].上海:上海书店,1991:3.

❸ 杜定友.校雠新义(下)[M].上海:上海书店,1991:1-2.

❹ 王国强."辨章学术考镜源流"之再评判[J].图书与情报,1994(1).

❺ 程焕文.中国目录学传统的继承与扬弃:"辨章学术考镜源流"批判[J].图书馆工作与研究,1996(4).

工具的功能,因而值得"批判"。事实上,杜定友虽以西方目录学审度中国古代目录学,但他认为考辨学术在古代特定的时空条件下是相对自足的目录类型,并分析了古代"积学之士"自备检索的事实。他只是认为,古代目录学已经不敷时用,因而不能照抄照搬地运用于"近现代"这一特定的语境而已。杜定友把目录视为簿记图书从而便检取用的工具,从这一观念出发,他认为章学诚《校雠通义》所称"四部之中附以辨章流别之义,以见文字之必有源委",只是"古之目录学而非今之目录学"。

有趣的是,西方有关"中国最早的图书馆目录的功能和目的(Purposes and Bibliographic Objectives of a Pioneer Library Catalog in China)"的分析,是国外对中国图书馆书目最早的研究,"研究发现中国古代的目录具有文献导引、知识组织、检索查询和图书馆储存清单的作用"❶。显然,这一"发现"也是以西方书目检索为参照的结果,因而并不符合中国古代目录学的本质。

最后,古代目录学的式微。

中国古代"部次条别""甲乙部次"的目录组织,并不是在严格的逻辑水平上运思的。与西方相比,古代目录的文献著录并不以客观化、标准化为原则,组织款目的分类也不是形式逻辑意义上的分类。基本上,古代书目的检索更多的是结合"积学之士"深厚的学养,通过"神而明之"实现的。而西方目录学贯彻着实证精神,诸如按书名或著者音序排列款目、根据文献的形式特征或主题概念的逻辑类项划分文献、增加书目索引等等,这些基本认识和操作都支撑了检索效率的最大化诉求。由此,目录成为一种规范化和可控制的技术,它直接对应于西方近现代公共图书馆的兴起。

而伴随着古代藏书楼向近代"公共性"和"开放性"的图书馆的转型,也需要书目工作转向二次文献的工具性方向,以便利于"公众"(而不限于"积学之士")检索和利用文献。由于西方形式主义的字典式目录,可以直接根据书名、著者的字母顺序检索文献,而以DDC为代表的分类目录,则更是分类技术上的一朵奇葩。以此为观照,中国古代"部次条别""甲乙部次"的目录学技术,就显得相形见绌了。例如,针对《四库全书总目》卷帙甚繁、翻阅不易,而

---

❶ 柯平,等.2009年国外图书馆学研究前沿与热点分析:南开大学图书馆学前沿研究讨论之二[J].图书馆学研究,2010(10).

"只载某书若干卷,注某朝某人撰,则篇目不繁,而检查较易"的二十卷本《四库全书简明目录》,杜定友曰:"言之似甚成理,但《书目提要》之编均不说明书次,既无分类记号又无书箱年号次,岂可以即目求书哉?我国目录在乎珍藏而不在致用,故卷帙务求其宏厚,考据务求其详博,而取阅便利与否置不问也。"❶姚名达则指出,《七略》"其分类之标准不一""其法草创,前无所承,原无深义",并用现代逻辑学的眼光检讨其五条错谬❷,中国古代目录学所固有的"为甲乙部次计"的内容被推到了需要自我辩护的境地。另外,学者们在"批判"古代目录学时主要集矢于其"辨章学术考镜源流"之一端,事实上也否认了古代目录学具有检索功能。而对互著、别裁等分类"技术"的重视,则是以另一种学术姿态,强调中国古代目录学在检索技术上不乏智慧,但却适足以"证明"中国古代目录检索功能的不昌。

综上,中国古代目录学在近现代的荣辱得失直接跟西方近代目录学思想的输入有关。中国古代目录学"部次条别"的检索内涵尽管与西方目录学的本质最为切合,但由于跟西方以形式逻辑为原则的检索技术存在巨大的落差,导致学者们对古代目录学的检索内涵采取了"一瞑不视"的态度,甚至得出了"中国无目录学"的结论。杜定友总结指出,"编目之法必有定义,藏书目录有其书必有其目,有其目必有其书,此其一";"目录惟便检查,于学术源流、派别无所与焉,此其二";"目录必记明书次,庶可以即目求书,此其三";"检查目录必用直接方法,此其四";"编次必有规则,此其五";"目录必用活叶,亦曰卡片,此其六"。"右之六者,为图书目录之要著而昔人编目非特无所顾及,且适得其反,此所以本章之末论中国无目录学也"❸。

二、古代目录学的学术价值

当参照西方学理只能得出中国古代目录学"落后""愚昧"甚至"没有"时,一些坚守传统的学者们挺身而出为中国古代目录学的价值进行辩护,他们以

❶ 杜定友.校雠新义(下)[M].上海:上海书店,1991:2.

❷ 姚名达.中国目录学史[M].上海:上海书店,1984:67-69.

❸ 杜定友.校雠新义(下)[M].上海:上海书店,1991:1-3.

叶德辉(1864—1927)、张元济(1867—1959)、余嘉锡、刘纪泽(1901—1960)等
为代表,陈钟凡(1888—1982)、李笠(1894—1962)、刘咸炘、赵万里(1905—
1980)、潘景郑(1907—2003)、张舜徽(1911—1992)、程千帆(1913—2000)之
伦互为唱和。其基本思路是:中国古代目录学的检索技术虽不如西方,但"技
术"并非中国古代目录学的唯一价值。相反,中国古代目录学是定位在学术
层次上的。相应地,清人王鸣盛(1722—1797)《十七史商榷》"目录之学,学中
第一紧要事""凡读书最切要者,目录之学""不通汉《艺文志》不可以读天下
书"等旨在标榜古代目录学学术价值的名言锦句也在频繁征引之列,由此形
成了与致力于"批判"古典目录学分途并骛的另一个目录学流派。其本质是
立足于中西之"异",认为中西目录学各有系统,也各有自己的特殊性,两者不
是先进与落后的问题,强为比附,难免葛藤纠缠。

(一)古代目录学学术价值的具体内涵

梁启超指出:"夫目录之书,裨学有四:载籍浩博,决非一人之力所能尽
藏,所能尽读,流览诸录,可以周知古今图书之大凡。有解题者读其解题,虽
未睹原书亦可知梗概,为裨一也;书籍孳乳日出,亦散亡代谢,赖有遗录,存彼
蜕痕,虽器实已沦,尚可识其名数。又某时代、某类书实始创作或作者独多,
某书在某时代已寥落罕闻或散亡最剧,综而校之,学风见焉,为裨二也;稀见
秘书,识者知珍,孤微仅存,流传有绪,博稽诸家著录,可以称其展转储藏之所
在,按图索骥,或整理流通,或取裁述作,为裨三也;学术分化发展……业成专
门,门类区分,或累代递迁,或因人而异,博观互校,得失斯见,循此以称学海
之派分渊汇,察艺林之莘坼条敷,知类通方,此其跬步,为裨四也。"❶
笔者认为,古代目录学的学术价值集中体现在三个方面,一是揭示以"三
代"为节点的学术"源""流";二是考辨具体学术问题;三是揭示学术发生、发
展的长程历史。

1. 辨章学术考镜源流❷

章学诚在《校雠通义》一书中完整地提出了"辨章学术考镜源流"的命题,

---

❶ 梁启超.梁启超全集·九[M].北京:北京出版社,1999:5130.

❷ 傅荣贤.论章学诚"辨章学术考镜源流"的本质[J].大学图书馆学报,2016(2).

该书《自序》开宗明义指出："校雠之义,盖自刘向父子部次条别,将以辨章学术,考镜源流。"反过来,《校雠通义》也是一部专志于考辨学术源流的著述。其《自序》曰:"今折衷诸家,究其源委,作《校雠通义》,总若干篇,勒成一家,庶于学术渊源,有所厘别。""辨章学术"和"考镜源流"两者互文见义,所"辨"者乃学术之"源流"(而非学术的其他方面);所"考"者乃"学术"之源流(而非学术之外的其他源流),"辨章学术"和"考镜源流"皆矢志于学术源流的清晰呈现。那么,什么是学术之"源流"呢?

(1)学术"源流"的本义

《章氏遗书外编》卷第十七《和州志二》曰:"夫文字之原,古人所以为治法也。三代之盛,法具于书,书守之官。天下之术业,皆出于官师之掌故,道艺于此焉齐,德行于此焉通,天下所以以同文为治。而《周官》六篇,皆古人所以即官守而存师法者也。不为官师职业所存,是为非法,虽孔子言礼,必访柱下之藏是也。三代而后,文字不隶于职司,于是官府章程、师儒习业,分而为二,以致人自为书,家自为说,盖泛滥而出于百司掌故之外者,遂纷然矣(六经皆属掌故,如《易》藏太卜,《诗》在太师之类)。书既散在天下,无所统宗,于是著录部次之法,出而治之,亦势之所不容已。"章学诚把繁芜的"学术"问题化约为"源"与"流"的分殊,既溢美"三代盛时"之"源",又痛诋"三代而后"之"流"。

首先,"三代之盛"的学术之"源"具有下述几个基本特征。一是在学术主体上,"法具于书,书守之官";二是在性质与功能上,学术以"法治"为务,兼包"道艺"、并蓄"德行",直接襄赞政治教化;三者,这一堪称理想的学术范型集中体现在"《周官》六篇"中,六篇所叙职官既是行政岗位也是师法所在,反映了官师不分因而政教一体、治学合一的学术气象;四是,作为个案,孔子"述而不作"的六经,"皆属掌故",共享"三代之盛"的学术品质与荣光。因此,"孔子言礼,必访柱下之藏",作为"私人"的孔子必访作为"官府"的"柱下"以为其"言礼"之据,故亦不失"同文为治"的官学本色。

其次,"三代而后"的学术之"流",则不复"三代之盛"的法度。一是在学术主体上,"文字不隶于职司"从而逸出了官府的掌控,于是"人自为书,家自为说";二是在性质与功能上,"官府章程、师儒习业,分而为二",遂致政教分离、治学殊途；三者，"《周官》六篇"无由纲纪这些"既散在天下，无所统宗"的图书、学术，"著录部次之法"（目录）于焉产生。

显然，章学诚的学术"源流"并不是泛指学术发生、发展和演化的长程历史，而是聚焦于以"三代"为节点的两个层次和二重境界，两者反映了不同的精神视域和价值认同："源"意味着遥契大道的正面价值；而相对负面的"流"只有通过复古原则和家法还原，从而回归"源"的境界，才能实现对现实之"流"的纠偏。《汉志诸子》篇曰："官司失其典守，则私门之书，推原古人宪典以定其离合；师儒失其传授，则游谈之书，推原前圣经传以折中其是非。其官无典守而师无传习者，则是不根之妄言，屏而绝之，不得通于著录焉；其幸而获传者，附于本类之下，而明著其违悖焉。是则著录之义，固所以明大道而治百家也。"通过"推原"，那些"不根"之书就能屏在著录之外；即使"幸而获传"，也能通过"附于本类之下"的源流疏浚，揭明其"违悖"所在。就此而言，他以"考镜源流"相号召的目录学，目的是要回应"不根"或"违悖"之学的现实，具有明显的道学认同和返本情结。他在《宗刘》篇中为正史、名墨两家、集部、类书、钞书等后世"新出"文献类型撰写序言，也是要在"以流证源"的历史回溯基础上，"以源定流"，实现对"流"的规范。所以，《校雠通义·叙》要"使人由委溯源，以想见坟籍之初"。《原道》则曰："后世文字，必溯源于六艺。"因为"后世文字"属于学术之"流"；而"六艺""皆属掌故"，是"三代盛时"的产物。所以，《补校汉艺文志》曰："以道器合一求之：则阴阳、蓍龟、杂占三条，当附易经为部次；历谱当附春秋为部次；五行当附尚书为部次。纵使书部浩繁，或如诗赋浩繁，离诗经而别自为略，亦当申明源委于叙录之后也。""阴阳、蓍龟、杂占"作为"流"，附于"易经"之"源"即可上达三代之道，其他"历谱""五行"亦有所附从而返本大道之"源"。而"或如诗赋浩繁，离诗经而别自为略"不能在分类上揭示其"源"，"亦当申明源委于叙录之后也"，即通过序言的形式补救性指出其"源"。

《和州志艺文书序例》云："学者苟能循流而溯源，虽曲艺小数、诐辞邪说，皆可返而通乎大道。"又曰："夫欲辨古书正伪以几于知言，几于多闻择善，则必深明官师之掌，而后悉流别之故，竟末流之失，是刘氏著录，所以为学术绝续之几也。不能究官师之掌，将无以条流别之故，而因以不知末流之失，则天下学术，无所宗师。"追溯源头就是返本大道，从而"辨古书正伪""竟未流之失"，实现对现实之"流"(也是"器")的图书、学术的框限。他还从"道器"的角度认证"源流"。认为时间意义上的"源流"分殊，也是哲学层面上的"道器"之别，因而又是应然理想与实然当下的判分。图书、学术由流溯源，就是因器见道，也就是从实然回归应然。《文史通义·与朱沧湄中翰论学书》曰："文章学问，毋论偏全平奇，为所当然而又知其所以然者，皆道也。"每一具体图书，都有"道"的指向。但"道"是"为所当然而又知其所以然者"，因而往往隐而未发，需要通过源流的梳理才能揭示出来。

综上，章学诚认为学术包括"三代盛时"之"源"的理想境界和"三代而后"之"流"不复三代法度的现实两个层次，学术研究的主要目标即在于通过"源""流"的疏浚，返本三代之"道"。而目录学"著录部次，辨章流别，将以折衷六艺，宣明大道"，正是要推动学术由"流"溯"源"从而"宣明大道"，由此也给出了关于"目录之学"的另类叙事，并赋予了目录之于学术文化的能动性功能——目录学可以能动性地改造三代以降的学术之"流"，使其上达"三代盛时"学术之"源"的理想境界。

(2)对章学诚"辨章学术考镜源流"的误读

然而，后人并未理解章氏"辨章学术考镜源流"的本义，集中体现在下述两大方面。

一方面，将学术"源流"等同于学术之"史"。钱穆(1895—1990)认为，章学诚是"从学术史观点来讲学术"❶。但所谓"学术史"，无论从什么角度定义都应该包括学术发生、发展的主要过程及其历时性演化的谱系特征两大方面。"主要过程"虽不囊括所有，但不能回避重要的历史细节；"谱系特征"则要求在描述"主要过程"的基础上揭示其动态的变化规律。然而，章氏的"辨章学术考镜源流"只是专志于以"三代"为转捩点的"源""流"判分，而不究心于学术长程历史中每一个潮起潮落的细节。并且，章氏对学术"规律"的总结也聚集于"源""流"二分话语及其不同的层次与境界，而不是从发生、发展的相

---

❶ 钱穆.中国史学名著[M].北京:三联书店,2000:253-254.

对完整的过程中揭示学术演化的规律。因此,"辨章学术考镜源流"中的"源流"有其具体指涉,与广义的学术之"史"并非全等关系。

另一方面,将"辨章学术考镜源流"简化为考辨具体学术。《校雠通义·焦竑误校汉志》篇曰:"盖类有相仍,学有所本,六艺本非虚器,典籍各有源流。"章氏所究心者,乃典籍之源流,而不是具体而微的个别学术问题。然而,正如余嘉锡所云:"目录之书,既重在学术之源流,后人遂利用之考辨学术。"❶这里,余氏混同"学术之源流"与"学术"之迹清晰可辨。

诚然,目录通过对"每一书"的著录与提要(或小注),以及通过分类和序言对"一批书"的组织与解说,一方面确实具有考辨学术之"史"(而不仅是"源流")的功能。因此,中国古代的学术史主要被"定位在学术宗旨和源别派分上,因而以'目录体'或'学案体'为其表现形式"❷。当然,除了"目录体"与"学案体"之外,另有《庄子·天下》、司马谈(? —前110)《论六家要旨》等学术史专论。另一方面,也有助于考辨与一书相关的个别问题。诸如,通过目录考辨一书作者、版本、内容等。在这一意义上,学界认为古典目录具有学术史和考辨具体学术问题之功能的定位或认识皆属洞见,但却并非"辨章学术考镜源流"的题中之义,章氏之"辨章学术考镜源流"超越了学术史与具体学术问题的层次。事实上,章氏痛诋"甲乙簿录"与"考订文字"这两类书目类型,表明他也认识到目录具有梳理学术史(而不局限于源流)和考辨具体而微的个别学术问题的价值,但他认为两者都只是"小焉者"。他提出"辨章学术考镜源流",就是超拔于常识性认知,以三代为节点判分学术的"源""流",从而也踩到了广义学术史上的关键性鼓点。该命题涉及"轴心时代"中国学术的革命性裂变,沉潜到了"学术的本质是什么"以及"应该是什么"等宏大问题,其思想远比执着于广义学术史或考辨个别学术问题的认知深刻。

2. 对具体学术问题的考辨

余嘉锡《目录学发微》一书重点发挥章学诚的目录学思想,强调"以能叙学术源流者为正宗""此即从来目录学之意义也"❸。但余氏显然是将"辨章学

❶ 余嘉锡.目录学发微[M].成都:巴蜀书社,1991:12.

❷ 陈其泰,李廷勇.中国学术通史[清代卷][M].北京:人民出版社,2004:总序:14.

❸ 余嘉锡.目录学发微[M].成都:巴蜀书社,1991:1.

术考镜源流"与对具体学术问题的考辨等同了起来。他在《目录学发微》第一卷《目录学之意义及其功用》中总结古代目录学的学术考辨价值计有六条,为王欣夫(1901—1966)《文献学讲义》所取信。王先生指出:"以上六条,故友余氏嘉锡所启示,实为精辟之论,学者由此类推,而目录学的用处才能深广,科学研究的必先通目录学又可概见了。"❶并于六条之下各举例证予以说明。今参酌余、王二家,并补以例证,以明目录学在考辨具体学术问题上的价值。

第一,以目录著录之有无,断书之真伪。

从古典目录的发展历史来看,"考辨古籍真伪和图书整理编目工作是同时并举的两道工序"❷,刘向校书之际,即颇为留意于辨识图书之真伪,如他怀疑《神农》二十篇为"李悝及商君所说"。班固《汉志》也多著录古书考辨成果,明注"依托"者七,"似依托"者三,如道家《力牧》二十二篇下注云:"六国时所作,托之力牧。力牧,黄帝相。"又如,小说家中注伪托者有多种,而《黄帝说》四十篇下更注称:"迂诞依托。"班固还根据刘歆《七略》的著录,判断东方朔(前161—前90?)作品的真伪。《汉书·东方朔传》曰:"凡刘向所录朔书具是矣,世所传他事皆非也。"据《后汉书·张衡传》记载,张衡(78—139)亦曾以"刘向父子领校秘书,阅定九流,亦无谶录"为据,证明谶纬是伪书。同样,在《晋书·曹志传》中,曹志(?—288)以"按录无此"断言《六代论》非曹植(192—232)所作。

又如,明代目录学家胡应麟(1551—1602)在所著《四部正讹》中明确提出考核伪书之"八法",其首要二法为:"核之《七略》以观其源"和"核之群志以观其绪"。即从《七略》考求文献渊源,并根据各史《艺文志》或《经籍志》了解其发展与变化情况。清代学者崔述(1739—1816)的《古文尚书辨伪》共分二卷,专辨传世本二十五篇《古文尚书》之伪。卷一分"六证"和"六驳",六证之一题为:"孔安国于壁中得《古文尚书》,《史记》《汉书》之文甚明,但于二十九篇之外复得十六篇,并无得此二十五篇之事。"这里所谓《汉书》,实指《汉书·艺文志》的《六艺略·书序》。六证之五题为:"十六篇之文,《汉书·艺文志》尝引之,与今书二十五篇不同。"也直接以《汉志》为据。姚际恒(1647—约1715)所撰

❶ 王欣夫.文献学讲义[M].上海:上海古籍出版社,1986:24.
❷ 牟玉亭.文献目录与古籍辨伪[J].古籍整理研究学刊,1994(3).

《古今伪书考》辨62种古书之伪,《汉志》《隋志》《郡斋读书志》《直斋书录题解》和《四部正讹》等古典目录,也是其主要取资。

第二,用目录书考古书篇目之分合。

例如,《礼记正义》卷一引郑玄(127—200)《目录》以证明:《曲礼》在刘向《别录》中属于制度;《乐记》原本由十一篇组成;《冠礼》在大小戴《礼记》及《别录》里都列为首篇。又如,从《荀子·儒效篇》"曾不如相鸡狗之可以为名也"与《吕氏春秋·士容篇》"齐有善相狗者"等记载来看,早在先秦时期我国即已出现相狗之术,1972年出土的山东临沂银雀山汉简则出现了《相狗经》一书。然而,"案历来簿录家,未闻有《相狗经》,仅《汉书·艺文志》形法家中有相六畜卅八卷,相狗经应是其中之一"❶。显然,原本独立的《相狗经》被《汉志》等书目(即所谓"历来簿录家")根据自己的理解合并到了《相六畜》一书之中,直接导致《相狗经》的湮没不彰。同样,《汉志》"杂赋"有《杂禽兽六畜昆虫赋》十八篇、"杂占"有《人鬼精物六畜变怪》二十一卷等等,也浑言"六畜"而不予分别,无疑也直接影响到了人们对相关文献的理解。

第三,以目录书著录之部次,定古书之性质。

例如,《南史·陆澄传》载陆澄(425—494)之语曰:"世有一《孝经》,题为郑玄注。观其用辞,不与注书相类。案玄自序所注众书,亦无《孝经》。且为小学之类,不宜列在帝典。"王俭(452—489)答曰:"疑《孝经》非郑所注。仆以此书明百行之首,实人伦所先。《七略》《艺文》并陈之六艺,不与《苍颉》《凡将》之流也。郑注虚实,前代不嫌,意谓可安,仍旧立置。"这里,王俭根据《七略》《艺文》(即《汉志》)认为,《孝经》"陈之六艺",属于儒家经书,而非类似《苍颉》《凡将》那样的"小学"类文献。又如,《史记·管晏传列》张守节[约与唐明皇(685—762)同时]《正义》引《七略》曰:"《管子》十八篇,在法家。"查《汉志》可知,《诸子略·道家》著录《管子》86篇,《兵书略·兵权谋》则云:"省《伊尹》《太公》《管子》《孙卿子》"等"二百五十九种"。由此可知,《管子》的主体(86篇)为道家著作;其中的18篇(或86篇之外另有18篇),被《七略》定为法家,而《汉志》则定其性质为兵权谋类、并以重复著录的名义"省"了。再如,《晏子》8篇,

❶ 罗福颐.临沂汉简概述[J].文物,1974(2).

《汉志》列为《诸子略·儒家》,可知该书的性质定位。但唐人柳宗元(773—819)《柳河东集》卷4《辩晏子春秋》认为,《晏子春秋》"非墨子之徒则其言不若是,后之录诸子书者,宜列之墨家。非晏子为墨也,为是书者,墨之道也"。宋晁公武(1105—1180)《郡斋读书志》、明焦竑(1540—1620)《国史经籍志》等书目皆承此说而入之墨家。

第四,因目录访求阙佚。

例如,据《隋书·牛弘传》记载,牛弘(545—610)通过"比梁之旧目",发现隋初实存文献"止有其半",并据此进一步提出了访求遗佚的建议。事实上,中国古代曾编制过许多"阙书书目",以作为搜访遗书的依据,如宋人编制书目的一个重要动机即在于据以确定哪些文献属于"遗书"的范围,《宋会要辑稿·崇儒》所谓"访求《(崇文)总目》以外,别有异书""以《中兴馆阁书目》点对,如有未收之书,即移文本处取索",由此可见官府书目在确定"遗书"过程中的重要作用。宋代官府还编制了大量的阙书目录,以加强文献搜访工作的针对性,如太平兴国九年(984)所编《搜访书目》《艺文志见阙书目》《秘书省四库阙书目》等等皆是。又如,近人吴引孙(1851—1921)于1893年编制的《有福读书堂书目》将藏书分为经、子、史、集、艺、丛、医、试、说、教、阙十一类,据书前《序例》可知,其中的"阙"是指:"旧书每多残缺,岂易尽获全璧?凡有难得之书,不以缺少书卷而弃置者,特另编'阙'类附之,以俟异时购配。"❶

第五,以目录考亡佚之书。

据《隋书·牛弘传》,牛弘曰:"案刘向《别录》及马宫、蔡邕等所见,当时有《古文明堂礼》《王居明堂礼》《明堂图》《明堂大图》《明堂阴阳》《太山通义》《魏文侯孝经传》等,并说古明堂之事。其书皆亡,莫得而正。"牛弘正是通过《别录》等目录而考知这些亡佚之书的。《隋书·牛弘传》又指出,北齐高氏"据有山东,初亦采访,验其本目,残缺犹多",这是利用目录确定图书的残缺情况。《隋志》著录"梁有今亡或今残",亦可据以考见图书亡佚。又如,《别录》是刘向叙录的结集,见著于欧阳修(1007—1072)《新唐书·艺文志》,由此可以推定《别录》在唐末五代之前尚存。

---

❶ 陈乃乾.测海楼旧本书目[Z].北京:富晋书社铅印本,1932:附录.

第六，以目录书所载姓名、卷数考古书之真伪。

据《唐会要》卷七七载，唐玄宗开元七年(719)下诏详定《子夏易传》。刘知几曰："《汉书·艺文志》，《易》有十三家，而无子夏作传者。至梁阮氏《七录》，而有《子夏易》六卷，或云韩婴作，或云丁宽作。然据《汉书·艺文志》，《韩易》有二篇，《丁易》有八篇。"鉴于作者及篇目皆舛，他"深以为疑"。司马贞(约生于676—679间，卒于732或之后不久)曰："按刘向《七略》有《子夏易传》。但此书不行已久。今所存者，多非真本。又荀勖《中经簿》云：'《子夏传》四卷，或云丁宽所作。'是先达疑非子夏矣。又《隋书·经籍志》云：'《子夏传》残缺。梁时六卷。今三卷。'是知其书错谬多矣。""王俭《七志》引刘向《七略》云：'《易传》子夏，韩氏婴也。'今题不称韩氏，而载薛虞记，其质粗略，旨趣非远，无益后学。"显见，刘知几和司马贞之质疑《子夏易传》，无不以目录为据。

总体上，余先生一言以蔽之的"目录之学为读书导引之资，凡承学之士，皆不可不涉其藩篱"[1]的总结，基本上都停留在具体文献或学术之考辨的微观层次。在《古书通例》一书中，余氏又指出："或得一古书，欲知其时代、撰人及书之真伪，篇之完阙，皆非考之目录不为功。"[2]也聚焦于具体的"一古书"。此外，参考来新夏的相关观点可以发现，古代书目还具有下述学术考辨的功用[3]。

首先，了解图书的本身状况。

即通过目录的著录、提要、分类等因素，获得具体文献的书名、撰者、卷数、版本、内容、存佚、流传等信息。如《四库总目·子部·谱录类》唐陆羽(733—804)《茶经》的提要曰："(陆)羽字鸿渐，一名疾，字季疵，号桑苎翁，复州竟陵人。上元初，隐于苕溪。征拜太子文学，又徙太常寺太祝，并不就职。贞元初，卒。事迹具《唐书·隐逸传》。称羽嗜茶，著《经》三篇"等作者的生平事迹。由此可知陆羽的相关生平信息。又如，通过朱彝尊(1629—1709)《经义考》可知相关文献的"存、佚、阙和未见。"通过《汉志》著录可知，中国早在秦

❶ 余嘉锡.目录学发微[M].成都:巴蜀书社,1991:14-15.

❷ 余嘉锡.古书通例[M].上海:上海古籍出版社,1985:1.

❸ 来新夏.目录学读本[M].上海:上海交通大学出版社,2014:7-14.

汉之际即出现了足球专著《蹴鞠》二十五篇;结合《汉志》文献著录可证,小学类的"《别字》十三篇"即扬雄所著《方言》;通过宋尤袤(1127—1202)《遂初堂书目》、清代官修《天禄琳琅书目》的相关著录可以获得文献的版本信息,等等。

其次,指示门径和辅导读书。

汉代大儒王充(27—约97)在《论衡·案书》中指出:"六略之录,万三千篇,虽不尽见,指趣可知。"说明通过目录的著录和分类揭示文献内容的性质与得失,可以达到唐代目录学家毋煚《古今书录序》所谓"览录而知旨,观目而悉词"的信息认知。近人缪荃孙(1844—1919)《积学斋藏书志序》认为目录具有"开聚书之门径"和"标读书之脉络"的功能。例如,《四库总目》史部正史类《旧五代史》提要曰:"是书虽文不及欧阳,而事迹较备。"《宋史》提要云:"自柯维骐以下,屡有改修,然年代绵邈,旧籍散亡,仍以是书为稿本,小小补苴,亦终无以相胜。故考两宋之事,终以原书为据,迄今竟不可废焉。"又如,张之洞(1837—1909)《书目答问·正史·补注表谱·考证之属》注曰:"此类各书为读正史之资粮。"《书目答问》附《輶轩语·语学第二》认为:"《四库提要》为读群书之门径。"类似的评论,无疑为读者提供了宝贵的参考。所以,清朝学者江藩(1761—1831)《经解入门·目录之学第三十二》曰:"盖目录者,本以定其书之优劣,开后学之先路,使人人知某书可读,某书不当读,则为学易而成功且倍矣。吾故尝语人曰:目录之学,读书入门之学也。"而据陈垣《余嘉锡论学杂著序》,余嘉锡"之略知学问门径,实受《提要》之赐",其问学"是从《书目答问》入手"。

3. 揭示学术发生、发展的长程历史

上述有关目录学学术价值的总结,多局限于微观层次,似稍失烦琐。事实上,目录是秩序化的文献清单,分类则是赋予文献以秩序的重要手段。而每一类中的众多文献,又主要是根据时代为次排列的,正如《四库总目·凡例》第七则曰:"至其编次先后,《汉书·艺文志》以高帝、文帝所撰杂置诸臣之中,殊为非体。《隋书·经籍志》以帝王各冠其本代,于义为允,今从其例。其余则概以登第之年、生卒之岁为之排比,或据所往来倡和之人为次。无可考者,则

附本代之末。释道、闺阁,亦各从时代,不复区分。"显见,《总目》除了对诸如帝王以及"无可考者"等少数极端情况之外,主要是根据撰者的登第或生卒年作为文献排列的依据。因此,同一类目之下的众多文献,事实上形成了历时性的秩序系列,因而也呈现了该类文献学术的长程历史,正如郑樵《校雠略·编次必谨类例论》指出:"类例既分,学术自明,以其先后本末俱在。观图谱者,可以知图谱之所始。观名数者,可以知名数之相承。谶纬之学盛于东都,音韵之书传于江左,传注起于汉魏,义疏成于隋唐,睹其书可以知其学之源流。"认为分类具有考镜历代学术的源流正变及其学术发展大势的功能,宏观文化认知尤其是关于文化知识的体系是通过目录的类例获得的。

与分类相得益彰的序言、提要乃至凡例、案语等目录体制,亦附益分类,致力于揭示某学术门类的"源流"。尤其是层次有别的各类类序,往往专就某类学术立论,更是考辨学术源流的重要体式。例如,《汉志·春秋序》云:

古之王者世有史官。君举必书,所以慎言行,昭法式也。左史记言,右史记事,事为《春秋》,言为《尚书》,帝王靡不同之。周室既微,载籍残缺,仲尼思存前圣之业,乃称曰:"夏礼吾能言之,杞不足征也;殷礼吾能言之,宋不足征也。文献不足故也,足则吾能征之矣。"以鲁周公之国,礼文备物,史官有法,故与左丘明观其史记,据行事,仍人道,因兴以立功,就败以成罚,假日月以定历数,借朝聘以正礼乐。有所褒讳贬损,不可书见,口授弟子,弟子退而异言。丘明恐弟子各安其意,以失其真,故论本事而作传,明夫子不以空言说经也。《春秋》所贬损大人当世君臣,有威权势力,其事实皆形于传,是以隐其书而不宣,所以免时难也。及末世口说流行,故有《公羊》《穀梁》《邹》《夹》之《传》。四家之中,《公羊》《穀梁》立于学官,邹氏无师,夹氏未有书。

这里,作者从历时性的角度,介绍了《春秋》类文献的缘起("古之王者世有史官",右史所记即《春秋》)、文本的生成("周室既微",孔子"口授弟子"以及左丘明"论本事而作传")、发展("末世口说流行")以及现状("《公羊》《穀梁》立于学官"),从而为读者揭示了《春秋》类文献发生、发展的大致概貌。

因此,目录可视为文化的体系性建构,涉及整个学科或某个门类的发生、发展及其流变。谢国桢(1901—1982)认为,目录学"也可以叫做'史学史'",

从中可以"看见我国人才蔚出，学术发展的历史"❶。例如，根据《汉志·小学》的类例及其类序可知，所谓"六书"是指六种字体，而与"象形、指示、会意"等六种造字条例无关❷。鲁迅（1881—1936）《中国小说史略》首章"史家对于小说之著录及论述"，直接摘录《汉志·小说家》所著录的十五家文献及其《序》而入说，第三章篇题复为"《汉书·艺文志》所载小说"❸，可视为运用目录考辨一类学术的典范。胡适在为孙楷第（1898—1986）《日本东京所见小说书目提要》所作《序》中指出："孙先生本意不过是要编一部小说书目，而结果却是建立了科学的中国小说史学，而他自己也因此成为中国研究小说史的专门学者。"又如，潘晟通过《汉志》分析中国古代地理学的源流和特点，指出："中国古代地理学的人文化倾向，早在《汉书·艺文志》中即已经奠定了基础。"❹

总之，目录能够从历时性演化的角度分析学术发生、发展的长程历史，具有学术史的性质，从而也超出了考辨"一本书"的层次；当然，亦超越了章学诚狭义"源流"的范围。而基于这种长程考索，书目还有助于掌握古籍总的基本情况。例如，由《汉志》可知，汉代"中秘"所藏文献的总数是"六略三十八种，五百九十六家，万三千二百六十九卷"；而据《隋志》，唐初包括亡佚和残阙以及道佛在内的典籍有 56 881 卷。又如"《汉志》没有史籍的独立门类，只在《六艺略》的春秋家后附录了 23 家、948 篇。而到《隋志》，不仅把史部标为一大类，而且著录存亡史籍有 874 部、16558 卷，较《汉书》增加多倍，从而还可以了解到历史书籍发展增多的情况"❺。显然，目录对某一或某类文献的著录，能够反映学术的消长，"窥见学术之盛衰，文化之升降"。再如，"据《隋书·经籍志》，注《汉书》者二十一家，共六百二十卷，而注《史记》的只三家，共九十五卷"❻。由此可见《史记》以"训诂代本字"，比追求"文章尔雅，训辞深厚"的《汉

---

❶ 谢国桢.瓜蒂庵文集[M].谢纪青,编.沈阳:辽宁教育出版社,1996:218-219.

❷ 傅荣贤.《汉书·艺文志》中的"六书"[J].图书馆理论与实践,2006(6).

❸ 鲁迅.鲁迅全集:第九册[M].北京:人民文学出版社,1981.

❹ 潘晟.中国古代地理学的目录学考察(一)——《汉书·艺文志》的个案分析[J].中国历史地理论丛,2006(1).

❺ 来新夏.目录学读本[M].上海:上海交通大学出版社,2014:8.

❻ 程千帆,徐有富.校雠广义(目录编)[M].济南:齐鲁书社,1998:74.

书》更易于识读,所以注本相对较少。同样,俄国学者马卡罗夫在《法与国家的相互关系》一文中指出:"数十年来,在文献目录中,介绍国家和法相互关系的文献仅有6种,这一情况并非偶然,它是极权国家非法化的反映。"❶正是有见于书目在掌握文献总体情况中的价值,许多学者多以书目为治学的入手门径。例如,国学大师王国维(1877—1927)研究学术,先"讲目录学,以窥见某种学问或某个问题材料的多少或有无"❷。

然而,近现代以来对古典目录学学术价值的刻意强调,是以默认中国古代目录学的检索功能不昌为前提的。不仅如此,为了强调"中国特色",学者们更多地看到了书目在学术考辨上的正面意义,甚至夸大了书目的学术价值。

(二)对古典目录学学术价值的反思❸

古典目录是结合具体文献著录而形成的分类体系,记录和反映了文献及其关系以及文献背后的文化等方面的基本情况,具有毋庸置疑的学术考辨价值。但书目首先是关乎文献的著录清单,具有章学诚《校雠通义·汉志六艺》所谓"《艺文》据籍而纪,其于现书部目之外,不能越界而书,固其势也"的自性特征,对它的学术价值必须有清醒的认识。

1. 书目在考辨学术过程中的局限性

古代目录与它所反映的学术之间并不存在严谨的对应关系,两者只是点与面的对应。章学诚《校雠通义·汉志诸子》即曾通过比较《史记》中有关篇章和《汉志》的异同,认为《史记》在叙述学术渊源方面优于《汉志》,详见第四章第七节。我们认为,古代目录以"文献著录"为主要形式和突出特点,这既是它的优势所在,同时也构成了其考辨学术时的局限。

第一,目录是一批文献的著录结集,只能反映有文献(一本本"书")记载的文化。例如,大量青铜制品的出土表明,我国早在商周时期青铜冶铸业就已经达到了很高的水平。但因没有即时出现相关"专著",所以,在早期目录

---

❶ [俄]马卡罗夫.法与国家的相互关系[J].寿仁,译.国家与法,1995(5).

❷ 周传儒.史学大师王国维[J].历史研究,1981(6).

❸ 傅荣贤.中国古代目录学学术价值之反思[J].图书情报知识,2008(2).

中没有留下任何关于青铜冶铸业成就的蛛丝马迹，无法通过目录考辨相关学术。

第二，目录以一本本书（而不是一篇篇文章）为著录单元，往往只能反映一本书的整体学术信息，而不能将该书所有篇章的学术信息完整地反映出来。例如，《天官》是《周礼》六篇中的一篇，其中有关酿酒技术的记述（如"辨五齐（剂）之名：一曰泛齐，二曰醴齐"）在目录中难以反映出来。同样，作为《礼记》的一篇，《月令》中诸如"秫稻必齐，曲糵必时，湛炽必洁，水泉必香"之类酿酒注意事项的内容也不能直接从目录中考辨而得。

第三，由于种种原因，目录往往不能"通记有无"从而反映全部文献，更遑论反映学术文化的全部了。例如，《汉书·楚元王传》曰："元王亦次《诗传》，号曰《元王诗》，世或有之。"《汉书·京房传》和王符（约85—约163）《潜夫论》中的《贤难》《考绩》两篇都提到西汉经学家京房（前77—前37）著有《考功课吏法》。然而，《元王诗》和《考功课吏法》皆不见著于《汉志》，无法藉以完整地考辨汉初诗学或西汉官吏考核制度。

第四，目录是对"现有"（有时也包括"曾有"）文献的著录，而从某一学术文化类型的产生到该类型学术文化被总结为一本本"专著"，再到目录将这些"专著"著录在册，整个过程往往包含漫长的时间跨度，从而导致目录在考辨学术源流时难免出现时滞。例如，"宋元两代，乃是'说话'伎艺表演与话本小说编撰的繁盛期，然而，令人惊讶的是，这一时期的公私目录，却对此毫无反映"❶。

第五，囿于"文献著录"这一刻板形式，目录在著录时还必须考虑到文献的实际情况。如清《四库总目》鉴于墨家、名家、纵横家发展到清代已"寥寥不能成类"，分别只有两种、三种和一种，于是全部归入杂家，所谓"杂之义广，无所不包"。这样，不仅不能考辨墨家、名家、纵横家的学术源流，就连"杂家"也不再是班固所谓"兼儒墨，合名法"的诸子学派之一了。

第六，中国古代目录学是一门"自性"学科，具有独特的学科知识和学理结构，只有对目录学有深刻的"专业"了解，才能对学术文化做出准确的考

❶ 潘建国.古代通俗小说目录学论略[J].文学遗产,2000(6).

辨。例如,清儒王念孙(1744—1832)是清代训诂学大家,但他因没有掌握目录学的相关知识,在校勘《汉志》"《曲台后仓》九篇"时也犯了错。其《读书杂志》曰:"后苍下脱'记'字。"王念孙认为,"曲台后仓"当为"曲台后仓记"。但事实上,《汉志》著录有"蒙省"之例,在"礼类"所著录的《(礼)记》《明堂阴阳》《王史氏》《曲台后仓》这一组相关文献中,后三种都"蒙"第一种《(礼)记》而"省"了那个"记"字。因此,诚如杨树达(1885—1956)指出:"王说似矣,而实非也。"❶

2. 目录在文献理解和文化接受上的能动作用有待进一步揭示

章学诚"用社会进化和学术思想发展的观点,系统地阐述了我国目录学史中编制目录的方法、理论和观点"❷。但与其"学术史"一样,章氏的"目录学史"亦区隔为"源"和"流"两大阶段:一是"《七略》的体系,是结合着我国学术思想的发展,并且溯源于《周官》,以部次当时所有的重要图书资料"❸,此乃践行了"考镜源流"理念的黄金古代目录的理想模型;二是《七略》以降的目录(他泛称为"四部"或"著录之法"),则已不复《周官》和刘氏法度。

一方面,章氏反复伸张:"刘氏父子渊源流别,最为推见古人大体"(《章学诚遗书·信摭》);"刘歆盖深明乎古人官师合一之道,而有以知乎私门无著述之故也"(《校雠通义·原道》);"然自有著录以来,学者视为纪数簿籍,求能推究同文为治而存六典识职之遗者,惟刘向、刘歆所为《七略》《别录》之书而已"(《和州志艺文书序例》)。

另一方面,他痛诋后世著录因源流意识的缺位而导致对目录学精神追求与意义建构的放逐。他认为其表现形态有二:其一,把目录做成簿录。《校雠通义·焦竑误校汉志》所谓"未悉古今学术源流,不于离合异同之间深求其故;而观其所议,乃是仅求甲乙部次,苟无违越而已"。其二,把目录做成校勘。《章氏遗书·信摭》所谓"校订字句""争于字墨",留意于"鱼鲁豕亥之细"。

显然,目录学也存在"源""流"之别,它与图书、学术的二元判分相同步。这样,既树立了目录学的正面标杆(以《七略》为代表的"源"),也揭橥了其反

❶ 杨树达.汉书窥管[M].上海:上海古籍出版社,1984:210.

❷ 王重民.《校雠通义》通释[M].上海:上海世纪出版集团,2009:5.

❸ 王重民.《校雠通义》通释[M].上海:上海世纪出版集团,2009:6-7.

面(以"四部"为代表的"流")疏失,从而提出了"四部"之"流"如何才能回归《七略》之"源"的问题。总体上,他认为著录、解题和分类(包括作为分类补充手段的互著和别裁)、序言都必须以"考镜源流"为职志,才能完成当下的现实目录(流、器)向黄金古代的理想目录(源、道)的回归。《校雠通义·宗刘》曰:"凡一切古无今有、古有今无之书,其势判如霄壤,又安得执《七略》之成法以部次近日之文章乎?然家法不明,著作之所以日下也;部次不精,学术之所以日散也。就四部之成法,而能讨论流别,以使之恍然于古人官师合一之故,则文章之病可以稍救,而《七略》之要旨,其亦可以有补于古人矣……《七略》之古法终不可复,而四部之体质又不可改,则四部之中,附以辨章流别之义,以见文字之必有源委,亦治书之要法。"

从分类的角度来看,"四部"虽是历史的必然,即认可其存在合理性,但必须通过序言"附以辨章流别之义",从而回归《七略》"古人官师合一"的"要旨"。"而郑樵顾删去《崇文》叙录,乃使观者如阅甲乙簿注,而更不识其讨论流别之义焉,乌乎可哉?"同样,互著和别裁,也是考镜原委,从而"竞末流之失"的利器,远远超越了"徒为甲乙部次计"的层次。《校雠通义·互著》认为:"古人之申明流别,独重家学,而不避重复著录明矣。"《校雠通义·别裁》则曰:"别出门类,以辨著述源流。"他在《和州志艺文书序例》又总结指出:"夫篇次可以别出,则学术源流无阙间不全之患也;部目可以互见,则分纲别纪,无两歧牵掣之患也。学术之源流无阙间不全,分纲别纪无两歧牵掣,则《周官》六卿联事之意存,而《太史》列传互详之旨见。"

总之,章学诚的"辨章学术考镜源流",不仅要考辨学术的"源流",还致力于"竞末流之失",使"非法"之"流"回归"三代盛时"之"源",实现"天下文字"的经世价值,而目录正是促使"流"回归于"源"从而遥契三代之道的重要路径,具有解构和重塑学术文化的能动性。说明目录不仅是一个文献整序结构,也是文化整序体系,表征着一个文化图式。因此,书目不是被动的反映论,而是具有对于文献理解和学术接受的反作用。例如,三教九流或九流十家中的"九流",已成为人皆可道的常识。然而,汉初司马谈《论六家要旨》仅论及道、儒、墨、名、法、阴阳"六家"。梁启超《司马谈〈论六家要旨〉书后》云:

"刘歆《七略》踵谈之绪,以此六家置九流之前六,然以通行诸书未能尽摄也,则更立纵横、杂、农、小说四家以广之,彼为目录学上著录方便计,原未始不可,若绳以学术上分类之轨则,则殊觉不伦。"❶梁先生在《汉书艺文志诸子略考释》一书中表达了同样的观点。依梁氏之说,诸子别为"九流"并不符合学术实际,而只是出于图书分类(不是学术分类)的权宜之计。但由于《汉志》的目录导向作用,至今流传的仍然是"九流",而不是"六家"。显然,目录的体系性决定了它对文化发展的内在建构形式具有权威性,有助于形成一种对文献理解和文化接受上的态度、看法或观点,反映了目录学极其深刻的能动价值。又如,根据现代学者的研究,"《四库全书总目》作为我国封建时代学术理论的最后总结,在前人的基础上,将丛谈、辩订、箴规之类的说理文从小说领域中清除出去,同时也将那些多参神异、怪诞不经的作品从史部退入小说家类,使我国古代小说观念与范畴经历了一个漫长而曲折的演变历程后,使小说这一文体最重要的两种文体特征:叙事性和虚构性,得到了进一步凸显"❷。由此可见,《四库总目》对我国"小说"概念及其创作的现实影响。从这一意义上说,"古代目录学不仅是中国传统文化的重要组织部分,而且还暗藏着中华民族在历史长河里绵延发展的文化密码"❸。

兹以康有为(1858—1927)《新学伪经考》卷三《汉书艺文志辨伪》中的观点为例,对目录学的能动作用做进一步的分析。

康有为初刊于1891年的《新学伪经考》计十四卷,重点指出清儒所诵法的许慎(约58—约147)、郑玄等"汉学"并非汉代之学,而是王莽(前45—23)"新"政权之国师刘歆所造之学,故称"新学"。全书的核心观点是,"西汉经学,并无所谓古文者,凡古文皆刘歆伪作""刘歆所以作伪经之故,因欲佐莽篡汉,先谋湮乱孔子之微言大义",而刘歆得以遂志的主要原因在于借"校中秘书时,于一切古书多所羼乱"❹。总体上,康氏之论并不为学界所信服,其弟子

❶ 梁启超.司马谈《论六家要旨》书后[M]//梁启超全集.北京:北京出版社,1999:4696.

❷ 刘湘兰.从古代目录学看中国文言小说观念的演变[J].江淮论坛,2006(1).

❸ 傅荣贤.论中国古代目录学研究的当代进路[J].图书馆,2010(3).

❹ 梁启超.清代学术概论[M].朱维铮,校订.北京:中国出版集团,2011:118.

陈千秋（1869—1895）、梁启超"亦时病其师之武断"[1]。但康有为缘《汉志》而入说，明确意识到文化只是意味着对于某种目录而言的文化，它已经被作为目录学家的主体及其所使用的目录系统解释过了。目录作为符号化的中介系统，参与学术文化的建构，并积淀为文化模型传之后世，它并不是真实地反映文献及其文化，而是包括书目主体的有意识的解释，文献及其文化已经通过书目的中介作用而部分地"失真"了。

在卷三《汉书艺文志辨伪第三上》中，康有为指出："按：刘歆伪撰古经，由于总校书之任，故得托名中书，恣其窜乱。东汉主张古学若贾逵、班固、马融、张衡、许慎之伦，皆校书东观者，其守古学弥笃。盖皆亲见中古文经，故惑之弥甚。通学之徒皆已服膺，其风灭天下，力固宜然。故原伪经所能创，考古学所以行，皆由《七略》也。"[2]"若中秘之藏，自非马迁之为太史，则班嗣之有赐书，杨雄之能借读，庶或见之，自余学者无由窃见。故歆总其事，得以恣其私意，处处窜入。"[3]他认为刘歆"由于总校书之任"而伪造古文经，"古学所以行，皆由《七略》也"。

目录通过文献的汇通与条理表达对文献背后文化的总体看法，成为重要的文化认同机制，左右着人们对学术文化的接受和理解。他说："古今总校书之任者，皆有大权，能主张学术，移易是非，窜乱古书。先征之今，国朝《四库全书总目提要》，群书纪昀主之，算法则戴震主之。而《四元玉鉴》为中国算学最精之术，戴震于《测圆海镜》提要云：'按：立天元一法，见于宋秦九韶《九章大衍数》中，厥后《授时草》及《四元玉鉴》等书皆屡见之。'则戴震必见其书，而乃不为著录，盖欲独擅其术也。《提要》之及其目者，乃其不觉流露，不及校删者耳。纪昀力攻朱子，述董亨复《繁露园集》之野，讥《名臣言行录》不载刘元城者数条，其他主张杂学，所以攻宋儒者无不至，后生多为所惑。近世气节坏，学术芜，大抵纪昀之罪也。"[4]这里，他以例证的形式指出，人们大部分的文化认知是经由没有注意到的、或许也不可能全然注意到的目录学方式而获得

---

[1] 梁启超.清代学术概论[M].朱维铮,校订.北京:中国出版集团,2011:118.

[2] 康有为.新学伪经考[M].老根,编著.中华传世奇书.北京:中国戏剧出版社,1999:19.

[3] 康有为.新学伪经考[M].老根,编著.中华传世奇书.北京:中国戏剧出版社,1999:20.

[4] 康有为.新学伪经考[M].老根,编著.中华传世奇书.北京:中国戏剧出版社,1999:20.

的。文献世界及其文化体系是存在于书目清单之中的，只有通过书目，一种文化模型的要目才能清晰地显现出来，书目结构因而也成为人们认识和接受文献与文化的必由之阶，也就是清人王鸣盛所谓"必从此问途，方能得其门而入"。因此，文献及其背后文化的真相并不是直接进入认知领域的，而必须经由书目范畴才能为人所接受和把握，我们不可能站在书目之外审视文献。而书目作为一种结构，是以一种可以追踪其与文化背景之密切关系的方式，对观察到的东西进行解释的结果。它既与可观察的表象物理有关，也与不可观察的深层精神有关。后者决定了书目实际上是一个独立自主的、创造性的系统，目录主体在运用书目整理文献、条理文化时，已经把自己的思想前见投射到了书目之中，从而也重塑了文化体系和知识秩序，并将其建构为一个关于文献与文化的演绎系统。

康有为又曰："六经皆孔子所作。《诗》三百五篇，《书》二十八篇，《礼》十六篇，《易》上下篇，《春秋》十一篇，乐在于声，其制存于《礼》，其章存于《诗》，无文辞，是为'六经'。禀于圣制，尊无与上者。《易》之《系辞》，《礼》之《丧服》，附经最早。然《史记》称《系辞》为传，《丧服》亦名传，亦弟子所推补也。自六经而外，皆七十子后学所记，各述所闻，或独撰一书，或合述一书，与经别经，统名曰'传'，凡儒家言皆是，犹内典佛说者为经，菩萨说者为律、论也。虽以《论语》纪孔子言，以非孔子所撰，亦名为'传'。"❶他认为六经皆孔子所作，既与此前的周公等人无关，亦与孔子弟子无涉。例如，《易》学为歆乱伪之说有三，而京、焦之说不与焉：其一，文王但重六爻，无作上下篇之事。以为周公之作，更其后也；其二，《易》但有上下二篇，无十篇之说，以为孔子作《十翼》，固其妄也；其三，《易》有施、孟、梁丘，并出田何，后有京氏为异，然皆今文之说，无《费氏易》，至有高氏，益支离也。"❷亦即，六经之一的《易经》既与文王、周公无关，孔子弟子所作为《十翼》亦不得入经，古文经《费氏易》更是无稽之谈。"唐人尊周公为先圣，而以孔子为先师，近世会稽章学诚亦谓周公乃为集大成，非孔子也，皆中歆之毒者"❸。

❶ 康有为.新学伪经考[M].老根,编著.中华传世奇书.北京:中国戏剧出版社,1999:32.
❷ 康有为.新学伪经考[M].老根,编著.中华传世奇书.北京:中国戏剧出版社,1999:21.
❸ 康有为.新学伪经考[M].老根,编著.中华传世奇书.北京:中国戏剧出版社,1999:51.

在《汉书艺文志辨伪第三下》中,康有为总结"《六艺略》之作伪,略见于此。而其大端有五罪焉"❶:

颠倒"六经"之序。《诗》《书》《礼》《乐》《易》《春秋》之序,孔子手定;孔门旧本,自《经解》《庄子》、史迁无不以《诗》为首,《书》次之,《易》后于《诗》《书》《礼》《乐》,而先于《春秋》,靡有异说。而歆以《易》为首,《书》次之,《诗》又次之。后人无识,咸以为法,自是《释文》《隋志》宗之,至今以为定制。倒乱孔子六经之序,其罪一也。

西汉以前但有博士之经,即秦火不焚之本,孔氏世传不绝之书,无阙文亦无异本也。歆作古文以窜易"六艺",或增或改,诸经皆遍,以其伪古经文加于孔子今文经之上。如《易经》本上下二篇,而云:"《易经》十二篇。"此歆所增改也。"《尚书古文经》四十六卷,《经》二十九卷。"上《古文经》者,歆作也;下《经》者,博士传孔子之《经》也……以己伪经加孔子真经上,悖谬已极,其罪二也。

博士传孔子学者,《诗》止齐、鲁、韩三家,《礼》止高堂生十七篇,《乐》止制氏,《春秋》止公、谷二家。歆伪为《毛诗》《逸礼》《周官·大司乐章》及《乐记》《左氏传》,于是,论议之间,斥三家《诗》"取杂说、非本义""《士礼》不备,仓等推而致于天子""制氏《乐》仅知其铿锵鼓舞,而不能言其义""公、谷二家口说失真",诋之唯恐不至,而盛称其伪作之书。后人无识,竟为所惑,孔子真经微而几亡,伪经盛行。其诬毁篡圣,大罪三。

六经皆孔子笔削,包括天人,至尊无并。虽以《论语》《孝经》之美,《王制》《经解》《学记》《庄子》《史记》不以并称。至于小学,尤为文史之末技,更无与经并列者。歆伪作古文以写伪经,创为训诂以易经义,于是以《论语》《孝经》并六艺,又以伪作之《尔雅》《小尔雅》厕"孝经家",自是六经微言大义之学亡,孔子制作教养之文绝。自后汉以来,训诂形声之学遍天下,涂塞学者之耳目,灭没大道,其罪四。

六经笔削于孔子,礼乐制作于孔子,天下皆孔子之学,孔子之教也。歆思夺之,于《易》则以为文王作上下篇,于《周官》《尔雅》以为周公作。举文王、周公者,犹许行之托神农,墨子之托禹,其实为夺孔子席计,非圣无法,大罪五。

---

❶ 康有为.新学伪经考[M].老根,编著.中华传世奇书.北京:中国戏剧出版社,1999:51.

显然,康有为认为《汉志》并不是文献整序的工具与消极表述或传递信息的符号系统,而是通过序言、提要、类例乃至凡例、案语等体式,用一种方向感极强的导向性话语,表达特定的思想与观念,体现出"衡量学术文化的自我尺度,从而也构成了一种极大的能量,左右着人们的文化理解"❶。康氏进一步指出:"名、法、道、墨诸家,其道不能废者,宜为'异学略',附于《七略》之末……今歆编《七略》,以儒与名、法、道、墨并列,目为诸子,外于六艺,号为九流……且儒者,孔子之教名也,既独尊孔子之六经,而忽黜其教号、弟子,与衰灭之教并列……不知歆何怨何仇于孔子,而痛黜之深如此。出于异教之口犹可,出于歆家承儒业者,岂不大异哉。"❷又曰:"歆抑'儒家'于九流,其谬固如此。而后之修史者,自班固以下,以《儒林》别立列传,皆囿于歆之邪说。夫《史记》之立《儒林传》,盖武帝以前百数十年间,孔子之学未一统,伏生、申公之伦皆独抱遗经,经略方新,而反侧未靖,《史记》纪其行事,特揭'儒者'之号,以表异之,事之宜也。若至武帝厉学官、置博士之后,孔子之后淹有四海,而犹拘拘以'儒'自表,无乃悖乎?"❸显然,康有为认为,刘歆致力于将客观的文献世界改造为特定的主观观念,并决定了使用书目的人获得了关于文献及其背后文化的特定认知和意义判断。因此,"孔子'六经'不亡于秦政之烧书,而乱于新歆之校书,岂不痛哉!王允谓:'不可令佞臣执笔。'若校书之权任,尤先圣大道所寄,岂可使佞人为之哉?"❹

康有为的上述"诸所主张,是否悉当,且勿论"❺,但他明确认识到了目录具有重塑文献理解和文化接受的能动作用。然而,"迄今有关古代目录学的所谓学术价值的认识,基本还停留在被动的、反映论的层次之上"❻。

3. 古代目录学学术价值小结

从上述古典目录学学术价值的三个层次来看,所谓考辨具体学术问题,

❶ 傅荣贤.论中国古代目录学研究的当代进路[J].图书馆,2010(3).
❷ 康有为.新学伪经考[M].老根,编著.中华传世奇书.北京:中国戏剧出版社,1999:53.
❸ 康有为.新学伪经考[M].老根,编著.中华传世奇书.北京:中国戏剧出版社,1999:53-54.
❹ 康有为.新学伪经考[M].老根,编著.中华传世奇书.北京:中国戏剧出版社,1999:20-21.
❺ 梁启超.清代学术概论[M].朱维铮,校订.北京:中国出版集团,2011:118.
❻ 傅荣贤.论中国古代目录学研究的当代进路[J].图书馆,2010(3).

就是对专书、专人、专学作钩沉、搜讨、考释和评论，其基本学风是王鸣盛《十七史商榷·序》所谓"考事迹之实"，反对"驰骋议论""擅加予夺"。因而，只是一种知性的研究，往往满足于繁琐的枝节性问题的论证；所谓学术史的长程考察就是在"中国古代"的时空语境下勾勒学术发生、发展的脉络及其变化演进的动态规律；所谓"辨章学术考镜源流"，就是在区隔以"三代"为节点的学术之"源"与"流"的基础上，通过目录学"竟其流别"的工夫，完成现实的学术之"流"对于理想的学术之"源"的回归。

显然，无论是哪个层次的所谓"学术价值"，固然超越了文献检索的机械物理层次，但都只是在"中国""古代"的时空范围内，于纸上争短长，相关成果缺乏起码的学科建设关怀。一方面，利用古代目录学从事学术考辨的学者多为文史领域的专家，他们虽有深厚的文史功力，但对现代目录学多无深入了解，其成果并不能为当代目录学提供独特的意义创造。另一方面，图书情报界的学者往往缺乏文史功力，迄今亦鲜见有哪位业界人士能够利用古代目录学具体考辨出哪怕一条或一点"学术"。由于不能身体力行，图书情报界还停留在对诸如"目录学者，学术史也"或"辨章学术考镜源流"之类口号式的热情欢呼和简单移植文史学者的成果以证明古代目录学"确实具有"学术价值的低层次水平之上。

综上，当我们"一言以蔽之"地定性中国古代目录学时，恐怕不是说"学术史"就是说"辨章学术考镜源流"。其认知背景是在近现代西方目录学传入中国之后，古代目录学"甲乙部次"的检索功能因相形见绌而导致的学术反弹。但是，以文史学者担纲的相关研究，俨然成为与现代目录学理论与实践无关的传统珍玩，既没有世界意识和当代眼光，从而缺乏烛照世界和当代的光芒；更丧失了目录学理论本体，从而不能为当代目录学研究和目录实践提供真正有理论价值和现实操作性的所谓"借鉴"。就此而言，文史考辨如何与现代目录学理念取得学科视界的有机融合，应成为未来相关研究的努力方向。

三、"申明大道"的超越旨趣

所谓"申明大道"，是指古书目录通过组织文献、考辨学术的现实层次，致力于追问文献体系与学术体系背后的政教人伦价值。刘国钧(1899—1980)曰:"四库分类次序之原理,一言以蔽之,即由六朝时遗传来之卫道观念,申言之则曰尊儒重道。"其具体表现在于,"一方面以得道之偏全,定部类之先后""一方面便不能不摒斥非圣无法之著作,且不能不于类目之中,寓褒贬之意。"于是,"四部类目一变而为主观褒贬的分类"❶刘氏的本旨是要批判四部分类的不足,但恰恰提醒我们四部分类把文献和学术的努力转向了思想和信仰的层次,即借助于目录,"以天下风教是非为己任",建立以超越技术和知识为旨归的思想秩序。

(一)"申明大道"是古代目录学的重要维度

目录学"申明大道"的超越旨趣,本质上源自古代典籍的独特价值。牛弘《请开献书之路表》认为,典籍是"圣人弘宣教导,博通古今,扬于王庭,肆于时夏"的工具,而"孔子以大圣之才,开素王之业,宪章祖述,制《礼》刊《诗》,正'五始'而修《春秋》,阐《十翼》而弘《易》道",达到了"治国立身,作范垂法"的目的。《古今书录·序》则言简意赅地指出:"夫经籍者,开物成务,垂教作程,圣哲之能事,帝王之达典。"显然,古籍不仅是表面的物理形态和学科化意义上的知识论,更是深层的价值存在。相应地,表述、组织和认识文献的目录学必须揭示出文献的价值内涵。

对目录学旨趣的超越追求,堪称渊源久远。自刘向以来,中国先贤就把揭示文献的价值内涵作为目录学的主要方向。张衡《论衡·对作》曰:"案《六略》之书,万三千篇,增善消恶,割截横拓,驱役游慢,期便道善,归政道焉。"即认为《七略》通过文献整理和类别褒贬,达到了去恶扬善、襄赞政道的目的。班固《汉书·叙传》评价刘氏目录工作是"略叙鸿烈",攸关政教人伦。换言之,刘氏父子的目录学是一个"兼具实然知识和应然理想之双重自觉的完整体系:在回应具体文献整理工作的实然知识的基础上,观照社会文化,模铸人们的文化信念乃至伦理操守,从而最终在观念层面上营造了一个集知识、文化、价值和伦理多位一体的学理结构。虽然二刘以'中秘'所藏文献的整理为起点,积累了'广罗异本''校勘文字''种别群书'乃至'互著''别裁'等实然知

❶ 刘国钧.四库分类法之研究[M].图书馆学季刊,1926(9).

识,成为后世目录实践的楷式,但真正使他们名垂青史的并非这些直接指导文献整理实践的境遇性知识;而是在文献整理的基础上检讨当时文化的总体面貌,强调文献背后文化的有机统一性,从而在文化反思的基础上给出关于文化本身的学术定位与哲学思考"❶。事实上,"这些境遇性的实然知识亦非二刘的首创,而是在充分借鉴此前的文书档案整理的基础上形成的"❷。

"刘氏父子不仅形成了有关文献收集、整理、保存和利用的相对完备的境遇性知识,而且还揭示了目录的社会功能和现实意义,从而完成了普遍性价值知识的勾勒。他们的《七略》既成为清儒姚振宗(1842—1906)《汉书艺文志条理叙》所谓'求周秦学术之源流,古昔典籍之纲纪'的'津逮';也提供了对文化的整体性考察和无限性洞见,深刻地影响到人们的文化接受和文化理解。后人对刘氏的服膺也不在于他们纯熟的境遇性知识和技术,而在于他们提供了一个基于文献整理的文化秩序和人伦理想,以及由此营造的超越性话语——目录学家以文献的序化为依据,保持着对历史和社会最清醒的分析和判断,道德伦理和社会责任是其无法回避的课题。由《七略》肇端的中国古代目录学从一开始即内在地具有、并长期地固守着与文化的本性及社会人伦相融合的视域与境界,充满了应然的超越性内容"❸。因此,古代目录学不仅是关于文献的序化问题,更是人和社会的发展问题。正如乾隆皇帝弘历在《文渊阁记》中指出,《四库总目》的旨趣并不局限于书目检索和考辨学术,而是要努力臻致"盖如张子(今按:张载)所云'为天地立心,为生民立道,为往圣继绝学,为万世开太平'"的境界。

中国古代文化本质上是"仁式"的崇尚道德理性的文化,中国古代目录学也超越了从外部形态或学科属性、逻辑类项等客观层面打量文献的路径,认为"文献凝聚着深刻的历史文化和人类生命的哲学冥思,是对当时社会现实、文化境界和人的生命存在形式的体验和洞察,是对天人本体的哲学设定与建

❶ 傅荣贤.实然的超越与应然的解说:图书馆学如何提高学科地位[J].中国图书馆学报,2009(5).
❷ 傅荣贤.图书整理源自档案整理:论秦汉时期法律档案的整理对刘向刘歆图书整理的影响[J].江西图书馆学刊,2009(4).
❸ 傅荣贤.实然的超越与应然的解说:图书馆学如何提高学科地位[J].中国图书馆学报,2009(5).

构"❶。相应地,古代目录学在文献整序与学术考辨的现实层面之外,还致力于提高主体人的道德素质、促进社会和谐与进步,达到了近现代目录学所无法企及的思想高度。古代目录学家本质上是道德主体,古代目录也以"大弘文教"和"申明大道"为诉求,这在书目的各个方面都有体现。例如,能否纳入综合性目录的著录范围,是作者主体对文献内容(尤其是人伦教化内容)主观判断的结果,从而诱使读者只读符合社会规范的文献。正如《四库总目·凡例》第一则指出:"是书卷帙浩博,为亘古所无。然每进一编,必经亲览,宏纲巨目,悉禀天裁。定千载之是非,决百家之疑似,权衡独运,衮钺斯昭……俾共知我皇上稽古右文,功媲删述,悬诸日月,昭示方来。"又如,《汉志》分类、序言等内容无不反映对"罢黜百家,独尊儒术"的意识形态的积极回应。所以,现存子部文献的《叙录》以及《诸子略序》"彼九家者,不犹愈于野乎"的表达,都以是否符合儒家经义而定夺其得失;而《六艺略》及其所分九种小序,都以"恢复仲尼法度"为职志,不乏对今文经学的批判。

综上,"中国古代目录学并不固步自封地局限在'术'的形而下层面,而是密切联系社会政治和人伦生活,具有'道'的形而上追求,成为入世的传统文化的一部分"❷。目录学家通过对文献的定位以及对文化的规范,确立了一个以人伦价值为圭臬的目录学取向,从而完成对文献秩序和文化秩序的本体论勾勒。其最终目标,是希望读者在通过书目获得文献的同时,涵泳于书目作者用心良苦的文化"圈套"之中:让读者"读好书","正确地"读书,积极寻绎书中的人伦价值内涵,从而"做好人";然后,再由一个个"好人"参与推动"天下归仁"的远大理想。总之,理想境界是中国古代目录学追求的一个特殊方面,它同人格修养与社会和谐密切相关,所以层次更高。

(二)"申明大道"的近代境遇

何中华分析指出,西方文化本质上具有崇尚理智分析的"智性"特征。同样,近现代目录学也是根据西方的科学理性精神建立的,其学术理想并没有突破现实。在"智性"文化中,"大而无当"的道德价值遭遇到了空前的危机,

❶ 傅荣贤.中国古代图书分类学研究[M].台北:学生书局,1999:63.

❷ 傅荣贤.中国古代书目中的文献秩序、人伦秩序和天道秩序[J].图书馆杂志,2013(12).

现代目录学也堕落为价值无涉的工具性规定,成为一种"炫技"的杂耍,从而也丧失了更高的目标和应有的担当❶。

20世纪初以来,经过西方近现代科学的洗礼,中国古代目录学的三大内容皆不同程度地走向了异质化的发展道路,而冲击最大的是对古代目录学价值与意义的遮蔽,"申明大道""弘道设教"的内容遭遇到了前所未有的质疑。大致而言,强调目录的检索功能与现代公共图书馆的兴起有关,而重视古代目录学的学术价值则基本与传统的文史研究有关。两者虽然取径和目标不同,但都对古代目录学"申明大道"的超越旨趣采取了拒斥的态度。就其本质而言,这种拒斥是自觉接受西方"科学"或"学科"意义上的分科治学理念的结果。"科学"以主客体二元分立为前提,以理性为尺度,追求逻辑理性的明晰性,形成了关于"事实"之实证的认知模式。它执着于学科知识的自我证实,努力构建学科的认知框架,因而只能在看得见的"事实"层面上言说。

首先,科学的目录学通过对"目录"下定义的方式探求目录的本质,并将非目录学本质的内容排斥在了研究范围之外。

在此基础上,才谈得上建构逻辑化、系统化的目录学知识及其结构体系。学者们普遍认为,只有经过科学洗礼的知识才能被当作有关目录学的合法性知识。而从定义的角度严格限定"目录"的内容,也是中国古代目录学在与西方近现代"科学"对话时不得不面对的第一"改造"。例如,杜定友指出,"我国目录学,其弊在乎混乱。所乱在何?以目录与书目、与类例、与著述史相混也。目录所载以一时一地所藏为限,书目所载为泛指一切之书或特种之书,类例所载为图书之分野,门类之系统,著述史所载为考学术之源流,使人可以因书究学。四者相有关系而性质不同,吾人不可以期目录者期书目,期书目者期类例,期类例者期著述史,期著述史者期目录,此所以学贵专门,殊途而同归也。"❷又曰:"治目录学者,必言类例,言类例者必曰学术源流,言学术源流者,必兼校雠,言校雠者,必及版本,言版本者必及藏书,言藏书者必及编目。于是书目学、目录学、校雠学、版本学、图书学混而为一,不复明其界

❶ 何中华.近年来国内哲学研究状况检讨:一个有限的观察和评论[J].文史哲,2007(3).

❷ 杜定友.校雠新义(下)[M].上海:上海书店,1991:16.

限,别其用途,以至错综杂乱,不可言状。"❶

于是,郑樵、章学诚在"校雠学"名义下涉及的辑佚、校勘、藏书乃至"辨章学术考镜源流"的内涵,都失去了存在的合理性,从而也改变了广义"校雠学"有关图书学、图书馆学、目录学、文献学以及学术史等多维内涵混沌不分的状况。当然,"大弘文教""申明大道""正教伦理""正纪纲、弘道德"之类的超越旨趣,也被"祛魅"(Disenchantment)了。事实上,正如韦伯(Max Weber,1864—1920)指出,所谓现代性,就是一个"祛魅"的过程;而康德(Immanuel Kant,1724—1804)提出的真理、道德和艺术的三分体系则打破了自古希腊以来真善美统一的文化模式。这种"分化的理念是建立在一系列排斥的基础上的,这些排斥假定了与道德价值、审美价值相脱离的真理观",而文化领域的分化,作为现代性的基本原则,既是文化转型的一种必然结果,也是对"人类文化整体性的分割,由此导致人类知识付出了丧失文化基础的代价"❷。但西方式的"祛魅"主要是指通过对宗教"神性"世界的批判与否定而达到对世俗社会合法化及其对人性的肯定与回归。"科学主义文化哲学从技术上着手排除那些无意义的形上学问题,它将哲学的范围限定为实证科学寻求证明和辩护的狭小领域中,它试图以精致的逻辑和语言来修补业已失落的启蒙时代的文化理想"❸。然而,"中国没有对宗教神性世界的信仰,因此,近代中国的'祛魅'主要表现为对封建主义的彻底解决"❹。反映在目录学中,则体现为对中国古代目录学所负载的社会教化功能与伦理道德担当的剥离。

我们知道,科学认识以与观察事实有逻辑联系的问题为对象,只对与观察事实有逻辑联系的存在物进行研究,从而避免思维因脱离观察事实而陷入玄思。因此,"只有受到事实支持的学说才是可以接受的,检视一个学说是否可靠,就看它能否与来自观察或实验的事实取得较为确定的逻辑联系"❺。这

---

❶ 杜定友.校雠新义(下)[M].上海:上海书店,1991:18.

❷ 后美学 post-aesthetics[OL]. http://www.scimao.com/read/3279331.2016-05-26/2016-09-23.

❸ 洪晓楠.20世纪西方文化哲学的演变[J].求是学刊,1998(5).

❹ 刘正伟.现代性:语文教育的百年价值诉求[J].教育研究,2008(1).

❺ 卢风.一论神秘主义与自然主义[J].科学技术与辩证法,1998(2).

种重视"在场"事实的认识方式,本质上反映了西方文艺复兴以来人对自身理性力量的认同以及对宗教神性的否定。那些"不在场"的、本体层面上的"精神性的内容",被直接的现实和世俗的兴趣所消解,相关研究被认为"既不能合理地解释世界,又不能科学地预见未来,难以发挥理论的作用;它脱离现实,难以找到与实践沟通的桥梁"❶。

其次,近代西方目录学的核心是努力以最经济的方式向普通读者传递最全面、最准确的文献信息,它的全部学理和旨趣直接指向信息传递的预期效率最大化,即达到"帕累托最优"(Pareto Optimum)或"帕累托有效"(Pareto Efficiency)。

目录学研究遂被归结为和简化为从技术和管理的角度计算出一个状态稳定的最优目标并指出达到这个最优目标的各种可行路径,目录学的各个分支和领域无不致力于奔赴这个最高理想。这种功利性追逐,形成了对中国古代目录学的第二"改造"。

由于效率是通过理性和实证而得到保证的,那些"不在场"的文化、信仰、价值之类的超越内涵不仅与效率无涉甚至直接影响到效率的最大化,因而只能被理性和实证所取代。由此,曾经作为崇高知识的形而上学,成为不合时宜的某种操守,并被推向了需要自我辩护的尴尬境地。拿分类来说,刘国钧1929年《中国图书分类法》的编制原则主要有:①"类目不宜含有批评褒贬之意";②"以学科分类为准绳……参以体裁的分别","不能利用四库之部类而增减之";③"分类以详为贵";④"一方面须求理论上之圆满,一方面仍须求事实上之便利"❷。同样,刘子钦1924年提出的七条书目分类原则中,①是"应竭力与科学分类相适应";⑤是"不宜有批评褒贬之意"❸。因为学科属性原则是一条客观的原则,所以,邢云林于1931年提出,"名词(类目)须专门化,须标准化,须学术化"❹。这就改变了传统四部书目的知识结构和社会秩序,也宣告了与政治、血亲、伦理紧密相关的天理世界观被科学世界观所取代,"弘道"的

---

❶ 李林华,金明生.理性与我国科学图书馆学的构建[J].中国图书馆学报,2008(4).

❷ 刘国钧.中国图书分类法[M].南京:金陵大学图书馆,1929: 凡例.

❸ 戴志骞.图书分类法几条原则的商榷[J].北京图书馆协会会刊,1924(1).

❹ 邢云林.评陈天鸿氏中外一贯实用图书分类法[J].文华图书科季刊,1931(2).

传统知识取向转换为近代化的"求真"取向。相比而言,传统四部法重视"批评、褒贬之意",明显缺乏源自学科原则的客观性,因而也备受质疑。刘国钧在指出传统四库分类"尊儒重道"之后,又说:"凡类目,首贵界限明晰,欲界限明晰,必分类之标准简单明了,而应用之时,又能始终一贯。"而四库分类法"分类根据不确定,故书籍之部次难决","是疏阔式分类"。"总之,四库类目之大弊在于原理不明,分类根据不确定。既存道统之观点,复采义体之分别。循至凌乱、杂沓、牵强附会"❶。这里,对古代目录"申明大道"的批判以及在新式书目编制中刻意排诋"申明大道"的内容,两者之间是具有高度统一性的。

综上,理性是现代性的重要基石,在理性精神的感召下,有关目录学的认识和观念以及与之相关的知识和价值都发生了根本性改变:走向科学主义的目录学。近代"西学东渐"以来的中国古代目录学正是坚守"在场"事实、重视现实效率的科学的目录学。于是,汪辟疆、余嘉锡、姚名达等人强调"辨章学术考镜源流",对"申明大道"之类的形而上话语不予闻问;杜定友、蒋伯潜、吕绍虞等人重视书目的检索功能,不仅拒斥"申明大道",还进一步对"辨章学术考镜源流"的"优良传统"进行批判,甚至直接宣称中国古代"没有目录学"。由此,古代目录学中的理想诉求和深度意义被消解了,物化的"实有"仿佛可以填充目录(学)精神世界的内在匮乏。然而,如此这般地被现代理性改造之后,不仅造成了对古典目录学的最大误读,也直接导致现代目录学只能停留在专业知识和具体技术的维度,缺乏美、善乃至神圣的追求,未能从根本上提升目录学应有的品质。

(三)对"申明大道"之近代境遇的反思

对"申明大道"的拒斥,既误读了中国古代目录学的本质,也放弃了对西方现代目录学的精神救赎。

首先,误读了中国古代目录学的本质。

以"申明大道"为底蕴的理想追求,不仅是古代目录学的真实内容,也构成了"部次条别"和考辨学术的思想前提。古代目录学的理性表现为政治、道德和日常人伦的理性,广泛涉及对人、对社会、对政治乃至对自然的基本态

---

❶ 刘国钧.四库分类法之研究[J].图书馆学季刊,1926(9).

度,成为浸润到现实生活中的一个信仰。从学科分化的角度来看,古代目录学恰恰要突破学科界限,其指向不是学科本身,而是社会现实,从而既要重建文化,也造就了一种超学科的话语体系。因此,古代目录学不是社会文化系统中的独立因素,必须在多元文化因素的相互联系中才能揭示其本质。

古代目录表面上是对一批文献的表述、组织和认识,但它不是机械地组织起众多文献,而是表达着对文献和文化世界的某种态度或关系。这种态度和关系是被社会伦理和政治制度所左右的体系,它在基本原理和思想倾向上背离了那种只有自然科学才惯于公式化描写的常规。因此,古代目录学的著录、提要、分类、序言等,作为"学科"意义上的形下技艺,都必须上达为形而上的本体追求。但在西方式的近现代"科学"或"学科"的要求下,和几乎所有学科一样,中国古代目录学也完成了现代化"转向",并在"汉话胡说"的思路下最终走上了一条逐渐脱离古代目录学自身特点的诠释道路。就此而言,仅仅执着于学科化的形下层面,并刻意与政治、道德切割,只能导致对中国古代目录学最为核心的内容——超越旨趣——的一瞑不视,也必然因误读古典目录学的精髓而无法揭示其本质。

其次,现代"科学的"目录学终究需要形而上学的本体论呵护。

现代目录学与理性的西方文化之间存在镜像和理据的关系,从中可折射出西方"智性"文明的价值观和民族性。具体而言,建立在学科属性和主题概念的逻辑类项基础上的分类目录,默认所有的文献都是学科化和逻辑化的存在;而形式主义的字典式目录也意味着,只有与可观察的事实有逻辑联系的信息才值得"取值"并成为构建目录系统的支点。由此,追求文献检索效率、追问文献知识的"力量",成为现代目录学的动因,文献成为某种可给予的待用品而中立化了,它成了非人的机械性产品,知识的意义不再是自为的存在。于是,一本本文献就像一个个原子或细胞一样,成为脱离人文内涵的、绝对客观的僵死之物。人类主体的生存体验,被消解为实利的算计、需要的满足以及自我的理性肯定之中。它是科技的无限实现,是一种被意志抛弃的非人状态,而与人的情操无涉,其最大缺失是只需做好表面的文献整理工作,而无须与一种道德体系或价值体系形成整合,堪称小聪明有余而大智慧不足。

诚然,"人对'形上本体'的确立是同人的本质规定相吻合的。人总是要寻求一种'超越',表达一种'追求',内蕴着一种'可能'。从这个意义上说,'形上本性'乃是人的超越本质"❶。因此,目录学必须放弃机械定性化的追求,思考"文献工作的具体业务活动如何与教化相联系,以强烈的使命感与责任感,参与推动社会和谐与进步,追求在职业知识的技术之外担当更多的社会道义"❷。而中国古人试图以超越目录学自身的视角,将经验观察到的目录现象解释为高于目录本身的某种力量或原则,具有明显的形而上的哲学意味。目录创造了一个世界,一个在可见之物中存在不可见之本性的世界。目录作为文献秩序体系,不仅要让人们摆脱文献的无序,更应助益人类走出文化的混沌。而最高秩序只能是一种道德体系或价值体系。正是在这一意义上,梁启超才"由于担心科学的过度扩张最终阉割人的道德主体性和审美主体性,因而拒绝将整个社会和人的行为纳入统一的、由科学法则指导的模式之中",并"力图缓解'科学规划'所造成的道德危机"❸。

四、中国古代目录学三大内容旨趣之间的内在统一关系

中国古代目录学中的技术、知识和信仰既有表面上的不一致,又具有内在精神上的高度一致性,堪称是辩证的统一。

首先,中国古代目录学中的技术、知识和信仰是统一的整体。

庄子"庖丁解牛"的典故旨在揭示形下之"技术"上达"依乎天理"之"道"的必要性及其可能路径。同样,古代目录学中"部次甲乙"的技术也是以"因其固然"、上达知识和信仰为依归的。例如,明代官私书目多重分类检索,但主流分类仍以经、史、子、集四部体系为圭臬,因而也直接回应了传统文化重经史、轻子集的学术主张。明代书目多首列"制书",也是对皇权崇高地位的确认。甚至1909年,学务公所印刷处铅印的《河南图书馆书目》将中外图书分为经史子集丛和"时务"六类中,六类之首仍为"圣训"。并且,经史子集四部

---

❶ 陆杰荣,王雅.逻辑论证与主体体验:中西哲学"形上本体"之比较[J].哲学动态,2007(8).

❷ 傅荣贤.图书馆学专业"中国古代目录学"教学内容与课程体系优化研究[J].图书馆理论与实践,2014(2).

❸ 许纪霖、宋宏.现代中国思想的核心观念[M].上海:上海人民出版社,2011:29.

首列"御选、御纂、钦定"各书,"用昭敬慎"。说明作为技术的分类,必须与学术类别以及政治教化与人伦彝常的整合达成共识,才能确证自身的合法性。

《晋书·郑默传》曰:"(默)起家秘书郎,考核旧文,删省浮秽,中书令虞松谓曰:'而今而后,朱紫别矣。'"虞松[魏正元元年(254)任中书令]赞扬郑默《中经》的分类体系伦叙清晰,达到了"朱紫"有别的境界。《论语·学而》曰:"恶紫之夺朱也,恶郑声之乱雅乐也,恶利口之覆邦家者。"朱熹(1130—1200)《集注》云:"朱,正色,紫,间色。雅,正也。利口,捷给。覆,倾败也。范氏曰:'天下之理,正而胜者常少,不正而胜者常多,圣人所以恶之也。利口之人,以是为非,以非为是,以贤为不肖,以不肖为贤。人君苟悦而信之,则国家之覆也不难矣。'"显然,"朱紫"之典表明,郑默《中经》的文献分类工作,本质上也是社会政治工作。文献的"朱紫"之别,直接对应于社会文化的"郑声"与"雅乐"、"是"与"非"、"贤"与"不肖"之别。表明书目技术或知识本身必须受到主体道德的规范,而社会公正又处于价值判断的首位。同样,在《四库总目》中,《史部·传记类》下又列出了圣贤、名人、总录、杂录、别录等三级类目。其《序》曰:"一曰圣贤,如《孔孟年谱》之类。二曰名人,如《魏郑公谏》之类。三曰总录,如《列女传》之类。四曰杂录,如《骖鸾录》之类。其杜大圭《碑传琬琰集》、苏天爵《名臣事略》诸书,虽无传记之名,亦各核其实,依类编入。至安禄山、黄巢、刘豫诸书,既不能遽削其名,亦未可薰莸同器。则从叛臣诸传附载史末之例,自为一类,谓之曰别录。"这里的三级类目首先是对史部传记文献的进一步划分,从而具有文献检索的价值。如《碑传琬琰集》诸书"虽无传记之名,亦各核其实,依类编入",即因交代了分类原则而便利于文献的检索。同时,该《序》也有考辨圣贤、名人、总录、杂录、别录等各类文献学术渊源的用意。更为重要的是,这一类别次序的编排,还反映了在儒家正统观念之下,不同的人物良莠有别、高低有序的社会现实,从而将文献分类直接与现实中的人物评价相联系,文献的分类过程成为现实中的世界和人的象征定位过程,因而在更高层次上回应了目录如何"申明大道"的问题。又如,《四库总目·史部·地理类》下的三级子目为:宫殿疏、总志、都会郡县、河渠、边防、山川、古迹、杂记、游记、外记。其《序》云:"其编类,首宫殿疏,尊宸居也。次总志,大一统也。次都会郡县,辨方域也。次河防、次边防,崇实用也。次山川、次古迹、次杂记、次游记,备考核也。次外纪,广见闻也。若夫《山海经》《十洲记》之属,体杂小说,则各从其本类,兹不录焉。"这里,三级类目的编排以宫殿居首,从大到小,由内而外,秩序井然,也是兼具检索技术、学术考辨和申明大道的统一整体。我们知道,不论就天而言还是就人而言,中国古代天人合一的理论体系皆包含着贵贱尊卑的等级关系。目录学通过文献排序参与维护社会人伦秩序,无疑有助于养成循礼守法、贵贱不逾、温良恭顺的社会风尚。从目录体系中,可以窥测理想的社会模式,古代文化的精神旨趣和道德关怀也具有了目录学的学科依托。

中国古代目录学技术、知识和信仰三者的统一,从"辨章学术考镜源流"的语源本义中亦可读见。"辨章"一词渊源甚早,《尚书·尧典》曰:"九族既睦,平章百姓。"《史记·五帝本纪》曰:"九族既睦,便章百姓。"《后汉书·刘恺传》曰:"职在辩章百姓,宣美风俗。"清人王引之(1766—1834)在《经义述闻》三《平章百姓》中指出,平章、便章、辩章中的平、便、辩三字互为通假,义为辨别。目录对文献(以及背后学术)的区分,和政治上对民众的分类管理是一致的,书目也是"为治之具",包含着深刻的"道术精微"。"考镜"又作"镜考",同样具有政教人伦内涵。《汉书·谷永传》"愿陛下追观夏、商、周、秦所以失之,以镜考己行",注曰:"镜,谓监照之;考,校也。"镜考有借鉴它事以自省的意思。可见,章学诚是在传统文化的特殊语境下使用这一术语的,文献分类本质上就是对世界和人的分类,文献规整性的"小序"可以折射出世界和人之规整性的"大序"❶。

其次,三者之间有时并不能取得完美统一,这就需要确立优先顺序。

《四库总目·凡例》第十二则云:"说经主于明义理,然不得其文字之训诂,则义理何自而推?论史主于褒贬,然不得其事迹之本末,则褒贬何据而定?……今所录者,率以考证精核、论辨明确为主,庶几可谢彼虚谱,敦兹实学。"表明《四库总目》重视"义理""褒贬"等形而上的内涵,但又强调它们必须以形而下的事实知识为前提,从中可见四库馆臣在面临学术考辨和申明大道

---

❶ 傅荣贤."辨章学术考镜源流"正诂[J].图书馆理论与实践,2008(4).

的不一致而产生的焦虑。又如,明代官私目录多以"小序解题并无"的甲乙簿录为主要体式,直接与明人重视检索功能有关。显然,优先原则的不同选择,直接导致了对目录结构和形式的不同的倾向性设计。

但总体上,中国古代先贤并不是为学术而学术,学术是为大道服务的。正如《荀子·劝学》所云,"广大高明不离乎日用""君子之学也以美其身"。显然,信仰高于知识,知识高于技术,从技术到知识再到信仰,呈现出价值层次递增之势。钱穆比较中西学术指出:"(西方)诸艺皆独立在人之外,人乃从而学之,此则学为主而人为从,乃为孔子所深戒……故孔子教人学六艺,乃必曰'志于道,据于德,依于仁,游于艺'。艺与道不同。苟徒知游于艺以为学,将使人没于艺,终必背于道。"❶因此,儒家以建立秩序、维护人伦为判断文化现象的根本标准。重伦理,即是重社会秩序,儒家之学行全部聚集于伦理政治。同样,"中国历代书目的编制者,并没有去思考'书目'和书架上庋藏的图书顺序有什么关系。他们所考虑的,一是如何将图书'学术系统化',二是如何在书目中传达出教化思想"❷。总之,"申明大道"的"教化思想"在中国古代目录学中处于优先地位,其次是学术考辨,而排检则处于相对次要的位置。杜定友认为:"我国目录学者未尝以检查方法之是否便利而加以研究也。"❸杜氏之嗤点,正反映了"技术"在中国古代目录学中等而下之的地位。

第二节 中国古代目录的形式结构

作为一个系统,中国古代目录是内容与形式的统一。古代目录的上述三大内容旨趣,是通过特定的形式结构而得以表达的,这些形式结构主要包括著录、提要、分类和序言四大因素。如上所述,元数据、知识地图、知识本体、描述逻辑、主题图等所有的现代知识组织都包括两大部分:①知识单元的描述和标引,②在单元描述和标引基础上的单元之间关系的揭示。从这一认识

❶ 钱穆.中国学术通义[M].台北:学生书局,1975:序:5.

❷ 周彦文.中国目录学理论[M].台北:学生书局,1995:26.

❸ 杜定友.校雠新义(下)[M].上海:上海书店,1991:2.

出发,可以将中国古代目录的形式结构区别为相应的两大部分:①文献单元的描述和标引,主要包括著录、提要;②文献单元之间关系的揭示,主要包括分类、序言。另外,古代目录中还有案语、尾题等形态因素,也值得一提。

一、文献单元的描述和标引

目录以一本本文献为单元,对"每一书"的描述和标引是所有目录工作的第一步,它主要包括两个方面的工作。

(一)著录

记载或登记"每一书"的书名、篇卷、作者等方面的主要信息,以形成一书款目,称为著录。有些书目还标注版本和收藏者等信息,如《四库总目·别集类·楚辞》首三种文献分别是:①"《楚辞章句》十七卷(兵部侍郎纪昀家藏本)汉王逸撰",②"《楚辞补注》十七卷(内府藏本)宋洪兴祖撰",③"《楚辞集注》八卷《辨证》二卷《后语》六卷(内府藏本)宋朱子撰",都出具了版本和收藏者信息。

著录是书目工作的基础,没有著录,也就谈不上目录了。著录主要包括著录范围、著录内容和著录格式等方面的内容,详第三章第二节。

(二)提要

著录只涉及每一书的书名、篇卷、著者等基本信息,难以相对准确和全面地把握文献的具体内容。所以,古代目录在著录的基础上往往还施以进一步的说明文字——提要❶,旨在补充仅仅通过有限文字交代书名、篇卷及作者等

---

❶ 在中国古代目录学中,旨在概述一书主体内容的文字,有叙录(亦称书录、书叙、书序或叙奏)、提要、解题、传录、辑录等类型。不同的称谓不仅意味着名言的分立,更意味着对"每一书"介绍重点和取向的不同。但它们又都是针对一本书的介绍性文字,重在说明一书内容、价值以及作者生平事迹等,堪称异中有同,并形成了与西方摘要(abstract)不同的学术取向。西方摘要重在对文献内容的客观浓缩,追求类似照相一样的"写真"效果。中国提要则重视主观评价,追求类似山水画那样的"写意"效果,大致与英文 synopsis 相当。本书所指"提要",随语境不同而有广义与狭义之别。狭义的提要是指与叙录、传录等不同的"提要";广义的提要则是指包括叙录、传录等在内的古代所有类型提要的泛称。

信息即告藏事的著录之不逮。提要起源于相传为孔子所作的、"言其作意"的《诗》《书》之序,因而是在一书目录的基础上发展起来的。二千年来,随着文献整理因应时代发展的需要,提要的形式也与时俱进,不断变化,盖有"叙录""传录""提要""题识"等类型。而称谓变化的背后是体式和内容的不同。此外,因提要文繁字多,出于浓缩篇幅等考虑,不少书目都将提要凝练为片言只语的小注,亦称附注。

"知人论世"是古代目录提要的重要特色。知人,即强调对作者生平行事的介绍;论世,即强调对作者所处社会语境的分析,表明"书"背后的知识和思想的生产,是与"人"及其"世"密不可分的。正如余嘉锡指出:"凡其身世之所接触,怀抱之所寄托,学者观叙录而已得其大概,而后考之于其书,则其意志之所在,出于语言文字之表者,有以窥见其深。斯附会之说,影响之谈,无自而生,然后可与知人论世矣。"❶余先生又曰:"人不能脱离时代,斯其动于中而发于外者,无不与时事相为因缘。著作之时代明,则凡政治之情况,社会之环境,文章之风气,思想之潮流,皆可以推导想象得之。然后辨章学术,考镜源流,乃有所凭藉,而得以着手。"❷

二、文献单元关系的组成与揭示

通过文献单元的描述和标引,形成了一条条独立的款目,每一条款目代表每一本书的记录。但款目必须组织有序,才能反映"一批书"之间的结构关系并进一步确立"一批书"背后的文化结构,最终实现检索利用乃至规划"天下"文献、反省"天下"文化的功能。

总体上,文献单元关系的揭示有多种方式,如根据书名、作者笔画顺序排列的字典式目录,就是一种组织众多款目的有效方式,藉此,每一条独立的款目都可以根据各自书名、作者的笔画排列出先后顺序,形成目录体系。但这种形式主义编排,只能机械地反映文献外部形态的物理联系,而不能揭示文献单元的内容本质并从内容本体的高度确立"一批书"之间的深层关联。在

---

❶ 余嘉锡.目录学发微[M].成都:巴蜀书社,1991:44-45.

❷ 余嘉锡.目录学发微[M].成都:巴蜀书社,1991:49-50.

中国古代目录学中,组织文献单元的方式主要是分类。而古代的分类,与西方形式逻辑分类又不尽相同。

(一)分类

图书的分类,古称"类例"。中国古代学者习惯于以持军为喻,强调分类在组织款目中的重要作用。郑樵《通志·校雠略》曰:"学之不专者,为书之不明也。书之不明者,为类例之不分也……士卒之亡者,由部伍之法不明也。书籍之亡者,由类例之法不分也。类例分,则九流百家各有条理,虽亡而不能亡也。"又曰:"类书如持军也,若有条理,虽多而治,若无条理,虽寡而纷。"高儒《百川书志》亦云:"书无目,犹兵无统驭,政无教令,聚散无稽矣。"分类的首要功能是将众多款目组织为一个体系,它主要包括"因书设类"和"即类分书"两大方面的内容。

1. 因书设类

现实存在的文献是编目的基础,书目类别的规划是"因书"而设的,它主要包括下述几个方面的内容。

(1)类目的总体设计和规划

历史上的六分、七分、四分、八分等不同体系,就是不同设计与规划的产物。大致自《隋志》以降,经史子集四部分类法成为我国古代目录学的主要分类体式。但中国古代从未出现过类似"国家标准"的分类方案,所以,即便在四分法畅行之后,目录学家们仍各抒己见,形成了种类繁多的目录分类类型。例如,明万历二十三年(1605)张萱(约1553—1636,或1557—1641)等人奉命修撰的《新定内阁藏书目录》虽是官修目录,但却打破四部常规,将书籍分为圣制、典制、经、史、子、集、总集、类书、金石、图经、乐律、字学、理学、奏疏、传记、技艺、志录、杂部等十八个部类。

(2)类别的基本层次

类别的基本层次是通过不同类名的概念关系显示的。例如,《七略》将文献分为六略(大类)、三十八种(小类)两个类别层次。郑樵《通志·艺文略》则分为经、礼、乐、小学、史、诸子、天文、五行、艺术、医方、类书、文等12大类,类下又分82家,家下再分442子目,形成了三级类目体系。

（3）分类的标准

分类标准是对一批文献进行划分时所依据的某种属性或特征。姚名达总结《七略》分类标准说："诸子略以思想系统分；六艺略以古书对象分；诗赋略以体裁分；兵书略以作用分；数术略以职业分；方技略则兼以体裁作用分。所用标准，很不一致，无非便于编录而已。"❶郑樵《通志·校雠略》认为，图书分类必须以学术为基础，并强调"一类之书，当集在一起，不可有所间也"。但郑樵所说的"学"与今天学术分科意义上的"科学"或"学科"概念并不等同，其"不可有所间"的论断也不能从形式逻辑"排中律"的角度予以认知。我们认为，文献在"修己"和"经世"上的价值功能，是中国古代书目分类的一个重要标准。详见第四章的第四节和第六节。

（4）类目的命名及其结构

类目的命名即类名，类名是建构分类表的核心元素，类表就是由若干类名结构而成的网络。今天的类名一般都是明确的学科概念，具有严格的逻辑规范，而古代类名则鲜有定义，它们只是一个个兼具知识论和价值论内容的主体范畴，而这又是与整个古代目录学既重视知识的系统统一性又重视价值的系统统一性直接相关的。不同类名之间的关系，包括纵向等级层次和横向线性次序两重内涵，前者涉及诸如经部之下为什么分为易、书、诗等类目，或易、书、诗等类目为什么从属于经部等问题；后者涉及诸如经部之下的同位类之间，为什么易排在第一，然后依次是书、诗等问题。因此，类名问题本质上也是分类表的结构关系问题。

2. 即类分书

所谓"即类分书"，就是在业已规划好的类表的基础上，如何分类一本本具体文献，它主要涉及下述几个方面的内容：第一，具体文献在类表纵向等级层次上的位置选择，即某文献为什么归入甲类而不归入乙类；第二，作为分类变通措施的互著、别裁；第三，具体文献在类表横向线性次序中的位置选择，即归入同一类目之下的诸多文献之间的排列顺序；第四，具体文献如何反作用于类名和类别从而导致类名和类别的改变，等等。而这些问题又都或多或

---

❶ 姚名达.中国目录学史[M].上海:上海书店,1984:67-68.

少跟分类标准有关。

总体上,中国古代目录学既"因书设类"又"即类分书",既致力于类表的设计也重视具体文献的归类。尽管,文献是根据现实存在的类表归类的,但类表的规划来自文献的现状,文献相对于类表而言更具逻辑先在性。并且,中国古代目录学既"部次甲乙",从而组织与检索文献,也有"类例既分,学术自明"的学术考辨功能。此外,古代分类还具有"疏通伦类""申明大道"的作用。因此,在"因书设类"和"即类分书"的表象文献整理工作之外,另有超越内涵,不可不辨。

(二)序言

和分类一样,序言也是针对"某类书"的,它是在分类的基础上对"某类书"的进一步说明。"类"是一个相对概念,对不同层次的"类"的文字说明,形成了不同层次的序言。总体来说,中国古代目录的序言主要包括总序、大序和小序三个层次。

总序类似"前言",内容涉及"天下"文献和学术发生发展的总体脉络与走势以及该目录的编撰源起、目标和依据等方面的内容,并不完全以叙述"某类书"的概貌为职志。

大小序分别介绍每个大类(略、部)和每个小类(种、类)所收文献的总体情况及其学术的历时性变化过程,因而可以概称为"类序"。例如,《汉志》中的《六艺略·序》就是对"凡六艺一百三家,三千一百二十三篇。入三家,一百五十九篇"六艺文献的总体说明,《六艺略·易小序》就是对"凡《易》十三家,二百九十四篇"易类文献的总体说明。大小序主要是为了补充"哑巴"类例不能充分反映"某类书"的基本情况,并强调"某类书"并非具体的"每一书"的简单集结,而是有组织层次和内在结构的。大小序有时也交代该类的类目分并改隶、设置缘由以及该类文献的分类依据等问题。

三、古代目录中的其他形态因子

中国古代目录学中,除了上述著录、提要、分类、序言之外,往往还有案语、尾题等其他形态因子。

（一）案语

古代目录有时也使用"案语"之体，其形式概分两类：一是对"某一书"内容的分析或类别、次序原则的说明，可视为提要的补充或变体；二是对"某类书"类目的内涵及其分类原则的说明，可视为序言的补充或变体。《四库总目·凡例》第十则曰："四部之首各冠以总序，撮述其源流正变，以挈纲领。四十三[四]类之首亦各冠以小序，详述其分并改隶，以析条目。如其义有未尽，例有未该，则或于子目之末，或于本条之下附注案语，以明通变之由。"可见，案语的位置主要有两种处理方式。

一是列在"子目之末"，即在某一类之后出具案语。例如，《经部·春秋类》案语云："《春秋三传》，互有短长。左氏说经，所谓'君子曰'者，往往不甚得经意，然其失也，不过肤浅而已。公羊、谷梁二家，钩棘月日以为例，辨别名字以为褒贬，乃至穿凿而难通。三家皆源出圣门，何其所见之异哉？左氏亲见国史，古人之始末俱存，故据事而言，即其识有不逮者，亦不至大有所出入。公羊、谷梁，则前后经师，递相附益，推寻于字句之间，故凭心而断，各拘其意见之所偏也。然则征实迹者其失小，骋虚论者其失大矣。"这是对春秋三传的内容作进一步的分析，其总体结论是"据事而言"的《左传》"即其识有不逮者，亦不至大有所出入"，因而优于公羊、谷梁二传。而这一论断，又与作为"汉学大本营"（梁启超语）的《四库全书》重视汉学考据——"征实迹者其失小，骋虚论者其失大"——的总体学术取向相一致。

又如，《经部·礼类·杂礼类》案语评《书仪》等书云："朝廷制作，事关国典者，录史部政书类中；其私家仪注，无可附丽，谨汇为杂礼书一门，附之末。"这是以案语的形式，分析"史部·政书"和"经部·礼类·杂礼书"类目的异同。《经部·礼类·三礼总义之属》案语云："郑康成有《三礼目录》一卷。此三礼通编之始，其文不可分属。今其为一类，亦五经总义之例也。其不标三礼之名，而义实兼释三礼者，亦并附焉。"这是指出："三礼总义之属"的分类标准是一个"义"字，而"通礼类"的分类标准则是一个"例"字。所以，案语又云："通礼所陈，亦兼三礼，其不得并于三礼者，注三礼则发明经义，辑通例则历代之制皆备焉。"这就交代了类目的设计以及分类的原则。

二是在"本条之下",即在具体文献的著录之下出具案语。例如,《子夏易传》案语曰:"唐徐坚《初学记》以太宗御制升列历代之前,盖臣子尊君之大义。焦竑《国史·经籍志》、朱彝尊《经义考》并踵前规。臣等编摩《四库》,初亦恭录御定《易经通注》、御纂《周易折中》、御纂《周易述义》弁冕诸经。仰蒙指示,命移冠国朝著述之首,俾尊卑有序而时代不淆。圣度谦冲,酌中立宪,实为千古之大公。谨恪遵彝训,仍托始于《子夏易传》,并发凡于此。著《四库》之通例焉。又案:托名之书有知其赝作之人者,有不知其赝作之人者,不能一一归其时代,故《汉书·艺文志》仍从其所托之时代为次。今亦悉从其例。"本条案语重点分析易类文献的著录次序,其总体原则有三:一是"尊卑有序",因而将御定《易经通注》等清帝所撰文献列在有清一代的易学著作之前;二是"时代不淆",因而清帝御定《易经通注》等并不列在历代(而只列在当代)之前;三是指出"《汉书·艺文志》仍从其所托之时代为次"的排序原则值得遵循,如《子夏易传》虽为依托之作,但仍列在该类所有文献之首。

综上,案语形式灵活,可附丽于某具体文献之下,亦可附丽于某类目之下,说明案语既可视为类序的补充或变体,亦可视为提要的补充或变体。此外,历代补史志中的案语,多是为了区别所引史料(以证"补"入某文献的依据)和出以己见(编者个人识断),因而也可视为小注的变体。例如,黄逢元(1863—1926)《补晋书·艺文志》"自加案语,异同别之,讹谬正之,脱漏补之,爵里姓字有可考者详之"❶。黄氏案语多加"元案"字样以醒眉目。如《问礼俗》十卷,"见《隋志》。元案:《北齐书·魏收传》:魏文帝问何故名'人日',皆莫能知。收对曰:晋议郎董勋《答问礼》云云……今存马国翰辑本一卷,又黄奭汉学堂辑存。"又如,《后养议》五卷,"见《七录》。元案:新、旧《唐志·史部·仪注类》有干宝《杂议》五卷,当即是书。马国翰据《晋书·礼志中》论王昌事,目为五卷中佚篇之一,辑存一卷。"

另一方面,针对一书所下之案语,往往又涉及全目之通例,实有模糊"每一书"和"某类书"的用意。例如,上引《子夏易传》案语即涉及《四库总目》文献著录次序的"通例"。又如,《周易郑康成注》案语曰:"前代遗书后人重编

---

❶ 王余光.清以来史志书目补辑研究[J].图书馆学研究,2002(3).

者,如有所窜改增益,则从重编之时代,《曾子》《子思子》之类是也。如全辑旧文,则仍从原书之时代。故此书虽宋人所辑,而列于汉代之次。后皆仿此。"这是以《周易郑康成注》为例,指出"重编"与"辑旧"两种类型文献的不同的排序原则。这与针对一本书的提要,往往兼及针对一类文献的通例从而近同于序言,颇有异曲同工之处。例如,南宋晁公武《郡斋读书志》在"别集类"《蔡邕集》的提要中指出:"凡文集,其人正史自有传者,止掇论其文学之辞,及略载乡里,所终爵位,或死非其理亦附见。余历官与其善恶率不录。若史逸其行事者,则杂取他书详载焉,庶后有考。"这段文字出现在《蔡邕集》这"一书"的提要中,但却交代了《郡斋读书志》"凡文集"所有提要的撰写体例。

(二)尾题

古代目录多有对"每一类"以及本目所收所有文献篇卷数量的统计,这类统计文字称为尾题或尾数❶。正像文献分类和序言是有层次之分的一样,书目尾数也是有层次之别的。拿《汉志》来说,其一,类似"凡《易》十三家,二百九十四篇"是对"易"类文献的统计。由于"易"这样的二级类目共有38个,所以类似的尾题也有38条,位置分别处于38小类文献著录的后面。其二,是对六大类文献的统计,共有6条,位置分别处于六大类文献著录的下面。例如,"凡六艺一百三家,三千一百二十三篇。入三家,一百五十九篇;出重十一篇",是《六艺略》的尾题,处于六艺略的文献著录之后。其三,是对《汉志》所有六略三十八种文献的总计,仅有一条,即《汉志》全篇的最后所谓"大凡书,六略三十八种,五百九十六家,万三千二百六十九卷"。

和《汉志》一样,《隋志》也有尾数,但其体例颇显驳杂。主要表现在,"经史子集"四部及所附道佛二类之后皆有尾数,如"凡六艺经纬六百二十七部,五千三百七十一卷。通计亡书,合九百五十部,七千二百九十卷",是经部的尾数。在所分的四十小类中,经部所分全部十小类;史部所分十三小类中的"正史""古史""杂史""职官""仪注""刑法""霸史""杂传""地理""谱系"十小类;子部所分十四小类中的"儒家"一小类;以及集部所分全部三小类,尾数皆

---

❶ 参见:傅荣贤.史志目录[M]//来新夏.目录学读本.上海,上海交通大学出版社,2014:163-166, 171-173.

"通计亡书"。例如,"右六十九部,五百五十一卷。通计亡书,合九十四部,八百二十九卷"是经部易类的尾数。但是,史部的"起居注""旧事""簿录"三小类;子部的"道家""法家""名家""墨家""纵横家""杂家""农家""小说家""兵法""天文""历数""五行""医方"十二小类后的尾数,却只计正文中著录的部卷数,而不"通计亡书",与其他类目体例不同。如名家类尾数:"左四部,合七卷"。究其原因,当是《隋志》出于众手,彼此不相谋划所致,也反映了"规范"或"格式化"并非《隋志》追求的重点。

古代书目的尾题,可从下述几个角度做进一步的分析。

首先,书目的尾题是由古代文献的尾题发展而来。

古代文献在书末或篇章末往往有该书总字数以及该书所含具体篇章数乃至某一篇章总字数的统计说明,如《史记·太史公自序》最后云:"凡百三十篇,五十二万六千五百字,为太史公书。"即为《史记》所含篇数及总字数。1973年发掘的湖南长沙马王堆汉墓帛书中的书籍亦多有尾题。如,"《十大》《经》。凡四千五十六",是全书的尾数;《战国纵横家书》第19章末书:"三百。大凡二千八百七十。"其中,"三百"是该章尾数,"二千八百七十"是对前面五章(15至19章)尾数的总结❶。可以认为,《汉志》等书目中某类文献的尾数实由单本文献的尾数发展而来,本质上反映了我国以群书为对象的书目编撰与以单本文献为对象的校雠工作之间渊源甚密的承继关系。

其次,古代书目多为藏书目录,因而可以从文献财产的角度予以统计。

而文献财产,往往也是学术文化财产。所以,类似《汉志》"大凡书,六略三十八种,五百九十六家,万三千二百六十九卷"的统计,既反映了西汉末年"中秘"(皇家图书馆)所藏典籍的总体面貌,也被后代学者誉为"记一代藏书之盛"。而《隋志》尾数兼及亡书,更有助于了解隋朝及此前典籍的总体数量和散佚情况。诚如清儒姚振宗《隋书经籍志考证》指出:"汉《艺文志》之后,袁山松之书既亡,存于世者,唯是志最古,其所收录亦最为宏富。自周秦六国,汉魏六朝,迄于隋唐之际,上下千余年,网罗十几代,古书制作之遗,胥在乎是。"再就各类的尾题来说,通过对《汉志·六艺略》和《隋志·经部》或两者"道

---

❶ 张显成.简帛文献学通论[M].北京:中华书局,2004:174-175.

家""法家""名家"等不同小类尾数的比较,可以探勘相关学术门类发展、演化的轨迹。

再次,尾题有考辨学术的价值。

例如,"《新唐志》将李充《翰林论》三卷、刘勰《文心雕龙》十卷、钟嵘《诗品》三卷、刘子玄《史通》二十卷等诗文评及史评,自总集类中提出,不与其他总集相混淆,而列于总集之末,更于其前,附一行文字,曰:'凡文史类四家,四部,十八卷,刘子玄以下不著录二十二家,二十三部,一百七十九卷。'是撰《新唐书》者,已知诗文评及史评之性质,与其他总集迥异;然无魄力,不敢易《隋志》、《旧唐志》之三类,而析之为四类;故仅举一小名曰文史类,于是类书籍之前。而上引'右总集类七十五家,九十九部,四千二百二十三部'即未尝计及文史类四家,四部,十八卷也。于是最后复有一行曰:'总七十九家,一百七部。'则合文史类而言也。其用心亦良苦矣。"❶说明《新唐志》将"文史类四家,四部,十八卷"独立记数,而"总七十九家,一百七部"中又包举总集"七十五家,九十九部"和"文史类四家,四部,十八卷",说明文史类既被包含在"总集"之中,又与正宗的"总集"有一定的区别。当然,尾题之于学术考辨的直接价值在于,通过两种(或多种)书目同类文献数量的比较,例如,比较《汉志》和《隋志》法家类文献的数量,可以探勘法家类文献的历时性消长。

最后,古代目录中的尾数往往不确,每为学者所病诟。

例如,在《汉志》"凡《易》十三家,二百九十四篇"下,顾实(1878—1956)指出:"今计施、孟、梁丘今文经及《章句》共三家,《易传周氏》至《丁氏》共七家,《古五子》《淮南道训》合一家,《古杂》一行为一家,《孟氏京房》一行为一家,合计适符十三家之数。施、孟、梁丘三家经三十六篇,三家章句六篇,除图不计,故合计适得二百九十四篇。"❷这里,"施、孟、梁丘今文经及《章句》共三家",说明《汉志》"家"的概念与今天"种"的概念并不等同。而"《古五子》《淮南道训》合一家""《古五子》《淮南道训》合一家"等,顾先生也没有说明如此计数的理据。换言之,顾先生为了迎合"凡《易》十三家"而不免曲为之说,适足以证明

❶ 许世瑛.中国目录学史[M].台北:中国文化大学出版部,1982:76.
❷ 顾实.汉书艺文志讲疏[M].上海:上海古籍出版社,1984:18.

"凡《易》十三家"的计量结果并不可信。宋怀仁《正史艺文志数字多误》❶、张建会《<通志·艺文略>卷帙考》❷等专文都曾致力于对相关书目尾题统计错误的揭示与纠正。

四、形式结构诸要素之间的关系

（一）形式要素中的必备项和可选项

作为表达中国古代目录学内容旨趣的形式结构,包括必备成分和可选成分两个基本层次。其中,著录是文献单元描述和标引的必选项,分类则是揭示文献单元关系的必选项。在中国古代,即使饱受鄙夷、挨骂最多的"甲乙簿录",虽然提要和序言皆无,但也离不开著录和分类这两大基本组分。没有著录无以形成款目,没有分类无以形成款目组织,它们是古代目录必不可少的两大基础性的形式要素。作为"进一步"的文字说明,针对"每一书"的提要和针对"一类书"的大小序,则都是可选择项。

余嘉锡即根据可选项的有无而将古代目录区别为三大基本类型,他说:"目录之书有三种:一曰部类之后有小序,书名之下有解题者;二曰有小序而无解题者;三曰小序解题并无,只著书名者。昔人论目录之学,于此三类,各有主张,而于编目之宗旨,必求足以考见学术之源流,则无异议。"❸清代《四库总目》即属于第一类;《汉志》《隋志》则是第二类的典型代表;两唐、宋、明《艺文志》或《经籍志》则属于第三种情况。

但从逻辑的角度看,中国古代目录或只选提要,或只选序言,或提要和序言两者皆备,或两者皆不备,因而事实上包括四大基本类型。为余先生所遗失的第四种类型即部下无序(没有针对"一类书"的大小序)而书下有释(有针对"每一书"的提要)。例如,龙启瑞(1814—1858)《经籍举要》无类序,但每书有简单提要,个别图书还有案语。陈振孙(1183?—1262?)《直斋书录解题》未列经史子集类名,但仍分为四部,下设五十三小类。该目以"解题"见长,只在

❶ 宋怀仁.正史艺文志数字多误[J].古籍整理研究学刊,1985(2).

❷ 张建会.《通志·艺文略》卷帙考[J].图书情报论坛,2012(1).

❸ 余嘉锡.目录学发微[M].成都:巴蜀书社,1991:2.

与传统类目有异之处才撰写小序。如其新设之"语孟类",小序曰:"前志《孟子》本列于儒家……今国家设科取士,《语》《孟》并列为经,而程氏诸儒训解二书常相表里,故今合为一类。"因此,《直斋书录解题》亦差可视为无序(序言)而有释(提要)的书目类型。但总体上,"部下无序而书下有释"的书目主要包括下述两大类型。

一是历代补史志。如黄任恒(1876—1953)《补辽史艺文志》收录文献八十八种、"存疑"二十二种、"应删"三十七种,该目没有类序,但对一百四十七种文献基本都做了注释,内中近一百种是简注,其余则是较详细的提要。如《大辽对境图》注曰:"王应麟《玉海》十四曰:'元丰五年六月诏画《五路都对境图》。'张鉴《西夏纪事本末》二十四曰:'元丰四年十一月诏降《五路对境图》,付王中正、种谔,据所分地招讨。'据此则《对境图》乃宋人所为,《大辽对境图》是《五路对境图》之一,不宜收入也。"这条注释一方面引用两则史料客观陈述《五路对境图》的相关信息,另一方面又出以己意,认为"《大辽对境图》是《五路对境图》之一",并非辽人所撰,不宜收入《补辽史艺文志》。当然,黄氏对《大辽对境图》性质的认定未必准确,但其注解体例可见一斑。

二是清代私修题跋记和读书记。例如,钱曾(1629—1701)《读书敏求记》按四部排列,总计著录书籍634部。该目没有大小序,但每书皆有解题,内容重在版本、庋藏,因而涉及次第完缺、古今异同考订、辨明版本优劣等内容。吴焯(1679—1733)《绣谷亭薰习录》按四部分类,不撰序言,但每书皆有提要,重在考订作者生平事迹。其卷首凡例曰:"作者生平事迹,唯以正史为断。史所不载者,则考之志乘。志所不载者,则参之晁氏《读书志》、马氏《文献通考》、赵氏《附志》、王氏《续文献通考》、焦氏《经籍志》、朱氏《授经图》、郑氏《读书评》、钱氏《敏求记》、黄氏《千顷堂书目》、朱氏《经义考》,其遗事逸语,见之诸家文集、野史、说部中者,悉采入焉。如同时远省之人,则询之是邦故老,不惮再三,期于核实而后已。"

(二)四大形式要素的内在逻辑统一性

1. 四大形式要素彼此鼓桴、相互补足

郑樵《校雠略·泛释无义论》曰:"古之编书,但标类而已,未尝注释,其著

注者,人之姓名耳。盖经入经书,何必更言经? 史入史类,何必更言史? 但随其凡目,则其书自显,惟《隋志》于疑晦者则释之,无疑晦者,则以类举。"郑氏认为,书有应释与不应释之分,而应释与否的标准是看它能否"睹类而知义"。亦即,作为必选项的著录和分类如果能够表达书目的内容,就可以省略作为可选项的提要和序言。相比而言,现代书目的著录与分类是建立在客观化、标准化的基础上的,通过类名及其代码化的标识就可以认识到它代表的类别及其内涵,达到郑樵所谓"无疑晦"的效果,因而无须提要和序言的配合。而中国古代的著录缺乏客观性、分类缺乏明晰性,客观性和明晰性的缺失,必然需要序言、解题、小注、案语等因子的补偿。因此,"我国古代目录学之最大特色为重分类而轻编目,有解题而无引得"❶。

既然是补偿,其基本精神必然与著录、分类保持高度一致。如在《汉志》中,《易》类的文献著录以立于学官的施、孟、梁丘三家今文"《易经》十二篇"居首,且没有著录"中秘"所藏的《古文易经》和费、高二氏古文《易经》。相应地,《易序》云:"而民间有费、高二家之说。刘向以中《古文易经》校施、孟、梁丘经。"序言将古文经的价值局限于文本校勘,从而与重今文轻古文的分类取得了一致。同样,《诗》类文献的著录以立于学官的鲁、齐、韩三家今文"《诗经》二十八卷"居首,虽对古文经"《毛诗》二十九卷"和"《毛诗故训传》三十卷"有著录,但将它们居于本类之末。并且,《诗类序》也指出,今文之鲁诗"最为近之",最符合《诗经》原旨,并说:"又有毛公之学,自谓子夏所传,而河间献王好之,未得立。"所谓"又有"仿佛只是不经意提及、"自谓"更可视为微词,从而也反映了作者对古文经《毛诗》的态度。可见,《汉志》全篇是一个有机统一的整体,它的文献著录、小注、分类和序言等书目要素无论在学理旨趣上抑或在形式结构上都具有内在联系。

有些书目的类序主要说明分类情况,两者更是呈现为明显的相互补足关系。例如,嵇璜(1711—1794)《续通志·艺文略》接续郑樵《通志·艺文略》,类目设置亦多仿后者,亦无序言、提要,但与后者分类不同者,则用类序说明。王昶(1724—1806)《塾南书库目录》(一题《塾南书库目录初编》)分经、史、子、

---

❶ 姚名达.中国目录学史[M].上海:上海书店,1984:404.

集、金石五大类,前四大类皆有类序,重点说明分类情况。如史部类序曰:"史有正史,有纪年,有纲目,有纪事,有志典,有列国之史。其余记载关于史事者,皆入史类。至十八省志亦与史事相发明,故附于末。此外府州县志,过于繁琐,不复收入。惟云间桑梓之地,而先曾祖墓在吴县,先祖考墓在昆山,故二志亦备藏焉。"刘锦藻(1862—1934)《清续文献通考·经籍考》所"续"对象为《清文献通考·经籍考》,故分类亦本后者,但在经部新增"学庸"类,史记新增"别史""诏令"以及改"起居注"为"纪事"等变动的类目,皆加案语以明其由。孙星衍(1753—1818)的《孙氏祠堂书目》将所收文献分为经学第一,小学第二,诸子第三,天文第四,地理第五,医律第六,史学第七,金石第八,类书第九,辞赋第十,画书第十一,说部第十二,因与传统四部书目不同,所以十二大类皆有序言予以说明。

同样,《四库全书荟要总目》是《四库全书》的"荟要",收书463种,其《凡例》曰:"门类不必皆备,每门不必多种。"该目每部冠以小序,综论学术源流及要旨;每书皆有提要,介绍卷数、作者、版本;每类之后有案语,重点说明立类缘由和采择标准。提要与案语之间既有分工,又有配合。另外,正如上引《四库总目·凡例》第十则所云:"如其义有未尽,例有未该,则或于子目之末,或于本条之下附注案语,以明通变之由。"案语"或于子目之末"而有序言的性质,"或于本条之下"而有提要的性质,针对"每一书"与针对"某类书"的畛域并不绝对分明,因而也具有相互补足的性质。而晁公武《郡斋读书志》有总序一篇,经史子集四部各有大序一篇,但所分四十五小类则没有序言,"然晁氏于每类首部书名之下,其论说文字,往往涉及该书之外,实系辨章该类学术得失之小序也"❶《郡斋读书志》针对"每一书"的提要与针对"一类书"的序言,其画界亦不严谨,反证两者之间是具有内在逻辑统一性的。

2. 古代目录的四大形式要素都是为三大内容服务的

古代书目四大形式要素之间彼此鼓捊、相互补足,从深层次上说是因为它们都是共同服务于目录学三大内容旨趣的必然结果。

中国古代目录学是形式结构和内容旨趣的有机统一,形式结构是表达内

---

❶ 胡楚生.中国目录学[M].台湾:文史哲出版社,1995:71.

容旨趣的形式结构,内容旨趣是决定并规范形式结构的内容旨趣。上引余嘉锡云:"昔人论目录之学,于此三类,各有主张,而于编目之宗旨,必求足以考见学术之源流,则无异议。"●即认为,包括"小序解题并无"的甲乙簿录在内的中国古代目录都是以"考见学术之源流"为"宗旨"的。余氏之论事实上认为著录、分类、提要和序言都具有"考见学术之源流"的职能,这一认识颇有见地。但中国古代目录学除了"考见学术之源流"之外,还有检索文献和"申明大道"的内容,它们也是借助于著录、分类、提要和序言等形式要素的相互配合而表达的。而在内容旨趣上,中国古代目录学又是技术、知识和信仰的统一整体,这决定了作为派生的、第二性的四大形式要素也具有高度统一性。

然而,学术界往往习惯于将古代目录学的形式结构和内容旨趣作一一对应式的细则化分,如认为序言旨在"辨章学术考镜源流",分类旨在组织和检索文献。胡楚生即认为:"目录体制,大要有三,一曰篇目,所以考一书之源流,二曰叙录(亦名解题或提要),所以考一人之源流,三曰小序,所以考一家之源流。"❷事实上,古代目录中的每一项形式结构都同时具有检索文献、考辨学术和申明大道的功能。例如,分类固然首先是为组织和检索文献起见,但也是考辨学术和申明大道的利器。郑樵《通志·校雠略》即认为:"类例既分,学术自明。"余嘉锡踵武郑樵之论指出:甲乙簿录"类例既分",亦能"使百家九流,各有条理,并究其本末,以见学术之源流沿袭""分门别类,秩序不紊,亦足以考镜源流,示初学以读书之门径"❸。而藉由分类得以呈现的学术结构又直接对应于政治教化和人伦彝常的理想秩序,具有"明辨是非"的超越指向。例如,《七略》分类以六艺略居首、诸子略中以儒家居首等等,皆是显例。

因此,中国古代书目分类注重内涵,分类对文献的认识和区别是与社会历史、政治教化相联系的。正像分类一样,著录、提要、序言等书目形式作为表达手段,也都是为书目内容服务的。例如,章学诚矢志于"原道""宗刘",希望承绪黄金三代"辨章学术考镜源流"的目录学精神,强调对图书和学术作历时性的概观和综览,因而更加重视针对"某类书"的大小序。正如余嘉锡指

---

❶ 余嘉锡.目录学发微[M].成都:巴蜀书社,1991:2.

❷ 胡楚生.中国目录学[M].台湾:文史哲出版社,1995:3.

❸ 余嘉锡.目录学发微[M].成都:巴蜀书社,1991:9.

出："（章学诚）于录中立言，所以论其指归、辨其讹谬者，不置一言，故其书虽号宗刘，其实只能论班。其所谓辨章学术、考镜源流者，亦即指此类之序言，其意初不在解题之有无。"❶所以，章氏《和州志·艺文书》分8大类35小类，有针对"某类书"的《序例》和《辑略》，但没有针对"每一书"的解题。但同时，章学诚又认为，书目中的大小序（他称为"叙录""叙例"或简称为"叙"）和解题（他称为"叙论"，有时亦称"叙录"；或称"释"，并与作为大小序的"叙"合称"叙释"）都是"考镜源流"的主要手段。《汉志六艺》曰："校书诸叙论，既审定其篇次，又推论其生平。以书而言，谓之叙录可也；以人而言，谓之列传可也。"这里的"叙论"或"叙录"就是指针对"每一书"的解题。解题"既审定其篇次，又推论其生平"，相当于史书"列传"，是"考镜源流"的重要手段。《和州志艺文书序例》亦指出："在人即为列传，在书即为叙录，古人命意标篇，俗学何可绳尺限也。刘氏之业，其部次之法本乎官礼；至若叙录之文，则于太史列传微得其裁。盖条别源流，治百家之纷纷，欲通之于大道，此本旨也。"

当然，出于不同的编目动机，目录的形式因素会有所侧重和取舍。但古代目录学三大内容旨趣的内在统一性，决定了四大形式要素也必然成为古代目录的自洽体系。例如，汪辟疆《目录学研究·目录与目录学》将目录分为四种，一是目录家之目录，重在"纲纪群籍，簿属甲乙"；二是史家之目录，重在"辨章学术，剖析源流"；三是藏书家之目录，重在"鉴别旧椠、雠校异同"；四是读书家之目录，重在"提要钩元，治学涉径"。而针对不同的编目动机，又有不同的取舍。例如，"藏书家之注重板本，读书家之重视提要"❷。又如，王谟（1731—1817）《读书引·自序》曰："目录以诠次篇章，凡例以标举体要，而序则以发明述作本旨，三者皆全书要领，诵读者之先资也。而序尤切要，虽其议论文辞不无高下浅深之殊、精粗详略之别，而一书之纲领、旨趣、条理、节目所不存焉者亦寡矣。学者诚能遍取诸序参考而切究之，则于其所已读之书，固可由是博观约守，融会贯通而取之逢其源，即其所未读之书，亦将以告往知来，望表知里而得其趋向之正。"由于《读书引》是"抄集序文几二百篇"编次而成，所以，王谟特别重视"序"（即提要）。但他又认为，"诠次篇章"的著录分类、

❶ 余嘉锡.目录学发微[M].成都:巴蜀书社,1991:8.

❷ 汪辟疆.目录学研究[M].上海:华东师范大学出版社,2000:6.

"标举体要"的类序、"标举体要"的"序"(提要),"三者皆全书要领,诵读者之先资也",具有高度的统一性。

综上,所谓中国古代目录学研究,应该是关于形式结构与内容旨趣的双重研究。然而,迄今为止的学术努力,往往单一向度地强调形式而忽视意义。这一偏颇,是由书目形态具有现实性和可视性而意义内涵往往幽隐不彰决定的。相对于意义而言,作为表达手段的结构,其形态外显,更易于认识和把握。然而,表象的结构是由深层的意义决定的,因而并不是自足的,意义才是古代目录学的核心和关键。正是基于这一认识,本书第三章和第四章,将分别从文献单元的标引(著录与提要)和文献单元之间关系的揭示(分类与序言)的形态结构入手。同时,又深入到书目内容本体的层次,既揭示作为表达手段的书目形式是如何为书目内容服务的;又揭示书目内容的本质是如何制约书目形式结构的。

另需指出的是,在书目的诸多形态因子中,案语可视为序言或提要乃至小注的变体(因而也是可选项),例如,《四库总目·四书类序》云:"今从《明史·艺文志》例,别立'四书'一门,亦所谓礼以义起也。朱彝尊《经义考》于'四书'之前仍立'论语''孟子'二类。黄虞稷《千顷堂书目》,凡说《大学》《中庸》者,皆附于礼类,盖欲以不去饩羊,略存古义。然朱子书行五百载矣。赵岐、何晏以下,古籍存者寥寥,梁武帝《义疏》以下,且散佚并尽。元、明以来之所解,皆自《四书》分出者耳,《明史》并入'四书',盖循其实。今亦不复强析其名焉。"馆臣认为《四书》之《大学》《中庸》和《礼记》之《大学》《中庸》是"各有渊源"的两种学问,所以,在《千顷堂书目》提要中又指出:"训释《大学》《中庸》者,《千顷堂书目》仍入'礼类',今并移入'四书'。以所解者,《四书》之《大学》《中庸》,非《礼记》之《大学》《中庸》。学问各有渊源,不必强合也。"这里的《四书类序》和《千顷堂书目》提要两者就是统一的。此外,古代目录中的尾题数字多不确,且多为后世书目所不备。例如,代表中国古代目录学最高成就的《四库总目》即没有尾题。因此,本书主要从著录、提要、分类和序言等形态因子入手而不及尾题,对案语的分析则在提要、序言中随文意需要而略有提及。

第三章　中国古代目录的文献标引

　　一本本具体文献是书目的基本对象,也是目录中有理据的最小结构和编码单位。文献的本质决定了书目的标引方式,并进一步影响到文献单元之间关系的揭示方式。总体上,中国古代目录学以"1911年以前历朝的刻本、写本、稿本、拓本等"所谓"古籍"❶为对象,而古籍是渊源于"仁式"文明的价值论存在。这决定了中国古代目录学独特的内容旨趣与形式结构。近代以来,经过西方"赛先生"(科学)和"德先生"(民主)的洗礼,"新书"也转化为一种知识论存在,它直接对应于因观察事物的角度与方法的改变(即以学科化和逻辑化为取向)而导致的文化本质的差异。相应地,西方逻辑分类和形式主义目录亦成为整序"新书"的主流类型。王云五(1888—1979)曰:"当此中外新旧学术尤须沟通,以资比较之时,我觉得我国旧日目录学之分类法,不仅有粗疏含混之嫌,且苦不能与新学术或世界共同之学术沟通,因于民国十四年间有《中外图书统一分类法》之创作,以美国杜威氏之十进分类法为底本,而将我国旧学书籍按照性质,分别插于相当的地位。如此,则中外图书同性质者可同列一处,性质相近者,亦列于相近之处,中外学术即可借此沟通"❷。王云五认为"我国旧日目录学之分类法"不能容纳新书无疑是正确的,但他认为仿拟杜威十进分类法的新式书目能够容纳"我国旧学书籍"则值得怀疑。事实上,用现代分类整理古籍,就像把一种语言平面地交换为另一种语言,可以做到表面上的文从字顺,但原文词语的背景和言外之意都消失了。这也是为什么大陆《中国古籍总目》、两岸五地《中国古籍联合书目数据库》乃至一般图书馆的古籍部仍使用传统四部法(或增益丛部为五部)分类旧籍的主要原因。

　　显然,"文献是什么"是所有目录工作的前提,它涉及文献之所"是"以及

---

❶ 北京大学图书馆学系,武汉大学图书馆学系.图书馆古籍编目[M].北京:中华书局,1985:2.

❷ 关鸿.旧学新探:王云五论学文选[C].上海:学林出版社,1997:264.

何以"是"的本体论问题,诸如,文献是客观的还是主观的,其存在的依据何在等等。对文献本体论的不同回答,构成了中西方不同目录学的逻辑起点,直接影响到对文献关系的结构性选择。而中西方文献本体论的不同,又根源于各自不同的哲学传统和认知背景。

第一节　中国古代文献的本质

文献的本质凝聚着书目的基本特征。出于对比从而突出中国古代文献本质及其相应的中国古代目录学特征的需要,兹先讨论现代文献的本质及其相应的现代目录学的基本特征。

一、现代文献的本质及其现代目录对文献的标引

西方哲学试图通过对人类认识的反思一劳永逸地找到知识确定性和思想客观性的最终根据,进而实现对人类认知的终极把握。正如罗素(Bertrand Russell,1872—1970)在《西方哲学史》中评价笛卡尔哲学时指出,"他完成了或者说接近完成了由柏拉图开端而主要因为宗教上的理由经基督教哲学发展起来的精神与物质二元论"。因此,"笛卡尔体系提出来精神界和物质界两个平行而彼此独立的世界,研究其中之一能够不牵涉另外一个。"笛卡尔认为,"通晓火、水、空气、星辰、天空和我们周围一切物体的力量和作用,正像我们知道我们的手工业者有多少行业那样清楚,我们就能够准确地把它们作各种各样的应用。从而使我们成为自然界的主人和统治者"❶。由此,精神和物质被视为各自独立、互不相干的二元存在,从而将人与客体对象视为两个独立的领域。

于是,作为人类认识成果的文献,被定义为"是记录有知识的一切载体"。所谓知识,具有真的(truth)、得到确证的(justified)、因而是被信奉的(believed)等特征。其实质是强调,以知识为记录内容的文献是对对象的一种

---

❶ 宋原放.简明社会科学词典[Z].上海:上海辞书出版社,1984:940.

可靠的、正确的因而也是令人信服的反映或表达。例如,波普尔(Karl Popper,1902—1994)即认为,科学知识是典型的客观知识,"储存在我们的图书馆而不是我们的头脑中的正是这种知识"❶。由此,重视纯粹理智性的算计和操作的科学技术成为知识的主要内涵。具体而言,知识在自然科学领域主要表现为"那些当下获得普遍承认的重大理论成果",在人文社会科学领域主要表现为"历史上曾经有过的那些伟大的理论创造",在文学艺术领域主要表现为"训练和创作的方法、技巧、技术等通过人们长期实践总结出来的那些重要的带有规律性的东西"❷,它们被认为是文献所记录的全部或主要内容。

由此,文献像牛顿的苹果一样,成为一种客观存在,并形成了以"真"为基本诉求的认知取向,反映了西方主客二分思维规约下的真理观及其"智性"文化特征。文献既然是一种物理客体,主体人就可以站在文献的对立面,从逻辑和学科属性的角度控制、度量乃至征服文献。相应地,现代目录学在文献描述和标引上具有以下几个重要特征。

首先,作者变得无足轻重。文献固然是作者主体的创造物,但作者是在"主客二分""价值中立"的规训下从事知识生产的,由此获得的知识是"客观的"。它要求作者努力获得关于客观对象的"不以人的意志为转移"的规律性认识,并将这一认识落实到一种与人的能动性和主观性相异在的文本之上。知识的客观性决定了作者要么生产错误的知识而被剥夺知识生产者的权力,要么生产正确的知识从而泯灭了个体的存在价值。因此,文献已经是独立于作者的客观的知识信息和物理结构,不再有人的因素,它仿佛可以脱离主体人的主动、自觉的认知而独立地生成。

其次,文献都是可以从学科属性和逻辑划分上予以说明的,不存在任何超越科学说明(scientific explanation)范围之外的文献,对文献的标引和组织也是理性的。所以,DDC以来的现代分类着眼于文献的物理形态、学科属性、主题概念的逻辑类项等"客观"因素来分类文献。又如,现代摘要强调和重视客观性,从而否认了文献内容的个体创见性,也消解了对作者的认知。总之,人的文献活动必须遵守文献自身的逻辑和规律,而现代目录学的目标就是探求

❶ 卡尔·波普尔.通过知识获得解放[M].范景中,等译.杭州:中国美术学院出版社,1996:419.

❷ 孟建伟.从知识教育到文化教育——论教育观的转变[J].教育研究,2007(1).

和发现这些规律。诸如,文献标引方法、词汇控制、标记规则和标记制度、标记专指度与标引专指性规则、标引一致性,等等。这一认识把文献工作诉诸规律和逻辑,即把外在世界当作实现目的的对象物,外在世界成为行动者行动的限制因素。

再次,重视具有客观意义的文献物理形态与知识论内涵,直接导致了现代目录的格式化,目录学在某种意义上已经成为"标准之学",主要包括:(1)文献著录与编目标准,如《文献著录总则》《图书在版编目数据》;(2)文献数据库标准,如《中国机读目录格式》《信息技术:数据交换中数据元分组指南》;(3)文献生产与代码标准,如《中国标准书号》《出版物题名和编写规则》;(4)信息处理与交换标准,如《信息处理交换用七位编码字符集》《中文书刊名称汉语拼音拼写法》。标准是一种强调公度性的规范,反映了在知识论预设下,现代目录学努力像自然科学对待自然现象那样,严格区分文献客体和赋予文献客体以意义与价值的主体人之间的主客分野,从而也压制或否弃了个人的创见或理解。

最后,读者面对记录"正确的"知识以及馆员"正确地"标引和组织的客观文献,也只能客观地检索,即根据逻辑化的规则对馆员的文献编码予以解码,从而获得文献。并且,检索而得的文献既然记录了"客观的知识",读者之文献利用,也就是要汲取其中的"客观知识"。客观知识作为一种物理性的"此在","是对于可见事物与事实的描述与解释",而"以事实为对象的认识是外在的、客观的"❶。由此,文献成为立于我们面前的纯粹对象之物,人与文献构成了一种对立关系,读者的文献利用(读书)成为一种追求客观知识而与主体的情感、道德、审美、信仰等无涉的行动。

综上,主客二分既是现代文献学的思维基础,也是构建现代目录学的主流话语,书目根据人的理性而构造,人的理性就是文献秩序的逻辑。作者、馆员、读者作为主体,从不同的侧面生产或标引和组织或检索和利用客观的文献。非客观性的文献价值论内涵被扫地皆尽,不再构成生产或标引和组织或检索和利用的对象,围绕文献而展开的人类所有知识创造和接受、传播

---

❶ 安希孟.智慧与知识[J].现代哲学,1999(3).

与交流等,都成为一种"看不见人"的游戏。然而,从哲学的角度说,纯粹的理智或理性,是无法回应美、善和形而上的哲学思辨问题的。就此而言,现代目录学无论取得多么精致的理论形态与现实效用,都不是值得期许的学术类型。

二、中国古代文献的本质

大致以1911年为时间断限的古籍,是中国先贤对自然界、人类社会与个体心性的认知记录,也是华夏传统文明的集中体现。正像现代文献是西方式的"主客二分"思维的产物一样,中国先贤持守"天人合一""物我不二"的辩证性思维,由此导致了中国古代文献的人文取向。辩证性思维强调主体人与客观对象的内在统一关系,既要求通过认识客体对象("天")来理解人类自身,也要求由"人"及"天","天"被赋予了人格属性。这一认识是"基于不把人和自然看成是对立的,是把人看成是自然和谐整体的一部分,而且是其中最重要的一部分,在他们之间存在着内在的联系"❶。而由于主体人的存在,无论多么"客观"的文献,都是充满价值的。人与文献不是对立的主客二元关系,因而不只是一个认知问题;文献包含着道德伦理、美学表达等与人相关的非逻辑因素,因而是价值问题,这是中国古代文献的本质所在。

(一)古代文献是"文"和"献"的统一

从"文献"一词的语源本义来看,文献即文贤,是文(文章、典籍)与献(贤才、耆旧)的统一。虽然"文献"一度从文章、典籍与贤才、耆旧的并列结构转向了偏指文章、典籍的偏义结构,如明代的《永乐大典》初名《文献集成》,其中的"文献"仅指文章、典籍,不包括人(贤才、耆旧),但这并没有改变古代文献的"人性"本质:文献是作者主体心性的显现,而不只是客观知识的记录,主体性的价值内涵构成了文献内容的根本。

和现代文献一样,古代文献一经创作完成就成为脱离作者的对象之物,但古代文献的本质始终是其背后的人。《史记·孔子世家》引孔子之语曰:"君

---

❶ 汤一介.新轴心时代与中国文化的建构[M].南昌:江西人民出版社,2007:85.

子病没世而名不称焉。吾道不行矣,吾何以自见于后世哉?"孔子于是"因史记作《春秋》……《春秋》之义行,则天下乱臣贼子惧焉。"《春秋》是孔子出于延展个体生命的需要而迫不得已的替代性产品。《汉书·儒林传》曰:"六艺者,王教之典籍,先圣所以明天道,正人伦,致至治之成法也。"六艺作为先王的典籍,也是先王主体精神的投射,承载着先王"明天道,正人伦,致至治"的追求,文献是为了克服人的生命有限性和存在境遇性而被生产出来的。《仪礼·乡饮酒义》曰:"古之学术道者,将以得身也。是故圣人务焉。"人与书之间具有深刻的内在一致性,"人如其书""书如其人"。《淮南子·泛论》曰:"诵先王之书,不若闻其言;闻其言,不若得其所以言。"强调作者的意图比固化了的文本更加重要。因此,《荀子·劝学》云:"学莫便乎近其人。"例如,孔门弟子在孔子生前主要通过与孔子的亲历交游而"学习",在孔子死后才将其言传身教"辑而论之"为《论语》这一文本。诚如《隋志·序》指出:"《论语》者,孔子弟子所录。孔子既叙六经,讲于洙泗之上,门徒三千,达者七十。其与夫子应答,及私相讲肄,言合于道,或书之于绅,或事之无厌。仲尼既没,遂辑而论之,谓之《论语》。"

因此,强调书与作者的统一性从而突出文献的价值论内容,构成了中国古代文献学的重要取向。正如明儒邱濬在《访求遗书疏》中指出:"人臣为治之道,非止一端。然皆一兴一时之事。惟所谓经籍图书者,乃万年百兴之事。是皆自古圣帝明王、贤人君子,精神心术之微,道德文章之懿,行义事功之大,建置议论之详,今幸赖之以知古,后幸赖之以知今者也。"邱氏还将《御注洪范》《御注尚书》等著作视为:"皆我圣祖精神之所运,心画之所形,手泽之所沾溉者也。存之足以范百王,垂之足以鉴万代。其间虽或有成于众手,何者不本于圣心。"这些论述都表明,文字记载(立言)是圣贤功德和志业的反映,因而是价值论的而非知识论的。

明人唐顺之(1507—1560)《荆川稗编·叙学》曰:"今之去古远矣,众人之去圣人也下矣。幸而不亡者,大圣大贤惠世之书也。"强调阅读"惠世之书"是学习"大圣大贤"的必由路径。阮元(1764—1849)《虞山张氏诒经堂记》记述清代大藏书家张金吾(1787—1829)藏书事迹,并评论说:"古人实赖此与后人接见也,后人亦赖此及见古人也。是诒经堂、诗史阁、求旧书庄,皆罗列古今人书,使后人共见之地也。"认为"古道"与"古人之象"是通过文献而存现的,读书的本质是今人与古人的隔空交流。文献因而也成为"今之所以知古,后之所以知今"的信息中介,正如牛弘《请开献书之路表》指出,经籍是:"圣人所以弘宣教导,博通古今,扬于王庭,肆于时夏。故尧称至圣,犹考古道而言;舜其大智,尚观古人之象。"

综上,中国古代文献都是字面意义上的知识论内容(文)和文本背后的价值论内容(献)的双重存在,用宋代理学家周敦颐(1017—1073)《通书·文辞》的话说是"文以载道",用清代史学家章学诚《校雠通义·序》的话说是"道器合一"。因此,文献既是落实为白纸黑字地记录着客观知识的"文",也是作为作者生命体验的主观价值之"献"。在"此在性"之"文"的知识论内涵背后,另有"彼在性"之"献"的超越价值。在"文"的意义上,与今天的文献概念大致相同,但"献"的内容则远远逸出了现代文献的范畴,"献"不仅意味着文献成分的复杂化,更意味着知识论内涵不是古典文献的全部本质,甚至并不具有独立存在的价值。或者说,古代文献所记录的"知识"并不局限于客观化的学科知识。例如,《诗经》首篇《关雎》的知识论内涵为:通过水鸟和鸣起兴,以歌咏男女求偶。《诗毛氏传疏》给出了它的超越价值:"乐得淑女,以配君子。忧在进贤,不淫其色。哀窈窕,思贤才,而无伤善之心焉。是关雎之义也。"而整个《诗经》也另有价值论的超越旨趣。所以《论语·为政》曰:"《诗》三百,一言以蔽之曰:'思无邪。'"《汉志·六艺略序》则云:"《诗》以正言,义之用也。"《诗经》的这种兼具文本内涵和超文本内涵的两重性,在中国古代文献中是有代表性的,任何文献皆可从道器两个层面上加以体认。所以,"文献是记录有知识的一切载体"的现代定义,并不能框限中国古代文献的本质。

(二)以修己和经世为主要内容的文献价值内涵

作为"器"的"此在性"之"文"是一种知识论存在,它是为"彼在性"价值之"献"服务的,体现了中国古代道器合一、文以载道的文献观。王阳明(1472—1529)《传习录·答罗整庵少宰书》曰:"夫道,天下之公道也;学,天下之公学也。非朱子可得而私也,非孔子可得而私也。"包括孔子、朱熹等大圣在内的

"学"，都是"公学"，因而具有相对一致的诉求。这种一致性，集中体现在个体道德之"修己"和社会教化之"经世"两个密切相关的方面，也是儒家"内圣外王"理念强调道德与政治相统一的必然要求。儒家既重道德也重政治，政治只有以道德为指导，才有正确的方向；道德只有落实到政治中，才能产生普遍的影响。道德与政治的统一，也就是由"内圣"到"外王"，"内圣"是"外王"的前提和基础，"外王"是"内圣"的自然延伸和必然结果。而"内圣""外王"是文献价值的集中体现，也显示了"公学"的核心特点。所以，隋人牛弘《请开献书之路表》认为，"治国立身，作范垂法"是典籍的基本功能。

1. 修己

《论语·八佾》曰："人而不仁，如礼何？"《孟子·尽心下》云："仁也者，人也。"重视道德是中国传统文化的根本特征。《大学》强调："自天子以至于庶人，壹是皆以修身为本。"古代哲学强调知行合一，"知"要求"读万卷书"，"行"要求"行万里路"，求知就是追求德性之知，并落实为道德践履。

《论语·述而》曰："我欲仁，斯仁至矣。"在儒家看来，"仁"不是知识论，而是一种内在的"身心结构""是一种经由自觉塑建的心理素质即情理结构"❶，它不是由"真值性"的知识来承载的。孔子以降，孟子（约前372—约前289）倡言性善论，将人的先验本质与伦理道德统一起来，认为自身道德修养是社会和谐的基础性条件。荀子（约前313—前238）倡言性恶论，主张通过"化性起伪"的个人道德修炼，达到"人皆可以为尧舜"的境界，从而成为构建和谐社会秩序的基础。但无论性善、性恶，个体道德的熏修都是社会和谐的基础和前提。

杜维明（1940—）认为："儒家的修养纲领，正如大师的生活现实所示范的，就是逐渐学会做人。简言之，这意味着我们能在普通人的生存中认识到生命的最终意义。我们在日常基本生活中的普通行动，恰好是人性获得最充分表现的活动。对此时此地生活着的人来说，要完成学习做人的全过程，就要在道德成长的每一关头始终把自我修养放在第一位。这一主张隐含着这样一个命令，即我们应当完全对我们的人性负责，这不是出于任何外在的原

---

❶ 李泽厚.论语今读[M].合肥:安徽文艺出版社,1998:105.

因,而是出于我们都是人这个不可更改的事实。"❶南怀瑾(1918—2012)说:
"我们上古传统教育的主要宗旨,就是教导你做一个人,完成一个人道、人伦
的本分。不是只教你知识和技能,而不管你做人做的好不好。因为做工、做
农、做小贩、做官、做学者、做军人、做皇帝,那都是职业的不同。职位虽不同,
但都须要做人,才是本分。"❷做人的核心就是人格的培养,建立在人格培养基
础上的身心和谐,作为生命个体永恒的价值追求,也是中国传统和谐文化的
价值目标。

2. 经世

"仁者人也"指明了个体人应该具有的理想境界,"天下归仁"则要求在个
体道德理想的基础上,实现整个国家组织和社会关系的和谐有序,从而达到
经世的目的。而这两者又是一致的。《论语·为政》曰:"《书》曰:'孝乎惟孝,友
于兄弟,施于有政。'是亦为政,奚其为为政?"个体修身范畴的"孝悌",可以起
到净化社会与促进和谐的作用,达到"治"的社会理想预期,因而也是"为
政"。在孔子为代表的儒家看来,作为个体身心结构的"仁",也是人际和谐的
心理基础。《论语·颜渊》云:"樊迟问仁,子曰:'爱人。'""仁"既是人的内在身
心结构,也是"爱人",即推己及人,由身心和谐扩展为人际和谐,从而"把群体
关系的协调建立于个体心理调节与内心道德自觉的基础上,以保证社会的稳
定和人际的和谐"❸《论语·八佾》曰:"人而不仁,如礼何? 人而不仁,如乐
何?"作为个人身心结构的"仁",乃是作为人际关系调节系统的"礼乐"秩序的
根本性前提。而群己关系的进一步拓展和放大,就转化为个人与社会的和
谐。"在儒家那里,成己往往以安人为目的,孔子便已提出'修己以安人'(《论
语·宪问》)的主张。'修己'即自我的涵养,'安人'则是社会整体的稳定和发
展。道德关系上的自我完善('为己'),最终是为了实现广义的社会价值(群
体的稳定和发展)。后者所确认的,乃是一种群体的原则"❹。这一思路"表现
为个人自由与社会认同相适应,个人的利益与需要的满足和整个社会的利益

---

❶ 杜维明.儒家思想新论:创造性转换的自我[M].南京:江苏人民出版社,1995:55.

❷ 南怀瑾.原本大学微言[M]//南怀瑾选集.上海:复旦大学出版社,2003:126.

❸ 刘宗贤.儒家伦理:秩序与活力[M].济南:齐鲁书社,2002:4—5.

❹ 张岱年,方克立.中国文化概论[M].北京:北京师范大学出版社,1994:412.

与需要的实现相适应"❶。因此,孔子眼中的最高公共目标是"为万世开太平",即努力"创建一个所有人都享受和平、经济安全和和谐的社会。当然,君子自我价值的实现也具有同等重要的意义,可在孔子的通见之中,却显然要服从于普遍的社会目标"❷。亦即,个人的身心和谐,必须服务于社会和谐的终极指归。

综上,文献固然有知识论内涵(文、器),但更是价值论(贤、道)存在。而价值论内涵主要聚焦于修己和经世两个密切相关的方面,从而将个人道德的"仁道"取向以及"天下归仁"的社会和谐联系了起来,反映了儒家"内圣外王"的道德、政治理想。所以,《隋志·总序》曰:"夫经籍也者,机神之妙旨,圣哲之能事,所以经天地,纬阴阳,正纪纲,弘道德,显仁足以利物,藏用足以独善。学之者将殖焉,不学者将落焉。大业崇之,则成钦明之德;匹夫克念,则有王公之重。其王者之所以树风声,流显号,美教化,移风俗,何莫由乎斯道。"典籍既有"经天地,纬阴阳""大业崇之,则成钦明之德"的经邦治国功能以及"正纪纲,弘道德""美教化,移风俗"的教化作用;也具有"显仁足以利物,藏用足以独善"的立身价值,这对于匹夫、显贵都是一致的。

(三)事实知识(文)与价值知识(献)的关系

与今天的文献一样,中国古代文献也包括物理形态(如书名、著者)和内容信息两大部分。但古代文献的内容信息既包括相对客观的事实知识,也包括主体性的价值知识。《荀子·解蔽》曰:"凡以知,人之性也;可以知,物之理也。"《庄子·齐物》曰:"非彼无我,非我无所取。"都强调认识主体与认识对象的辩证性存在。这一认识论意义上的主客二重性,决定了古典文献内容的双重存在:一方面,文献记录着对象性的客观知识。它不以人的主观意志为转移,可作对与错的二元判分;另一方面,认识主体的存在决定了文献的主体性,涉及"客观的"知识对于主体的功能和效用,由此形成价值知识。它们统一于文本之"文"与作者之"献"之中。

---

❶ 李明元,陈瑶瑶."和谐学"论纲[J].中央社会主义学院学报,2007(6).

❷ 本杰明·史华兹.古代中国的思想世界[M].程钢,译.南京:江苏人民出版社,2004:142.

1. 事实知识的前提性

《四库总目·五经总义类》案语曰:"汉儒五经之学,惟《易》先变且尽变,惟《书》与《礼》不变,《诗》与《春秋》则屡变而不能尽变。盖《易》包万汇,随举一义,皆有说可通。数惟人所推,象惟人所取,理惟人所说,故一变再变而不已。《书》纪政事,《礼》具器数,具有实征,非空谈所能眩乱,故虽欲变之而不能。《诗》则其美其刺,可以意解,其名物训诂,则不可意解也;《春秋》则其褒其贬,可以词夺,其事迹始末,则不可以词夺也,故二经虽屡变而不尽变。"四库馆臣严格区别出事实知识和价值知识的不同畛域,并认为,《诗》"其美其刺"的价值内涵是通过"名物训诂"的知识内涵表达的,前者"可以意解",后者"不可意解";《春秋》"其褒其贬"的价值内涵是通过"事迹始末"的知识内涵表达的,前者"可以词夺",后者"不可词夺",等等。《四库总目·史部序》亦曰:"苟无事迹,虽圣人不能作《春秋》,苟不知其事迹,虽以圣人读《春秋》,不知所以褒贬。"《春秋》的价值论(褒贬)必须寄托在知识论(事迹)之上。相应地,《春秋类小序》认为:"夫删除事迹,何由知其是非?无案而断,是《春秋》为射覆矣。"《诗类小序》则曰:"至于鸟兽草木之名,训诂声音之学,皆事须考证,非可空谈。今所采辑,则尊汉学者居多焉。"认为事实知识必须通过考据而获得真实性。

上述论述,皆强调事实知识相对于价值内涵的前提性。然而,价值内涵才是文献的本质和旨趣所在。

2. 价值内涵的目的性

事实知识固然具有前提性,但并不具有独立存在的意义。《汉志·诗类序》云:"古有采诗之官,王者所以观风俗,知得失,自考正。"把采集的"民风"视为行政和施政的重要依据。这是一种真正的信息思维,它与从纯粹文艺学(诗学)的角度知解所谓"民风"的实体思维迥然而别。实体思维把"民风"当作物质或物理性的客体,而信息思维把它们视为与人直接相关的人文存在。在中国古代,作为"群经之首"的《易经》强调"观物取象",即模拟事物成为有象征意义的卦象。所观之"物"的物质或物理属性必须服务于所取之"象"——对人有意义的信息显示。例如,由"天行健"导出"自强不息",由"地势坤"导出

"厚德载物"。《四库总目·易类小序》曰:"圣人觉世牖民,大抵因事以寓教。《诗》寓于风谣,《礼》寓于节文,《尚书》《春秋》寓于史,而《易》则寓于卜筮。故《易》之为书,推天道以明人事者也……夫六十四卦《大象》皆有'君子以'字,其爻象则多戒占者,圣人之情,见乎词矣。"作为事实知识的《诗》之"风谣"、《礼》之"节文"、《尚书》和《春秋》的史实以及《易》之"卜筮",都是为"觉世牖民"的价值知识服务的。宋儒所谓格物致知,由所"格"之物形成的事实知识也是以所"致"之"德性之知"为归趋的。由此形成虽重视事实知识的前提地位但仍以价值知识为目标的知识论取向。《论语·述而》曰:"志于道,据于德,依于仁,游于艺。"强调"艺"必须立基于道、德、仁的本体。中国历史上的"比德于玉""松柏后凋""北斗拱极""格竹子"等典故或故实都是以"观物比德"的方式,实现自然知识的人伦化,从而把本应是对象化的自然知识内化为关切人伦的道德学说。而王阳明著名的"其格物之功只能在身心上做",更是内省取代外观的典型表述。

总之,中国古代的文献兼具知识论与价值论的双重内涵,而知识论内涵并不具有独立意义,它必须奔赴于价值论内涵的超越境界。如果说,现代文献的核心问题是,文献的知识内容如何与客观对象相符从而保证知识具有"不以人的意志为转移"的真理性;中国古代文献的核心问题则是,如何突显"铅椠简编"的文献背后的价值。这是古代文献的哲学依据和本体论旨归,也是古代文献学的思想基础和前提。

3. 价值内涵的不确定性

"文"作为作者主体迫不得已的替代性文本,其所记录的事实知识之"器"虽然具有确定性,但它往往并不能完整、准确地传递出作者("献")价值论内涵之"道"的主观意图。中国古人强调"名实分殊","认为语词(名)和对象(实)之间存在不可忽视的差异性。中国古代哲学关于名实关系、心物关系、知行关系的论述,都包含有一定程度的'名实分殊'的认识"❶。《易经》"书不尽言""言不尽意",《老子》"道可道,非常道;名可名,非常名",《孟子》"尽信书则不如无书",《公孙龙子》"天下无指""物不可谓指",王弼(226—249)《周易略

---

❶ 李满花.中国古代书目的文献信息观及其现代价值[J].国家图书馆学刊,2010(1).

例》"得意在忘象,得象在忘言"等等,都强调语词在指谓对象时的局限性。

价值内涵的不确定性还可以从它的主体性特征上来理解。一方面,文献的价值是作者主体心性和志业的体现,具有明显的主体维度;另一方面,读者因个人兴趣、爱好、学识及时代特征的不同必然导致文献阐释的多途和异趣,从而无可避免地造成"意解"和"词夺"。例如,据《史记·孔子世家》记载,孔子死后儒分为八,但皆坚称独得孔子真传。拿孔子以"去其重,取可施于礼义"为标准而删定的《诗》来说,胡平生、韩自强认为,《汉志·诗序》语涉齐、鲁、韩、毛"四家诗",但《汉志》著录《诗》凡六家,四百一十六卷。四家《诗》而云"六家",是因为《齐诗》又有"后氏""孙氏"两家,可见当时分"家"并不严格。而如果按照这一标准,仅从《汉书》来看,可以独立成"家"的就有很多。例如,《汉书·儒林传》载:"韦贤治《诗》,事博士大江公及许生,由是《鲁诗》有韦氏学。"《隶释·汉武荣碑》云:"荣,字含和,治《鲁诗经》韦君章句。"这是《汉志》所没有著录的《鲁诗》韦氏学。而据《汉书·儒林传》,类似韦氏这样没有被《汉志》所著录或提及的还有《鲁诗》张、唐、褚氏之学以及许氏学;《齐诗》翼、匡、师、伏之学;《韩诗》王、食、长孙之学等等。然而,传世文献中的上述记载,并没有引起人们对所谓"四家诗"的质疑。直到1977年安徽阜阳汉简《诗经》的出土才改变了这一局面。阜阳汉简《诗经》"既与《毛诗》有如此之多的异文,可以断定其绝非《毛诗》系统",同时也"不会属于鲁、齐、韩三家中的任何一家",从而认定"《汉志》并没有将汉初治《诗经》各家囊括"❶。问题是,如此流派纷呈的《诗经》各支,也都坚信自己才是《诗经》最纯正的阐释者。

可以肯定,作为文本之"器",具有客观性的一面,而对于器背后的超文本之"道"的体认则多由行为主体赋予,具有一定的主观随意性。所以,陶渊明(352或365—427)在其自况文《五柳先生传》中说:"好读书,不求甚解。""不求甚解"正是一种文献的识读方式和阐释方式。因为文献并不是作为物理世界的一部分而现实地存在,其目标不是要描述事物的现象和性质,因而不具有可供知性分析的确切含义。古代文献是一个更为本体的意义性和价值性存在,旨在激发人们的情感,服务于现实的政教人伦。文献之"道"隐含在字面

---

❶ 胡平生,韩自强.阜阳汉简《诗经》简论[J].文物,1984(8).

文本之中,期待着后世读者在不同的社会结构中将其具体化。它意味着了文献具有"可解释"的潜力,从而也意味着文献阐释的可能性❶。

4. 强调读者"读书"过程的主体参与

作者主体的意图比落实为白纸黑字的文本更加重要,但这一价值论信念只有转化为读者的认知,才能实现它的人生价值和社会意义,"文献背后隐含着的圣贤志业、哲学冥思、天人本体、形上境界才能得以落实"❷。因此,和今人"求知"的读书目的不同,古人读书是为了"求圣贤之道",而道的主要内容即是儒家设定的个人淑身立品的"修己"和"天下归仁"的社会教化之"经世"。价值既借助于确定性的知识,又跟确定性的知识没有绝对必然的联系。因此,必须突破文本的知识论内涵而追迹作者的精神和心性,才能获得对价值论的把握,由此形成了《孔子集语·劝学》所谓"诵诗读书,与古人居;读书诵诗,与古人谋"的认识思路。明儒薛瑄(1389—1464)《读书录·论学》曰:"程子曰:予所传者,辞也。由辞以得其意,则在人焉。尔读书之法,皆当由辞以得意。徒得其辞而不得其意,章句文字之学也。《四书》顷刻不可不读。人果能诚心求道,虽五经四书正文中亦自有入处。若无诚心向此,虽经书一章反复以数万言释之,人亦不能有得也。"薛瑄强调,可以传授的是文辞,但文辞只是表达意义的手段,读书固然需要"由辞以得其意",但意义的真正获得"则在人焉"。"读书不是要从文字词句中获得认识论意义上的知识信息,而是要用'心'去意会作者积淀在文本中的精神"❸。因此,文献不仅是认知对象,也是信仰对象。

明人唐顺之《荆川稗编·叙学》曰:"近世学者,往往舍传注疏释,便读诸儒之议论。盖不知议论之学,自传注疏释出,特更作正大高明之论尔。传注疏释之于经,十得其六七。宋儒用力之勤,铲伪以真,补其三四而备之也。故必先传注而后疏释,疏释而后议论。始终原委,推索究竟,以己意体察,为之权衡,折之于天理、人情之至。"唐顺之认为在阅读儒家经典传注时,只有读者主体"以己意体察,为之权衡"的主动作为才能获得对"天理、人情"的认知。当

---

❶ 傅荣贤.文献阐释与中国古代目录学[J].图书馆,2004(6).

❷ 傅荣贤.文献阐释与中国古代目录学[J].图书馆,2004(6).

❸ 傅荣贤.作者主体的信息化存在:对中国古代"文献"的另类解读[J].大学图书馆学报,2011(2).

然,"以己意体察,为之权衡"也离不开对"传注疏释"知识论内涵的把握。

综上,中国古代的文献并不是客观的给定之物,作者的文献生产、读者的文献阅读,都是活跃在价值论层次上的。相应地,文献的描述和标引亦需调动馆员主体的主观体验,努力揭示文本背后"修己"和"经世"的价值。因此,文献活动遂成为主体与主体之间的关系问题,而不再是主体与文献客体(甚至知识客观)的关系问题,不能仅仅从学科属性、逻辑类项或其他形态特征描述和著录文献。

三、中国古代目录的文献标引

古典文献包括:①物理形态(如书名、著者),②相对客观的知识论内涵,③主观性的价值论内涵。古代书目通过著录、提要等技术手段而实现的文献描述和标引,涉及对文献事实与价值的二重判断。

就事实部分而言,主要包括作者、书名、篇卷、载体、版本等外部物理形态及其所记录的知识论内容。这些内容都有确定不变的解释,因而是客观的,可用真值条件来检验,亦无须到文献之外去寻求确认其意义的参照。据《汉志·总序》,刘向目录工作的直接动因是"以书颇散亡",需要对文本进行整理和保护,从而确立文献形式的"准确性"。《四库总目·凡例》第九则曰:"今于所列诸书,各撰为提要,分之则散弁诸编,合之则共为总目。每书先列作者爵里,以论世知人;次考本书之得失,权众说之异同;以及文字增删,篇帙分合,皆详为订辨,巨细不遗。而人品学术之醇疵,国纪朝章之法戒,亦未尝不各昭彰瘅,用著劝惩。"这里的"文字增删、篇帙分合"涉及物理文本,"考本书之得失,权众说之异同"则既涉及知识论内容也涉及价值论内容。

总体上,古代文献价值论内涵高迈于物理形态和知识论内涵。但同时,作为物理形态的作者,是价值论内涵的源泉;而知识论内涵的也必须以价值论内涵为归趋,其本身并不具有独立性,由此导致了中国古代目录学独特的标引方式。

1. 强调"知人论世"

基于知识论定位,现代文献的作者并不构成认识文献的必要因素。而古典文献的本质在于它的价值论内涵,价值论内涵又是由作者建构的,因而文献标引格外重视对作者的生平事迹与主体心性的揭示。又因为价值论内涵具有不可编码性,它不能像知识论内涵那样仅仅通过文字训释与文本解读就可以把握,这就需要回归文献生产的当初语境以揣摩作者的精神旨趣。所以,作为作者生存境遇的"世"也成为标引文献时的关注重点。

余嘉锡曰:"欲读古书,当考作者之姓名,因以推知其身世,乃能通其指意。"❶这一认识,是本孟子"知人论世"而来,《孟子·万章》曰:"诵其诗,读其书,不知其人可乎。"焦循(1763—1820)《孟子字义疏证》曰:"古人各生一时,则其言各有所当。惟论其世,乃不执泥于言,亦不鄙弃其言,斯为能尚友古人。"因此,中国古代目录提要的类型虽然变化多端,但都强调作者主体及其现实境遇对文献生产的前提性,并致力于对作者其人其世的考证,"知人论世"也成为我国古代提要与今天的摘要的核心区别所在。作为"全文的高度浓缩""包含着几乎与论文同等量的主要信息"(GB7713—87)的现代摘要,其实质是认为所有文献都可以"客观"处理,而中国古代的提要,则强调文化回归主体尺度的必要性及其可能向度❷。

因此,古代提要非常重视对"活生生"的作者及其现实境遇的复原。以人物考辨为例,具体包括考作者行事、考作者时代、考作者学术❸。而"凡考作者之行事,盖有附录、补传、辨误三例焉"❹,如刘向叙录之"考作者行事",一是《史记》有传者附录之,二是《史记》无传或有而不详者补之,三是史传中作者事迹有误者辨正之。所以,叙录往往与史书之列传相表里。所以,杭世骏(1695—1773)《道古堂全集》卷六《两浙经籍志序》曰:"经籍之设,所以补列传缺漏。班固不为冯商立传,而《续史记》则志于艺文。刘昫不为刘蜕立传,而《文泉子》则志于经籍。"这里,《汉书》无传的冯商(约前53—约18)和《旧唐书》无传的刘蜕(821—?),都在史志目录中因其著作而保留了姓名、爵里等信息。但需指出的是,《文泉子》不见于刘昫《旧唐志》,而见于欧阳修《新唐志》,

❶ 余嘉锡.古书通例[M].上海:上海古籍出版社,1985:15.

❷ 傅荣贤.论古代提要和现代摘要的文献观[J]. 图书情报工作,2016(6).

❸ 王欣夫.文献学讲义[M].上海:上海古籍出版社,1986:68—72.

❹ 余嘉锡.目录学发微[M].成都:巴蜀书社,1991:39.

杭氏所云,容有疏误。

在《四库总目》中,《孔子家语》提要曰:"魏王肃注。肃字子雍,东海人。官至中领军散骑常侍。事迹具《三国志》本传。"这是交代王肃(195—256)的史传出处。《荀子》提要曰:"周荀况撰。况,赵人。尝仕楚为兰陵令,亦曰荀卿。汉人或称曰孙卿,则以宣帝讳询,避嫌名也……《唐书·艺文志》以倞为杨汝士子,而《宰相世系表》则载杨汝士三子:一名知温,一名知远,一名知至,无名倞者。《表》《志》同出欧阳修手,不知何以互异,意者倞或改名,如温庭筠之一名歧歧?"对荀子和杨倞[唐宪宗年间(805—820)人]的考辨,重点放在其姓名字号之上。《史记》提要曰:"汉司马迁撰,褚少孙补。迁事迹具《汉书》本传。少孙,据张守节《正义》引张晏之说,以为颍川人,元、成间博士。又引《褚颙家传》,以为梁相褚大弟之孙,宣帝时为博士,寓居沛,事大儒王式,故号先生。二说不同。然宣帝末距成帝初不过十七八年,其相去亦未远也。"这是增补褚少孙的个人信息。《孔丛子》提要曰:"旧本题曰孔鲋撰。所载仲尼而下子上、子高、子顺之言行,凡二十一篇,又以孔臧所著赋与书上下二篇附缀于末,别名曰《连丛》。鲋字子鱼,孔子八世孙。仕陈涉为博士。臧,高祖功臣孔蒉之子,嗣爵蓼侯,武帝时官太常。"这也是补充史传所缺。

如果说,"知人"的本质在于强调"人"对于"书"而言的前提地位,那么"论世"则在于强调"世"之于"人"的前提地位。在中国古代"天人合一"语境下,人、社会、自然是和谐统一的整体,整体的思考大于个体的分析,从而也确立了从社会历史整体环境中解读文献的取向。比如,汉代重经推典,相应地,刘向叙录也重视从儒家经术的角度解读文献、标判是非,这表明《别录》是以自觉遵守和维护当时的文化秩序为己任的。

2. 对文献价值论内涵的标引与揭示

古代文献中的物理形态和知识论内涵相对具有客观性,对它们的标引亦注重认识论意义上的真值性。例如,《四库总目·楚辞补注》提要曰:"兴祖是编,列逸注于前,而一一疏通证明,补注于后,于逸注多所阐发。又皆以'补曰'二字别之,使与原文不乱,亦异乎明代诸人妄改古书,恣情损益。于楚辞诸注之中,特为善本。故陈振孙称其用力之勤,而朱子作《集注》,亦多取其说云。"洪兴祖（1090—1155）《楚辞补注》因"疏通证明""与原文不乱"而获得了四库馆臣的肯定。

　　然而，古人更为重视文本知识论背后的价值内涵，后者不是由文本表层的客观因素所决定的。清人孙从添（1692—1767）《藏书纪要·购求》云："夫天地间之有书籍者，犹人身之有性灵也。人身无性灵，则与禽兽何异？天地无书籍，则与一草昧何异？故书籍者，天下之至宝也。人心之善恶，世道得失，莫不辨于是焉。"这里，"书籍不再是简单的客体存在，而是和主体人此包彼摄、主客互渗的意向性存在。对书籍的认知也要服从于'人心之善恶，世道得失'的伦理约定"❶。这就要求在标引中必须考虑文献的价值内容，从而超越对图书形式及其"主旨大意、内容梗概"知识论内涵的客观说明，而这在书目的著录上也有反映。如在著录范围上，据《魏书·李充传》，北魏道武帝曾采纳李充的建议："唯有经书三皇五帝治化之典，可以补王者神智。"从而列入政府书目。显然，人们无法把握所有的文献，因而对文献的选择就显得十分重要。这种选择过程作为选择者价值判断的结果，本质上也是给文献增添主体意志的过程。又如，对跨代作者归于何代的定夺，有所谓"陶潜书晋之例"。如秦荣光（1841—1904）《补晋书艺文志》以补"晋代"著述为职志，但在什么是晋人的认定上多"以心为定"，如傅嘏（209—255）、钟会（225—264）、邓艾（197—264）殁于魏而心乎晋；陶潜、徐广（352—425）殁于宋亦心乎晋，故诸人著述皆予收录。

3. 书目标引的主观性

　　只有物理形态和客观知识才能运用逻辑范畴、科学命题或人工语言来标引。但古代文献更是一种心性的表达，因而并不是一个单纯的物理对象和已然完成的物化存在。甚至文献作者、题名等相对客观的信息也可以结合主体认知而做出相应的改变。

　　拿书名来说，出于各种原因，古人往往径自改易书名。例如，在书名之上加"新刻""重校""绣像"，以增强广告效用从而带来营销量的增加。又如，将《古今小说》改名为《喻世明言》，并与后来的《警世通言》《醒世恒言》合称为

❶ 傅荣贤.西方话语的困惑和中国先贤的智慧：图书馆哲学新论[J].图书情报工作,2008(9).

"三言";将《老子》《庄子》《列子》之类的质朴之名分别改为《道德真经》《南华真经》《冲虚真经》之类的文雅之名。而类似颜师古(581—645)《匡谬正俗》因避宋太祖的讳而改为《刊谬正俗》或《纠谬正俗》;《四库总目》中,因避弘历讳而改《中兴小历》为《中兴小纪》,改《崇祯历书》为《新法算术》,改《西洋新法历书》为《西洋新法算术》,则涉及伦理学动机。书名的改易意味着文献并不是自足的客观存在,主体人完全可以附加自己的认识或主张。

提要更是充斥着大量的主观评论,旨在从主体的需要和客体能否满足以及如何满足的程度,考察和评价文献对人和社会的意义。例如,《四库总目·周易郑康成注》提要在论述郑玄、王弼二家易学异同及其历史地位的消长之后,指出:"考玄初从第五元先受京氏《易》,又从马融受费氏《易》,故其学出入于两家。然要其大旨,费义居多,实为传《易》之正脉。齐陆澄《与王俭书》曰:'王弼注《易》,玄学之所宗。今若崇儒,郑注不可废。'其论最笃。唐初诏修《正义》,仍黜郑崇王,非达识也。应麟能于散佚之余,搜罗放失,以存汉《易》之一线,可谓笃志遗经,研心古义者矣。近时惠栋别有考订之本,体例较密。然经营创始,实自应麟,其捃拾之劳亦不可泯。今并著于录,所以两存其功也。"从而伸张了四库馆臣的"汉学"考据学风。而南宋晁公武不满王安石(1021—1086)改革,在《郡斋读书志》中对王安石的评价亦颇多贬词,甚至斥之为"奋肕见之私,舒悱愤之语,恣乖隔而违大道"[1]。

《四库总目·学统》提要曰:"国朝熊赐履撰。赐履字敬修,孝感人,康熙戊戌进士,官至大学士。是书以孔子、颜子、曾子、子思、孟子、周子、二程子、朱子九人为正统,以闵子以下至明罗钦顺二十三人为翼统,以冉伯牛以下至明高攀龙一百七十八人为附统,以荀卿以下至王守仁七人为杂统,以老、庄、杨、墨、告子及二氏之流为异统。夫尚论古人,辨其行事之醇疵,立言之得失,俾后人知所法戒,足矣。必锱锱铢铢,较其品第而甲乙之,未免与班固《古今人表》同一悠谬。况薛瑄、胡居仁、罗钦顺俱尊之称字称先生,而伯牛、子路诸贤乃皆卑之而书名,轩轾之间,不知何所确据。又荀况、扬雄、王通、苏轼均以杂统而称子,陆九渊、陈献章、王守仁又以杂统而书字,褒贬之间,亦自乱其例

❶ 汪辟疆.目录学研究[M].上海:华东师范大学出版社,2000:5.

也。"这里,馆臣对熊赐履(1635—1709)《学统》的人物品第和称谓虽不乏贬抑,但认可"尚论古人,辨其行事之醇疵,立言之得失,俾后人知所法戒"的必要性,由此形成了以政教人伦为取向的方向感极强的判断标准。

　　显然,文献标引是建立在对文献的主体价值期待基础上的。而价值判断都以书目主体的经验为转移,他必须生活在自己解释的"客体"中。由此,获得标引的文献已经不再是原生态的,而是评论态的,文献只存在于人的观念之中,只有为人所接受的文献,而不存在人的主观认识之外的文献。所谓"客观"或"真理"不过是来自书目主体的内部律令,是书目主体心灵中的一个伦理学尺度,它不是知识论范畴,而是一个价值论概念。这种主观评价性的书目建构,反映了馆员作为人的主体性存在,并赋予目录以"被建构"的性质。而建构的主要取向,集中体现在对价值"好与坏"的二元判分之中。明末清初胡承诺(1607—1681)《读书说》指出:"好书藏书莫不有正有邪。淮南王安好书,所招致率多浮辩之士。河间献王所好,皆经传说记七十子之徒。所论邪正不同,故立身亦异。厥后淮南王以叛终,河间称贤王。"藏书内容的好坏选择,与修身、与人生成败相关。明薛瑄《读书录·论学》曰:"凡不正之书皆不可读。自有文籍以来,汗牛充栋之书日益多。要当择其是而去其非可也。郑声乱雅乐,杂书乱圣经。"这种二分话语,也是古代书目标引的重要依据,详见本书第三章第三节。

　　综上,目录学有关文献标引的一般理论、原则与方法,可以从对文献本质的定位中推导出来。西方目录默认其标引的对象——现代文献——是学科化、逻辑化的客观存在,其标引原则亦以客观化、标准化为取向,从而也使目录获得了客观品格与科学样态。但它无法穷尽心性内涵,因而不能接触到文献的实质,馆员主体的创造性与能动性也荡然无存。

　　古人强调文献的价值论内涵,这就等于承认文献负载着人文精神和社会文化,因而不能仅仅通过逻辑范畴和学科属性等客观的方式掌握文献的本质。基于文献的人文性,古代书目的标引遂成为书目主体对文献客体的主观"叙述",携带着书目主体的欲望、希冀和期待,书目标引因而也可以概括为或换算为对"人"的认识,并形成了一种以追求人文精神为指向的标引方式,本质上可视为"天人合一"哲学思想在书目领域中的演绎和具体落实。

由此,目录不再是一个被动的文献记录装置,而是因馆员主体的介入而被赋予了更多的内省地位。书目中的文献也已经不再是原始、客体的文献,而是经由书目主体的"叙述"而被重新建构了。

第二节　中国古代目录的著录

著录是中国古代目录中不可或缺的一个形式要素,著录主要涉及著录范围、著录内容、著录格式等方面的问题。

一、著录范围

古代目录大多是结合具体文献而形成的藏书目录,基本上都没有穷尽性地著录所有的现实存在以及曾经存在过的文献,更没有像《中图法》那样形成一个独立的分类表并准备组织未来可能出现的文献。因此,"实收"什么文献,本质上表明古代书目不是一个客观、孤立的系统,而是一种选择和判断,涉及与人文环境互为观照的文化表达和价值评估。正如孙楷第引黎锦熙(1890—1978)之语指出:"清修《四库提要》,去取未公。其存目之中,即多佳著;正书所录,亦有具臣。又不收南北曲,仅以《顾曲杂言》《钦定曲谱》《中原音韵》三书附诸集部。小说则贵古而贱今,唐以后俗文概不甄录,虚争阀阅,只示偏窄。"❶

从著录范围来看,一方面,"曾有"文献可能因亡佚而并非"现存";另一方面,"现存"并不意味着一定为某书目所"实收"。就此而言,著录范围可以转化为"现存"与"实收"以及"曾有"与"实收"之间的关系问题。

(一)著录"实收"文献形成藏书目录(catalogue)

《隋志·序》云:"古者史官既司典籍,盖有目录以为纲纪。"揭示了"司典籍"对于书目编制的前提性。中国古代绝大多数书目都是根据"实收"文献而

---

❶ 孙楷第.中国通俗小说书目[M].北京:人民文学出版社,1982:初版自序.

形成的藏书目录,既不包括"曾有"也未罗网全部"现存"文献。

1. 著录"实收"文献而不是"现存"文献

中国古代有不少目录都是专科性、地方性、时代性和个人性质的目录,并不以"网罗殆尽""范围天下"为职志。例如,专科性目录只收录与某专业学科有关的文献,地方文献目录和个人著述目录,则只著录某地区或具体人物的著述。而史志目录则反映了目录的时代性,如袁山松(?—401)《后汉书·艺文志》收录的就是东汉一代著述,该目虽佚,但却是后世补史艺文(或经籍)志的滥觞。另如《明志》和《清志》这样正宗的"史志"也都分别专录有明、有清的一代著述。唐人刘知几《史通·书志》曰:"唯艺文一体,古今是同,详求阙义,未见其可。愚谓凡撰志者,宜除此篇……前志已录,而后志仍书,篇目如旧,频频互出,何异以水济水,谁能饮之者乎……若必不能去,当变其体。"刘知几认为史志目录如需保存,也应以仅录一代(而不是通记古今)著述为主。

另一方面,中国古代文献号称"浩如烟海""汗牛充栋",即便是综合性目录,往往也不能将当时所有的文献都收罗殆尽。如清代《四库总目》只收录了3461种,加上《存目》6793种,也只有万余种。因此,确立收集范围,即反映了特定的知识边界。例如,我国第一部成熟的系统书目《七略》,虽然是西汉中央政府组织的文献整理行为,但亦没有"范围方策而不过""曲尽古今而无遗",所以才形成了从南宋王应麟(1223—1296)《汉书艺文志考证》到近人章太炎《征七略》对《七略》赓续不绝的补遗工作。其中,又以清人姚振宗《汉书艺文志拾补》所"补"最为繁富,其《例言》曰:"大凡六略拾补三十三种二百七十四家三百六部,附谶纬一种十一家十一部。按六略本三十八种,今诗赋五种并为二,方技四种又仅得其二,故止于三十三种……汉以前之典籍《艺文志》之外大抵略具于斯。"

余嘉锡认为《汉志》著录不备,其原因有三:一是"民间所有,秘府未收也",二是"国家法制,专官典守,不入校雠也",三是"前汉末年人著作,未入中秘者,《七略》不收,《汉书》亦遂不补也"❶。我们认为,《七略》是刘向刘歆"校中秘书"、对"中秘"所藏文献手自校雠的结果,只有"中"有其书才会纳入校雠

---

❶ 余嘉锡.古书通例[M].上海:上海古籍出版社,1985:4.

范围并为《七略》所著录。尽管中秘庋藏富赡,但没有、也不可能网罗天下所有文献❶。另外,"刘向所校只涉图书而不涉档案,这与'汉兴'以来以恢复仲尼法度为己任的整个官方文化政策相鼓桴"❷,由此也与"以文法吏所掌法律文书作为收藏、整理与利用重点的秦朝的文献工作形成了鲜明的对照。而秦、汉分别以档案与图书为文献整理对象的分野,又分别对应于'以法治国'和'独尊儒术'的意识形态上的分殊"❸。

出土简帛也在一定程度上反映了《七略》的收书标准。其中,"大量的《日书》说明当时盛行诹日方术,这类书在当时也一定极为流行,而且形式和内容都相差不多,已经在民间演变成一种流于形式的供翻检查证用的实用手册。出土简牍帛书中还有大量的法律文书,其中有许多法律条文和案例。这些条文和案例都是为吏需要掌握的基本知识。这类书也就成了供为吏者学习参考的条例手册。《日书》按《汉书·艺文志》分类虽然可以归入'数术'部分,但从《汉书·艺文志》'数术'部分的书名看,类似的书不多,也没有同《日书》内容非常接近者。这与《日书》在出土简牍帛书中出现的频率不太相称。而出土很多的法律类书籍在《汉书·艺文志》中更是不被胪列。这些都说明《汉书·艺文志》的收书标准是更倾向于带有思想内涵的个性著作,那些已成为社会普遍流行的实用手册则不被重视"❹。

总之,我国古代"书目编纂活动主要围绕着藏书事业进行,不独公私藏书目录如此,大部分的专科目录也是如此"❺。藏书目录著录"实收"而非"现存",既有财力所限及某书目的目标定位等客观原因;也有执定世间"实有"文献良莠不齐因而并不值得全部收罗的主观认识因素,从而也反映了书目主体对文献价值的认知。如《隋志·序》即云:"其旧录所取,文义浅俗,无益教益者,并删去之,其旧录所遗,辞义可采,有所弘益者,咸附入之。"兹以《四库总目》为例试作进一步论述。

---

❶ 傅荣贤.刘向"校中秘书"相关问题考论[J].图书馆,2012(2).

❷ 傅荣贤.论刘向文献整理的对象是图书而不是档案[J].档案管理,2007(6).

❸ 傅荣贤.论秦朝图书与档案的分野及其"以法治国"的行政取向[J].图书情报工作,2009(8).

❹ 刘钊.出土简帛的分类及其在历史文献学上的意义[J].厦门大学学报,2003(6).

❺ 王国强.明代目录学研究[M].郑州:中州古籍出版社,2000:18.

2.《四库总目》的著录范围及其标准

（1）《四库全书》的著录范围及其文献品类观

清乾隆三十九年（1774）编纂的《四库全书》，包含了清中叶以前我国古代重要的传世典籍。《凡例》第十三则曰："文章流别，历代增新。古来有是一家，即应立是一类；作者有是一体，即应备是一格，斯协'全书'之名。"强调《四库全书》既以"全书"自诩，必以"网罗殆尽"为目标。《四库总目》卷首所载乾隆三十七年诏曰："因思策府缥缃，载籍极博，其钜者，羽翼经训，垂范方来，固足称千秋法鉴。即在识小之徒，专门撰述，细及名物象数，兼综条贯，各自成家，亦莫不有所发明，可为游艺养心之一助。"相信"即在识小之徒""细及名物象数"的文献，也有其存在的价值。全祖望（1705—1755）《经史问答》卷7《〈大学〉〈中庸〉〈孟子〉问目答卢镐》亦指出，"多识亦圣人之教也"，并认为格物有在"身心"的、有"及于家国天下的"，"事君事父，格物之大者，多识于鸟兽草木，格物之小者"。但正如《四库总目·凡例》第三则云："前代藏书，率无简择，萧兰并撷，珉玉杂陈，殊未协别裁之义。今诏求古籍，特创新规，一一辨厥妍媸，严为去取。"《凡例》第二十则亦曰："仰见大圣人敦崇风教，厘正典籍之至意，是以编辑虽富，而谨持绳墨，去取不敢不严。"表明名之为"全书"的《四库全书》，其实际收书是有所择取的。

高宗乾隆皇帝云："前因汇辑《四库全书》，谕各省督抚遍为采访，嗣据陆续送到各种遗书，令总裁等悉心校勘，分别应刊、应抄及存目三项，以广流传。"❶推而论之，四库馆臣对当时"天下"文献的厘定可概括为六个基本层次：

第一，存书。3461种，即全部完整抄录，形成《四库全书》这一"丛书"；

第二，存目。6793种，并不抄录全书，所以不是丛书《四库全书》的收罗对象，但登记其书名篇卷和作者且撰写提要，并与存书3461种共同构成《四库总目》的款目；

第三，惨遭禁毁的所谓"违碍"书籍，"共3363种"❷；

第四，未入存书、存目，亦未遭禁毁的普通文献；

❶ 翁方纲.翁方纲纂四库提要稿[M].上海:上海科技文献出版社,2000:1429.

❷ 陈晓华.《四库全书总目》补撰书目源流考[J].江淮论坛,2005(4).

第五,应刊。即在"应抄"的存书中,选择内容更加关乎政教风化的文献,交由武英殿付梓,以广其传;

第六,荟要。乾隆三十八年(1773)《四库全书》开馆不久,于《全书》中择其精华,另外抄录两部《四库全书荟要》,计收"有裨实学"的经史图书463种。

四库馆臣"等差有辨,旌别兼施",将当时的"天下"文献厘为六品。其中,应刊和荟要为上品,存书次之,存目又次之。而未收则等而下之,禁毁则更在防闲之列。六品之别,堪称广义的分类。

(2)六品图书的分类标准

总体上,图书的内容决定图书的价值,后者又决定了其品类的等第。在现代科学意义上,图书内容主要由其记录的知识决定,知识的原创程度也是判定其等第的第一标准。但中国古代的文献既有表象的知识论内涵,更有深层的价值论内涵。以修己和经世为主要内容的价值论内涵才是确定文献品类的主要依据。

首先,伪作或内容荒诞、卑下者往往见斥。

《凡例》第十八则曰:"(依托之书)一一详核,并斥而存目,兼辨证其非……经圣鉴洞烛其妄者,则亦斥而存目,不使滥登。"可见,伪托显然之书,多列为存目。《小说家类小序》曰:"然则博采旁搜,是亦古制,固不必以冗杂废矣。今甄录其近雅驯者,以广见闻,惟猥鄙荒诞,徒乱耳目者则黜不载焉。"说明内容"猥鄙荒诞"之书,不在"甄录"之列。《凡例》第十九则曰:"方技家递相增益,篇帙日繁,往往伪妄荒唐,不可究诘。抑或卑琐微末,不足编摩。今但就四库所储,择其稍古而近理者各存数种,以见彼法之梗概。其所未备,不复搜求。"这里,"伪妄荒唐"和"卑琐微末"之书亦在见斥之列。《词曲类序》云:"词曲二体在文章、技艺之间。厥品颇卑,作者弗贵。特才华之士,以绮语相高耳。"对于曲,编者认为更"卑下",故《四库总目》只录品题论断的书,而不录曲文。

其次,断远取近也是其重要原则之一。

《别集类小序》曰:"今于元代以前,凡论定诸编,多加甄录。有明以后,篇章弥富,则删薙弥严。"馆臣虽强调"非曰沿袭恒情,贵远贱近",但对阅时甚久的"古籍",还是另眼相待的。例如,历代"四书学"文献汗牛充栋,诸说纷呈,但大多属科举用书或高头讲章。《四库总目·四书类》中计收宋人著作26种,存目7种;元人著作11种,存目2种;明人著作10种,存目38种;清人著作15种,存目53种。说明宋元著作多入"存书",而明清著作则多入"存目"。

最后,以崇儒重道为原则。

《四库全书》及其《总目》具有一种强烈的崇儒重道意识,因此,文献的价值论内涵才是定其品类的更为重要的因素。《凡例》第十九则曰:"圣朝编录遗文,以阐圣学、明王道者为主。"而无论是"圣学"还是"王道",都是以儒家内圣外王为主要指向的。因此,《凡例》第十七则指出:"今所采录,惟离经叛道、颠倒是非者,掊击必严;怀诈挟私、荧惑视听者,屏斥必力。"《乾隆三十九年八月初五日上谕》亦曰:"诋毁本朝之语,及此一番查办,尽行销毁,杜遏邪言,以正人心而厚风俗,断不能置之不办。"❶

乾隆皇帝谕诏又指出:"各省进到书籍不下万余种,并不见奏及稍有忌讳之书,岂有裒辑如许遗书,竟无一违碍字迹之理?况明季末造野史甚多,其间毁誉任意,传闻异辞,必有抵触本朝之语。正当及此一番查办,尽行销毁,杜遏邪言,以正人心而厚风俗,断不宜置之不办。"❷乾隆在"正人心而厚风俗"的名义下,重点查办"有抵触本朝之语"者,并将之厕为"尽行销毁"之列。据司马朝军的研究,当时纳入禁毁之列的文献主要包括五种情况:"因其人而废、因其书而废、因怀念前朝而废、因名教而废、因'淫秽'而废"❸。

再从存书与存目的区分来看,《凡例》第三则曰:"其上者,悉登编录,罔致遗珠;其次者,亦长短兼胪,见瑕瑜之不掩。其有言非立训,义或违经,则附载其名,兼匡厥谬。至于寻常著述,未越群流,虽咎誉之咸无,要流传之已久,准诸家著录之例,亦并存其目,以备考核。等差有辨,旌别兼施,自有典籍以来,无如斯之博且精矣。"强调对文献要施以妍媸之别,并笼统地指出"其上者"和

---

❶ 清国史馆.大清高宗纯皇帝实录:964卷[Z].北京:中华书局,1986:乾隆三十九年八月初五日上谕.

❷ 清国史馆.大清高宗纯皇帝实录:964卷[Z].北京:中华书局,1986:乾隆三十九年八月初五日上谕.

❸ 司马朝军.乾隆时期的禁毁实录:从《翁方纲纂四库提要稿》看禁书标准[J].出版科学,2008(6).

"其次者"皆入3461种"存书"的范围。从《凡例》第十三则来看,"其上者"主要是有助于"敦崇风教"的文献;"其次者"则至少与"敦崇风教"的政治教化旨趣不相乖离。而列为6793种"存目"的文献主要包括"言非立训,义或违经"以及"寻常著述,未越群流,虽咎誉之咸无,要流传之已久"的著述。例如,《经部·书类》案语对宋人王柏(1197—1274)、贺成大、元人胡一中等人怀疑《尚书》有问题而在注解时提出了自己看法的著作,都"附存其目",旨在"庶不使旁门小技,淆乱圣经之大义"。司马朝军认为:"存目标准可概括为四个方面,即:①去粗取精,②黜伪存真,③针砭俗学,④排击异学。《总目》把哪些书打入存目,以当时的学术标准为主,以政治标准为辅。"[1]

综上,从正反二分的角度分析和判断文献知识论尤其是价值论内涵的醇驳,既是"钦定"的《四库全书》的职志所在,也是其品类文献等第的标准。

(3)从文献主体的角度确立学术文化的边界

清高宗乾隆皇帝云:"明季诸人书集,词意抵触本朝者,自当在销毁之列。节经各督抚呈进,并饬馆臣详细检阅,朕复于进到时亲加披览,觉有不可不为区别甄核者,如钱谦益在明已居大位,又复身事本朝,而金堡、屈大均则又遁迹缁流,均以不能死节,腼颜苟活,乃托名胜国,妄肆狂猖。其人实不足齿,其书岂可复存? 自应逐细查明,概行毁弃,以励臣节而正人心……又若汇选各家诗文内,有钱谦益、屈大均所作,自当削去,其余原可留存,不必因一二匪人致累及众。"[2]高宗相信,作者是文献的主体,也是文献背后知识与价值的创造者与承担者。因此,对作者身份的审核与限定,是"励臣节而正人心"的重要手段。但从确立知识和价值边界的角度来看,《四库全书》对闺阁和宦侍、释道以及外国人这些特殊人群做出了区分。

《四库全书》存书、存目所涉文献作者大抵上至帝王将相下至士人徒役,《凡例》第七则曰:"至其编次先后,《汉书·艺文志》以高帝、文帝所撰杂置诸臣之中,殊为非体。《隋书·经籍志》以帝王各冠其本代,于义为允,今从其例。其余概以登第之年、生卒之岁为之排比,或据所往来倡和之人为次。无可考者,则附本代之末。释道、闺阁,亦各从时代,不复区分。宦侍之作,虽不宜厕士

---

❶ 司马朝军.《四库全书总目》研究[M].北京:社会科学文献出版社,2004:234.

❷ 翁方纲.翁方纲纂四库提要稿[M].上海:上海科技文献出版社,2000:1429.

大夫间,然《汉志》小学家尝收赵高之《爱历》、史游之《急就》,今从其例,亦间存一二。外国之作,前史罕载,然既归王化,即属外臣,不必分疆绝界,故木增、郑麟趾、徐敬德之属,亦随时代编入焉。"

显然,四库馆臣特别重视人物身份的区分:第一,闺阁和宦侍作为特殊人群,他们的著述如果有一言可采,亦当据其文献"敦崇风教"的程度而或入存书或入存目。第二,释道之作和外国之作,也被从作者身份的角度做出了强调。

首先,释道之作。

《四库总目》酌收释道人士所做的世俗文献,但不收释道二教的经典。《凡例》第十三则曰:"故释道外教,词曲末技咸登简牍,不废搜罗。然二氏之书,必择其可资考证者。其经谶章咒,并凛遵谕旨,一字不收。"《儒家类小序》则指出:"惟显然以佛语解经者,则斥入杂家。"从宗教和世俗二分的角度来看,以儒家为代表的世俗文献代表了中国古代文明的本体,而释道是作为"外教"或"方外",以"另类"的身份存在的。《释家类小序》曰:"梁阮孝绪作《七录》,以二氏之文别录于末。《隋书》遵用其例,亦附于志末,有部数、卷数而无书名。《旧唐书》以古无释家,遂并佛书于道家,颇乖名实。然惟录诸家之书为二氏作者,而不录二氏之经典,则其义可从。今录二氏于子部末,用阮孝绪例;不录经典,用刘昫例也。"

历史上,荀勖《晋中经簿》首收佛经,刘宋元嘉八年(431)《秘阁目录》承之,南朝时期的王俭《七志》、阮孝绪《七录》等私人目录兼收释道之作,然多附属其末以见其贬。如,《七志》"道佛附见"、《七录》"方外佛道,各为一录,谓之外篇"。《隋志》"遵用其例,亦附志末",然《隋志》虽立列释道二目并各撰小序一篇,但并不实际收录释道文献。总之,佛道文献寄身于世俗书目之"篱下",其地位颇低。于是,佛道信徒遂别立门目,出现了《综理众经目录》《出三藏记集》《三洞经书目录》等专门性的"别撰"目录。佛道专科目录虽多仿拟世俗书目,但多能后出转精,"其造诣转有胜于正统派者。特以其书深隐丛林,故不甚为流俗所重"❶。《旧唐志》"并佛书于道家,颇乖名实",但其"惟录诸家之书

---

❶ 姚名达.中国目录学史[M].上海:上海书店,1984:217.

为二氏作者,而不录二氏之经典"之举,为《四库总目》所认可。亦即,酌收释道人士所做的世俗文献,而不收释道二教的经典,本质上反映了《四库总目》对以儒家为主体的世俗文明的坚守。

其次,外国之作。

上引《凡例》第七则曰:"外国之作,前史罕载,然既归王化,即属外臣,不必分疆绝界,故木增、郑麟趾、徐敬德之属,亦随时代编入焉。"据研究,"《四库全书》收录了来自欧亚10个国家的22种外国人著作(含合著、译著),共计503卷。同时,还有16种外国人著作(含合著)虽未收进《四库全书》,但被列入《四库全书》存目书之内,《四库全书总目》中均有提要,其著者分属于6个国家,共计85卷"❶。这38种(22+16)"外国之作"主要是在两大名义之下收录到了《四库总目》之中。

一是"既归王化,即属外臣"。

例如,云南丽江土司木增(1587—1646)《云薖淡墨》入子部杂家存目,高丽使臣郑麟趾于景泰二年(1451)表进《高丽史》二卷,入史部载记类存目。明嘉靖中(1522—1566)朝鲜生员徐敬德撰《徐花潭集》二卷,此书提要云:"诗文虽不入格,特存其目,以表其人焉。"因而也得以入别集存目。总体上,这些外臣或如木增改土归化,成为大中华的一部分;或如高丽、朝鲜乃外藩属国,以中国文明为宗主,如《徐花潭集》提要说徐敬德"一以宋儒为宗,而尤究心于周子《太极图说》、邵子《皇极经世》,集中杂著,皆发挥二书之旨",因而也是广义中国的一部分。又如,史部载记类附录《朝鲜史略》(一名《东国史略》)六卷,其提要指出,"不著撰人名氏,乃明时朝鲜人所纪其国治乱兴废之事""今观其序事,详略虽不尽合体要,而裒辑遗闻,颇为赅具。读列史《外国传》者,亦可以资参考焉"。

二是以"西学中源"以及欧逻巴"久修职贡"的名义酌收西洋人的天文算术等著述。

历史上,钱谦益(1582—1664)《绛云楼书目》子部列"天主教类",朱彝尊《竹垞行笈书目》收西洋书43种❷,清人所撰《明史·艺文志》酌收西洋天文历法

---

❶ 陈东辉.《四库全书》及其存目书收录外国人著作种数考辨[J].杭州大学学报,1998(3).

❷ 来新夏.清代目录提要[M].济南:齐鲁书社,1997:16.

等著述,可视为《四库全书》的前驱。

《四库总目》在傅泛际(Francois Furtado Heurtado,1569—1650)《寰有诠》六卷的案语中指出:"欧逻巴人天文推算之密,工匠制作之巧,实逾前古;其议论夸诈迂怪,亦为异端之尤。国朝节取其技能,而禁传其学术,具存深意。其书本不足登册府之编,然如《寰有诠》之类,《明史·艺文志》中已列其名,削而不论,转虑惑诬,故著于录而辟斥之。又《明史》载其书于道家,今考所言,兼剽三教之理,而又举三教全排之,变幻支离,莫可究诘,真杂学也,故存其目于杂家焉。"四库馆臣认可西方天文历算和数学的科学理论("推算之密")和技术应用("制作之巧")远迈中土,这是清初学习、传播和运用西学的重要动力,也是《四库全书》"著于录"的主要原因。据统计,"在《四库全书》所收的自然科学著作中,1600至1770年间出现的天文学著作在历代天文学著作中占74%,而同一时期出现的数学著作在历代数学著作总数中占44%"❶。

《天文算法类小序》曰:"三代上之制作,类非后世所及,惟天文算法则愈阐愈精。容成造术,颛顼立制,而测星纪闰,多述帝尧。在古初已修改渐密矣。洛下闳以后,利玛窦以前,变法不一。泰西晚出,颇异前规,门户构争,亦如讲学。然分曹测验,具有实征,终不能指北为南,移昏作晓,故攻新法者至国初而渐解焉。圣祖仁皇帝《御制数理精蕴》诸书,妙契天元,精研化本,于中西两法权衡归一,垂范亿年,海宇承流,递相推衍,一时如梅文鼎等,测量撰述,亦具有成书。故言天者至于本朝,更无疑义。今仰遵圣训,考校诸家,存古法以溯其源,秉新制以究其变,古来疏密,厘然具矣。若夫占验機祥,率多诡说。郑当再火,裨灶先诬,旧史各自为类,今亦别入之术数家。惟算术、天文相为表里,《明史·艺文志》以算术入小学类,是古之算术,非今之算术也。今核其实,与天文类从焉。"作者重点强调:第一,"分曹测验,具有实徵,终不能指北为南,移昏作晓",西洋精确的天文算法成就必须得到承认;第二,从"三代上"和"晚出"的角度将中西方的空间关系,化约时间上的先后,暗含着"西学中源"的用意;第三,中西学术成果被康熙《御制数理精蕴》集大成式的著述所包蕴,中西二法终得"权衡归一"。

❶《四库全书》缘何收入"西洋书"[Blog]. http://blog.sina.com.cn/s/blog_4a015e940102e40l.html.2012-11-19.

经部小学类存目著录西洋人金尼阁(Nicolas Trigault,1577—1629)《西儒耳目资》,该书是"以西洋之音通中国之音"以教授西人(所谓"西儒")学习华语(所谓"耳目资")的语言文字学著作,其提要曰:"(该书)大抵所谓'字父',即中国之字母。所谓'字母',即中国之韵部。所谓'清浊',即中国之阴平、阳平。所谓'甚次',即中国之轻重等子。其三合、四合、五合成音者,则西域之法,非中国韵书所有矣。考句渎为谷、丁宁为钲,见《左氏传》;弥牟为木,见于《檀弓》。相切成音,盖声气自然之理……欧逻巴验海占风,久修职贡,固应存录是书,以备象胥之掌。"馆臣既认为"西学中源",西人拼音源自《左氏传》"句渎为谷、丁宁为钲"之类;又强调欧逻巴"久修职贡",事等外藩,所以作为"中国"文献总集的《四库全书》收罗《西儒耳目资》自属合理。

综上,《四库全书》"稽古佑文",重视对文献思想内容的严格界定。作为"中国"文献的总结体系和文明的反省体系,《四库全书》虽酌收"外国之作",但皆未越出中国知识的固有边界。进一步,《凡例》第一则曰:"每进一编,必经亲览,宏纲巨目,悉禀天裁。定千载之是非,决百家之疑似……稽古右文,功媲删述。"虽然未必真的每一本书都经乾隆"亲览",但《四库全书》大致反映官方的意识形态是可以肯定的。

(二)兼收"曾有"但"现亡"的文献,形成图书目录(bibliography)

藏书目录是针对某具体"图书馆"所藏或该目实际所收文献而形成的,《七略》所收"六百三家"就是以刘向"每一书己,向辄条其篇目,录而奏之"的文献为基础而编制的。所以,《别录》《七略》只以"中秘"实际所藏且手自校雠的603种文献为著录对象,未能"范围方策而不过""著录古今而无遗",因而长期为学者所病诟,并形成了从南宋王应麟《汉书艺文志考证》以降历代延绵不绝的"补阙"之风。先校雠后编目的基本程序,还导致我国目录学长期被认为只是校雠学的一部分,言目录必称校雠❶。另一方面,中国历史上还出现了突破"实收",努力将"实存"以及"曾有"文献全部网罗殆尽的书目。

---

❶ 傅荣贤.浅论阮孝绪《七录·序》的目录学思想及其影响[J].图书馆理论与实践,2011(5).

1.《七志》《七录》等南朝时期私家书目的著录范围

《文选》收录的任昉(460—508)《王文宪集序》称王俭《七志》"采公曾之《中经》,刊弘度之《四部》",说明《七志》著录并非现实的藏书,而是以荀勖《中经》和李充《四部》为蓝本编制的、从目录到目录的结果,用《四库总目·古今列女传》提要的话说,是"未见原书,仅据传闻著录",而不是像《七略》那样从文献到目录。另外,刘杳(487—536)任秘阁著作郎时撰有《古今四部书目》5卷,助力阮氏《七录》良多。《七录·序》云:"刘杳从余游,因说其事。杳有志积久,未获操笔。闻余已先著鞭,欣然会意。凡所抄集,尽以相与。广其闻见,实有力焉。"可见,刘杳《古今四部书目》亦非以现实藏书或"实存"文献为限,而是"抄集"古今各种目录的结果,其范围包括蓝本目录所著录但可能已经亡佚的文献。

阮孝绪《七录》与刘杳《古今四部书目》同调,也是从目录(而不是从文献)到目录的结果,《七录·序》云:"凡自宋齐以来,王公缙绅之馆,苟能蓄聚坟籍,必思致其名簿,凡在所遇、若见若闻,校之官目,多所遗漏,遂总集众家,更为新录。"《七录》是根据历代"名簿"和"官目""总集众家,更为新录"而成,其所著录的文献往往并非"实有"而只是"曾有"。《七录》不仅在实践上既著录其经眼因而"实有"的文献,也根据"名簿"和"官目"著录未必实存的文献,还在理论上明确提出了"天下之遗书秘记庶几穷于是"的理想。"就目前史料来看,《七录》也是我国已然确知的最早著录图书存亡的书目。其实质是要在统计文献总财产的基础上进一步区分'曾有'财产和'现有'或'实有'财产,对《隋志》等后世书目著录图书存亡、统计文献'曾有'和'现有'或'实有'不无影响。也正是基于对图书实际存佚情况的重视,阮孝绪在《七录·序》中才着墨于对历代图书聚散的讨论。而隋人牛弘《请开献书之路表》中的'五厄论',正是在阮氏的基础上提出的"❶。

2.《隋志》的著录范围

正像《汉志》以《七略》为蓝本"删其要,以备篇籍"一样,《隋志》亦有所本,但《隋志》的情况远比《汉志》复杂。《隋志·总序》指出,大唐武德五年(622)收

---

❶ 傅荣贤.浅论阮孝绪《七录·序》的目录学思想及其影响[J].图书馆理论与实践,2011(5).

缴隋东都洛阳官府藏书及其《目录》，在经黄河运往长安的途中被水漂没，这批藏书所存"十不一二"，目录"时有残缺"。该目实即《隋志》著录的"《隋大业正御书目录》九卷"。而据《新唐志序》"至武德初，有书八万卷，重复相糅。王世充平，得隋旧书八千余卷"，说明隋洛阳官府藏书实际数量为"八千余卷"。唐武德初，另缴获隋西京长安官藏"有书八万卷"。魏征（580—643）等人"今考见存，分为四部，合条为一万四千四百六十六部，有八万九千六百六十六卷"。"八万九千六百六十六卷"，正合东都"八千余卷"和西京"有书八万卷"之数，这也是唐朝初定天下之后获得的图书总数。但《隋志》并没有将这"八万九千六百六十六卷"一概收入，而是删除了"文义浅俗、无益教理"的部分见存文献。与此同时，作者又"远览马史、班书，近观王、阮志、录"，即广泛参考《史记》《汉志》、王俭《七志》和阮孝绪《七录》，"附入"了"旧录所遗，辞义可采，有所弘益"的文献。由此，《隋志》实际著录"凡四部经传三千一百二十七部，三万六千七百八卷。通计亡书，合四千一百九十一部，四万九千四百六十七卷"。并自诩："虽未能研几探赜，穷极幽隐，庶乎弘道设教，可以无遗阙焉。"

综上，《隋志》的文献著录范围包括两大部分。

一是"今考现存"的唐初现实藏书，即唐初从隋东都和西京所获官府藏书为基础的实存文献。但当时实有"八万九千六百六十六卷"，而《隋志》仅录"三万六千七百八卷"。说明至少有五万三千多卷实存的文献或因"重复相糅"或因"文义浅俗、无益教理"而没有收录。这批文献既然经过了对"重复相糅"或"文义浅俗、无益教理"的梳理，应该都是经过一本本地严格校雠的。

二是"约文绪义"的"梁有今亡或残"之书，即广泛参考前人书目而得到"古有（尤其是梁有）今无"的"曾有"文献，总计约1000余部（4191部减去3127部）、12000余卷（49467卷减去36708卷），它们皆据前贤时修的书目移录而来，并非手自校雠的结果。

这样，《隋志》既反映了唐初所集藏的隋代官府藏书，也反映了隋代之前尤其是萧梁之际的藏书之盛。因此，《隋志》改变了《汉志》仅记一代藏书的陈规，在我国史志目录中颇具特色。一方面，实有文献"今考现存"，曾有文献"约文绪义""各列本条之下"，两者交相辉映，"既有考镜具体的现有文献和曾有文献异同的用意,也有将唐代现有藏书与梁代藏书作比较的动机,同时,还形成了一个兼及实有和虚拟(曾有)的文献目录雏形。另一方面,《隋志》还保存了许多隋代之前目录中所反映的文献,由于这些目录多已亡佚,相关典籍只能通过《隋志》的著录而得其崖略"❶。

3. 郑樵对著录范围的认识

南宋郑樵不仅在《通志·艺文略》中实践"通纪有无"的著录理想,还在《校雠略》中指出,书目通过"通纪有无"可以达到"其先后本末俱在",从而"睹其书可以知其学之源流"的学术目标。他在《校雠略》中列《编次必记亡书论》三篇专论其事。

一曰:"古人编书,皆记其亡阙,所以仲尼定书,逸篇具载。王俭作《七志》已,又条刘氏《七略》及二汉《艺文志》《魏中经簿》所阙之书为一志。阮孝绪作《七录》已,亦条刘氏《七略》及班固《汉志》、袁山松《后汉志》、《魏中经》《晋四部》所亡之书为一录。隋朝又记梁之亡书。自唐以前,书籍之富者,为亡阙之书有所系,故可以本所系而求。所以书或亡于前,而备于后,不出于彼,而出于此。及唐人收书,只记其有,不记其无,是致后人失其名系。所以《崇文》四库之书,比于隋唐亡书甚多,而古书之亡尤甚焉。"

二曰:"古人亡书有记,故本所记而求之。魏人求书,有《阙目录》一卷,唐人求书,有《搜访图书目》一卷,所以得书之多也……臣今所作《群书会记》,不惟简别类例,亦所以广古今而无遗也。"

三曰:"古人编书,必究本末,上有源流,下有沿袭,故学者亦易学,求者亦易求。谓如隋人于历一家,最为详明。凡作历者几人,或先或后,有因有革,存则俱存,亡则俱亡。唐人不能记亡书,然犹纪其当代作者之先后,必使具在而后已。及《崇文》四库,有则书,无则否,不惟古书难求,虽今代宪章亦不备。"

这里,郑樵在阮孝绪"天下之遗书秘记庶几穷于是"的基础上,明确提出了通纪"古今有无图书"的认识,堪称我国关于"国家书目"乃至"书目控制"思想的最早源头。并且,与阮氏《七录》一样,郑樵《通志·艺文略》在实际书目编撰中亦践行了这一理念,正如陈振孙《直斋书录解题》在郑樵《群书会记》(《通

---

❶ 傅荣贤.史志目录//来新夏,柯平.目录学读本[M].上海:上海交通大学出版社,2014:183.

志·艺文略》的底本)提要中指出:"大抵记世间所有之书,非必其家皆有者。"嗣后,明人焦竑、清代朱彝尊对这一思想皆有所继承。

二、著录内容

著录是有关书名、著者、篇卷等内容的登记,旨在确定一书最根本的数据和信息。除了书名、篇卷、作者之外,著录有时也涉及版本、存佚等内容。例如,朱彝尊《经义考》原名《经义存亡考》,列存、亡二例,后补充为存、阙、佚、未见四项,称为"四柱法"。其体例为:首列书名,次为作者、卷数(与他目著录有异同者一一注标),次为存、阙、佚、未见。然后是辑录的内容,最后叙作者爵里,有所考证则以"案"字附后。金门诏(1672—1751)《补三史艺文志》则著录了译书信息,如"女直字译《易经》一部,世宗大定二十三年译经所译"。有些书目还著录庋藏,如朱彝尊《曝书亭书目》著录书名、册数,不分类,眉端注庋藏之所,如"厅西南第一橱"。而营业书目(亦称售书书目、鬻贩书目)则往往出具纸张、价格等信息。例如,《上海扫叶山房发兑石印书籍价目》著录:"十朝圣训一百本洋陆拾元。"❶《浙江图书馆附设印行所书目》著录"十三经古注肆拾捌本赛连/连史/顺太每部陆元肆角捌分/柒元柒分/肆元柒角伍分。"❷

但总体上,古代目录的著录主要包括书名、著者、篇卷三大主要方面,而书名又是重中之重,篇卷、作者等信息都是附丽于书名的。亦即,只有先有其书,然后才谈得上后续的篇卷、作者乃至版本、存佚等信息。所以,钱谦益《绛云楼书目》除宋元旧椠善本之外,一些普通书籍只著录书名,而无篇卷、作者诸项。同样,尤袤《遂初堂书目》"非但没有解题,连卷数及撰人姓名也没有注出,唯别集、总集两类尚有注出的,体例又不一律。"❸正因为书目是著录的重点,"著录"有时亦被径称为"书名"❹,而余嘉锡则之称为"篇目"❺。当然,两者都存在以小指大的缺陷,没有能够穷尽中国古代目录之著录的全部内容。

❶ 周振鹤.晚清营业书目[Z].上海:上海书店,2005:387.

❷ 周振鹤.晚清营业书目[Z].上海:上海书店,2005:4.

❸ 王欣夫.文献学讲义[M].上海:上海古籍出版社,1986:115.

❹ 张三夕.中国古典文献学[M].武汉:华中师范大学出版社,2007:79.

❺ 余嘉锡.目录学发微[M].成都:巴蜀书社,1991:27.

(一)书名

准确无误的书名是认识图书内容的重要参考,然而,"古人著书写文章,并不是先立题目,后写内容,而只是把个人的思想见解发挥成篇就算了。同时,由于简策的书写制度,图书多是单篇流传,所以有无题目关系不大"❶。因此,"早期的古书原都没有书名,现有书名是在文献整理的过程中产生或确定的"❷。例如,《史记·孝武本纪》索隐引桓谭(约公元前23—约公元56)《新论》曰:"太史公造书成,示东方朔,朔为平定,因署其下。'太史公'者,皆东方朔所加也。"可见,《史记》本无书名,最先看到该书的东方朔称为"太史公",而《汉志·六艺略·春秋》正著录有"《太史公》百三十篇"。当然,《史记·太史公自序》云:"凡百三十篇,五十二万六千五百字,为太史公书。"说明司马迁(前145—元前90)业已自称"太史公书"。

当然,断言早期的古书都没有书名,未免过于武断。如《礼记·坊记》引《论语》曰:"三年无改于父之道。"说明《论语》本有其名。《周官》"掌三易之法,一曰《连山》、一曰《归藏》、一曰《周易》",也是原有的书名。《史记·老庄申韩列传》说申不害"著书二篇,号曰《申子》。"《史记·大宛列传》曰:"至《禹本纪》《山海经》所有怪物,余不敢言之也。"亦是古书本有其名的例证。大致来说,在刘向之前,古书或具书名或不具书名或者书名杂出,所以,确定书名构成了刘向校雠工作的重要内容之一。从今存刘向叙录佚文并结合后世书目可知,命定书名的情况主要包括以下几种类型。

一是为本无书名者命定书名。例如,据《史记·老子韩非列传》记载,秦始皇在看到韩非子的《孤愤》《五蠹》等篇章时激赏有加,并发愿"寡人得见此人与之游,死不恨矣"。这些单篇被合为一书后,由刘向命名为《韩非子》。又如,《哈密事迹》一卷附《赵全谳牍》一卷,《四库提要》曰:"是编不题书名,亦不著撰人名氏。前载正德中土鲁番侵扰哈密及经略彭泽与王琼构衅事,又附载经略张海奏议一篇。后载嘉靖间刑部议谳煽诱俺答、叛人赵全等九人奏牍。盖明人杂抄之残帙也。"因题《哈密事迹》。

❶ 来新夏.古典目录学浅说[M].北京:中华书局,1981:2.

❷ 程千帆,徐有富.校雠广义(目录编)[M].济南:齐鲁书社,1998:53.

二是对书名杂出者确定统一的名称。例如,刘向《战国策叙录》曰:"中书本号,或曰《国策》,或曰《国事》,或曰《短长》,或曰《事语》,或曰《长书》,或曰《修书》。臣向以为战国时,游士辅所用之国,为之策谋,宜为《战国策》。"书名"战国策"即是对"国策""国事"等杂出之名的统一。又如,《四库总目·蛮书》提要曰:"唐樊绰撰。《新唐书·艺文志》著于录,《宋史·艺文志》则有绰所撰《云南志》十卷,而不称《蛮书》,《永乐大典》又题作《云南史记》,名目错异。今考司马光《通鉴考异》、程大昌《禹贡图》、蔡沈《书集传》所引《蛮书》之文,并与是编相同,则《新唐书志》为可信。"说明《蛮书》是对《云南志》《云南史记》之类杂出书名的统一。再如,《四库总目·老子注》提要云:"魏王弼撰。案《隋书·经籍志》载老子《道德经》二卷,王弼注。《旧唐书·经籍志》作《玄言新记道德》二卷,亦称弼注,名已不同。《新唐书·艺文志》又以《玄言新记道德》为王肃撰,而弼所注者别名《新记玄言道德》,益为舛互。疑一书而误分为二,又颠错其文也。惟《宋史·艺文志》作王弼《老子注》,与此本同。今从之。"《四库总目·洪范统一》提要云:"宋赵善湘撰……《宋史》谓之《洪范统论》,《文渊阁书目》又作《统纪》……《永乐大典》题曰《洪范统一》,为名实相应矣。"显见,《老子注》是《玄言新记道德》《新记玄言道德》等杂出之名的统一,《洪范统一》是《洪范统论》《统纪》等杂出之名的统一。

三是对原名未协者予以改易。例如,刘向《叙录》曰:"臣向所校雠中《易传淮南九师道训》,除复重,定著十二篇。淮南王聘善为《易》者九人,从之采获,故中书署曰《淮南九师书》。"即将原来的"淮南九师书"改题为"易传淮南九师道训"。又如,《四库总目·尚书砭蔡编》提要云:"明袁仁撰……朱彝尊《经义考》载此书,注曰'未见'。此本载曹溶《学海类编》中,题曰《尚书蔡注考误》。案沈道原《序》亦称《砭蔡编》,则《经义考》所题为是。溶辑《学海类编》,多改易旧名以示新异,不足为据也。"即将曹溶(1613—1685)所题"尚书蔡注考误"改题为"尚书砭蔡编"。

此外,出于强调某书内容组成的需要,有时也以一一罗列内中组成的形式作为书名标目。例如,《四库总目·四书类》著录有"《大学章句》一卷、《论语集注》十卷、《孟子集注》七卷、《中庸章句》一卷",这条款目实即朱熹《四书章句集注》十九卷。《四库总目》毛奇龄(1623—1716)《易小帖》提要曰:"《朱子语类》又每与《四书章句集注》《或问》相左,皆失于简汰之故。"朱熹《四书或问》提要曰:"宋朱子撰。朱子既作《四书章句集注》,复以诸家之说纷错不一,因设为问答,明所以去取之意,以成此书。"说明馆臣很清楚分题为"《大学章句》一卷、《论语集注》十卷、《孟子集注》七卷、《中庸章句》一卷"的款目,即朱熹《四书章句集注》十九卷。但出于强调《大学章句》《论语集注》《孟子集注》和《中庸章句》"四书"的考虑,作者在书名著录上作了变通,将其具体组成一一列举了出来,表明此书可分可合,分则四书,合即一书。这一改题,也符合作者朱熹的学术认知,朱熹曰:"先读《大学》以定其规模,次读《论语》以立其根本,次读《孟子》以观其发越,次读《中庸》以求古人之微妙处。"❶

　　四是出于强调某"类"文献同质关系的需要而改易书名。例如,《汉志》将一批文献归于某类之下,无疑是出于一批文献在某个类属上的同质性的考虑。这种同质性既可能是文献内涵意义上"崇质"的结果,也可能是文献形式(如书名、体裁)意义上"辨体"的结果。同样,给某一具体文献以名称既要考虑文献本身的特点,也要考虑该文献进入书目的某一类别后,与其他相关文献在名称上的同质关系。例如,古有《士礼》十七篇,该书之称为《士礼》,殆因17篇中的前3篇《士冠礼》《士昏礼》《士相见礼》皆有"士"字。《史记·儒林列传》云:"于今独有《士礼》,高堂生能言之。"《汉书·儒林传》云:"鲁高堂生传《士礼》十七篇。"《汉志·礼类小序》云:"汉兴,鲁高堂生传《士礼》十七篇。"可以肯定,班固明知"士礼"为该书的通名,但在《汉志·礼类》中却著录为"《(礼)经》十七篇"。无疑,班氏此举主要是出于该"略"(即六艺略)相关文献命名的统一性起见。在《汉志·六艺略》中,易类有《易经》、书类有《(书)经》、诗类有《诗经》、春秋类有《(春秋)经》等等。同样,《礼类》著录的"《周官经》六篇",本名《周礼》,亦称《周官》,颜师古注云:"即今之《周官礼》也。"《汉志》之所以著录为"周官经",也是考虑到与六艺略其他相关文献著录的一致性❷。

　　显见,图书的命名并不完全基于文献个体自身的原因,而是要适应与其他同类文献相比较而言的语境特点,这在《汉志·诸子略》中亦有体现。例如,

❶ 朱熹.朱子语类:卷十四[M].北京:中华书局,1986:249.

❷ 傅荣贤.基于关系原则的古籍命名考论:以《汉书·艺文志》为例[M].大学图书馆学报,2012(4).

《汉志·儒家》著录《晏子》八篇、《世子》二十一篇、《王孙子》一篇、《陆贾》二十三篇,这四种文献原本皆有专名。《史记·太史公自序》"余读《晏子春秋》",唐人柳宗元著有《辨晏子春秋》一文,可证《晏子》本名为《晏子春秋》。《论衡·本性篇》曰:"世子作《养书》一篇。"可证《世子》本作《养书》。《王孙子》一篇,班注:"一曰《巧心》。"可证《王孙子》本名《巧心》。《史记·陆贾列传》曰:"陆生乃粗述存亡之征,凡著十二篇。每奏一篇,高帝未尝不称善,左右呼万岁,号其书曰《新语》。"可证《陆贾》本名《新语》。但《汉志》出于"诸子略"文献命名统一性的需要而改题为以人名书,于是有了上述《晏子》《子思》等名称。而这也是本名《鸿烈》的文献现称《淮南子》的主要原因。章学诚《校雠通义·汉志诸子》指出:"《淮南内》二十一篇,本名为《鸿烈解》,而止称《淮南》,则不知为地名与?人名、书名与?"章氏指出改题之不妥,但未及指出改名之由。基于同样的缘由,《汉志》中没有《道德经》而只有《老子邻氏经传》,班注:"姓李,名耳,邻氏传其学"。

《汉志》书名的改题,表明文献不可能完全脱离与其他文献的"关系"语境而获得相对稳定的名称,从文献本身的单一因素出发讨论其命名,实质上是否认了文献与文献之间的有机联系。而这种"关系"语境说明,《汉志》本身是具有统一的内在逻辑结构的。进一步,改易书名现象的普遍存在,表明实然存在的文献并不是绝对的"客观"对象,而是根据主体的认识呈现为随变而适的"主观"特征,深刻地反映了中国古代目录学的人文性,这从删除冠以"皇""大""圣"等旨在表彰前朝的尊称中也可读见。如《皇明诏令》易名为《明诏令》,《大明一统志》易名为《明一统志》,《圣宋文选》改为《宋文选》。

(二)篇卷

篇卷是著录的又一项重要内容,一般紧接在书名之后,涉及具体篇卷的数量以及篇卷之间的次序,有时也涉及"章"的数量及其次序。

1. 篇卷反映一本书内部的篇章数量

傅斯年(1896—1950)《战国文籍中之篇式书体:一个短记》指出:"战国书除《吕览》外,都只是些篇,没有成部的书。战国书之成部,是汉朝人集合的。"❶余嘉锡亦曰："秦汉诸子,惟《吕氏春秋》《淮南子》之类为有统系条理,乃一时所成,且并自定篇目,其他则多是散篇杂者,其初原无一定之本也。"❷傅、余二先生之论并不完全准确,如《易经》就是一本包括64卦、384条卦爻辞的完整之书,《序卦》的出现更表征《易经》已经首尾完具。同样,在秦汉时期流传的三个《论语》本子中,《古论(语)》21篇、《齐论(语)》22篇、《鲁论(语)》20篇,三者虽篇卷不一,但在当时都是相对完整的一本书。

另一方面,"多是散篇杂者,其初原无一定之本"确实反映了当时图书篇卷的主要特征。因此,确定绝大多数未成定本的文献的具体篇卷数量,遂成为刘向文献工作的重要步骤。例如,《晏子春秋叙录》曰:"除复重二十二篇,定著八篇。"《列子叙录》曰:"《列子》内外书,凡二十篇,以校。除复重十二篇,定著八篇。"刘向此举的本质是确立"一本书"的组成及其边界,因而反映了整理者(而不是原作者)的认识。此外,著录篇卷有时也涉及对版本差异的揭示。例如,《汉志》"《尚书古文经》四十六卷,为五十七篇"和"《经》二十九卷,大、小夏侯二家。《欧阳经》三十二卷"表明,不仅今、古文《尚书》篇卷不同,而且同为今文的《欧阳经》与大、小夏侯《经》也存在差异。

显然,一本书的篇卷数量并不如我们想象的那样"客观",改并篇卷的现象后世亦代不乏例。例如,《四库总目·荀子》提要曰:"刘向《校书序录》称孙卿书凡三百二十三篇,以相校,除重复二百九十篇,定著三十三篇,为十二卷,题曰《新书》。唐杨倞分易旧第,编为二十卷,复为之注,更名《荀子》,即今本也。"《孔丛子》提要曰:"其书《文献通考》作七卷。今本三卷,不知何人所并。"都是后人省并或改易篇卷的例证。同样,班固所撰《汉书》100卷,在隋代以前已有人分为115卷,唐人颜师古有见于《王子侯表》《五行志》等篇幅较长,又在115卷的基础上分析为120卷,并成为后世通行之本。

总体上,和书名的改易一样,篇卷的改易表明主体人并不是被动地接受"客观"的文献,而是根据自己的认识保留了主观介入的空间。

---

❶ 傅斯年.傅斯年全集:第三册[M].台北:联经出版事业公司,1980:5.

❷ 余嘉锡.古书通例[M].上海:上海古籍出版社,1985:94.

2. 篇卷次序表征一本书的内在逻辑结构

绝大多数文献的篇卷数量都大于一,因而存在篇卷之间的次序关系问题。《国语·鲁语下》曰:"昔正考父校商之名颂十二篇于周太师,以《那》为首。"据《史记·孔子世家》,正考父(春秋初期人,生卒年不详,孔子的七世祖)"以《那》为首",是因为《那》篇内容和正考父所信奉的谦谦君子的风范相鼓桴。《晋书·刑法志》曰:"(李悝)以为王者之政,莫急于盗贼,故其律始于《盗》《贼》。盗贼须劾捕,故著《囚》《捕》二篇。其轻狡、越城、博戏、借假不廉、淫侈逾制,以为《杂律》一篇。又以《具律》具其加减。"无疑,《法经》盗、贼、囚、捕、杂、具六篇的编次安排是反映特定内涵的。

同样,刘向"合众篇"为一书时,特别注意通过"条其篇目"的工夫反映特定的学术思想。如刘向《孙卿书录》云:"劝学篇第一,修身篇第二,不苟篇第三……赋篇第三十二。"《列子叙录》详列其篇目及其次第曰:"天瑞第一,黄帝第二,周穆王第三,仲尼第四一曰极知,汤问第五,力命第六,杨朱第七一曰达生,说符第八。"刘向列举篇目次第,既可防止单篇散佚,又可通过篇章次序的刻意安排而表达特定的学术思想。唐人贾公彦(7世纪中叶在世)《〈仪礼·士冠礼〉注疏》所引郑玄《三礼目录》,有大、小戴本的篇目,两者与刘向《别录》本《礼经》篇目不尽相同。相比而言,大戴本篇目因符合《礼记·昏义》"夫礼始于冠,本于昏,重于丧祭,尊于朝聘,和于乡射,此礼之大体也"的次序而为学界所重,东汉熹平石经《礼经》便是大戴本。但郑玄认为《别录》本的次第"皆尊卑吉凶次第伦叙"并为之作注,致使刘向本传流至今。《四库总目·仪礼注疏》提要亦指出,刘向"尊卑吉凶,次第伦序",很好地表达了《仪礼》的主旨。

显然,特定的篇卷次第意味着特定的结构关系,包含着极其丰富的内容。例如,《四库总目·四书章句集注》提要曰:"原本首《大学》,次《论语》,次《孟子》,次《中庸》。书肆刊本以《大学》《中庸》篇页无多,并为一册,遂移《中庸》于《论语》前。明代科举命题,又以作者先后,移《中庸》于《孟子》前。然非宏旨所关,不必定复其旧也。《大学》古本为一篇。朱子则分别经传,颠倒其旧次,补缀其阙文。《中庸》亦不从郑注分节。故均谓之'章句'。《论语》《孟子》融会诸家之说,故谓之'集注'。"由此可见"四书"篇次改易之迹。

总体上，这种"发挥"，既有知识论层面的，也有出于价值论的动机。例如，《四库总目·史记》提要曰："其书自晋、唐以来，传本无大同异。惟唐开元二十三年敕升《史记·老子列传》于《伯夷列传》上。钱曾《读书敏求记》云尚有宋刻，今未之见。"这里，因李唐国姓为而改变了《史记》中《老子列传》的"客观地位"。《四库总目·史记索隐》提要曰："其注司马迁书，则如陆德明《经典释文》之例，惟标所注之字，盖经传别行之古法。凡二十八卷。末二卷为述赞一百三十篇及《补史记条例》。欲降《秦本纪》《项羽本纪》为世家，而《吕后》《孝惠》各为《本纪》。补《曹》《许》《邾》《吴芮》《吴濞》《淮南》世家，而降《陈涉》于《列传》。《萧何》《曹参》《张良》《周勃》《五宗》《三王》各为一传，而附《国侨》《羊舌肸》于《管晏》，附《尹喜》《庄周》于《老子》，附《韩非》于《商鞅》，附《鲁仲连》于《田单》，附《宋玉》于《屈原》，附《邹阳》《枚乘》于《贾生》。又谓《司马相如》《汲郑》传不宜在《西南夷》后，《大宛传》不合在《游侠》《酷吏》之间，欲更其次第。其言皆有条理。至谓司马迁《述赞》不安，而别为之，则未喻言外之旨。终以《三皇本纪》，自为之注，亦未合阙疑传信之意也。"显然，《史记索隐》在具体注释中一仍《史记》原书次第。但其"末二卷为述赞一百三十篇，及《补史记条例》"则提出了自己对《史记》篇卷数量及其次第的"新见"。

又如，《四库总目·楚辞章句》提要曰："陈振孙《书录解题》载有《古文楚辞释文》一卷，其篇第首《离骚》，次《九辨》《九歌》《天问》《九章》《远游》《卜居》《渔父》《招隐士》《招魂》《九怀》《七谏》《九叹》《哀时命》《惜誓》《大招》《九思》，迥与今本不同。兴祖据逸《九章》注中称皆解于《九辨》中，知古本《九辨》在前，《九章》在后。振孙又引朱子之言，据天圣十年陈说之序，谓旧本篇第混并，乃考其人之先后，重定其篇第，知今本为说之所改。则自宋以来，已非逸之旧本。又黄伯思《东观余论》谓逸注《楚辞》，序皆在后，如《法言》旧本之例，不知何人移于前。则不但篇第非旧，并其序亦非旧矣。然洪兴祖《考异》，于'离骚经'下注曰：'释文第一'，无'经'字。而逸注明云：'离，别也。骚，愁也。经，径也。'则逸所注本确有'经'字，与释文本不同。必谓《释文》为旧本，亦未可信，姑存其说可也。"可见，陈振孙《直斋书录解题》著录的《古文楚辞释文》一卷，所载《楚辞》篇次"迥与今本不同"，"今本"次第乃天圣十年（1032）陈说所定,"不但篇第非旧,并其序亦非旧矣";王逸(90?—165?)旧本《离骚经》一篇中的"经",亦不见于今本。

篇卷数量及其次第是文献形态的重要信息,也是文献著录的重要内容。但古代目录多不"客观"标引,意味着并不默认书目主体在现实文献面前毫无作为。另需指出的是,古代目录在著录中往往只能交代某文献篇卷的具体数量,而篇目名称及其次第的一一条举,大多是放在"摘要"中进行的。如在著录款目中详细条列篇目,则必致繁芜,殊不合简洁之旨。从这一意义上说,书名之后著录篇卷应视为详列篇名及其次第之形式的省略。

3. 古书篇卷多有内外之分

刘向在确定篇章次序时,往往分别"内""外",甚至另有"杂篇"。这是对一书内容层次的进一步分析与归纳,也是对自己合众篇为一书"武断"之举的某种消弥。例如,《晏子书录》云:"其书六篇皆忠谏其君,文章可观,义理可法,皆合六经之义。又有复重,文辞颇异,不敢遗失,复列以为一篇。又有颇不合经术,似非晏子言,疑后世辨士所为者,故亦不敢失,复以为一篇。"这里,《晏子》八篇被分成了三个层次:一是"皆忠谏其君,文章可观,义理可法,皆合六经之义"的前六篇,基本可定为晏子的作品,为"内篇";二是"有复重,文辞颇异"者,为"外篇"(今本篇题为《外篇重而异者第七》);三是"似非晏子言,疑后世辨士所为者",为"杂篇"(今本篇题为《外篇不合经术者第八》)。基本上,三者的区分依据是"原作""存疑"和"伪作",从而在辨惑裁定的基础上,将具体篇章的真伪与内容价值联系了起来。另一方面,刘向面对"存疑"的"外篇""不敢遗失",对"伪作"的"杂篇""亦不敢失",既有保存文献资料的用意,也给自己的校订"定见"保留了商榷的余地。

同样,《史记·孟子荀卿列传》云:"(孟子)退而与万章之徒序《诗》《书》,述仲尼之意,作《孟子》七篇。"东汉赵岐(?—201)《孟子题辞》曰:"(孟子)著书七篇,二百六十一章。又有'外书'四篇,《性善辩》《文说》《孝经》《为政》,其文不能弘深,不与'内篇'相似,似非孟子本真,后世依放而托之者也。"而《汉志·诸子略》著录《孟子》十一篇,赵岐定七章为"内篇",另四篇为"外篇",当反映了刘向的认识。篇分内外,"一家之学,一人之书,而兼备二体,则题其不同者为外传以为识别"❶,态度之诚恳与审慎,增加了所校定本的可信度。余嘉锡《古书通例》尝辟专章详论"古书之分内外篇",主要观点包括:"凡以内外分为二书者,必其一家之学,而体例不同者也";"一书之内,自分内外者,多出于刘向,其外篇大抵较为肤浅,或并疑为依托者也";"夫周、秦子书之有内外篇,犹后世诗文之有内外集也";"诗文之见于外集者,不皆伪作也"❷。

了解"古书之分内外篇",有助于考证一书的篇章分合、渊源流变,或增或损,一目了然。例如,《庄子》的内篇与外篇多相抵触,即可从余嘉锡所总结的"其外篇大抵较为肤浅,或并疑为依托者也"中得到合理的解释。又如,《汉志·诗类》著录《韩内传》四篇和《韩外传》六卷。《汉书·儒林传》曰:"(韩)婴推诗人之意,而作内、外传数万言。"但隋唐以来书目皆著录《韩诗外传》十卷,今传《韩诗外传》亦为十卷,而《韩诗内传》四篇普遍认为已经亡佚。杨树达则以为:"《内传》四卷实在今本《外传》之中。班《志》:《内传》四卷,《外传》六卷,其合数恰与今本《外传》十卷相合。今本《外传》第五卷首章为'子夏问曰:《关雎》何以为国风始'云云,此实为原本《外传》首卷之首章。盖内、外《传》同是依经推衍之词,故后人为之合并,而犹留此痕迹耳。《隋志》有《外传》十卷而无《内传》,知其合并在隋以前矣。近儒辑《韩诗》者皆以训诂之文为《内传》,意谓内、外《传》文当有别,且《内传》与《(韩)故》可无分乎?《后(汉)书·郎顗传》引《易内传》曰:'人君奢侈,多饰宫室,其时旱,其灾火。'此是杂说体裁,并非训诂,然则汉之《内传》非训诂体明矣。"❸这里,杨氏正是通过书目著录的篇章分合而得出《韩诗内传》四卷并未亡佚,而是被合并到了今本《韩诗外传》十卷之中。

又如,张舜徽曰:"医书之分内经、外经,犹《春秋》《韩诗》有内、外传,《晏子春秋》《庄子》《淮南》有内、外篇也。《汉志·诸子略》杂家著录《淮南内》二十一篇、《淮南外》三十三篇。颜师古注:'内篇论道,外篇杂说。'《庄子》分内、外篇,成玄英曰:'内则谈于理本,外则语其事迹。斯又二者之异也。大抵内篇为作者要旨所在,外篇其绪余耳。医书之内经、外经亦同斯例。'由于阐明理

---

❶ 余嘉锡.古书通例[M].上海:上海古籍出版社,1985:114.

❷ 余嘉锡.古书通例[M].上海:上海古籍出版社,1985:109-118.

❸ 杨树达.汉书窥管[M].上海:上海古籍出版社,1984:207-208.

道者,辞旨精要,与夫杂说旁陈者不同,故《黄帝内经》十八卷,而外经为三十七卷。下文扁鹊、白氏,亦分内、外经。"●也就是说,内经为医学理论,是作者的要旨所在,外经则是附益要旨的"杂说"。我们知道,《汉志·方技略·医经》著录七家文献,分别为《黄帝内经》《(黄帝)外经》、《扁鹊内经》《(扁鹊)外经》、《白氏内经》《(白氏)外经》《(白氏)旁篇》,可知秦汉"医经"皆有内外之分,而白氏之书除了分内外,尚有《旁篇》25卷。《晋书·刑法志》曰:"萧何定律……合为九篇。叔孙通益律所不及,《傍章》十八篇。"这里,叔孙通(?—约前194)"益律所不及"的《傍章》十八篇,和萧何(前257—前193)《九章律》共同组成了《汉律》六十篇。叔孙通《傍章》之"傍",当即《(白氏)旁篇》之"旁"。

值得一提的是,《汉志》著录,还偶涉"章""首",可视为"篇卷"的进一步细化。章学诚《校雠通义·汉志诸子》曰:"积句成章,积章成篇,拟之于乐,则篇为大成,而章为一阕也。《汉志》计书,多以篇名,间有计及章数者,小学叙例之称《仓颉》诸书也。至于叙次目录而以章计者,惟儒家《公孙固》一篇注十八章,《羊子》四篇注百章而已。其如何详略,恐刘、班当日亦未有深意也。至于以首计者,独见《蒯通》之传,不知首之为章计与? 为篇计与?《志》存五篇之数而不详其所由,此《传》《志》之所以当互考也。"又曰:"蒯通之书,自号《隽永》,今著录止称《蒯子》,且《传》(按《汉书·蒯通传》)云'自序其说八十一首',而著录仅称五篇,不为注语以别白之,则刘、班之疏也。"

4. 古书篇卷的学术价值

余嘉锡指出:"篇目,所以考一书之源流。"❷上引例证皆可证成余氏之说。但事实上,古书篇卷的学术价值并不局限于考"一书"之源流。例如,《汉志·春秋》类的相关文献著录情况是:

《经》11卷,班注:公羊、谷梁二家。

《公羊传》11卷,班注:公羊子,齐人。

《谷梁传》11卷,班注:谷梁子,鲁人。

《公羊外传》50篇

● 张舜徽.汉书艺文志通释[M].武汉:华中师范大学出版社,2004:419.

❷ 余嘉锡.目录学发微[M].成都:巴蜀书社,1991:34.

《谷梁外传》20篇

《公羊章句》38篇

《谷梁章句》33篇

《公羊杂记》83篇

《公羊颜氏记》11篇

《公羊董仲舒治狱》16篇

这里,《公羊》有传11卷、外传50篇、章句38篇;《谷梁》则有传11卷、外传20篇、章句33篇。这两家解释《春秋》时所使用的主要体例(传、外传、章句)是一致的。由此可见当时公羊和谷梁两家商榷、辩难之景况,较为真实地反映了汉初经学发展的基本事实。据《汉书·儒林传》,汉宣帝甘露三年(前51)召开石渠阁会议,其主旨即在"平《公羊》《谷梁》同异"。而两家之异同,亦可从篇卷数量上读见。

其一,《谷梁》的外传、章句和《公羊》的外传、章句相比,篇卷相对偏少,尤其"外传"仅及《公羊》"外传"的2/5;

其二,《公羊》另有《杂记》等三种文献见著,而《谷梁》则无与之对应的文献。

显见,公羊学相对开放,长于发挥;而谷梁学则相对内敛,注重师承和家法,更为切近《春秋经》原典之本义。而公羊和谷梁两家分属齐、鲁,两者的差异也反映在齐鲁之学的其他方面。例如,《汉志·诗类》著录"《诗经》二十八卷,鲁、齐、韩三家",其中,鲁诗有《鲁故》25卷和《鲁说》28卷,计2种53卷;齐诗有《齐后氏故》20卷、《齐孙氏故》27卷、《齐后氏传》39卷、《齐孙氏传》28卷和《齐杂记》18卷,计5种132卷;韩诗有《韩故》36卷、《韩内传》4卷、《韩外传》6卷和《韩说》41卷,计4种87卷。相比而言,鲁诗少发挥,"最为近"《诗经》原旨,这从鲁诗的文献种数(2种)和篇卷(53卷)中都可以得到证明❶。可见,汉代立于学官的三家今文诗确实存在《诗类小序》所言"或取《春秋》,采杂说,咸非其本义。与不得已,鲁最为近之"的情况。

总之,篇卷表面上反映一书的数量范围,实质上反映了一书的内在逻辑

---

❶ 傅荣贤.从《汉志》看西汉解释学规范的建立[J].贵州师范大学学报,2004(2).

与结构,是表征一书之独立性的重要范畴,它固然首先具有"考一书之源流"的学术价值,但又不局限于"一书"。

(三)作者

作为人工制品,所有的文献都是某个/些作者的主体创造,文献因而成为记录有人工信息的载体。中国古代文献是在"人"的信息化存在的意义上被生产、传播、识读和接受的,人与作为人工制品的文献相比更具本原性和前提性,反映了记录在文献上的中国传统文化的深刻的人文性。《淮南子·泛论》即指出:"诵先王之书,不若闻其言;闻其言,不若得其所以言。"认为真实的作者比通过文献虚拟的信息化的作者更加真实。所以,中国古人十分强调对文献作者的认识,甚至认为,认识文献就是认识作者❶。

1. 古书作者

刘国钧《中文图书编目条例草案·著者》曰:"凡书必有著作之人,故图书编目必先确定著者之姓名而著之于目,所以判明此书之责任,亦所以便于专研某一人著述之检阅。"❷然而,"至于每卷自署某人撰,虽不详其所自始,要其盛行,当在魏晋以后矣"❸。说明大致以"魏晋"为断,中国古籍经历了从"不题撰人"到"自题姓名"两大发展阶段。

(1)古书多不题撰人

例如,《史记·司马相如列传》曰:"上读《子虚赋》而善之,曰:'朕独不得与此人同时哉。'得意曰:'臣邑人司马相如自言为此赋。'上惊,乃召问相如。相如曰:'有是。'"可见,迟到汉武帝之际的司马相如(约前179—前118),其所著《子虚赋》仍未署名。余嘉锡认为,儒家六经、《论语》《孝经》等文献,"惟孔子作《春秋》,独有明文可考"❹,其余皆不可坐实作者。再就诸子文献而言,清人严可均(1762—1843)《铁桥漫稿》卷八《书〈管子〉后》指出:"先秦诸子,皆门弟子或宾客或子孙撰定,不必手著。"正因为如此,《汉志》作者项的著录主要包

---

❶ 傅荣贤.作者主体的信息化存在:对中国古代"文献"的另类解读[J].大学图书馆学报2011(2).

❷ 刘国钧.中文图书编目条例草案[J].图书馆学季刊,1929,3(4).

❸ 余嘉锡.古书通例[M].上海:上海古籍出版社,1985:26.

❹ 余嘉锡.古书通例[M].上海:上海古籍出版社,1985:18.

括以下几种情况：

一是像"《易经》十二篇，施、孟、梁丘三家""《章句》施、孟、梁丘氏各二篇"，都只著录传习者（而不是作者）信息，意在模糊撰人概念，实是追题书名而非执定作者。

二是像"《服氏》二篇"这样直接以姓氏为书名。余嘉锡曰："诸经传注，最初只加姓氏于书名之上，并不别题撰人。"❶又曰："传注称氏，诸子称子，皆明其为一家之学也……古书之题某氏某子，皆推本其学之所自出言之。《汉志》本之《七略》，上书某子，下注名某者，以其书有姓无名，明此所谓某氏某子者，即某人耳，非谓其书皆所自撰也。"❷余氏之论的核心是认为，《汉志》所题姓名只是为了书目著录起见，并非坐实为某书之撰人。

而类似"刘向所序"之"序"，"传之者"之"传"等责任方式的著录，则可视为由追题书名向追题撰人的过渡。

三是像"《古杂》八十篇，《杂灾异》三十五篇，《神输》五篇，图一"这样的文献，并无任何作者信息。

四是像"《易传周氏》二篇。字王孙也"，将作者信息以小字号放在小注中，或在小注中进一步说明作者信息。在后六部正史目录中，《隋志》《旧唐志》基本只著录书名和卷数，而将作者姓名置于小注中，如《旧唐志》"《汉书》一百十五卷班固作"。在《四库总目》中，如"《史记》一百三十卷（内府刊本）"，《提要》曰："汉司马迁撰，褚少孙补。迁事迹具《汉书》本传。"则是以提要的形式出具作者信息。

基本上，上述第一种情况是认为某书与某人（或某家、某学派）有关。第二种情况认为某书是经某人以某种特定的责任方式参与生产的结果，因而差可视为某人为某书的"序"者或"传"者，但仍不是独立的作者。第三种情况属于或不知作者或并无具体作者。只有第四种情况，某人与某书有直接对应关系，基本类似于今天的作者范畴。

（2）坐实撰人

余嘉锡认为："自《隋志》以后，凡古书之注某人撰者，多误以传其学之人，

---

❶ 余嘉锡.古书通例[M].上海:上海古籍出版社,1985:21.

❷ 余嘉锡.古书通例[M].上海:上海古籍出版社,1985:22-23.

即为著书之人。而今所题之撰人，又后世浅人，据隋、唐《志》所妄增矣。"❶例如，《汉志》著录"《（书）传》四十一篇"，不题撰人，而《隋志》则曰："伏生作《尚书传》四十一篇。"《隋志》"凡古书之题撰人者，皆意必之辞也"，满足了文献著录的整齐有度，但执定撰人并不符合实际。后世辨伪学正是以《隋志》为据以定夺真伪，可谓徒酿水火。

《四库总目》著者项的著录大致包括下述三种情况，显然已经十分重视责任方式❷。

一是分别著录多种责任方式。如《周易正义》提要云："魏王弼、晋韩康伯注，唐孔颖达疏。"

二是区别"编"与"撰"。如《西圃丛辨》提要云："国朝田同之编。同之字在田，德州人，康熙庚子举人，官国子监学录。是书杂采诸家说部，分类排比，皆因其旧文，不加论断。故卷首题名不曰撰著，而曰纂集云。"说明该书只是汇集和排比资料，并无论断。

三是区别"监修"与"撰"。如《畿辅通志》提要云："国朝兵部尚书、直隶总督李卫等监修。"又案："《通志》皆以总督、巡抚董其事，然非所纂录，与总裁官之领修者有别。今不题某撰而题某监修，从其实也。监修每阅数官，惟题经进一人，唐、宋以来之旧例也。谨于此书发其凡，后皆仿此。"

2. 书目的作者著录

作者虽是书目著录的重要内容，"然其事亦非易易，盖书有伪托者，有嫁名者，有一人而前后更名者，有不著撰人姓氏者，有用别置者，凡此种种皆不能径照原书称录，其理甚显"❸。此外，中国古代的人名还涉及本名、字号、尊称、职官、地望、爵里等内容，情况十分复杂。《太平御览》卷608引王符《潜夫论》曰："索物于夜者，莫良于火烛；索道于当世者，莫良于典籍。"文献字面背后的"道"，进入了价值论的层次，不能作机械的定性和析解。这在书目的作者著录中也是有反映的。

例如，《四库总目·凡例》第七则曰："至其编次先后……《隋书·经籍志》以

❶ 余嘉锡.古书通例[M].上海:上海古籍出版社,1985:21.

❷ 司马朝军.《四库全书总目》研究[M].北京:社会科学文献出版社,2004:198.

❸ 程千帆,徐有富.校雠广义(目录编)[M].济南:齐鲁书社,1998:101.

帝王各冠其本代,于义为允,今从其例。其余概以登第之年、生卒之岁为之排比,或据所往来倡和之人为次。无可考者,则附本代之末。释道、闺阁,亦各从时代,不复区分。宦侍之作,虽不宜厕士大夫间,然《汉志》小学家尝收赵高之《爰历》、史游之《急就》,今从其例,亦间存一二。"这里,"释道、闺阁"和"宦侍之作"虽然分别"各从时代,不复区分"且"亦间存一二",但从行文中仍可读见对这些特殊群体的"另眼相待",从而也迎合了社会伦理对他们的地位认定。胡宗楙(1867—1935)《金华经籍志》亦准《总目》之例,据科第、生卒之年先后为之比排,闺阁、佛道列在最后。其中,闺阁之作多注明"某妻"或"某女",如《兰雪斋集》三十卷下注云:"明兰溪陆静专敬姬撰,同邑舒大猷妻。"高鑅泉(1833—1913)《锡金历朝书目考》(一题《锡山历朝著述书目考》)收无锡乡贤著述,分正编六卷、续编三卷、补编三卷,每编以作者生平先后为序,闺媛、释道另列。

司马朝军总结《四库总目》的作者著录情况包括:第一,宋代理学大师周敦颐、张载(1020—1077)、程颐(1033—1107)、程颢(1032—1085)、邵雍(1011—1077)、朱熹皆尊称为"子"。如《朱子语类》提要:"宋咸淳庚午导江黎靖德编。初,朱子与门人问答之语,门人各录为编……"第二,因避讳而改作者之名。如王士禛(1634—1711)因避雍正之讳而改为王士祯,范晔(398—445)因避康熙之讳而名范蔚宗。第三,帝王之书不著录真实姓名。如《孝经正义》三卷提要:"唐玄宗明皇帝御注宋邢昺疏。"第四,本朝御撰之书不著录编纂臣工姓名。例如,据《纂修四库全书档案》乾隆四十九年十月初二日军机大臣奏:"遵旨查《内则衍义》等书编纂臣工衔名,臣等详查顺治年间《诸臣列传·大学士傅以渐传》内,开载奉旨撰《内则衍义》字样。"但《御定内则衍义》提要云:"顺治十三年世祖章皇帝御定。"而不云"大学士傅以渐编纂"❶。显然,《四库总目》著录作者的一个重要原则是社会人伦,这在对作者所属朝代的定夺上体现得十分明显。

总体上,《总目》对于跨越两朝人物的朝代归属,"以受官与否为两朝之断限"。亦即,如果入新朝不仕(如由元入明而不仕于明),则仍称旧朝,反之,则

---

❶ 司马朝军.《四库全书总目》研究[M].北京:社会科学文献出版社,2004:192–197.

许为新朝。因为入仕新朝即违反了"忠臣不仕二主"的伦理约定,没有资格再做旧朝的臣子。这一原则,也被称为"陶潜书晋之例"。但值得强调的是,陶潜从晋孝武帝太元十八年(376)第一次出仕为江州祭酒,曾先后仕职桓玄(369—404)、刘裕(363—422)、刘敬宣(371—415)幕下,其称晋人,是因为生卒年(352或365—427)主要在东晋(317—420),且自恭帝司马德文隆安四年(400)"不能为五斗米折腰向乡里小人"而辞彭泽令归隐。但不管怎样,所谓"陶潜书晋之例",重在强调以是否"仕二主"作为定夺作者朝代的关键,从而也把对作者的著录提升到了政治伦理的高度。例如,《南村诗集》提要曰:"明陶宗仪撰。宗仪有《国风尊经》,已著录。是编毛晋尝刻入《十元人集》。刘体仁《七颂堂集》有《与张实水尺牍》,称读史不载陶南村,窃谓此君靖节一流人。今考《十元人集》内,如倪瓒、顾阿瑛亦皆亲见新朝。然瓒遁迹江湖,阿瑛随子谪徙,未沾明禄,自可附朱子《纲目》陶潜书晋之例。宗仪则身已仕明,孙作《沧螺集》中有《陶九成小传》可证。晋仍列之元人,非事实矣。观集中《洪武三十一年皇太孙即位诗》曰:'老臣忭舞南村底,笑对儿孙两鬓霜。'则宗仪臣明,原不自讳。又集中《三月朔日至都门》《二日早朝》《三日率诸生赴礼部考试》《十日给赏》《十一日谢恩》诸诗,即《明史》本传所谓洪武二十九年率诸生赴礼部试时作也。是又岂东篱采菊之人所肯为之事。又何必曲相假借,强使与栗里同称乎。"这里,倪瓒(1301—1374)、顾阿瑛(1310—1369)、陶宗仪(1321—约1412)皆跨元明,但"瓒遁迹江湖,阿瑛随子谪徙,未沾明禄",因而仍属元代,而"身已仕明"的陶宗仪,则被定为明朝人。

显然,与书名、篇卷等一样,看似"客观"的作者信息也为书目主体的主观介入预留了空间,表明书目主体并不只是被动地接受作者信息的"客观前提",而是要转化为主体对客观信息的理解,从中可以洞悉古人的某种文化取向和精神格局。又如,《周易象义》提要:"宋丁易东撰。易东字汉臣,武陵人。仕至朝奉大夫太府寺簿,兼枢密院编修官。入元不仕,教授乡里以终。"《易图通变》提要:"宋雷思齐撰。思齐字齐贤,临川人。宋亡之后,弃儒服为道士,居乌石观。"《易纂言》提要:"元吴澄撰。澄字幼清,号草庐,崇仁人。宋咸淳末举进士不第。入元以荐擢翰林应奉文字,官至翰林学士。卒谥文正。

事迹具《元史》本传。"《大涤洞天记》提要曰:"旧本题元邓牧撰。案:牧以宋人入元,不仕而卒,据陶潜书晋之例,当仍题宋人,今特据旧本所题书之。"这里,宋元之际的丁易东[宋咸淳戊辰(1268)进士]、雷思齐(1231—1303)、邓牧(1246—1306)因入元不仕而定其为宋人,但仕元的吴澄(1249—1333)则被定为元人。

《绥寇纪略》提要曰:"国朝吴伟业撰。伟业,字骏公,号梅村,太仓人。崇祯辛未进士。授翰林院编修。入国朝,官至国子监祭酒。"吴伟业(1609—1672)入清后"官至国子监祭酒",故称"国朝",定为清人。同样,《读易大旨》的作者孙奇逢(1584—1675)"前明万历庚子举人",《大易则通》的作者胡世安(1593—1663)"前明崇祯戊辰进士,历任少詹事",《尚书集解》的作者孙承泽(1593—1676)"前明崇祯辛未进士,官兵科给事中",他们都因仕清而定为清朝人。《无声诗史》提要曰:"国朝姜绍书撰。绍书字二酉,丹阳人。所著《韵石斋笔谈》,自称前明尝为南京工部郎,其阶则不可考矣。是编纂辑前明画家,自洪武以至崇祯,为四卷,附以《女史》一卷。自卷六以下则或真迹不存,或品格未高,偶然点染,不以画名者,亦附著焉……王铎已归命国朝,官至礼部尚书,亦列之明代,是何例乎?"提要质疑《无声诗史》将"已归命国朝"的王铎(1592—1652)列之明代。

入仕新朝者即为"贰臣","贰者,两属也",有背叛、变节的意思。乾隆四十一年(1776年)诏修《钦定国史贰臣表传》(简称《贰臣传》),以忠君为标准,将为清朝立国与力甚夥的洪承畴(1593—1665)、祖大寿(?—1656)等120余人列入传中,这些人虽有功于清朝,但作为贰臣,是"大节有亏"的,而《贰臣传》之编撰,正是为了"崇奖忠贞""风励臣节","为万世臣子植纲常!"❶《东皋录》提要曰:"明释妙声撰。妙声字九臯,吴县人。元末居景德寺,后居常熟慧日寺,又主平江北禅寺。洪武三年,与释万金同被召,莅天下释教……妙声入明时,年已六十余,诗文多至正中所作,故顾嗣立《元诗选》亦录是集。然方外者流,不婴爵禄,不能以受官与否为两朝之断限。既已谒帝金门,即属归诚新主,不能复以遗老称矣。今系之明,从其实也。"该例针对"方外者流"(指佛道

---

❶ 清国史馆. 大清高宗纯皇帝实录[Z].北京:中华书局,1986:乾隆四十一年十二月初三日诏书奏折档.

人士)立说,认为他们虽"不能以受官与否为两朝之断限",但妙声"既已谒帝金门,即属归诚新主",仍然受到世俗政治和社会人伦的规范。

显然,古代目录对作者朝代归属的判分是寓含价值旨趣的。相比而言,今人的著录则采取相对客观的态度。例如,柳诒徵(1880—1956)编撰于1920年的《国学图书馆图书总目》"明确规定,以作者卒年为断,作者卒于何朝,则其书归于何朝。这就为目录学界提供了一个统一标准,改变了以往目录随意著录别集的混乱局面"❶。当然,古代目录"随意著录的混乱局面"既非"随意",亦不"混乱",更不限于"别集"。

三、著录格式

在书名、篇卷和作者三个主要著录项目中,篇卷是直接附丽于书名的,两者往往构成一个不可分割的整体。因此,所谓著录格式,主体体现为书名和作者次序的不同。

1.《汉志》的著录格式

蒋伯潜认为,"《汉志》编次之法""其例有五"❷:

①先书名,次篇数,次传述者,如"《易经》十二篇,施、孟、梁丘三家"。

②先撰人,次书名,次篇数,如"刘向《五行传记》十一卷"。

③仅举书名及篇数,不及撰人,如"《周书》七十一篇"。

④即以撰人为书名,系篇数于其后,如"《太史公》百三十一篇"(诸子书都是此类)。

⑤于撰人之后系以文体之名,盖亦无书名者,如"《屈原赋》二十五篇"。

这五例著录之法可以概括为两大类型,一是以书名为标目的书名目录,上述①③即是典型的书名款目,而④和⑤亦可视为书名款目的变通。另外,《汉志》还有只著书名、篇卷,而将传习之人以小注之体出具的著录形式,如"《(尚书)经》二十九卷。大、小夏侯二家。《欧阳经》三十二卷"。这里,小字号的"施、孟、梁丘三家"和"大、小夏侯二家。《欧阳经》三十二卷"即为传习之人,

---

❶ 全根先.中国近代目录学家传略[M].北京:国家图书馆出版社,2011:171.

❷ 蒋伯潜.校雠目录学纂要[M].北京:北京大学出版社,1990:147-148.

也是书名款目。二是以人名为标目的人名款目,蒋先生所举五例中的②即是典型的人名款目。但总体上,《汉志》是以书名为主,如《汉志·六艺略·易》"凡《易》十三家,二百九十四篇"的文献著录为:

《易经》十二篇,施、孟、梁丘三家。

《易传周氏》二篇。字王孙也。

《服氏》二篇。

《杨氏》二篇。名何,字叔元,菑川人。

《蔡公》二篇。卫人,事周王孙。

《韩氏》二篇。名婴。

《王氏》二篇。名同。

《丁氏》八篇。名宽,字子襄,梁人也。

《古五子》十八篇。自甲子至壬子,说《易》阴阳。

《淮南道训》二篇。淮南王安聘明《易》者九人,号九师说。

《古杂》八十篇,《杂灾异》三十五篇,《神输》五篇,图一。

《孟氏京房》十一篇,《灾异孟氏京房》六十六篇,五鹿充宗《略说》三篇,《京氏段嘉》十二篇。

《章句》施、孟、梁丘氏各二篇。

显见,除了"五鹿充宗《略说》三篇"之外,其他款目都是以书名为标目的。

2. 代书目著录格式简述

《隋志》的文献著录方式并不整齐划一,有仅列书名和卷数而不出具作者信息者,如"《周易私记》二十卷""《周易谱》一卷";也有冠以朝代、官爵、人名,再以书名、卷数为续者,如"后汉大将军护军司马《班固集》十七卷"。但总体上,《隋志》亦主要以书名为标目,而作者、存佚等信息则以小注的形式出具。如"《归藏》十三卷晋太尉参军薛贞注"、"《周易》二卷 魏文侯师卜子夏传,残缺。梁六卷"等皆是显例。但,总体上则以书名标目为主,正如姚名达指出:"惟《隋书·经籍志》始一律首列书名及卷数为纲,改以撰人为注。对于撰人不复详介,而只叙其时代官衔。书中之内容真伪,亦仿《汉志》之例间或注明。"❶

---

❶ 姚名达.中国目录学史[M].上海:上海书店,1984:163.

《隋志》以降,《旧唐志》的著录虽间有例外,但大体上也只著录书名和卷数,而将作者姓名置于小注中,如《旧唐志》"《汉书》一百十五卷班固作"。《新唐志》则统一将作者姓名列于文献之前,再著录书名和卷数,如"班固《汉书》一百一十五卷"。由此形成以人为标目的著者目录,这种"作者、书名和卷数"的著录方式基本为《宋志》《明志》和《清志》所继承。

综上,大致《旧唐志》及其之前的书目多以书名为标目,《新唐志》及以后的书目基本以人名为标目。

3. 对两种主要著录格式的认识

历史上,郑樵《通志·校雠略》曾作《不类书而类人论》三篇,专论两种著录方式的得失。他说:"古之编书,以人类书,何尝以书类人哉?人则于书之下注姓名耳……按《隋志》于书则以所作之人,或所解之人,注其姓名于书之下。文集则大书其名于上曰某人文集,不著注焉。《唐志》因《隋志》,系人于文集之上,遂以他书一概如是……《唐志》以人置于书之上,而不著注,大有相妨。如管辰作《管辂传》三卷,唐省文,例去'作'字,则当曰《管辰管辂传》,是二人共传也。如李邕作《狄仁杰传》三卷,当去'作'字,则当曰《李邕狄仁杰传》,是二人共传也。又如李翰作《张巡姚訚传》三卷,当去'作'字,则当曰《李翰张巡訚姚传》,是三人共传也。若文集置人于上,则无相妨,曰某人文集可也。即无某人作某人文集之理,所志惟文集置人于上,可以去'作'字,可以不著注,而于义无妨也。又如卢僎佐作《孝子传》三卷,又作《高士传》二卷,《高士》与《孝子》自殊,如何因所作之人而合为一?似此类极多。《炙毂子杂录注解》五卷,乃王叡撰,若从《唐志》之例,则当曰《王叡炙毂子杂录注解五卷》,是王叡复为注解之人矣。若用《隋志》例,以其人之姓名著注于其下,无有不安之理。"

郑氏主张"以人类书",即以人隶于书,作者信息放在小注中,由此形成书名款目。而"以书类人",即以书隶于人的人名款目"大有相妨",容易造成撰人姓名和书名的混乱,如"管辰《管辂传》"易误为"《管辰管辂传》"。值得一提的是,清人章学诚亦主张编制书名款目,即郑樵所谓的"以人类书"。但章氏《校雠通义·汉志兵书》将书名款目称为"以人类书",称谓刚好与郑氏相反。

此外,章氏之主张书名款目,主要是因为诸如《刘向所序》《扬雄所序》等不能作分析著录。如《刘向所序》,实际包括《太玄》《法言》《乐》《箴》四书,但它们皆以"刘向所序"的名义而没有清晰地指出四者的具体所指。《四库提要·明艺文志》提要亦指出:黄省曾(1490—1540)刻荀悦(148—209)《汉纪》、袁宏(约328—约376)《后汉纪》,而著录为"黄省曾两汉纪";赵用贤(1535—1596)刻《管子》《韩子》,而著录为"赵用贤管子韩子"。但事实上,黄、赵"仅有刊版之功,无著书之事"。同样,近人孙德谦《汉书艺文志举例》指出,"艺文志"是以书传人,与"纪传"以人传书不同,所以,以书名为标目形成书名款目有合理性的。

但"以人类书"也存在一人的著述不能相对集中的问题。而郑樵认为"大有相妨"的"以书类人"(即著者款目)所存在的问题,在今天也可以通过加注标点符号(如书名号)、责任方式(如加"作"或"著"字)以及使用卡片分行著录等形式予以解决。因此,"以书类人"和"以人类书"本质上不分轩轾,并无优劣之别。而两种著录方式的并行不悖,意味着标准化并不是中国古代目录学的取向,对文献个体的标引及其进一步的关系揭示也不是机械性的格式化过程,而是负载了馆员主体的意向。这种主体性建构在古代目录的文献著录中有多种表现形式。例如,上引《汉志》所谓"《易经》十二篇,施、孟、梁丘三家"是说,施(雠)、孟(喜)、梁丘(贺)三家皆有"《易经》十二篇"文献。这三种同为"《易经》十二篇"的文献,内容旨趣不尽相同,实应包括三种文本。但《汉志》却将它们"合并同类项",视为一条款目予以著录。若绳以今天的著录规则,则应著录为:

施雠《易经》十二篇

孟喜《易经》十二篇

梁丘贺《易经》十二篇

这是《汉志》变化《七略》体例的一种重要形式,目的是要节略篇幅,以"一卷"之限,成为整部《汉书》的一部分。同样"《章句》施、孟、梁丘氏各二篇"也是典型的合并同类项而求简著录的结果,孙德谦《刘向校雠学纂微》称之为"称'各'例"。可见,在文献著录中,中国古人并没有将文献视为物化的客观对象,主体性始终是中国古代书目的重要维度。

四、中国古代书目著录的核心特征

综上,古代书目著录的一个主要特点是并不将实然存在的文献当作"客观给定"的对象之物,而是赋予了书目主体能动性改造对象的权力。以书名为名,章学诚《文史通义·繁称》即曾指出"有本名质而著录从文者,有本名文而著录从质者,有书本全而为人偏举者,有书本偏而为人全称者"等情况。例如,《老子》改题《道德经》即属于本名质而著录从文者,《鸿烈解》改题《淮南子》即属于本名文而著录从质者,《吕氏春秋》(包括十二纪、八览、六论)改题《吕览》即属于书本全而为人偏举者,"《史记》为书策纪载之总名,而后人专名《太史公书》"即属于书本偏而为人全称者。

而主体介入的一个重要取向即在于伸张政治教化和人伦彝常的理念。仍以书名的改题为例,《隋志·别集》所著录的《班婕妤集》注曰:"梁有《班昭集》三卷。"班昭(约45—约117)嫁给了曹世叔,因称曹大家。所以,新、旧《唐志》别集类改题"《曹大家集》二卷"。这里,女性作者从夫(或从父甚至从子)命名,即反映了男尊女卑的封建等级观念。又如,《四库总目·宣和博古图》提要曰:"案晁公武《读书志》称《宣和博古图》为王楚撰,而钱曾《读书敏求记》称元至大中重刻《博古图》,凡臣王黼撰云云,都为削去,殆以人废书。则是书实王黼撰,楚字为传写之伪矣。"历史上,金兵入汴京,王黼(1079—1126)不等诏命便携妻儿逃跑,实乃人品不淑,所以晁公武《郡斋读书志》"以人废书",削其作者身份。《佩韦斋文集》提要曰:"宋俞德邻撰……《(熊)禾序》又称紫阳方侯亦以文名,尝序公集,载其遗事如作传然,且以'能保晚节而心服之'云云。紫阳方侯即歙人方回,宋末为睦州守,以州降元,元擢为总管者也。此本佚去此序,殆后人以德邻高节,不减陶潜,不欲以《回序》污之,故黜而刊削欤。"这里,为俞德邻(1232—1293)《佩韦斋文集》作序的方回(1227—1305)以节操不淑,故"黜而刊削"其序。

而主体介入的直接结果是著录格式的有失规范,中国古代目录学史上也基本没有形成具有约束力的著录标准。例如,《四库总目》的文献著录即"缺乏'一以贯之'的标准,常常是多种标准并行不悖,顾此失彼,不免自乱其例。书名著录、著者著录都存在这个问题,卷数著录尤为严重"。例如,拿卷数著录来说,一者,"阙卷是否著录,《总目》无统一标准";二者,"附卷是否著录,《总目》无统一标准";三者,"附图是否著录,《总目》无统一标准"。例如,《续后汉书》实存八十七卷,但著录九十卷(加上阙卷一、八二、八八),《桂胜》原本十六卷,实存四卷,《总目》著录十六卷❶。

历史上,孙从添作于清嘉庆辛未年(1811)的《藏书纪要》首次对著录格式进行了初步探讨。在《编目》篇中,"他主张藏书应编四种目录:一编大总目录,二编宋元刻本钞本目录,三编分类书柜目录,四编书房架上书籍目录,并具体说明每种目录的编制方法"❷。如"大总目录"要求:"每一种书分一类,写某书若干卷、某朝人作。该写著者、编者、述者、解者、集者、纂者,各各写清,不可混。书系宋板、元板、明板、时刻、宋元钞、旧钞、明人钞本、新钞本,一一记清。校过者写某人校本,下写几本或几册,有套无套。一种门类写完后存白页以备增写新得之书。编成一部,末后记书若干卷、共若干册总数于后,以便查阅有无……"缪荃孙在孙氏基础上进一步提出了著录规范化的要求,如"××卷(撰人上有籍贯或官衔,须照原书卷首抄写),××刊本(何时刊本,须略具鉴别力),每半叶×行,行××字,白(或黑)口,单(或双)边,中缝鱼尾下有××几字,卷"。"另外,他编撰《京师图书馆善本书目》时,首次提出著录时要有书的高广尺寸及边栏两项,以作为鉴定版本的重要依据"❸。受西方近代科学主义目录学的影响,中国学者明确意识到"编目者最忌朝三暮四,毫无准则"❹,因此,特别重视对编目条例的制定。杜定友1921年编制了《中文图书编目法》,杜氏1926年的《图书目录学》则"是我国最早的现代图书编目条例"❺。刘国钧针对"编目活动由各个机构分散进行,编目规则并不统一,致使编目作业重复,造成人力、物力的浪费,检索速度慢、效率低"的现状,于1929年编制了《中文图书编目条例》,直到1949年后,"我国颁布的中文图书编目规则中的许多

❶ 司马朝军.《四库全书总目》研究[M].北京:社会科学文献出版社,2004:200-201.

❷ 陈少川.孙从添的图书编目理论浅析[J].晋图学刊,1989(4).

❸ 全根先.中国近代目录学家传略[M].北京:国家图书馆出版社,2011:73.

❹ 杜定友.图书目录学[M].上海:商务印书馆,1925:14.

❺ 全根先.中国近代目录学家传略[M].北京:国家图书馆出版社,2011:276.

规定依然沿用这个条例"❶。显然,规范建立的过程,也是目录学近代化的过程,它满足了著录法则的整齐有度,但也意味着主体人的能动性的日趋消铄。

第三节 中国古代目录的提要

著录重在描述文献的书名、篇卷、作者等信息,因而只是对文献物理形态的度量。古代书目往往还运用提要的体式,进一步反映作者生平、文献内容等诸多方面的信息。

一、提要的源起

古代书目提要起源于刘向的叙录(亦称书录、书序、书叙、叙奏),20卷《别录》就是刘向"各载在本书"的叙录的结集。余嘉锡指出:"叙录之体,源于书叙。刘向作书录,体制略如列传,与司马迁、扬雄自序大抵相同。其先,淮南王安作《离骚传叙》,已用其体矣。"❷《汉书·淮南王传》曰:"初,安入朝,使为《离骚传》,旦受诏,日食时上。"颜师古注曰:"传谓解说之,若《毛诗传》。"显见,淮南王刘安奉诏所"为"的《离骚传》(不是余氏所谓《离骚传叙》),例同《毛诗传》,并非目录解题。《离骚传》,《汉纪》《淮南子叙目》皆引作《离骚赋》。清人王念孙《读书杂志》第九"离骚传"指出:"使为《离骚传》,旦受诏,日食时上。师古曰:'传,谓解说之,发毛诗传。'念孙案:'传'当为'傅','傅'与'赋'古字通。使为《离骚傅》者,使约其大旨而为之赋也。"东汉王逸《楚辞章句序》曰:"孝武帝,恢廓道训,使淮南王安作《离骚经章句》,则大义灿然,后世雄俊,莫不瞻仰,舒肆妙思,缵述其词。"可以肯定,无论是"传""赋"还是"章句",都是汉儒对经典的注释体例,无关于书目。余先生以"淮南王安作《离骚传叙》"比况叙录,似有失考之嫌。除余先生所举"书叙"❸之外,《诗序》《吕氏春秋·序

---

❶ 赵长林,陈小平.刘国钧与中国文献分类编目[J].图书馆理论与实践,1995(1).

❷ 余嘉锡.目录学发微[M].成都:巴蜀书社,1991:34.

❸ 指《尚书·序》和司马迁、扬雄自序(即《史记·太史公自序》和扬雄晚年所作之《自序》,后者班固采之以为《汉书·扬雄传》).

意》《易传·序卦》《淮南子·要略》等,皆可视为刘向叙录的先导。此外,《周礼》六官之前各有"序官"一篇述各官职的属员、级别、人数等,《荀子·王制》有"序官"一节亦序次诸王官,实为各篇之总目提要。因此,《诗序》《书序》《荀子·王制》"序官"、《周礼》"序官"以及《吕氏春秋·序意》《易传·序卦》《淮南子·要略》《史记·自序》等都可视为刘向叙录的先导或同类性质的篇什。

当然,刘向叙录是结合文献校雠的特定语境而产生的成果,其内容主要包括"条其篇目"的"目"和"撮其旨意"的"录"两大部分,因此,与上述《诗》《书》之序等文体皆不尽相同。拿《诗序》来说,《隋志》曰:"孔子删《诗》,别为之序,各陈作者所由。"但根据彭林的认识,"各陈作者所由"更适合于对《书序》的分析。例如,"汤征诸侯,葛伯不祀,汤始征之,作《汤征》""成王在丰,欲宅洛邑,使召公先相宅,作《召诰》",都把重点放在"作者所由"上,既交代作者谁何,更交代创作动机。而《诗序》的情况则相对复杂,主要包括:一是说明《诗》的使用场合,如"《烈文》,成王即政,诸侯助祭也","《昊天有成命》,郊祀天地也";二是以说解《诗》的题义为主,如"《雨无正》,大夫刺幽王也。雨自上下者也。众多如雨,而非所以为政也","《雀巢》,夫人之德也。国君积行累功,以致爵位。夫人起家而居有之,德如鸤鸠,乃可以配焉";三是指出作诗本意,如"《十月之交》,大夫刺幽王也","《小宛》,大夫刺宣王也"。这里,只有第三种情况,属于"各陈作者所由"❶。因此,《诗序》主要以介绍"言诗之外"的背景材料以及"诗外之意"的主旨为目标,基本不涉"诗文之中"的文义。清朱彝尊《经义考》卷99亦云:"若《诗》之作,或歌咏性情,或铺陈政事,或称颂功德,又多比兴之辞。故其所作之由,与其所指之实,多不具于诗文之中,而皆含于言诗之外。苟无小序以识其所由,则后之读者贸贸然,又孰知其为何等之言,而述何人何时之何事哉。"

此外,上述为刘向叙录所参考的《诗》《书》之序一般皆有大小之分,只有小序才与刘向叙录的内容近同。例如,《诗经》的小序是指传自汉初的《毛诗》三百零五篇中每篇的题解,大序则是在首篇周南《关雎》解题之后所作的关乎整部《诗经》的序言。同样,《太史公自序》作为《史记》的最后一篇,是由大序

---

❶ 彭林."诗序"、"诗论"辨[M]//上海大学古代文明研究中心,清华大学思想文化研究所.上博馆藏战国楚竹书研究.上海:世纪出版集团,上海书店,2002:93-99.

和小序两大部分组成的。大序记述家世、学历、仕历、学术观点、编纂旨趣和体例等,可视为司马迁自作之列传。小序是为《史记》130篇所作的逐篇解题,将130条篇目依次条举出来,就构成了《史记》的一书目录。例如,"维昔黄帝,法天则地,四圣遵序,各成法度;唐尧逊位,虞舜不台;厥美帝功,万世载之。作《五帝本纪》第一。维禹之功,九州攸同,光唐虞际,德流苗裔;夏桀淫骄,乃放鸣条。作《夏本纪》第二";"三王不同龟,四夷各异卜,然各以决吉凶。略窥其要,作《龟策列传》第六十八。布衣匹夫之人,不害于政,不妨百姓,取与以时而息财富,智者有采焉。作《货殖列传》第六十九";"凡百三十篇,五十二万六千五百字,为太史公书序。略以拾遗补艺,成一家之言,厥协六经异传,整齐百家杂语,藏之名山,副在京师,俟后世圣人君子。第七十。""太史公曰:余述历黄帝以来至太初而讫,百三十篇"。

总之,《诗经》和《史记·自序》中的小序都是针对其篇章结构而言的,内容主要包括"录"和"目"两部分,如"作《夏本纪》第二"属于"目"的内部,而"维禹之功,九州攸同,光唐虞际,德流苗裔;夏桀淫骄,乃放鸣条"则属于"录"的内容。再就"录"的内容而言,大致包括"人"(作者生平、事迹、生活时代)和"书"(文献形式、内容、价值)两大方面,比况群书目录,它们应属于叙录(提要)的内容。

二、刘向"条其篇目,撮其旨意"的叙录

据《汉志·总序》,西汉成帝河平三年(前26),刘向奉诏典校中秘,"每一书已,向辄条其篇目,撮其指意,录而奏之"。阮孝绪《七录·序》曰:"昔刘向校书,辄为一录,论其指归,辨其讹谬,随竟奏上,皆载在本书。时又别集众录,谓之《别录》,即今之《别录》是也。"《别录》是刘向叙录的结集,见著于欧阳修《新唐书·艺文志》,约亡佚于唐末五代。清人洪颐煊(1765—1837)、严可均、马国翰(1794—1857)、姚振宗、王仁俊(?—1913)、陶濬宣(?—1915)等皆有辑本。澳门大学邓骏捷以姚振宗所辑为底本并参考诸家成果而成《七略别录佚文 七略佚文》❶,颇便当代学者考索。由邓著可获得下述相对完整的篇什:

---

❶ 邓骏捷.七略别录佚文 七略佚文[M].澳门:澳门大学,2007;上海,上海古籍出版社,2008.

刘向的《战国策》《晏子》《孙卿子》《管子》《列子》《韩非子》《邓析子》等书的叙录以及刘秀(即刘歆)的《上山海经表》共八篇。另有《易传淮南道训》《新序》等叙录的残文若干;此外,还有依托显然、不为学界所取信的《关尹子叙录》《子华子叙录》《于陵子叙录》《列仙传序》等。吕思勉(1884—1957)《经子解题》《列子》篇小注曰:"凡古书刘向序,大都伪物,姚姬传惟信《战国策》序为真,予则并此而疑之。"未免疑古过勇。

傅增湘(1872—1949)《藏园群书题跋记·序》曰:"昔者刘向奉诏校书,所作书录,先言篇目之次第,言以中书外书合若干本相雠校,本书多脱误以某为某,然后叙作者之行事以及著书之旨趣。"显然,"书目提要"是今人解读刘向叙录的主要视角。但刘向叙录首先是上行文书,即蔡邕(133—192)《独断》所谓"群臣上书于天子"的行政文书。唯其如此,叙录亦称"叙奏"。今存刘秀《山海经叙录》,诸家辑本皆题为《上〈山海经〉表》,亦可证刘氏叙录的文体诚为上行文书之"表"。叙录固然是书目提要,但上行文书才是叙录更为重要的身份标签❶。

(一)作为"表"的刘向叙录

刘勰(约465—520)《文心雕龙》的《诏策》篇曰:"汉初定仪则,则命有四品:一曰策书,二曰制书,三曰诏书,四曰戒敕。"《章表》篇曰:"汉定礼仪,则有四品:一曰章,二曰奏,三曰表,四曰议。"显见,刘勰承绪蔡邕,认为上行文书和下行文书各有四品,它们都是汉初定仪则的产物。众所周知,叔孙通于汉高祖五年(前202)制定礼乐制度,高祖七年(前200)成为定制。因此,刘向叙录具有《文书雕龙·章表》所谓"章表奏议,经国之枢机"的官府行政文书性质,直接关乎政权运作和意识形态。这使得叙录的内容和指向都具有明确的政治意蕴,超越了傅增湘先生的总结。

例如,《战国策叙录》曰:"周室自文、武始兴,崇道德,隆礼义……下及康、昭之后,虽有衰德,其纲纪尚明。及春秋时,已四五百载矣,然其余业遗烈,流而未灭。五伯之起,尊事周室。五伯之后,时君虽无德,人臣辅其君者……及春秋之后,众贤辅国者既没,而礼义衰矣……仲尼既没之后,田氏取齐,六卿

---

❶ 傅荣贤.作为上行文书的刘向叙录[J].山东图书馆季刊,2011(6).

分晋,道德大废,上下失序。至秦孝公,捐礼让而贵战争,弃仁义而用诈谲,苟以取强而已矣……晚世益甚,万乘之国七,千乘之国五,敌侔争权,盖为战国……然当此之时,秦国最雄,诸侯方弱,苏秦结之,时六国为一,以傧背秦……"可见,刘向叙录的一个重要内容是在对历史经验的揭示中汲取政治权变的智慧。所以,叙录往往不惜笔墨于对历史情境之发展变化的描述,并最终落实为关于"历史"之当下政治价值的追问。因此,叙录中每有"其书比于记传,可以为法","务富国安民,道约言要,可以晓合经义"等点题之语。

清儒皮锡瑞(1850—1908)《经学通论·序》指出:"(汉)君之诏旨,臣之章奏,无不先引经文。"引用经典是汉代官文书的一个重要特色,作为上行文书的叙录,也深被时风,每有对经典的征引。例如,《战国策叙录》引孔子之语凡三见:"能以礼让为国乎,何有""非威不立,非势不行""道之以政,齐之以刑,民免而无耻;道之以德,齐之以礼,有耻且格";《管子叙录》引孔子之语曰:"微管仲,吾其被发左衽矣。"引太史公之语曰:"余读管氏《牧民》《山高》《乘马》《轻重》《九府》,详哉言之也。"又曰:"将顺其美,匡救其恶,故上下能相亲爱。"《山海经叙录》引《易》曰:"言天下之至赜而不可乱也。"

尽管,后世提要为了证以己见,亦往往引文为证。例如,《四库总目·子夏易传》提要云:"旧本题'卜子夏撰'。案:说《易》之家,最古者莫若是书。其伪中生伪,至一至再而未已者,亦莫若是书。《唐会要》载开元七年诏:'《子夏易传》,近无习者,令儒官详定。'刘知几议曰:'《汉志》《易》有十三家而无子夏作传者。至梁阮氏《七录》,始有《子夏易》六卷,或云韩婴作,或云丁宽作。然据《汉书》,《韩易》十二篇,《丁易》八篇,求其符合,事殊瞭刺,必欲行用,深以为疑。'司马贞议亦曰:'案刘向《七略》有《子夏易传》,但此书不行已久,今所存多失真本。荀勖《中经簿》云:《子夏传》四卷,或云丁宽。是先达疑非子夏矣。又《隋书·经籍志》云:《子夏传》残阙,梁六卷,今二卷。知其书错缪多矣。又王俭《七志》引刘向《七略》云:《易传子夏》,韩氏婴也。今题不称韩氏而载薛虞记,其质粗略,旨趣非远,无益后学'云云。是唐以前所谓《子夏传》,已为伪本。晁说之《传易堂记》又称:'今号为《子夏传》者,乃唐张弧之《易》。'是唐时又一伪本并行。故宋《国史志》以《假托子夏易传》与《真子夏易传》两列其目,而《崇文总目》亦称此书篇第,略依王氏,决非卜子夏之文也。朱彝尊《经义考》证以陆德明《经典释文》、李鼎祚《周易集解》、王应麟《困学纪闻》所引,皆今本所无。德明、鼎祚犹曰在张弧以前。应麟乃南宋末人,何以当日所见与今本又异?然则今本又出伪托,不但非子夏书,亦并非张弧书矣。流传既久,姑存以备一家云尔。"

这里,尽管四库馆臣征引繁富,但所引内容及目的都是直接指向文献本身的(具体而言,直接指向对《子夏易传》真伪的论证),而刘氏叙录的征引则指向某文献之资于治用的政教人伦价值。唯其如此,叙录的引文往往以"子云诗曰"的儒家经典为对象,而提要则以历代图书著录文篇和官私藏读叙传等"专业"文献为主。

综上,叙录在条篇目、述校雠、绍作者、评内容的基础上,还指向"政治见解"的外围,从而符合"经国之枢机"的上行文书本质,这是单纯的书目提要所不具备的。

(二)作为"提要"的刘向叙录

和《诗》《书》等小序相比,刘向叙录综观一书,既从"文摘"转为"书摘",更由不涉文义的外围知识向兼及"文中"内容的方向发展。民国时期孙德谦《刘向校雠学纂微》[1]一书专论刘向叙录,孙氏认为其所蕴之"微"概有:备众目、订脱误、删重复、条篇目、定书名、谨编次、析内外、待刊改、分部类、辨异同、通学术、叙源流、究得失、撮旨意、撰序录、述疑似、准经义、征史传、辟旧说、增佚文、考师承、纪图卷、存别义,计23条,可谓详备。班固《汉志·总序》则曰:"每一书已,向辄条其篇目,撮其指意,录而奏之。""条其篇目"和"撮其旨意",实为刘向叙录内容的重中之重。

1. 条其篇目

余嘉锡曰:"篇目之体,条其全书,著其某篇第几。"[2]篇目即一书目录,大致相当于英文contents。例如,《列子书录》曰:"天瑞第一,黄帝第二……杨朱第七一曰达生,说符第八。"《孙卿书录》曰:"劝学篇第一,修身篇第二,不苟篇

---

[1] 孙德谦.刘向校雠学纂微[M].苏州:思益宧刊本,1923.

[2] 余嘉锡.目录学发微[M]. 成都:巴蜀书社,1991:27.

第三,荣辱篇第四……尧问篇第三十,君子篇第三十一,赋篇第三十二。"

余先生又曰:"诸书所引《别录》多零章断句,不足考见全篇体例。今《荀子》书卷末正文之后,有《书录》一篇,首题荀卿新书三十二篇,次即详著篇目,自劝学第一至赋篇三十二,每条自为一行,继以护左都水使者光禄大夫臣向所校雠孙卿书云云。前列篇目,后论旨意,合于班固之说,此真当时奏上之旧式也。《别录》全书,皆当似此。"❶余氏认为,《孙卿书录》"劝学篇第一,修身篇第二"之类,作为"条其篇目"的"目",既列在篇首,且"自为一行",其体式应为:

劝学篇第一

修身篇第二

……

赋篇第三十二

全书篇目列毕,然后是"臣向所校雠孙卿书云云",以见其作为上行文书的本质。其他叙录与此不同者,当是后人错乱语序所致。

2. 撮其指意

即对全书内容、作者和文献整理情况的总体说明,由此形成"目录"之"录",其主要内容包括:

(1)对校雠情况的说明

例如,《战国策叙录》开篇云:"护左都水使者光禄大夫臣向言:所校中《战国策》书,中书余卷,错乱相糅莒;又有国别者八篇,少不足。臣向因国别者,略以时次之,分别不以序者以相补,除复重,得三十三篇。本字多误脱为半字,以'赵'为'肖',以'齐'为'立',如此字者多。中书本号,或曰《国策》,或曰《国事》,或曰《短长》,或曰《事语》,或曰《长书》,或曰《修书》。臣向以为战国时,游士辅所用之国,为之策谋,宜为《战国策》。其事继《春秋》以后,讫楚、汉之起二百四十五年间之事。皆定,以杀青,书可缮写。"这里涉及书籍的文字增删改易与篇帙分合乃至书名的确立,基本都属于具体校雠的内容。

从现存叙录来看,仅《韩非子叙录》完全以记录韩非(约前280—前233)的

---

❶ 余嘉锡.目录学发微[M].成都:巴蜀书社,1991:20-21.

生平为本务,未具体言及校书情况,其他叙录都无一例外地述及以"中书"为底本(今所谓"工作本")而作校雠的具体说明。揆以常例,今传《韩非子叙录》应非其旧。

(2)叙述作者的生平和时代

例如,《晏子叙录》在叙毕篇章分合和文字校勘情况之后指出:"晏子名婴,谥平仲,莱人。莱者,今东莱地也。晏子博闻强记,通于古今,事齐灵公、庄公、景公,以节俭力行,尽忠极谏道齐。国君得以正行,百姓得以附亲。不用则退耕于野,用则必不讳义。不可胁以邪,白刃虽交胸,终不受崔杼之劫。谏齐君,悬而至,顺而刻;及使诸侯,莫能诎其辞。其博通如此,盖次管仲。内能亲亲,外能厚贤,居相国之位,受万钟之禄,故亲戚待其禄而衣食五百余家,处士待而举火者亦甚众。晏子衣苴布之衣,麋鹿之裘,驾敝车疲马,尽以禄给亲戚朋友,齐人以此重之。"这里,既述及晏子生活的时代背景("事齐灵公、庄公、景公"),更泼墨于对晏子生平、行事和人品的介绍,从而从"人"和"世"的角度提示《晏子》一书的可能内容与特点。

(3)对校毕之书的内容分析和评价

仍以《晏子叙录》为例,其云:"其书六篇,皆忠谏其君,文章可观,义理可法,皆合六经之义。又有复重,文辞颇异,不敢遗失,复列以为一篇。又有颇不合经术,似非晏子言,疑后世辨士所为者,故亦不敢失,复以为一篇,凡八篇。其六篇可常置旁御观。谨第录。"刘向指出,校毕完帙的八篇《晏子》可区分为"皆合六经之义"六篇、"又有复重,文辞颇异"一篇以及"疑后世辨士所为者"一篇,并将重点放在对"皆合六经之义"六篇学术价值的分析之上。同样,《孙卿书叙录》在述毕校雠情况和孙卿(即荀子)生平时代之后指出:"观孙卿之书,其陈王道甚易行,疾世莫能用。其言凄怆,甚可痛也。呜呼!使斯人卒终于闾巷,而功业不得见于世。哀哉!可为赍涕。其书比于记传,可以为法。谨第录。"重点强调《孙卿书》"陈王道甚易行""比于记传,可以为法"的政治教化价值。

综上,针对当时的"每一书"往往无篇名书名、不题作者、单篇别行、错讹甚夥等所谓"古书通例",刘向既从广罗异本、相互校补,校勘文字篇目,条别篇章、定著目次等工作起步,期以从物理形态的角度确立文献的准确性;又通过撰写"撮其旨意"的叙录,从内容信息的角度确立文献的"准确"内涵和识读视角,从而奠定了中国古代提要的方法论基础。值得强调的是,刘向对校毕之书及其作者的评价,具有明确的主观性,并期待通过他的主观评价对读者施以影响。如上引《晏子叙录》对晏子的评价即重在德行、志业,并希望读者也能以晏子为楷模,从而淑身立品,提升个人的道德境界。相应地,他对校毕之书的评价也主要着眼于价值论内涵而不是知识论内涵,如评论《申子》"申子学号曰刑名。刑名者,循名以责实。其尊君卑臣,崇上抑下,合于六经也";评论《列子》"其学本于黄帝、老子,号曰道家。道家者,秉要执本,清虚无为,及其治身接物,务崇不竞,合于六经",皆以儒家六经为根据评骘图书,并希望他个人的认识前见能够被读者所认知与接受。

后世目录提要虽体式不一,但多聚焦于作者和文献两个方面,并超越事实和知识的层次,努力揭示文献的人伦内涵价值,忠实地持守了刘向叙录的撰写思想。

三、刘向以后古代目录提要体式的历史演变

"依刘向故事"的我国古代目录提要堪称代有发展,主要包括以下几种类型。

(一)小注

小注亦称附注、注释、子注,是对提要的精简和提炼,故亦称为注释体解题。小注一般多就一书之作者或书籍内容的某个方面,作蜻蜓点水式的提示,多则十余言,少则一二字皆告藏事。

班固《艺文志》作为《汉书》的"一篇",不能像其蓝本《七略》那样恣意泼墨,因而采取了摘录叙录数字至十数字的形式,以小字号附丽于著录款目之下。《汉志》中,大字都是《七略》原文,而小注则是班固节录刘氏叙录而来,并以小号字体出具。诚如张舜徽指出:"凡正文下旁注小字不称姓字者,皆班氏自为之辞。"❶例如,"《易传周氏》二篇。字王孙也",其中的"字王孙也"就是小

---

❶ 张舜徽.汉书艺文志通释[M].武汉:华中师范大学出版社,2004:179.

注。徐昕认为,《汉志》中类似"字王孙也"这样的小注共有225条,从注撰人、注异名、注时代、注内容、注篇章、注真伪、注存佚、注附录等八个不同角度报导信息❶。例如,在《汉志·易》著录的"凡《易》十三家,二百九十四篇"中,类似"《杨氏》二篇。名何,字叔元,菑川人"、"《蔡公》二篇。卫人,事周王孙"都是补充作者信息的;"《古五子》十八篇。自甲子至壬子,说《易》阴阳"是补充文献内容信息的;"《淮南道训》二篇。淮南王安聘明《易》者九人,号九师说"既补充说明作者也交代书名异称。姚名达认为《汉志》小注,其内容有七:介绍撰人、解释书之内容、说明书之来历、记载篇目之多寡、断定书之存佚、补注书之撰人、判定书之时代及真伪❷,所论多与徐昕吻合,唯"说明书之来历"(如"出孔子壁中")可补徐说之阙。

　　显然,小注虽所涉内容广泛,但笔墨省简,措辞谨严,符合史书的体例。所以,作为史志目录蓝本的书目有不少是有提要的,但史志目录作为正史的"一卷"或"一部分",如保留提要则不免"眉阔半额",与整部史书的篇幅颇不协调。因此,史志目录一般都选择小注之体以揭示文献的一些重要信息,有小注也成为史志目录的一个基本特点。历史上,《隋志》小注继承《汉志》而又有所发展,主要是增加版本项中的同书异本情况的说明,内容涉及图书的亡佚、残缺等方面。《隋志》以后的史志目录,如新旧《唐志》、《明志》等,皆有根据自身书目特点而设置的简明得体的小注。如《旧唐志》小注仅记撰人姓名,对著作时代、图书内容与性质多不置一词。《新唐志》在作品内容项中增加了成书背景和编撰过程方面的内容;《宋志》则增加了对作品不确定性的判断❸。

　　历代补史志目录,亦多有小注。例如,顾櫰三(1785—?)《补后汉书艺文志》间用小注对文献进行注解或考证。如,贾逵(174—228)《春秋左氏传训解诂》三十卷,注曰:"《左氏》三十篇,《国语》二十一篇。"服虔(约生活于二世纪左右)《春秋左氏膏肓释痾》,注曰:"汉家郡守行大夫礼,鼎俎籩豆工歌县。《注补后汉书》引《左氏膏肓释痾》。"

　　宋代的《崇文总目》"每类有序,每书有释,盖祖向、歆之成规",说明其

❶ 徐昕.论《汉书·艺文志》附注的价值[J].古籍整理研究学刊,1994(4).

❷ 姚名达.中国目录学史[M].上海:上海书店,1984:162.

❸ 张金凤.正史艺文志注释刍议[J].山东图书馆季刊,2004(3).

"释"虽已简略为小注,但在揭示作者生平、说明图书存亡残缺方面,仍以刘向叙录为"成规"。南宋郑樵提倡"泛释无义",其《通志·艺文略·灾祥略序》曰:"古之编书,但标类而已,未尝注解其著注人之姓名耳……今《崇文总目》出新意,每书之下必著说焉。据标类自见,何更为之说?且为之说也,正自繁矣,何用一一说焉?"郑氏《通志·校雠略》又曰:"于疑晦者则释之,无疑晦者则以类举。"只有在分类以及过于简单的著录存在"疑晦"时,才需要简明的注释。这一认识对明代书目影响很大。明代目录多摒弃提要和序言,但多有小注以补著录之不逮。例如,张萱等人奉诏编撰《内阁藏书目录》,附以小注交代著者姓名、官职、全阙、复本。徐图等所撰《行人司重刻书目》二卷(《续书目》一卷)以小注之体补充说明书名、册数、套数。晁瑮(1507—1560)所编《宝文堂书目》的小注详于版本,涉及版本类型、出版地、出版时代、出版机构、纸张品类等内容。

　　清代书目的小注继有发展。我们知道,清代私人藏书多重视对图书内容或文本形式的"甄择",他们的藏书目的、动机和取向不尽相同,但异中有同的是,都致力于从"奇""旧"的角度集藏文献,基本不是以张金吾《爱日精庐藏书志序》所谓"至于今辇数千金至市,可立致万卷"的普通印刷本为对象。因此,清代私家目录小注的一个突出特点是较为重视版本、藏抄之人、序跋等情况的说明。例如,陆漻(约1657—1727)所撰《佳趣堂书目》是陆氏家藏书目,小注内容包括入藏时间、旧藏及校跋之人、人所赠予或赠人者,偶及购书价格。朱彝尊《全唐诗未备书目》著录书名、卷数、著者,间有小注,注明著录之别名、时代、官爵、学衔、爵里,偶注书中作序之人,如"崔元翰集三十卷权德舆序"。鲍廷博(1728—1824)《知不足斋宋元文集书目》每书以大字著录书名、诗文、抄刻,小字注明作者时代、职衔、姓名、籍贯、卷数,间记原藏抄者。朱彝尊《潜采堂宋元人集目》著录书名、卷数、作者及版本情况,小注多交代序言作者及时代,无序亦注明"无序"。耿文光(1830—?)《万卷精华楼藏书记》著录书名、卷数,再以小注之体出具撰人、版本,一书多版本者皆一一注明,间录行款。

　　小注虽是提要的节略,但具有不可忽视的学术价值。主要包括:考作者行事;考学术渊源;考图书内容;辨文献真伪;据以辑佚文献;考订篇卷;考书籍之载体,等等。例如,清人姚振宗所辑《七略佚文》一卷,即多采自《汉志》小注。又如,《汉志》六艺略小学类著录《凡将》一篇,小注云:"司马相如作。"宋王应麟《汉艺文志考证》曰:"《文选·蜀都赋》注引司马相如《凡将》篇曰:'黄润纤美宜制禅。'《艺文类聚》引《凡将》篇曰:'钟磬竽笙筑坎侯。'《唐志》犹有此书,《说文》引相如说。"清人马国翰即据小注及前人研究所提供的线索而辑得《凡将篇》一卷,共十五条❶。此外,有些目录在一种图书或一类图书之后往往附以片言只语,内容涉及读书门径和图书用途等。例如,张之洞《书目答问·正史类》补注"表谱考证之属"附注曰:"此类各书为读正史之资粮。"在李兆洛(1769—1841)《纪元编》下,注曰:"此书最便。"这些附注虽过于简略,但仍不失参考价值。

(二)"但于书名之下每立一传"的传录体

据《隋志序》,刘宋时期王俭的《七志》"不述作者之意,但于书名之下,每立一传",形成了"传录体"类型的提要。揆其文意,传录体提要重"人"甚于重"书",只聚焦于作者的生平传记,而不及书的内容、目的和旨趣。李善(630—689)注《文选》卷二十九《枣道彦杂诗》引《七志》佚文曰:"枣据,字道彦。颍川人,弱冠,辟大将军府。迁尚书郎,太尉贾充为伐吴都督,请为从事中郎,迁中庶子,卒。"由此可见"传录体"体制之一斑。但正如本书第三章第二节所述,《七志》所录并非现实藏书,多非王氏亲见,自然也就很难对每一书的内容予以介绍,这或许是王俭创格"每立一传"的传录体而不及图书内容的主要原因。

(三)"铨品译才"的译才体

梁释僧祐(445—518)《出三藏记集》认为,东晋道安(312—385)所撰《综理众经目录》"爰自安公,始述名录。铨品译才,标列岁月。妙典可征,实赖斯人"。说明道安目录在著录上以文献年代为次,在提要上注重译经质量高低,由此形成了"铨品译才"的译才体提要。姚名达亦云:"安《录》区区一卷,其注意点惟在'铨品译才,标列岁月'。"❷也就是说,道安是把提要的重点放在译经

---

❶ 钟伟.《汉书·艺文志》小注试析[J].图书馆工作与研究,2005(5).

❷ 姚名达.中国目录学史[M].上海:上海书店,1984: 233.

质量的评骘上的,由此也突显了从佛教原典到读者实际所获文本的"传递"过程中译者(所谓"传法之人")的中介地位。

正如《出三藏记集·序》指出:"原夫经出西域,运流东方。提挈万里,翻传胡汉,国音各殊,故文有同异;前后重来,故题有新旧。而后之学者鲜克研核,遂乃书写继踵,而不知经出之岁;诵说比肩,而莫测传法之人,授受之道亦已阙矣。夫一时圣集,犹五事证经。况千载交译,宁可昧其人世哉?昔安法师以鸿才渊鉴,爰撰经录,订正闻见,炳然区分。自兹以来,妙典间出,皆是大乘宝海,时竞讲习。而年代人名,莫有铨贯。岁月逾迈,本源将没。后生疑惑,奚所取明?"从《出三藏记集》卷五引释道安《综理众经目录》所谓"经至晋土,其年未远,而喜事者以沙标金,斌斌如也,而无括正,何以别真伪乎"等内容来看,"铨品译才"的道安目录提要的重要内容之一是辨别真伪,这与该目的分类著录也是一致的。据《出三藏记集》可知,道安目录专设"疑经录"一类,著录被译佛经之伪者计26部30卷,"列意谓非佛经者如左,以示将来学士,共知鄙信焉"。所以,梁启超认可其"严真伪之辨,精神最为忠实"[1]。

(四)"总经序"的辑录体

梁释僧祐《出三藏记集》曰:"一撰缘记,二铨名录,三总经序,四述列传。缘记撰则原始之本克昭,名录铨则年代之目不坠。经序总,则胜集之时足征;列传述,则伊人之风可见。并钻析内经,研镜外籍,参以前识,验以旧闻。若人代有据,则表为司南,声传未详,则文归盖阙。秉牍凝翰,志存信史。三复九思,事取实录。有证者既标,则无源者自显。"显见,《出三藏记集》按文献年代著录,每书皆有提要,内容主要包括:旨在"原始之本克昭"的撰缘记、旨在"胜集之时足征"的总经序和旨在"伊人之风可见"的述列传三个方面。这里,撰缘记和述列传分别从文献的撰作缘起和作者的生平事迹入手,无疑是对《诗》《书》之序和刘向叙录的直接继承。但其"总经序"的体例,广泛收集各书序跋,成为我国辑录体提要的前驱。该目计十五卷,其中"总经序"凡七卷,收录各经之序跋一百二十篇,为各"经"保存了大量的第一手资料。

宋人高似孙(1158—1231)《史略》六卷,参考此前综合性目录的史部著录

---

❶ 梁启超.佛家经录在中国目录学之位置[J].图书馆学季刊,1925:创刊号.

而有所创新,力求符合历史学科和历史文献的发展现状。《史略》卷一卷二著录从《史记》到薛居正(912—981)《旧五代史》、欧阳修《新五代史》的正史,每书后各附有关史注、杂传、史考、史音、别史等文献。卷三著录历代官府纂修的史书和政书,如实录、起居注、时政记、会要等。卷四著录史典、史表、史略、史抄、史评、史赞、史草、史例、史目、通史、通鉴等,多为高氏独创。卷五为霸史、杂史。卷六为古代历史书籍,如《山海经》《世本》《水经》《竹书》等。该目录也采用了辑录之体,如在《史记》下,他广泛征引从《汉志》以降20余家关于《史记》的评论和考证文献,并略加评述,颇得辑录体之要。

宋末元初马端临(1254—1323)《文献通考·经籍考》曰:"今所录:先以四代史志列其目。其存于近世而可考者,则采诸家书目所评,并旁搜文传、文集、杂说、诗话。凡议论所及,可以纪其著作之本末,考其流传之真伪,订其文理之纯驳者,则具载焉。"可见,《经籍考》以广泛收集见著文献的相关史料而构成特色。其资料来源除书目之外,还包括史传、文集、杂说、诗话等。同时,马端临在"辑录"他人材料的基础上,每加案语,既折中前人又出以己见,完善了辑录体的内容,其《文献通考·经籍考》也成为中国古代目录学史上辑录体提要的当然代表。嗣后,清人朱彝尊《经义考》、谢启昆(1737—1802)《小学考》等,都自觉地采用了这一方法而又有所发展。

历代补史志为了交代所"补"依据,并介绍作者、图书,亦多利用辑录之体以罗举史料。如,徐炯(约1661—1731)《五代史记补考·艺文考》"采用辑录体,从书目、政书、类书、史书、随笔、金石文字、人物传记、墓志等辑录大量资料……辑录体为乾嘉后补志所习用,清初补志采用辑录体,以此书为创例"❶。

辑录体亦广泛为地方文献目录所采用。例如,乔履信[雍正八年(1730)进士]的《陕西经籍志》即采用辑录体。陈敬璋(1764—1813)《海宁渤海陈氏著录》,"作者衔、名及书名卷数均用大字,其余则为双行小字。著录体例则仿《经义考》,作者之后辑史传、墓志和地理志中有关生平资料;书名之后注明'存、阙、佚、未见',刊本抄本,录各书序跋,诸家评论,间附原编者按语"❷。甚

---

❶ 来新夏.清代目录提要[M].济南:齐鲁书社,1997:47-48.

❷ 来新夏.清代目录提要[M].济南:齐鲁书社,1997:50.

至光绪十四年(1888)南海孔广陶(1832—1890)校注本《北堂书钞》❶亦多师意马端临,追迹《经籍考》,辑录自《隋志》至清人瞿镛(1794—1846)《铁琴铜剑楼藏书目录》公私书目的提要凡二十七条,形成了辑录体"叙录"。

另外,有些补史志,重在辑各书佚文,亦与辑录之体相仿佛。如梁启超《中国图书大辞典》评价章宗源(1752—1800)《隋书经籍志考证》曰:"其所最注重者,在辑各书佚文,故仅史部,而卷数已多至十三也。各书著者略历及著述渊源,卷数存佚等,参证亦颇详。原志不著录之书,引据他书以补目者不少。实研究中古史学之一良著也。"

综上,辑录体提要广泛辑录与某书相关的资料,包括作者、刊刻者的序跋,藏书者、读书者的题识,原书重要文字的摘录等,其特点是直接向读者提供某文献较全面的目录学原始资料。辑录之体,正如马端临在《文献通考·序》中自诩的那样,"俾览之者如入群玉之府而阅木天之藏,不特有其书者,稍加研究,即可以洞究旨趣;虽无其书者,味滋品题,亦可粗窥端倪,盖殚见洽闻之一焉",由此可见辑录体提要的学术价值。

(五)"知人论世"而又兼及图书内容的提要体

提要一词,语出韩愈(768—824)《昌黎集》十二《进学解》:"记事者必提其要,纂言者必钩其玄。"意为摘其要领。至清修《四库全书总目提要》,"提要"之名奠定了作为古代目录学中包括叙录、传录、辑录等各种类型提要之泛称的地位。因此,诚如本书第二章第二节所云,"提要"在本书中有广狭二义。广义的提要包括叙录、传录、辑录等在内;而狭义的提要则是与叙录、传录、辑录等有别的关于"每一书"的补充说明。

狭义的提要起源于宋王尧臣(1003—1058)、欧阳修等所撰官修目录《崇文总目》。该目已佚,清钱大昭(1744—1813)之子钱东垣有《辑释》五卷、《补遗》一卷,从中可见《崇文总目》提要的内容大致包括:一是"知人论世"的作者生平事迹介绍,二是对图书内容、流传存佚、图书价值等方面的说明。受《崇文总目》影响,南宋晁公武《郡斋读书志》、陈振孙《直斋书录解题》皆撰有提要。两者虽分别以"读书志"和"解题"名书,但重在说明文献的作者、卷次及

---

❶ 虞世南.北堂书钞[M].孔广陶,校注.北京:学苑出版社,1998.

内容,并分析得失,实即提要之体。如《老子注》二卷,陈氏解题云:"魏王弼撰。魏晋之世,元学盛行,弼之谈元,冠于流辈,故其注《易》,亦多元义。晁说之以道曰:'弼本深于《老子》,而《易》则末也。其于《易》,多假诸《老子》之旨,而《老子》无资于《易》,其有余不足之迹可见矣。'世所行《老子》,分《道德经》上下卷。此本《道德经》且无章目,当是古本。"这篇简短的解题,重点简介了作者王弼生当玄学(即所谓"元学"。因避康熙玄晔之讳,而改"玄"为"元")盛行的魏晋之际,从而也点明《老子注》的玄学注解取向。然后交代王弼对《易经》《老子》的学问高低及其以老注易的学术特点,最后说明该书与通行本《老子》的版本异同。

晁公武《郡斋读书志·别集类》《蔡邕集》提要曰:"凡文集,其人正史有传者,止掇论文学之辞,及略载乡里,所终爵位,或死非其理亦附见。余历官与其善恶率不录。若史逸其行事者,则杂取他书详载焉,庶后有考。"这里,晁氏虽就"凡文集"而言,但也点出了整个《郡斋读书志》提要体的本质:重点考证、保存作家生平行事资料。若正史有传,则"止掇论""及略载",说明提要并不以罗致史料为己任,而是以挖掘史料为职志,而这既是与辑录的重要区别,也是提要的主要价值所在。

提要发展到清《四库总目》而臻于完善,堪称"其法大备"。《总目》为3401种"存书"和6793种"存目"都撰写了提要。《四库总目·凡例》第九则指出其编撰原则与方法是:"先列作者之爵里,以论世知人,次考本书之得失,权众说之异同,以及文字增删,篇帙分合。"内容既涉及作者的考订,从而知人论世;也涉及小到"文字增删,篇帙分合"的文本诠次,大到"本书之得失"的定夺。总体上,《四库提要》"权众说之异同",既有辑录前说的史料罗致,又有出以己见的观点折中,取得了很高的学术成就。例如,《四库总目·旧五代史》提要曰:"是书虽文不及欧阳,而事迹较备。"《宋史》提要曰:"自柯维骐以下,屡有改修,然年代绵邈,旧籍散亡,仍以是书为稿本,小小补苴,亦终无以相胜。故考两宋之事,终以原书为据,迄今竟不可废焉。"应该说,这些评价主要体现在客观的、知识论的层次。但古代提要对图书的评价,更多地涉及政治社会和人伦诸方面的内涵。

历史上，曹丕（187－226）《典论》的写作动机是追迹徐干（170—217）所著《中论》以求不朽。所谓"观古今文人，类不护细行，鲜能以名节自立。而伟长（徐干字）独怀文抱质，恬淡寡欲，有箕山之志，可谓彬彬君子矣。著《中论》二十余篇，成一家之业，辞文典雅，足传于后，此子为不朽矣。"曹丕统观"人""文"，追求道德、文章的双重精进，对包括《四库总目》在内的提要影响很大。例如，《四库总目》的《秋声集》提要曰："宋卫宗武撰。宗武字淇父，自号九山，华亭人。淳祐间历官尚书郎，出知常州。罢归闲居三十余载，以诗文自娱。据至元甲午张之翰所作《集序》，称九山墓宿草已六白，则宗武实卒于至元二十六年己丑，在宋亡后十年。故焦竑《国史经籍志》载《秋声集》八卷，列入元人。然宗武实未仕元，仍当从陶潜书晋例也。《集》久失传，今从《永乐大典》中采辑编次，得诗词四卷，序记、志铭一卷，杂著一卷，以略存其概。华亭卫氏，自礼部侍郎肤敏后，资政殿学士泾、直宝谟阁湜，兄弟相继，以学术著。宗武世系虽无考，而张之翰《序》称为乔木世臣后，则当为泾、湜之裔。文采风流，不失故家遗范，有自来矣。其诗文根柢差薄，骨格亦未坚致。盖末造风会之所趋，其事与国运相随，非作者所能自主。至于《咏荀彧》一诗，称其徒抱忠贞，遗恨千古，其学识亦有所未逮。然核其全集，大都气韵冲澹，有萧然自得之趣。盖胸襟既别，神致自殊，品究在《江湖》诸集上。且眷怀故国，匿迹穷居，其志节深有足取，而《宋遗民录》诸书乃竟脱漏其姓名。录存是《集》，以发潜德之光，亦足见圣朝表章幽隐，砥砺风教之义也。"

这里，馆臣首先考证卫宗武（？—1289）爵里、生平及其卒于"宋亡后十年"，所以，焦竑《国史经籍志》将其列为元人。但这番考证的主要目的在于指出"宗武实未仕元，仍当从陶潜书晋例也"，即应定其为宋人。其次，指出"《集》久失传"，馆臣从《永乐大典》中采辑编次而得是书。再次，考卫宗武家世，重点强调宗武"文采风流，不失故家遗范，有自来矣"；复次，评论其诗文根柢与学识有所差薄与不逮，"然核其全《集》，大都气韵冲澹，有萧然自得之趣"。最后，从"文如其人"的角度，指出"胸襟既别，神致自殊"，尤其入元不仕之志节"深有足取"，而馆臣录存是《集》的目的正在于"发潜德之光，亦足见圣朝表章幽隐，砥砺风教之义"。总体上，《秋声集》提要的撰写是有代表性的。

一方面,重视对人、书之"事实"的考订;另一方面,又将考订的结果落实为对人、书的品评。考订为品评服务,品评决定考订的对象范围和层次,两者之间存在明确的因果关联。提要对其卒年、家世诸方面的考订,都有的放矢,旨在突出卫宗武的人品志节。

又如,《四库总目·荀子》提要曰:"况之著书,主于明周孔之教,崇礼而劝学。其中最为口实者,莫过于《非十二子》及《性恶》两篇。王应麟《困学纪闻》据《韩诗外传》所引,卿但非十子,而无子思、孟子,以今本为其徒李斯等所增。不知子思、孟子后来论定为圣贤耳。其在当时,固亦卿之曹偶,是犹朱、陆之相非,不足诧也。至其以性为恶,以善为伪,诚未免于理未融。然卿恐人恃性善之说,任自然而废学,因言性不可恃,当勉力于先王之教。故其言曰:'凡性者,天之所就也,不可学,不可事。礼义者,圣人之所生也,人之所学而能,所事而成者也。'不可学、不可事而在人者谓之性,可学而能、可事而成之在人者谓之伪,是性伪之分也。其辨白伪字甚明。杨倞注亦曰:'伪,为也。凡非天性而人作为之者,皆谓之伪。'故伪字人旁加为,亦会意字也。其说亦合卿本意。后人昧于训诂,误以为真伪之伪,遂哗然掊击,谓卿蔑视礼义,如老、庄之所言。是非惟未睹其全书,即《性恶》一篇自篇首二句以外,亦未竟读矣。平心而论,卿之学源出孔门,在诸子之中最为近正,是其所长;主持太甚,词义或至于过当,是其所短。韩愈'大醇小疵'之说,要为定论。余皆好恶之词也。杨倞所注亦颇详洽。"

这里,馆臣首先定位"况之著书,主于明周孔之教,崇礼而劝学",不失儒学正道。然后重点分析荀子《非十二子》及《性恶》两篇"最为口实者",前者"非"及子思、孟子,故王应麟出于卫道的目的,引《韩诗外传》以为其所"非"者,实不及子思、孟子。馆臣亦有卫道宗趣,但认为当时思孟未被论定为圣贤,荀子之"非",类同朱陆之互竞,持论较王应麟平实可信;后者重点分析性恶论,认为荀子以性为恶、以善为伪,旨在化性起伪,就学圣道。最后,用长短二分的话语指出:"卿之学源出孔门,在诸子之中最为近正,是其所长;主持太甚,词义或至于过当,是其所短。"显见,该提要由人及书、因书及人,从人与书二者相统一的高度品评得失,以主体干预的方式对人与书的品格和内容予以规范,从而影响文献和作者的"客观"存在,并影响到读者对文献的接受和对作者的理解。而最终目标则是要在对书与人的醇疵判分中,唤起读者为学、学人的"正确"路向。

"提要"是中国古代书目广义提要中最为完备的体式,自《崇文总目》发凡起例,至《四库总目》堪称集其大成,并成为我国广义提要的主流类型。缪荃孙《丁氏善本书室藏书志序》曰:"考撰人之仕履,释作书之宗旨,显征正史,僻采稗官,扬其所长,纠其不逮,《四库提要》实集古今之大成。"余嘉锡《四库提要辨证》曰:"就其大体而言,可谓自刘向《别录》以来,才有此书也。"缪、余二先生对《四库提要》之称许可见一斑。因此,《四库提要》也成为后世书目自觉效法的楷式。例如,周中孚(1768—1831)《郑堂读书记》既仿《四库总目》分类,亦承绪《四库总目》提要之体,内容包括作者(名号、爵里等)、内容及其得失。当然,正如鲁迅在为许世瑛开列导读书目时所指出,该书"其实是现有的较好的书籍之批评,但须注意其批评是'钦定的'"。除"钦定"的政治和思想偏见之外,因其部头浩大,且出于众手,亦难免错讹频仍。陈垣、钱穆、黄云眉(1898—1977)、夏承焘(1900—1986)、王重民、李裕民(1940—)、崔富章(1941—)等学者皆递有订正。其中,余嘉锡《四库提要辨证》❶对《总目提要》中的讹误与遗失作辨证与考订,胡玉缙(1859—1940)撰、王欣夫辑《四库全书总目提要补正》❷对《总目提要》及《四库未收书目提要》也有不少匡谬补缺,学术价值很高。

此外,《郡斋读书志》的提要即已偶涉版本,反映了印刷术兴盛之后版本情况趋于复杂的现实,成为尤袤《遂初堂书目》等版本目录的先响。清人顾广圻(1766—1835)在《顾千里集》卷十二《石砚斋书目序》中指出:"由宋以降,板刻众矣。同是一书,用校异本,无弗夐若径庭者。每见藏书家目录'经某书''史某书'云云,而某书之何本,漫而不可别识。然则某书果为某书与否,且或有所未确,又乌从论其精觕美恶耶。今先生此目,创为一格,各以入录之本,详注于下,既使读者于开卷间,目了心通,而据以考信,遂不啻烛照数计。于是知先生深知录略,得其变通,随事立例,惟精惟当也。特拈出之书于后,为

---

❶ 余嘉锡.四库提要辨证[M].北京:科学出版社,1958.

❷ 胡玉缙.四库全书总目提要补正[M].王欣夫,辑.北京:中华书局,1962.

将来撰目录之模范也。"顾广圻重点指出尤衰《遂初堂书目》提要的版本学价值。于敏中(？—1779)主笔的清代官修目录《天禄琳琅书目》是清廷特藏珍本书目,也是我国首部国家编撰的版本目录。该目著录书名、函、册,每书各撰提要,内容主要包括书籍评介和收藏鉴赏两大部分。"前者包括作者时代姓名、书籍卷数、撰写主旨、刊刻时间及版本源流。后者包括旧藏家姓名、爵里、科第、流传端绪、题跋和印章。若此书曾经乾隆皇帝阅览并有其题识印章,则录于鉴赏之首……所录善本,于刊印流传之时地,鉴赏采择之源流,并收藏家生平事略,图记真伪,研讨弗遗,后来撰善本书目者,莫不谨守其法"❶。

(六)清代私家目录提要类型的多样化

杜定友指出:"(《四库提要》)用以述明该书之内容以供学者之选择,所谓提要学是也。亦有考其传统得失以供书史学者之探讨,所谓题跋学是也。亦有专言版本之雕刊而勘其正误者,所谓版本学、校雠学是也。亦有专事评述者,所谓书评学是也。"❷我们认为,《四库提要》重视作者生平和图书内容,而《天禄琳琅书目》兼及版本等信息,这两部官修目录,对清代私修目录提要的撰写起到了典范的作用。与此同时,清代私人藏书既"从学术的角度,对某一(某类)文献'异本'有所偏爱",又"从文本的角度对旧版奇书情有独钟"❸,因此,清代私修目录的提要基本是沿着既承绪《四库总目》之提要,又突出重视版本、校勘和庋藏乃至鉴赏的方向发展的,其形态和特点概有下述四点。

1. 从内容上重视版本、校勘、庋藏和鉴赏到形式上将提要和辑录合为一体

孙从添《上善堂书目》(一题《上善堂宋元板精钞旧钞书目》)的提要内容包括书籍来源,名家所藏、所抄、所校以及所作序跋、印鉴,批校者和题识者,间记残损、行款。周广业(1730—1798)《四部寓眼录》的提要既交代作者生平、图书内容、著述缘起、编写体例,也重视版本及其流传。孙星衍

❶ 来新夏.清代目录提要[M].济南:齐鲁书社,1997:289—290.

❷ 刘毅.杜定友目录学思想探微[J].图书馆,1988(5).

❸ 傅荣贤.中国古代图书馆学思想史[M].合肥:黄山书社,2016:370.

《平津馆鉴藏书籍记》中的提要涉及刊刻年代、行款、版式、前序后跋、收藏印记乃至藏书史话，虽偶涉图书内容，但不是重点。瞿镛《铁琴铜剑楼藏书目录》注重校勘，往往附有校勘记，内容包括介绍作者、篇目、序跋、撰人、行款及藏章。

　　显然，上述私修目录提要虽涉图书内容，可见《四库提要》之迹，但重点已经放在图书版本（行款、版式等）、校勘、庋藏和流传（抄、藏、印鉴、题识）等内容之上。而以钱曾《读书敏求记》为代表的提要，则"开了藏书鉴赏的风气，后来颇为盛行"❶。该目是钱曾所藏宋元精椠和旧钞的善本书目，"每书之下标明次第完阙，古今异同，并加以详细考订，兼及作者、作品之评论……《敏求记》传世之后，在图书版本鉴定方法上找出一定的规律，提出从版刻、字体、纸张、墨色等不同特征以考定图书雕版刷印的年代；从初印、重印、原版、翻刻等方面去评定图书的版本优劣。从而开阔了目录学的研究领域，为古籍版本学的发展奠定了初步基础。此外，作者对《敏求记》所著录图书的评介和考证，都引用了较丰富的资料，受到研究者的重视。因此在清代康、雍之后，受《敏求记》之影响，产生了众多的善本书目录和题跋记等著作。"❷

　　这类提要多融目录、版本、校勘、典藏、流传于一体，因而具有广义文献学的性质。又由于版本、校藏等内容多在图书的序跋中体现，因此，清代不少私家书目采用了提要与辑录相结合的形式。例如，吴寿旸（约1763—1833）《拜经楼藏书题跋记》汇录乃父吴骞（1733—1813）藏书跋语，并附以自撰之解题，重在说明版式行款、抄写年代、名家识语、藏书记等，多与图书内容无涉。张金吾《爱日精庐藏书志》"凡一书必先列某某刻本，兼载各家序跋，仿马端临《经籍考》和朱彝尊《经义考》的前例，在私家书目中尚属创见。再就原书加以考证、校雠，然后会集所得，各为解题。各书标目，悉依原本。所增的时代及撰著等字，以阴文为别，也颇清晰。其体例最善，后来藏书志多仿效它。"❸耿文光《万卷精华楼藏书记》既有小注，亦有解题，内容多述作者生平行事，兼及成书过程。同时，还辑录原书序跋，内容包括："'采本书要语'，使人展读得见

❶ 王欣夫.文献学讲义[M].上海:上海古籍出版社,1986:116.
❷ 钱曾.读书敏求记[M].丁瑜,点校.北京:书目文献出版社,1984:前言.
❸ 来新夏.清代目录提要[M].济南:齐鲁书社,1997:117.

其书精蕴。'集诸家论说',即录当世或后人评论。间有耿氏案语,或明书之杂纯,或辨板之精粗,或疏通其繆輵,或考证其讹谬。"❶

2. 出现了题跋记型的提要

《碑传集补·张月霄传》语及"叙跋"的价值时指出:"详载镂版时代、校藏姓氏,备录叙跋以著一书之原委,俾览者得失了如乃书。"因"叙跋"关涉"镂版时代""校藏姓氏""一书之原委",随着清代私藏酷爱宋元旧版蔚为风气,不少私家目录不再究心于作者生平和图书内容,由此导致"题跋体"提要的体系自成。

题跋记可视为辑录体的进一步发展,清代学者王士禛(1634—1711)《渔洋题跋》、吴骞《拜经楼藏书题跋记》、黄丕烈(1763—1825)《士礼居藏书题跋记》《荛圃藏书题识》和《百宋一廛赋注》、顾广圻《思适斋书跋》等等,皆径以"题跋"为名,是典型的题跋记型提要。尤其黄丕烈的题跋记,重视校勘异同,鉴定版本源流、优劣,宋元旧椠的艺术特色乃至图书流传端绪及书林掌故,基本不涉对图书内容的考评,为学界所称道。王欣夫即指出:"(黄丕烈)每得一书,必详细地校勘,往往附以题识,由于见闻之广,论断之精,名言法语,可采的很多,所以,后来谈藏书的都推他为一大宗。"❷

杨复吉(约1730—1805)《昭代丛书五编题跋》辑录杨氏所编《昭代丛书新编》《续编》《广编》《埤编》《别编》中各书跋文而成编。近人王欣夫《思适斋书跋》以及祖诒辑、邹百耐增补《思适斋集外书跋辑存》则都是对顾广圻校书题跋的辑录。《竹汀先生日记抄》是何元锡(1766—1829)汇集乃师钱大昕(号竹汀,1728—1804)对所见古籍书序跋情况和版本记录而成帙,如"读汪宽敏《春秋胡氏传纂疏》,前有至正元年虞集序,至元三四年汪泽民序,至正八年门人吴国英序,凡三篇。次凡例,后题至正六年新安汪宽敏谨书于富川任氏书塾,次先儒格言,次引用诸儒姓氏书目,次胡氏春秋传序及论名讳劄子及进表,次胡氏春秋总论,每页二十二行,每行二十一字"❸。瞿中溶(1769—182)《古泉山馆藏书题跋》重版本及收藏情况,如翻宋本《毛诗》题跋曰:"大板,每叶十三

❶ 来新夏.清代目录提要[M].济南:齐鲁书社,1997:193.

❷ 王欣夫.文献学讲义[M].上海:上海古籍出版社,1986:117.

❸ 来新夏.清代目录提要[M].济南:齐鲁书社,1997:124.

行,行十七字,板匡左外上有耳格,如题《关雎》之类。折口板心中题诗几,下记页号。每卷末皆有亚形长木记,中题'相台岳氏刻梓荆溪家塾'二行篆文,可知为岳氏家刻本。每卷首尾又钤有'季振宜印''沧苇''昆山徐氏家藏''乾学之印''健庵'等印,可知又为季振宜、徐乾学之旧藏。"❶陆心源(1833—1894)《皕宋楼藏书志》先列书名,次载序跋,对于关乎古书源流的前贤时修题识、校雠岁月、藏印等情况;以及涉及版本的行款、缺笔等多有记录。叶德辉《郋园读书志》、近人朱希祖(1879—1944)《明季史料题跋》也是对各自收藏和经眼的图书所撰题跋的结集。

和"辑录体"相比,题跋记的"辑录"对象多限于前人序言跋语。序跋作为一种文体,是"说明书籍著述或出版宗旨、编辑体例和作者情况的篇什,也包括对作家作品的评论及有关问题的阐发与研究"❷。因此,题跋记目录更加重视对图书资料的考订和论证,从而也保存了大量的史料。但因史料(原书序跋)本身涉及作者行事及著作内容、价值等,且不同序跋亦交代文献辗转流传情况,因而也具有考辨一书学术源流的作用。

3. 出现了读书笔记型的提要

读书笔记型提要也是清代私家书目的重要类型,实为读书笔记以书目形式的结集。何焯(1661—1722)《义门读书记》、周中孚《郑堂读书记》、徐时栋(1814—1873)《烟屿楼读书志》、李慈铭(1829—1894)《越缦堂读书记》等都是清代著名的读书笔记型提要目录。此外,沈豫(约1778—1848)《群书提要》虽以"提要"为名,钱泰吉(1791—1863)《曝书杂记》虽以"杂志"为名,但都是各自读书笔记的汇编。而朱绪曾(1805—1860)《开有益斋读书志》虽有"读书志"之名,但"每部书皆撰有题记,内含书名卷数、作者介绍、书籍内容、版本源流、见于何种书目等",内容多涉版本,因而属于上述题跋记型的书目。

读书笔记体主要是作者在收集、阅读古籍时的见闻、经验和体会。例如,《义门读书记》六卷是何焯阅读《四书》《诗经》《春秋》、两《汉书》、《三国志》《五

---

❶ 来新夏.清代目录提要[M].济南:齐鲁书社,1997:128.

❷ 序跋.http://baike.baidu.com/link?url=8jFMS3SXs0sKBmMyXusM9OTyDfwStMI7plrH69U3116fQuj4XszzCC20YxbefHa2pouUCGXrfBSwI4pDnR6JbD3dd4r1BXL3KPbRGpoinaK3.2016-9-24.

代史》,韩愈、柳宗元、欧阳修、曾巩四家集及《文选》、陶潜、杜甫、李商隐等文集时的读后感,主要"发先哲之精义,究未显之微言"。所以,重在对图书章句的义理发明,既宗程朱,又断以己意。又如,周中孚《郑堂读书记》各提要言简意赅而又不失"知人论世"的提要旨趣,致有继《四库全书总目》而称续编之誉。周广业《目治偶抄》自序曰:"家乏藏弄,都从人借观,虑有遗忘,偶得即疏记之,间有标识书名,时用省览,欣然独笑,自甲申迄今,积十余种类,而置之曰《目治偶抄》。"是作者对所读之图书的内容、作者以及图书本末及流传情况的认识记录。

总体上,这些成果往往不是出于编制目录的动机,因而也非严格意义上的目录之书。它们只是积锱累铢历年读书心得而成帙,或手自纂集或由他人辑录,其特点是评论作者和图书内容,虽有考证,但重读后感,本质上是读书的心得结集。

4. 出现了藏书志型的提要

清初钱曾《读书敏求记》是藏书志目录的先声,张金吾《爱日经庐藏书志》36卷、《续藏书志》4卷则是藏书志目录的重要成果。张之洞《书目答问》卷二曰:"爱日精庐各家书目,或略或误,或别有取义,乃藏书家所贵,非读书家所亟,皆非切要。"指出张金吾藏书志"乃藏书家所贵"的特点。顾广圻序则云:"书之有目,其途每殊,凡流传共见者,固无待论。若夫月霄之目,乃非犹夫人之目也。观其某书必列某本旧新之优劣、钞刻之异同,展卷具在,若指诸掌,其开聚书之门径也欤? 备载各家之序跋,原委粲然。复略就自叙、校雠、考证、训诂、簿录荟萃之,所得各发解题,其标读书之脉络也欤? 世之欲藏书、读书者,苟循是而求焉,不事半功倍欤? 然则此一目也,岂非插架所不可无而予乐为之序者哉。"顾氏指出该目虽不失学术考辨价值,但更具"岂非插架所不可无"的藏书意义。

藏书记型提要是题跋记与读书记两种体式的有机融合,往往既"述"又"作",在参考前人题跋(述)的基础上,叙述图书来源、版本情况、流传源流、内容体例、价值判断,下及图书校雠、装帧、价格等信息(作)。如版本一项涉及版本源流、异同、缮写刊刻、篇卷次第及完缺、文字异同等内容。因而,具有直接为藏书服务或提供参考的价值。

总之,清代私家书目的提要,既受"知人论世"的《四库提要》的影响,也结合清季重版本、庋藏和鉴赏的风云际会而应时变化,各抒胸臆,丰富了中国古代书目提要的类型。

四、中国古代目录提要的核心特征

中国古代目录的提要源自《诗》《书》之序,但其内容紧扣原书,形成典型的书目(bibliography)意义上的提要而非篇目(contents)意义上的提要。就此而言,提要是在著录的基础上,对"每一书"(而不是"每一篇"更不是"每一类")所做的进一步的文字说明,其内容主要聚焦于"书"和"人"两端。

就"书"而言,虽涉字词考订、篇章分合、版本形态、流传庋藏等物理性的层面,但其关切焦点主要是放在图书内容上的。而所谓内容,既包括文本层次上的知识论内涵,更包括超文本的价值论内涵。

就"人"而言,既涉及作者爵里、生平、学行、志业,也包括对"世"——作者生存境遇的介绍。其本质是认为,作者主体之"人"及其生存境遇之"世"是文献生产的前提,由此形成中国古代独特的"知人论世"的文献认识取向。

在"知人论世"意义上,中国古代的图书并不是物理属性或知识论内涵意义上的"客观"存在。相应地,书目也不是"客观地"描述和标引"客观的"文献,以供读者认识"客观的"物理形态或检索"客观的"的知识信息。相反,是要从自我个人的认识前见出发,表达对文献的理解,从而突破了文献客体的前提必须性,伸张着书目主体的文化洞见,这是古代目录学与近现代西方式的目录学的最大区别所在。

我们知道,今天的摘要,是以客观化、规范化和标准化为旨归的。例如,中华人民共和国国家标准(UDC001.81)颁布实施的《科学技术报告、学位论文和学术论文的编写格式》(GB7713—87)规定:"摘要是报告、论文的内容不加注释和评论的简短陈述。"又说:"摘要的内容应包含与报告、论文同等量的主要信息,供读者确定有无必要阅读全文,也供文摘等二次文献采用。"总之,现代摘要忽略了作者主体及其生存境遇(人和世)对文献生产的前提地位,并把文献视为纯粹客观知识的记录。摘其精要的摘要,也像照相一样,形成原文的影像,因而没有馆员的注释和评论,并形成了可以代替原文的"简短陈述"。

　　综上,在中国古代,文献的内容重于形式,内容中的价值论内涵高于知识论内涵。这是由"文献"由"文"和"献"构成,而"献"又重于"文"的本质决定的。因此,古代提要虽然称名不一,但多把文本视为体验的对象,努力追求"写意"的效果,具有明显的主体维度。同样,现代摘要在名相杂陈的背后也共享着一致性的文献观:文本是分析的对象,努力追求"写真"的效果,严格持守着客观性原则。古代提要和现代摘要的异同,反映了对"文献的本质是什么"的本体论判分,也是考察传统学术转型为现代性学科化存在的重要线索。古代提要、"文以载道"的古籍定位以及先贤关于文化本质的认知具有内在的统一性。这正像现代摘要、"文献是记录有知识的一切载体"的文献定位以及现代人关于文化本质的认知具有另一个取向的内在统一性一样。如果说,古代提要及其相应的文献观和文化观因过分强调价值知识之"道"而导致了对事实知识的疏离;现代摘要及其相应的文献观和文化观则因过分重视事实知识的真值性而放逐了对价值知识的追求。后者将"人"定位为理性存在,但理性并不是人性的全部,因而只能是一种非人性的理性。现实中的人们,既需要安顿灵魂并寻找人伦秩序中的自我定位,也需要发现、获得和利用改造外部世界的客观知识。就此而言,古代提要和现代摘要也在提示着我们人类现有的两种基本生活态度乃至世界观❶。

---

❶ 傅荣贤. 论古代提要和现代摘要的文献观[J].图书情报工作 2016(6).

第四章　中国古代目录的文献组织

　　著录和提要旨在确定"每一书"形式和内容的相关数据,并通过描述与标引形成一书款目。它们停留在对"每一书"的整理上,基本属于狭义校雠学的范畴。只有将针对"每一书"的款目组织成一个统一的结构体系,才能形成书目。姚名达曰:"有多数之名目且有一定之次序之谓目录……万事万物,莫不有名,即莫不有目录。"❶相应地,有多数图书之名目且有一定之次序即是书目。历史上,北魏宣武帝(499—515)时,四门博士及在京儒生四十人诣秘书省专精校考、参订字义,此次整理规模颇大而史不言其撰有目录。同样,北齐(550—577)迁邺,颇更鸠集,迄于天统、武平,校写不辍;北魏文宣帝天保七年(557),诏樊逊(?—565)等人校定群书;北周明帝(557—560)初,亦尝集公卿以下有文学者八十余人于麟趾殿校刊经史。可见,北朝魏齐周三代皆尝校书,但因其侧重于单本文献整理意义上的校勘,而没有在"每一书"的基础上揭示文献单元之间的关系,故亦不称编目❷。

　　《汉志·总序》云:"每一书已,向辄条其篇目,撮其指意,录而奏之。会向卒,哀帝复使侍中奉车都尉歆卒父业。歆于是总群书而奏其《七略》。故有辑略,有六艺略,有诸子略,有诗赋略,有兵书略,有术数略,有方技略。"刘向"条其""撮其"之"其"是指"每一书",即狭义校雠学层次上的文献整理。刘歆"总群书"的接续劳作,旨在从"天下"文献总体系的意义关联上对"每一书"予以定位,因而也进入了目录学的层次。

---

❶ 姚名达.中国目录学史[M].上海:上海书店,1984:1.

❷ 蒋伯潜.校雠目录学纂要[M].北京:北京大学出版社,1990:21-22.

第一节 中国古代文献之间的关系

书目是"一批书"的组织体系,涉及对"一批书"之间关系的认识。正像书目的标引奠基于对文献本质的界定一样,文献组织的一般理论、原则和方法也奠基于对文献之间关系的认识。而文献之间的关系又是以对"每一书"的认识为前提的,对文献本质的不同定位以及对群书关系认识的不同,导致了不同类型的目录学。

一、现代文献之间的关系及其目录组织

现代文献包括物理形态(如书名、著者)和内容信息两个方面,后者主要是定位在学科化、逻辑化的客观知识之上的。相应地,"一批书"也可以通过下述两个视角确立彼此之间的关联,并由此形成了相对客观的文献秩序系列。

一是从文献的外部物理形态取值构建文献秩序体系。书名目录、著录目录等形式主义的目录就是这一体系的典型代表。

二是根据文献内容的知识信息而建立的分类目录和主题目录。由于知识是学科化、逻辑化的客观知识,因此,分类标准主要是建立在文献的学科属性及其主题概念的逻辑类项基础上的。分类目录又可以划分为两大基本类型。第一个基本类型是通过主题概念的划分与概括而形成的等级分类体系,如美国的DDC、中国的《中图法》。第二个基本类型是通过主题概念的分析与综合而形成的组配分类体系,如印度学者阮冈纳赞(Ranganathan Shiyali Ramamrita,1892—1972)创建的《冒号分类法》(Colon Classification ,CC)。

但无论是书名目录与著者目录,抑或分类目录与主题目录,都是从文献的客观属性取值的,因而经得起逻辑实证,也赢得了检索上的优势。所以,书名目录、著者目录、分类目录、主题目录可以混排为字典式目录。

西方科学认为,世界和人的关系是一维的、平面的,人出于认识的目的才和世界发生关系。于是,人被从他生存的世界中分离了出来,并从独立于自

我的对象中抽象出某种纯粹形式以建构客观世界,力求获得对客观世界的确定性认知。客观世界是前提,人的认识由客体对象给予。所以,现代目录只对文献客观特征的刺激做出反应,书目主体只能被动地对客体文献进行"价值无涉"的标引与组织,由此构建的书目也是客观主义的。

拿分类来说,刘国钧指出:"分类法的基本原则是知识的系统性,根据学科领域划分门类。在同一领域内,再按照形式逻辑的划分规则,层层划分,形成一个体系。这样它就把千差万别的主题组织成一个系统。它所表达的是主题之间在学科体系内的关系。每一主题都有自己的对上、对下和对同等概念的关系——从属关系和并列关系。"❶又曰:"文献归类时,不仅要考虑它在研究什么对象(事物,各种物质现象、社会现象和精神现象),尤其要考虑它是怎样去研究这个对象(从什么科学的观点,用什么科学的方法)。归类的标准是知识的科学性质,而不是知识的对象。由于同一对象可以不同的科学角度去研究它,因而关于同一对象的资料便被分入不同的学科、不同的类。但用同样方法、同样观点研究不同事物的资料,却可以集中在一处。"❷

显然,"客观性"预设文献像物理性的对象那样可供机械地定性与析解,因而必定是类别详明的、现成的结构单位,具有特定的形态标志,能够客观地适应某种形式主义的类别格局。于是,现代分类热衷于繁琐的形式划分,并用繁茂的形式特征描述确定的文献世界。诸如,八分法、点序列原则、仿分、分段标记制、分类标引规则、分类标准、分类特征规则、复分、回归标记制、混合标记和单纯标记、兼容性原则、借号法、空号法、类级、类目内容范围划分规则、年代标记法、排档次序、配置原则、起讫标记制、亲缘序列规则、适应性原则、书次号、术语使用规则、双表列类法、双位法、顺序标记法、同位类规则、稳定性原则、相关排列法、小数标记制、种次号、逐级专门化原则、字母标记法、组面序列原则,等等。这些方法或原则确保每一种文献在理论上都有一个明确的逻辑类位,该类位是可以、也应该通过科学属性、逻辑类项等客观的分析而确定的,因而分类编码和检索解码之间是相互通约的。对书目的分析与研究只需像对待工具那样,由此形成的书目只是一种外在于文献精神的"技术"

❶ 刘国钧.刘国钧图书馆学论文选集[M].北京:书目文献出版社,1983:301.

❷ 同①301-302.

或"技艺"，它和思想无关。

这种机械论的书目观，是谓语性的直言思维(即三段论式)的产物，具有排除伦理、情感等主观意志的公度性，映射着人类的客观化能力。所以，与文献标引的标准化一致，文献的组织也重视各种标准，诸如《学科分类与代码》《中国图书馆图书分类法》等分类标引标准，《信息检索：应用服务定义及标准说明书》《都柏林核心元素集》等数字化信息组织标准，等等。标准化对应于西方主客二分思维下的文献控制思想，而控制的目的是为了准确、及时、有效地实现对文献流的掌握，并在文献流中检索到专指性的文献。

总之，西方目录学以"客观化"为原则，默认文献只是物理形态或学科和逻辑意义上的存在。因此，只要知道书名或著者的字母顺序或者通过分析文献内涵的学科属性及其逻辑类项等客观成分，就能够形成基于实证方法的文献秩序体系，实现对文献的掌控。它只探讨文献的外部构成和客观知识意义上的因果关系，不探讨文献的目的和内在价值，也不研究文献与文化环境之间的内在联系，因而并没有按文献的本来面目去认识文献。

二、古代文献之间的关系

中国古代的文献除了具有物理形态和知识论内涵之外，还具有价值论内涵，"价值"才是古代文献的本质。中国古代的"智"或知识，具有"善""美"乃至神圣的维度，因而是一个主体范畴，无法接受精致的逻辑体系的框范。相应地，古代文献之间的关系也远比现代文献之间的关系复杂。

1. 文献个体的差异性

正像《论语》和《黄帝内经》或者《孙子兵法》和《天工开物》是不同的文献一样，所有的文献都是独具个性的差异性存在。甚至《汉志》中合条著录的"《易经》十二篇，施、孟、梁丘三家"，彼此之间也是相互区别的，在形态或内容上与其他文献有相对明确的边界。《四库总目·凡例》曰："儒者著书，往往各明一义。或相反而适相成，或相攻而实相救。所谓言岂一端，各有当也。"事实上，承认文献的差异性从而承认相互比较的文献类别的客观存在，正是古代书目分类得以进行的基本前提。

文献个体的差异性首先和直接体现在外部物理形态和知识论内涵之上。当然,在价值论内涵上,古代文献虽然具有共同的旨归,但具体义指亦不尽相同。例如,《史记·滑稽列传》引孔子之语曰:"六艺于治,一也。《礼》以节人,《乐》以发和,《书》以道事,《诗》以达意,《易》以神化,《春秋》以道义。"六经文本既有外部物理形态和知识论内涵上的差异,也具有"节人""发和"等具体价值指向上的不同,但后者又都具有"于治一也"的统一性。

2. 差异性文献之间的互补和统一关系

哲学上的统一性,是指用普遍联系、相互制约的观点看待世界,其本质是将万事万物视为一个有机的整体体系。中国先贤往往广譬博喻,充分利用自然界和日常生活中的浅显事实来"类比"经世治国的深刻道理。所谓"小道可观""文以载道""下学上达""由小学入大学""德成而上,艺成而下"等,都表征事实知识作为手段,必须归趣于作为最终目标的价值信仰,"闻见之知"必须上升为"德性之知"❶。

在自然观上,中国古人以"气"作为世界的本原,《庄子·知北游》曰:"通天下一气耳。"《庄子·天地》曰:"天地虽大,其化均也;万物虽多,其治一也。"天地万物虽不相同,但它们"化均""治一",反映了世界的统一性。同样,众多文献虽然在知识论之"器"上是个别的、具体的、纷繁芜杂的,但都有价值论之"道"意义上的超越旨趣,因而具有殊途同归的统一性。《易》曰:"形而上者谓之道,形而下者谓之器。"围绕客体(自然)对象的知识论成果只是"小智"或"奇技淫巧",它们必须奔赴于价值论之"道"的最终目标。程颐曰:"士之所以贵乎人伦者,以明道也。若止于治声律、为利禄而已,则与夫工技之事,将何异乎?"❷因此,《汉志·天文类序》曰:"天文者,序二十八宿,步五星日月,以纪吉凶之象,圣王所以参政也。"《汉志·方技略序》曰:"方技者,皆生生之具,王官之一守也。"天文、医学首先是一种知识论"此在"之"器",但同时又都是政教人伦层面上的价值论"彼在"之"道",因而具有普遍联系的特点。

---

❶ 傅荣贤.中国近代知识观念和知识结构的演进[M].北京:知识产权出版社,2016:207.

❷ 程颢,程颐.河南程氏遗书[M].上海:上海古籍出版社,2000:529-530.

3. 文献统一性与天人之道的同构关系

文献是一种客体存在,在"器"的知识论层面上,各文献彼此相异。但知识论本身并不具有独立性和自足性,差异性之"器"背后的"道"才是文献的安身立命之本。正如钱穆指出:"在中国知识界,自然科学不能成为一种独立学问。若脱离人文中心而独立,而只当是一技一艺,受人轻视,自不能有深造远至之望。"[1]这种道器关系,大致等同于"文"和"献"的关系。中国古代天人合一哲学观强调"天"(客体自然)的"人"性取向,"人"不具有"公民"意义上的独立身份,而是集体意义上的伦理学存在,个人实体地位的形成直接取决于现实境遇和历史传统,因而只有有限的自主性。而古代文献既是作者主体的产物,也是书目主体和读者用心参悟、力求合和的对象。因此,描述"天"(客体自然)的知识论之"文"虽然是差异性的,但"文"必须以价值论之"献"为依托,个体文献遂只能是天人和谐与社会和谐的整体背景下的存在。个别文献不再是个别的,而是作为整体的全息元而存在的,因而文献与文献之间既是实体性的又是关系性的,对个别文献的把握必须立基于对"天下"文献的整体关怀。个体文献只有当作关联系统的一部分,才具有存在的合法性。这就像个体人的存在,必须从属于社会伦理系统一样。

而受惠于传统儒家思想的影响,"献"的价值论内涵主要包括个人淑身立品意义上的"修己"与引领社会和谐进步意义上的"治世",即所谓"修身、齐家、治国、平天下"。相应地,需要按照"修己"与"治世"的全息综合的整体观来定位个别文献,个别文献都是彼此相连、相互衬托的。这种对差异性文献的统一性认识,把有意义的局部变成了有意义的整体,从中可以看到社会的和谐与天人的合一。文化生态的健康与否便与文献定位、文献关系、层次结构等等是否失调统一了起来。

三、基于文献关系认知的古代目录组织

对文献关系的上述认识,要求关乎文献"关系"的书目必须在社会观、哲学观和文化观的高度,编织相应的文献关系网络。

---

❶ 钱穆.国史新论[M].北京:三联书店,2001:138.

（一）追求个别化的差异性文献在本体之"道"上的统一

古代目录既通过分类把众多文献区分为若干层次有别、不失条绪的类别，也强调绳贯珠联的文献网络整体性。我们知道，从结构网络的高度规范大千世界纷繁复杂的关系，一直是中国先贤的思维取向。例如，《易经》用64个卦爻符号表征宇宙万物，五行理论用木火土金水五大物质及其性质反映世界的统一性，中医经络穴位理论和脏腑系统理论则涉及有关信息网络全息控制的思想。

而中国古代的"每一书"既包括物理形态和相对客观的知识论内涵，也包括价值论内涵。书目组织固然可以有物理形态和知识论内涵的考量，例如，根据"体裁"原则分类的"辨体"，就是着眼于文献物理形态的分类结果。朱彝尊《前明郡州志目》按明代行政区域排列，首北直隶，末广西，同一地区则先省志、府志，后县志、杂志，则是根据地理空间进行的分类。同样，朱士嘉（1905—1989）所编《美国国会图书馆中国地方志目录》《中国地方志综录》《中国地方志联合目录》也都是根据行政区划而组织方志的。又如，瞿世瑛（约1820—1890）《清吟阁书目》分为抄本、名人批校抄本、名人批校刊本、影宋元抄本四类；孙从添《上善堂书目》分为宋板、元板、名人抄本、影宋抄本、旧抄本和校本六大类，都是根据书目本身的特点（都是善本书目）而从版本形态角度做出的分类。

《四库总目·凡例》第六则曰："古来诸家著录，往往循名失实，配隶乖宜。"为此，四库馆臣立志"考校原书，详为厘定"。例如，"《笔阵图》之属，旧入小学类，今惟以论六书者入小学。其论八法者，不过笔札之工，则改隶艺术。《羯古录》之属，旧入乐类，今惟以论律吕者入乐。其论管弦工尺者，不过世俗之音，亦改隶艺术。《左传类对赋》之属，旧入春秋类，今以其但取俪辞，无关经义，改隶类书。《孝经集灵》旧入孝经类，《穆天子传》旧入起居注类，《山海经》《十洲记》旧入地理类，《汉武帝内传》《飞燕外传》旧入传记类，今以其或涉荒诞，或涉鄙猥，均改隶小说。他如扬雄《太玄经》，旧入儒家类，今改隶术数。俞琰《易外别传》，旧入易类，今改隶道家。又如《倪石陵书》，名似子书，而实文集。陈埴《木钟集》，名似文集，而实语录。凡斯之流，不可殚述，并一一考核，务使不失其真。"可以看出,四库馆臣以循名责实为分类原则,但所谓"名"包括两个层次,一是事实标准,如《笔阵图》是论述写字笔画的著作,而不是论述六书的著作,故由小学改隶艺术;二是价值标准,如《左传类对赋》只是纬以俪语,取便记诵的著述,无关乎"经义",故由经部春秋类改隶子部类书类。显然,书目对个别文献的塑造既有外部形态层面上的也有内容层面上的,而总体上分类必须呈现出文献的人伦指向。

总之,价值论内涵才是文献的本质,《四库总目·办理四库全书圣谕》曰:"其钜者羽翼经训,垂范方来,固足称千秋法鉴。即在识小之徒,专门撰述,细及名物象数……可为游艺养心之一助。"无论是"钜者"抑或"识小之徒",文献都是以文本背后的价值为主要内涵和存在依据的,目录需要在价值高度揭示文献之间的关系。例如,《七略》以"易经"居六艺略之首,是因为《易经》既是"诸经之源"又是"道之源";王俭认为"孝乃百行之首,实人伦所先",故《七志》首列"孝经类"。这里,基于分类而形成的文献秩序,直接对应于社会理想秩序,集中体现了文献结构关系的最一般和最普遍的认识,涉及部分与部分之间如何确立合理的秩序从而构成"整体意义大于部分之和"的整体效应问题。它既是古代重"道"思想在目录实践中的落实,也使目录本身成为入世的传统文化的一部分。姚名达曰:"(古代)除史部性质较近专门外,经、子与集颇近丛书。大纲已误,细目自难准确。故类名多非学术之名而为体裁之名,其不能统摄一种专科之学术也必矣。"❶这一认识,是典型地"据西论中""以今律古"的结果。中国古代不是西方式的原子思维,不强调个性和差异。这在文献之间关系的认识上集中体现为:在物理形态和知识论内涵之"器"上相互区别的个体文献,都必须服务于并统一于价值论内涵之"道"。

而文献的整体性之"道"也是社会人伦之"道",个别文献是某个类例的一分子、类例是整部目录的一分子、目录是整个文化系统的一分子。古代书目组织不仅是各文献、各小类之间的协调,更是目录体系与社会人伦环境的整体性协调。正像经济活动既要服从于市场规律也要服从于生态学原则一样,目录作为一种文献秩序,不能只服从于客观物理秩序,还应服从于社会文化

---

❶ 姚名达.中国目录学史[M].上海:上海书店,1984:427.

秩序,本质上反映了一种独特的世界观:文献体系对文化世界的总体看法。古代目录学遂成为研究文化世界的本原或本性问题的学科,它把对文献的认识建立在对现实的人和社会的考察之上,对文献的整理也就是对现实世界的整理,人与文献的关系是一种内在关系,人内在于文献世界之中,目录因而也意味着对于人们自身生活处境的反思。

(二)疏淡于语法

西方思维力求言能尽意、关系外露,其功能是描述的,观察角度是固定的,因此,现代目录学努力揭示超越文献现实的抽象关系,追求精确和可验证的表达效果。相反,"中国传统文化不是在静态中求'真',而是要超越事物的形式和性质,力争求'善'和求'美',并努力探讨事物一切形式和性质对人伦日用的功能和意义"❶。因此,古代目录是一种应然性的文化焦虑,而不是必然性的文献征服。这决定了古代目录与其说是真值性的客观体系,毋宁说是一种道德体系。其最终目标是要通过文献秩序,建构一个理想的社会模式,参与维护社会人伦秩序,培养循礼守法、贵贱不逾、温良恭顺的社会风尚。相应地,书目组织也不是形式化、符号化的,往往经不起理智逻辑的三拷六问。

1. 中国古代的类名不是逻辑范畴

现代西方class意义上的"类"是归纳的结果,即在考察某个类的内部个别元素具有某个性质之后,推测该类所有元素都具有这个性质,它是一个形式逻辑概念,属于逻辑化的偏指(particular)范畴。中国古代的"类"是内涵类,不具明确的边界,不符合同一类别中的成员地位平等、子项之和必须穷尽母项等要求,具有全举(universal)的意义,它不是一个前提性存在,而是一个动态的、随个别元素的具体情况而变化的过程。同样,"名"既是"是非判断"也涉及"是非评价","名"这个共相是、但又不完全是从这个类中的殊相抽象出来的。因此,中国古代类名的最大特点是疏于定义,因而不是一个严谨的逻辑范畴,也没有配套使用逻辑代码化的分类标识。归入某"类"的若干文献,并不具有学科属性和逻辑类项上的本质性之"同",而只意味着文献内涵在编目

---

❶ 傅荣贤.中国古代图书分类的形式结构:以线性次序为基础的结构模式[J].图书与情报,1996(4).

者的主观心理现实之上可能形成的分组。由此形成的是兼具表义功能的类别,为了喻意深远,不仅不唯规范是图,甚至刻意省略或淡化规范,因为规范化的硬性规定,无助于表达言近旨远的意义功能。我们一度认为,逻辑严谨的西方概念有着无往而不胜的学术优势,但事实上,概念越清晰、越符合逻辑,就越难以趋近人类复杂的审美情感。

杜定友曾经指出:"盖《(四库)提要》作者本无分类标准可言。儒、杂之分,在乎其人,而不在乎其学。褒之贬之,本无所据,惟以孔门弟子尊之为儒,以遂其尊圣卫道之念而已,所谓非客观之也。窃尝论之,儒为通学之称。儒者所研,必有一得,所谓道之一端是也。儒者所论修身齐家治国平天下,以今日之分科言之,则有属于哲学者矣,有属于伦理者矣,有属于心理者矣,有属于政治者矣,有属于经济者矣。分类之司,将有以考镜源流、辨章学术,乃得为体。如桓宽之《盐铁》,黄虞稷以入史部食货,盖为知本;《四库》以《小学集注》与《朱子语类》并列,《读书分年日程》与《理学类编》《读书录》《大学衍义》《世纬》《人谱》诸书杂于儒家,直不知儒者所以为儒为不儒矣。"❶又曰:"《七略》之法在辨章学术,考镜源流,犹不失分类之本旨。而后世不察,妄分四部,学无门户而强分内外。经为弘道,史以体尊,子为杂学,集为别体,一以尊崇圣道,以图书分类为腐败之作,失其本旨远矣。"❷

杜氏的所谓"批判",正突显了古代书目从"道"出发展开演绎、体现结论并使抽象思维形象化的特点。中国古人把认识对象看成是一个整体,强调认识对象的整体功能与动态规律,并通过"关系"来把握元素的结构。唯其如此,古代目录学从不霸道地强求文献"就"一个个由标识符号结构起来的、形式主义的小方格子之"范",也没有西方近现代目录引以为豪的那套形式框架和理论形态。古代"人为贵"的思想旨在强调人贵于物,但却不赋予人主宰宇宙、征服自然的能力,因而不是人类中心主义。相反,它是要在对天道的参悟中,"尽心知天",自觉地践履源自天道的个体道德义务与道德责任,达到"继善成性""开物成务"的理想。所谓"继善成性"是指,人承天道之气,继道而参与、赞育天地万物,就是善,成就天道的事业正是人的本性;所谓"开物成务"

❶ 杜定友.校雠新义(上)[M].上海:上海书店,1991:45.
❷ 杜定友.校雠新义(上)[M].上海:上海书店,1991:22.

是指,开创事业,成就天下事务,以人道赞助天道,德业双修。同样,古代书目的文献行为作为人类实践的一个重要内容,不是人类中心主义地强调和凸现主体人主宰与征服客体文献的能力,而是要自觉地承担道德义务与道德责任,发挥认知物理、化裁万物的能动性。

2. 类名必须结合具体文献才能发挥组织功能

在西方思维中,逻辑关系优先于信息内容的表达,而中国古代则以信息内涵为本位,逻辑关系始终处于次要地位。反映在书目组织中,古人特别重视对类别中的某个核心文献的把握,只有结合具体的核心文献才能发挥类名的组织功能。例如,"正史"类的《史记》,"诗文评"类的《文心雕龙》作为两个类目的核心文献,是提取各自"类别"意义的支点,类名本身并不具有独立的文献类别约束力。古人使用的"类例"一词,即含有抽象化的"类"是通过具体文献的"举例"来表达的意思。因此,只要某文献与核心文献存在一定的关系条件,作为概念范畴的类名约束就会让步,本质上意味着逻辑限制在文献组织中的无效。这样,所有被组织的文献便处于虚实相对、动静相依的类别中,这和西方仅仅着眼于抽象类名的"唯实"主义分类迥然而别。因为不是"唯实"的,所以,不受形式框架的制约,类别界限也不够谨严,从而也超越了西方式的精致、繁复的规则。

显然,古代书目的文献组织是能动性和发散性的,任何先验的框架和形式都不能限定书目。唯有从主体意向出发,通过"心营意造"而组织脉络,书目组织之法也就暗含其中了。它是"以意运法"的"活法";而不是"以意从法"的"死法"(清沈德潜语),需要具体语境具体分析,"因宜适变",不拘成见。因此,某一具体文献如何分类需要分析和斟酌,需要从各种关系中定夺。其本质是人在为文化立法,"依刘向故事"而又不拘泥刘向,从而把文献组织的能动性和规律性结合了起来。例如,孙星衍《孙氏祠堂书目》"划小学于经学之外,出天文于诸子之中,析地理与史学不二,不强戴四部于各类之上,而新设数类以容性质独立之书,此皆有得于明人诸录之遗意。虽误合医、律为一,大失专门别类之理,而不慑于《四库总目》之权威,胆敢立异,勇壮可嘉,不愧为别派之后劲矣"❶。说明文献并非与人对立的死寂的物质性客体,人不是以立法者的姿态,对对象作实体化和无机化的把握与认识。

3. 类别选择的情景依据

古代书目以内容作为形式选择的基本依据,类名的确立及其组织方式是否"当",往往取决于社会人伦原则。它要求书目应该结合情境和社会来确立类别的脉络,符合伦理道德的规范。技术层面上的技巧不再是自足的,因而没有独立、单纯的语法。只有与整体文化相映照,目录才能表达喻义,并将整个书目映衬为一个有机整体。在这个整体中,文献类别之义都借助于题旨情境"以大观小"地显示出来。书目之"本"在于情境通观,书目之"末"在于有限之"术",它以服务于情境为目的、为存在依据。

刘国钧曰:"《四库》类目之大弊在于原理不明,分类根据不确定。既存道统之观念,复采义体之分别。循至凌乱杂沓,牵强附会。说理之书与词章并列,记载之书与立说同部。谓其将以辨章学术,则源流派别不分;谓其以体制类书,则体例相同者又多异部;谓其将以推崇圣道排斥异端,则释道之书犹在文集之前,岂谓文章之于圣教尚不如异端乎?"❷刘氏所谓"原理不明,分类根据不确定",说明古代目录学的文献组织并不坚守客观规律,而是给主观能动性的发挥预留了空间,从而确保了"推崇圣道排斥异端"理想的实现。在古代哲学的道器之辨中,"事物之形质(器)是不重要的,只有事物之所以成为该事物的道理(道)才是重要的"❸。因此,每一条书目结构规则,都应该对应于一定的意义规则,对书目的评价也主要看它是否发挥了这种意义功能。由此,目录成为人类价值世界的一部分,它不是物理符号系统,而是始终伴随着主体精神的能动性体系。这就把文献及其关系提升到了主体心理的层次之上,目录不再是凝固不变的知识体系,而是不断创造着的文化;目录学研究不应执着于实证和逻辑的单一因素,而需要同时认可非理性在学术研究中的价值。这是由文化既有理性和逻辑的一面,又有非理性和非逻辑的一面所决定的。

❶ 姚名达.中国目录学史[M].上海:上海书店,1984:130.

❷ 刘国钧.四库分类法之研究[J].图书馆学季刊,1926(3).

❸ 吴晓平,张岚.小说语言的美学追求[J].浙江师范大学学报(社会科学版),1996(3).

(三)重视历时性的次序而不是共时性的结构

各民族都有特定的思维以反映现实要素之间的关系。西方书目分类反映的是西方民族以自然空间为焦点的思维方式,即用范畴化的类名及其逻辑结构控制各种文献,分类体系具有逻辑确定性,它是单一中心的,文献的复杂关系只能向空间发展,由此成就了立体几何式的等级谱系体系。中国先贤重视心理时间,偏重于生活本身的事理关系和自然进展。《文心雕龙·章句》曰:"事乖其次,则飘寓而不安。"次序是基于事理关系的时间构造,即用心理的时间顺序将不同视域的景象经营在同一个画面上。同样,古代目录重视类名之间以及同一类目中若干文献之间的横向线性铺排,由此形成二维线性时间流,它重视的是群体的序列推移,而不是三维立体的几何等级。恰当的顺序排列,既是类名组织的基础,也是同类类目中若干文献关系的前提。次序分析因而成为打开古代分类建构秘密的钥匙。

1. 类名之间的次序以及同一类名之下若干文献之间的次序

古代文献着眼于超文本的意义和价值,本质上并不具有可以明确划分的形式逻辑类项,不能反映为主题概念之间的结构与层次。所以,通过类名显示的古代类目结构一般都只有二、三级体系,例如,《四库总目》将文献分为四部、四十四类、六十六属,即形成了三级体系。而类似DDC、《中图法》这样的现代分类,其结构层次则是多元的。进一步,古代书目中的若干文献之间并不具有等级、从属、并列等逻辑法则,而是选择了线性平面的排序作为基本结构原则,它注重先后位置的选择,形成了一套独特的分类模式。例如,孙星衍《孙氏祠堂书目·史学第七》类序云:"先以正史,次以杂史,次以政书。古今成败得失,一张一弛,施之于政,厥有典则,存乎正史。史臣为国曲讳,或有抵牾,尤赖杂史,以广见闻。朝章国典,著述渊薮,举而措之,若指诸掌,则政书尤要。"类名与类名之间处于一种相对松散的、而不是必然的关系,从而呈现出线性平面组织上的流转变化的动态特征。复杂的立体逻辑关系被简化为连续铺陈的事理脉络,"次序"也成为中国古代书目中类名关系的一种重要内涵,成为书目组织的一种"能",次序选择是若干类名所代表的文献之意义得以辨明的一种有效形式。

以线性次序为结构模式,注重的不是空间构架的严谨,而是强调文献组织中线性的流动、转折,追求削尽繁冗、辞约义丰的效果。本质上表明,作为整理对象的文献不是逻辑化的存在,文献只有二维线性的平面顺序而没有逻辑性的立体几何关系。上下类之间的种属关系(hierarchical)并不重要,"结构"主要体现在类目的顺序上,它不是树状结构(tree structure)。"关系"是广义的形态,文献之间的关系不是通过逻辑化的"类"而是用特定的次序表达的,这是与文献因着眼于价值内涵而不可形式化、逻辑化相一致的。所有进入书目分类视野的文献,都不能用现代分类学所惯用的逻辑方法来处理。比如,用现代分类学中的学科属性依据将《蹴鞠》归入"体育类·足球"之下,仅仅抓住了《蹴鞠》的文本内涵,其超文本的"习手足,便器械,积机关,以立攻守之胜者也"的内涵就会丢失,因而不能够对文本背后的本质进行有效的疏通和理解。就此而言,现代西方式的严谨的分类体系和四平八稳的分类标识符号,无助于我们在更为具体的水平上把握具体典籍,被西方视为生命的形式逻辑,也不是最有价值的成分。西方崇尚形式主义的逻辑,客观性是其首要特征,中国信奉事理本位的逻辑,主观体悟是其无法回避的重要维度。中西方之"类"的不同,就是单中心和多中心之别,本质上反映了不同的思维差异。

2. 次序发挥着区别类名意义和功能的作用

次序不仅与中国古代书目分类的结构描写有关,也和分类系统的表达和理解、特点和类型密切相关。在中国古代,类名与类名之间(也是文献和文献之间)相互联系的最基本、最有力的方式就是次序。次序反映了文献的功能和意义之大小、重要与次要。这样,次序表面上看是一种机械的形式,实质上则是一种事理逻辑(而不是形式逻辑)❶。

文献是无限的,不论类名怎样细密都不能穷尽文献之实。因此,虽然南宋郑樵《通志·艺文略》将书目分为"总十二类,百家,四百二十二种";明人祁承爜《淡生堂书目》踵武其事,将图书其分为4部46六类243种,但代表古代书目最高水平的《四库总目》认为,"多分子目,颇以饾饤为嫌",故仅有4部44类66种。例如,《道家类序》曰:"世所传述,大抵多后附之文,非其本旨。彼教自

---

❶ 傅荣贤.从核心文献看中国古代书目分类的一般特色[J].四川图书馆学报,2002(5).

不能别,今亦无事于区分。"因而没有将道家再分子目。类名数量的紧缩和类名内涵的不确定性密切相关,它意味着有相对而言更多的文献归到了同一个类名之下,相应地,同一类名中也会有更多的地位不平等的文献。古代目录不仅要关注同类元素之"同",还要关注同类元素的差异性。因此,中国古代目录学不注重类名或文献个体元素的成分与形态,组合方式也不是立体的机械排列,而是通过先后顺序的经营表达深层意义,从而也补偿了理性的缺失。

提出"辨章学术考镜源流"命题的清代学者章学诚,特别重视文献在类别关系上的"伦叙"以及通过序言揭示某类文献或某一学术门类的"源流"。总体上,他认为类名及文献的次序应该遵守两大原则。一是原创著作列于传注之作前面;二是先产生的文献排在后产生的文献之前。而原创著作在时间上必定先于传注之作,因而两者共同表达了文献及类名排列的时序原则。这样,历时性排列,既成为确立若干文献之间关系的依据,也反映了该类学术的"源流"。而序言作为对"一类书"总体情况的总结性说明,本质上也是为了确立"某类书"之间的关系。序言与分类相互配合,是中国古代由针对"每一书"的校雠学迈向针对"一批书"的目录学的两大重要手段。因此,章学诚也特别重视通过书目的序言揭示文献的时间秩序及其背后的学术源流。但事实上,后人更习惯于将章学诚的"源流"理解为"学术史",即学术发生、发展之走势的历时性过程。"学术史"固然误读了章氏的"学术源流",但其本质也是要揭示若干文献在历时性维度上的关系。

综上,目录是为了完成或达到特定环境和条件下的交际(文献编码与解码)目的而存在的,其一切考虑和策略都是围绕这一目标而展开。而书目结构又是和一定的民族心理相联系的,不同民族根据反映事物次序的不同心理设计了不同的类别格局,反映了人类认知机制的民族化特点。总体上,理性是西方目录学的最高价值目标,其他价值都是理性价值的具体化,所以,文献及其关系被提升到了客体对象的层次之上。相反,儒家伦理原则是中国古代目录学的最高价值目标,古代书目的各个方面和环节都渗透了儒家的伦理精神,其他价值都是伦理价值的具体化。这决定了文献组织不能机械地固定在某一点上,形象地说,文献不能端坐到一把把窄小的逻辑化、学科化的直背椅上。分析古代书目,只能以汉民族的时间心理为依据,从古代书目事实出发,建立能够与汉民族思维特征彼此印证的结构体系。这种文化心理认同的方法,有助于我们从西方理论的偏见下解放出来,从民族的时间心理层次上把握书目的特点。因此,中西方不同的文化风格与精神样态,决定了中西书目组织上的不同构造。反过来,中西书目结构的不同,又强化了中西文化精神的差异。

第二节　分类在中国古代目录中的地位及其历史流变

分类和序言是中国古代目录组织文献的两个重要利器,也是从聚焦于"每一书"的校雠学向关注"一批书"的目录学演进的关键性因素。分类具有组织文献的直接现实性,因而也是古代目录的必选项,目录可以没有序言,但必须有分类。总体上,中国古代目录中的分类问题,大致包括分类表的建构("因书设类")和具体文献的分类("即类归书")两大方面。前者旨在规划"天下"(或收入某一书目的)文献的宏观体系以及结构,后者涉及具体文献在业已规划好的分类体系中的定位,两者相得益彰、彼此促进。而在分析这两大问题之前,我们拟首先讨论分类在中国古代目录学中的地位以及我国古代书目分类的简史。

一、分类在中国古代目录中的地位❶

分类是人类心智的重要能力之一,在人类文化生活中具有重要地位。首先,分类可以将事物对象在总体上划分为若干个组群并按一定次序排列,从而为每一个组群指定明确的等级,有助于使人类的思想、表达和信息得以明晰。其次,分类并赋予标识的过程,可以将未经组织的思想或印象形成有组

---

❶ 本段内容参:傅荣贤.中国古代图书分类学研究[M].台北:学生书局,1999:6.

织、可识别的模式。再次,分类回答了若干概念或对象如何按照一个系统排列的问题,它可以使若干概念或对象形成一个长远保持秩序的体系,从而形成人类文化记忆的重要模式。

分类的优势同样存在于书目的文献组织结构之中。中国是最早把分类思想应用到目录学上的国家之一。肇始于公元前26年的我国第一部系统目录《七略》就是运用"分类"来组织和揭示文献关系的。《七略》以降的各种官修、私修和史志目录都无一例外地经由分类的路径而实现对文献的整序。即使挨骂最多、"小序解题并无,只著书名"❶的"甲乙簿录",也抓住了"分类"这个核心。我们知道,中国古代目录学又称"流略之学",它渊源于《七略》将诸子学术流派分为九流十家,这个名称也强调分类实为目录学的重中之重。

以分类的方法作为书目组织的形式,是基于如下考虑。

1. 分类在更为具体的水平上描写了文献的本质

目录是一批文献的关系结构,而结构方式取决于对文献的理解。以分类为手段,实际上是认可所有文献的本质都是内涵意义上的,而不是物理形态意义上的。和形式主义的字顺目录相比,分类目录从内容的角度将若干杂乱无章的文献组织起来,更适宜于真切地构成文献系统的统一性。分类因素比形式因素更加明晰和持久,分类的方法让人突出感到它是永恒的和稳固的,它超越了字顺目录的机械性,所以更易于为人们所接受。并且,分类有自己的词典和语法规则,因而有完整的内部结构和相对独立的建构方式,具有抽象性和普遍性。通过分类词典及其语法系统的建构与解构、编码与重组等思维过程,可以改变文献信息的客观存在,实现对文献的能动性认知。

2. 分类体现了编码主体与解码主体的互动关系

分类编码(标引)和分类解码(检索)的互动过程,能够充分反映文献整理者(馆员)的文献整理工作与文献检索者(读者)的文献检索工作之间的相互作用与影响,从而将人类的主体动机和行为方向上升为目录组织工作的重点。这意味着在文献的表述、组织和认识过程中,主体人的存在。尤其是,中国古代目录对文献系统的理解和表达并不依据某种客观的形态标志来组织

❶ 余嘉锡.目录学发微[M].成都:巴蜀书社,1991:2.

文献,缺乏非此即彼的客观、刻板的规定和硬性标志;而是更多地依赖于人的主体意识,突显了书目工作的主体性。因而,分类不再是一种操作技术与方法,而是作为一个心气系统,携带着常规逻辑所无法表达的意蕴。

3. 分类通过对文献秩序的揭示实现对文化秩序的揭示

与西方目录不同,"中国古代文献归于何类或不归于何类的类别选择,并不取决于文献在学科属性或逻辑类项上的自然分组,而是更多地取决于主体人的价值判断,古代分类基本"无视"知识的系统统一性和逻辑完满性,文献的意义并不由文献本身来提供,而是有相当一部分来自它们的整序类型——分类"❶。表面上,分类的现实目的是要组织款目,形成文献的检索系统和学术秩序,但它的深层目标则是要规划天下文化并通过类例的刻意安排而表达人伦理想。分类提供了一个特定时空下的文化秩序,隐含着意义创造,具有文化本体意味,从而也突显了分类本身的文化力量:分类的过程参与着文献价值和文化意义的建构。

分类的独特价值鼓舞了中国先贤一如既往且无比坚定地选择分类作为目录系统的唯一组织形式,分类也成为汉民族认识文献和文化世界的一种结构化运作,它构成了中国古代目录学的基础。只有充分认识分类,才能真正了解中国古代目录学的建构秘密。从分类出发研究目录,也成为中国古典目录学一开始就具有的特点,离开了分类学的研究,中国古典目录学仿佛就无所附丽。甚至可以说,一部中国古典目录学史就是一部分类学史。正如汪辟疆指出:"研究目录学之标准,当必博稽其源流,商榷其类例,与夫义例之变迁,分隶之出入,皆宜详究。"❷

二、中国古代目录分类简史

肇始于《七略》的中国古代书目,追求学术分类、图书分类以及社会人伦类别的高度统一,由此奠定的分类学一般理论、方法和原则成为中国古代目

---

❶ 傅荣贤.中国古代图书分类的形式结构——以线性次序为基础的结构模[J].图书与情报,1996(4).

❷ 汪国垣.目录学研究[M].北京:商务印书馆,1955:11.

录学的圭臬,并在嗣后二千年发展过程中逐步完善了分类本身的义例。然而,《七略》以来的中国古代目录基本都是结合具体藏书而编目的,随着藏书品种和数量的变化,分类体系必然要作相应的变更。胡应麟《九流绪论》卷上云:"秦汉前诸子,向歆类次其繁简固适中。以今较之,殊有不合者。夫兵书、术数、方技,皆子也。当时三家至众,殆四百余部。而九流若儒、若杂,多者不过数十编。故兵书、术、伎,向歆俱别为一录,视《七略》几半之。后世三家,虽代有其书,而《七略》中存者十亡一二,九流则名、墨、纵横,业皆渐泯,阴阳、农圃,事率浅猥,而儒及杂家渐增,小说、神仙、释梵卷以千计。叙子书者犹以昔九流概之,其类次既多遗失。如兵、刑,一也,而兵不列九流;道、释,一也,而释未入中国,皆当补。"❶说明书目分类不应墨守《七略》成规,而应该随现实文化的发展与时俱进。由此形成了中国古代书目分类的历时性流变,其演进轨迹大致如下。

(一)《七略》图书分类

《七略》是中国第一部成熟的系统分类目录,《七略》名之为"七",但《辑略》不收书,所以图书实分六略(大类);每一"略"下又各分数目不等的"种"(小类),形成三十八种二级类目。

六艺略:易、书、诗、礼、乐、春秋、论语、孝经、小学;

诸子略:儒、道、阴阳、法、名、墨、纵横、杂、农、小说;

诗赋略:屈原之赋、陆贾之赋、孙卿之赋、杂赋、歌诗;

兵书略:权谋、形势、阴阳、技巧;

术数略:天文、历谱、五行、蓍龟、杂占、形法;

方技略:医经、经方、房中、神仙。

六略三十八种二级分类体系"是一个比较完善的逻辑系统,既全面反映了当时的学术面貌,也容纳了先秦西汉的大部分著作,是刘氏父子哲学思想和学术水平的直接表现"❷。

而《七略》中的《辑略》既是类别意义上的"六略之总最",也是内容意义上

---

❶ 胡应麟.少室山房笔丛[M].上海:上海书店,2001:260-261.

❷ 乔好勤.中国目录学史[M].武汉:武汉大学出版社,1992:62.

的"诸书之总要"。六略三十八种文献,皆可统综于作为"总最"或"总要"的《辑略》的本体设定。《辑略》既对类别予以分析说明,也对文献总体与社会文化体系加以解析和论断。所以,尽管《辑略》不收书,即不作为类别充当具体文献的归类依据,但《辑略》置于六略之前,隐含着文献虽可作六略类别区分,但又统一于《辑略》所揭橥的总体精神。借用庄子的话说,辑略是"以道观之",六略则是"以物观之",由此形成"合以分显"与"分以合明"的合中有分、分中有合的本体论分类观。因此,《七略》分类体系固然是出于"纲纪图书"的需要,但体系本身也体现了"道"的诉求。个中展现的是具体文献在整体文化背景下的"准确"定位以及藉由各就各位的文献而共同勾勒的文化全景,反映着目录体系对整个文献和文化世界所抱持的根本看法。

(二)七略与四部的互竞及其经史子集四部分类法的确立

汪辟疆总结我国书目分类的演进历史指出:"两汉,七略时期也;魏晋,四部时期也;由宋迄隋,七略与四部互竞时期也。"[1]这里所谓的"宋",是指南朝的刘宋(420—479)。

1. 七略与四部的互竞

历史上,西晋荀勖《中经新簿》(也称《晋中经簿》)是我国可以确知的第一部四分目录,但《隋志·序》曰:"荀勖又因《中经》更著《新簿》。"《中经》的作者是曹魏时期的郑默。据此,郑默很有可能是我国四分法的开创者,郑氏厘定的类别,被尊奉为"而今而后,朱紫别矣"。但因史料湮灭,文献无征,故阙而不论。荀勖《中经新簿》的分类体系被《隋志》所记载,其四部类目如下。

甲部:纪六艺及小学等书;

乙部:古诸子家、近世子家、兵书、兵家、术数;

丙部:史记、旧事、皇览簿、杂事;

丁部:诗赋、图赞、汲冢书。

《中经新簿》以甲乙丙丁为一级类目的符号,实即后世四分体系中经、子、史、集的雏形。但其先子后史,与后世通行的经史子集四部体系仍有差异。

---

[1] 汪辟疆.目录学研究[M].上海:华东师范大学出版社,2000:19.

《七录·序》曰："著作佐郎李充始加删正,因荀勖旧簿四部之法,而换其乙丙之书,没略众篇之名,总以甲乙为次。自时厥后,世相祖述。"东晋李充《晋元帝四部书目》仿荀勖《中经新簿》仍标甲乙丙丁,将图书区为四部,但将乙丙(实即子史)互换,成为经史子集四部的顺序。清钱大昕《补元史艺文志序》亦曰:"晋荀勖撰《中经簿》,始分甲乙丙丁四部,而子犹先于史。至李充为著作郎,重分四部,而经史子集之次始定。"这一顺序,《隋志》许之为"秘阁以为永制""自而因循,无所变革",为后世所遵循。

然而,对《晋元帝四部书目》的因循似乎局限于官府书目,而私家所撰仍多以七分体系为准式,刘宋王俭《七志》、萧梁阮孝绪《七录》和隋朝许善心《七林》等皆然。这三部"七"体书目,皆墨守刘氏《七略》,强以"七"类为断。但《七略》虽名之为"七略",实际仅分六类,不可不辨。另外,王俭曾参与编撰官修《宋元徽元年四部书目录》,然其《七志》仍取七分体系,说明他对官方提倡的四分法是保留的,也说明作为"永制"的四部分类似局限于官府,而没有延及私家目录。

上述三部"七"体目录中,《七林》久佚不存,无从查考其梗概。王俭《七志》的基本大类是:经典志、诸子志、文翰志、军书志、阴阳志、术艺志、图谱志共"七志",后附见道经、佛经二类。与《七略》相比,除类名变化之外,《七志》还增加了图谱志"以全七限",同时,后附道经、佛经二类,实有九类。阮孝绪《七录》分内外篇,内篇包括经典录、纪传录、子兵录、文集录、术技录;外篇包括佛法录和仙道录,合计为七大类。《七录》在《七志》的基础上有所精进,两者的区别主要表现在:第一,《七录》删除《七志》中的图谱略(图谱类文献随部入类,如易图入易类);第二,增加纪传录,成为后世"史部"的先响;第三,阴阳、术数合为术技录,成为后世将子兵、阴阳、术数全部归之"子部"的前驱;第四,《七录》之"七"包括佛法录和仙道录,而《七志》道经、佛经二类则在"七"数之外;第五,《七志》先道经后佛经,而《七录》先佛法后仙道,反映了佛法虽源自外域,但其社会影响已经凌迈本土的仙道之上。显然,这两部目录都推尊《七略》,但又能结合图书文化的现实变化而有所改良。

总体上,"七略与四部互竞",其结果集中体现在:

首先,四部分类取得了主体地位。从《七录·序》《隋志》《旧唐志》所胪列的目录来看,南北朝时期的目录(尤其是官修目录)基本上都是四部分类。

其次,"七"类体系虽被"四部"取代,但其标注类名(如六艺略、经典志)的体式则得到了继承。换言之,"四部"只是在分类体系上取得了胜利,但其"没略众篇之名,总以甲乙为次",即只用甲乙类号而不用类名(众篇之名)的体式则遭到了否弃。如《隋志》即使用了经、史、子、集的"众篇之名"以代替甲、乙、丙、丁之号。据《北齐书·颜之推传》,颜之推(531—约595)在《观我生赋》自注中尝言,他曾于梁元帝时(552—554在位)与他人奉命分校经、史、子、集四部书,这是目前可考的经、史、于、集的最早语源。而唐初所编《隋志》则是目前见存的明确用经史子集类名代替甲乙丙丁类号的首部分类书目。

《隋志》各取所长,既仿"四"类书目将图书"分为四部";又袭用"七"类书目采用类名标注各类。这样,始自郑默《中经簿》、晋荀勖《中经新簿》、李充《晋元帝四部书目》的"四"分体系以及始自《七略》直到王俭《七志》、阮孝绪《七录》的"七"分体系两者之间的"互竞",因《隋志》的出现而告一段落。《隋志》既宣告了四分法的本质性胜利,也证明了《七录》等"七"分体系的可取之处,此后目录多为明确标注经史子集类名的四部分类目录。

2. 经史子集四部分类法

《隋志》以降的四部目录,以清乾隆五十四年(1795)完成的《四库总目》为集大成之作,代表了我国古代目录分类的最高成就。该目计分四部四十四类六十六属。

经部:易、书、诗、礼(周礼、仪礼、礼记、三礼总义、通礼、杂礼书)、春秋、孝经、五经总义、四书、乐、小学(训诂、字书、韵书),共10类9属;

史部:正史、编年、纪事本末、杂史、别史、诏令奏议(诏令、奏议)、传记(圣贤、名人、总录、杂录、别录)、史钞、载记、时令、地理(宫殿疏、总志、都会郡县、河渠、边防、山川、古迹、杂记、游记、外记)、职官(官制、官箴)、政书(通制、典礼、邦计、军政、法令、考工)、目录(经籍、金石)、史评,共15类27属;

子部:儒家、兵家、法家、农家、医家、天文算法(推步、算书)、术数(数学、占侯、相宅相墓、占卜、命书相书、阴阳五行、杂技术)、艺术(书画、琴谱、篆刻、杂技)、谱录(器物、食谱、草木鸟兽虫鱼)、杂家(杂学、杂考、杂说、杂品、杂纂、杂编)、类书、小说家(杂事、异闻、琐语)、释家、道家,共14类25属;

集部:楚辞、别集、总集、诗文评、词曲(词集、词选、词话、词谱词韵、南北曲),共5类5属。

总体而言,从《七略》的六分,到《七志》与《七录》的七分,再到《隋志》和《四库总目》等目录的四分,基本沿着有继承也有创新的道路发展。

首先,四部分类法中的"经",基本源自六艺略(或经典志、经典录),不仅"经"的类名得以保留,且作为一级类目并位居类目第一的地位始终保持不变。它深刻地反映了儒家经典在传统文化中一脉相承的主体地位,也是中国传统文化连续性的集中体现。再从经部内容来看,儒家经典、解经著作和小学的主体内涵也没有发生实质性的变化。

其次,四部分类法中作为一级类目的"史"在《七略》中"附见《春秋》",只是二级类目"六艺略·春秋"的附庸,到阮孝绪《七录》则上升为一级类目"记传录",成为"七录"之一,位列第二。荀勖《晋中经簿》四分体系中,将史书列于丙部第三,《晋元帝四部书目》"互换乙丙",从丙部第三跃迁为乙部第二,从而最终确立了史部作为一级类目、位列第二的地位。"史"的地位由隐趋显,既是史学昌明的表现,也反映了对"经"的纯洁性要求,意味着类似《史记》等从属于"六艺略·春秋"的文献不再被视为"经",因而也丧失了"经者,常也"的普遍真理的内涵。

再次,四部分类法中作为一级类目的"子"上承《七略》诸子略,类名鲜有迁贸,但内容日趋庞杂。其历时性变化之迹主要是:

①《中经新簿》合"古诸子家、近世子家、兵书、兵家、术数"而成乙部,即将《七略》的诸子略及后三略(兵书略、术数略、方技略)悉数收罗在内。

②《七录》合诸子与兵书而成"子兵录"。

③降及宋代《崇文总目》,再增入"佛、道经",成为四部中内容最为庞杂的类别。

④"类书""丛书"等不再遽断类别或无法明确分入某部的图书也多入之子部。

总体上,子部内涵由简趋繁的走向,既反映了"论道"的诸子略和"论器"的兵书略、数术略、方技略的合流,也反映了与经史二类相比其重要性日趋下降的史实。冯友兰(1895—1990)曾指出,中国传统文化总体上可分为子学和经学两大阶段,并认为:"自孔子至淮南王为子学时代,自董仲舒至康有为为经学时代。"❶《七略》六艺略、诸子略居六大类之前二类,即反映了由先秦及汉初子学向武帝以后的经学阶段的过渡。而子部的扩容正是发生在"经学时代",实际上是子部类别不纯、地位下降的表征。

最后,四部分类法中作为一级类目的"集"源自诗赋略(或文翰志、文集录),具有明确的类别上的体裁意识,其内容相对纯洁。但《七略·诗赋略》下虽分五种,实则仅有诗、赋二体。清代《四库总目》集部亦分五种,但其具体子目为:楚辞、别集、总集、诗文评、词曲。并且,词曲又分词集、词选、词话、词谱词韵、南北曲五属。总体上,集部类别的发展不仅反映了文学体裁的增多,也体现了以"诗文评"为代表的文学理论的繁荣。

(三)四部分类法确立后的其他分类方案

经史子集四部分类堪称体系谨严、整齐有法,它之成为古代分类的主要体式当非偶然。晚清陈树杓(约1842—?)《带经堂书目》除子部无"术数"类外,类目皆同于《四库总目》。陆心源(1834—1894)《皕宋楼藏书志》除子部无"法家"之外,类目亦皆同于《四库总目》。而薛福成(1838—1894)《天一阁见存书目》、孙诒让(1848—1908)《温州经籍志》、张钧衡(1872—1927)《适园藏书志》的类目则与《四库总目》完全相同,可见《四库总目》为代表的四部体系的生命力。诚如王重民指出:"自从1793-1795年《四库全书总目》开始向读书人和藏书家流通以后,一个最显著的影响,就是在目录分类的类目上和每类之中所著录书籍的编排上,很快地就都按照《四库全书总目》的分类体系去做了。"❷

另一方面,四分法仍存在不少问题,远未臻致完善之境。例如,类书所涉范围甚广,不能就"子部"之范,但四部书目一般都将类书列为子部。《通志·艺

---

❶ 冯友兰.中国哲学史(下)[M].上海:华东师范大学出版社,2000:3.

❷ 王重民.中国目录学史论丛[M].北京:中华书局,1984:246.

文略》说："类书者,谓总众类,不可分也。若可分之书,当入别类。且如天文有类书,自当列天文类;职官有类书自当列职官类。岂可以为类书而总入类书类乎。"认为综合性类书应列为专类(十二大类中的第十一类),而专科性类书则随部入类。有鉴于此,在《隋志》确立经史子集四部体系、《四库总目》被许为"古今不易之法"❶之后,仍有许多目录或根据收书实际或根据个人识见而专事更张,并不视四分体系为当然楷式。

历史上,北宋李淑(1002—1059)《邯郸图书十志》在经史子集四部之外,另增艺术、道书、书、画四大类,合为八个一级类目,是《隋志》后不守四分之规的第一部目录。南宋郑樵《通志·艺文略》则区别"天下有无图书"为"凡十二类",即:经类第一,礼类第二,乐类第三,小学类第四,史类第五,诸子类第六,星数类第七,五行类第八,艺术类第九,医方类第十,类书类第十一,文类第十二。

古代分类学家大抵各抒胸臆,明代突破四部主流分类而形成的"另类"体系尤为突出。例如,杨士奇(1366—1444)主编的官修目录《文渊阁书目》以千字文编号排序,实分御制、实录、六经、性理、经济,史家,子家,诗文集,类书、韵书、姓氏、法贴、图画,政、刑兵、法、算术、阴阳、医方、农圃,道书、佛书,古今地志等39类。张萱等人奉诏编撰的《内阁藏书目录》分为圣制、典制、经、史、子、集、总集、类书、金石、图经、乐律、字学、理学、奏疏、传记、技艺、志乘和杂部等18类。徐图等人编撰的《行人司重刻书目》二卷《续书目》一卷,分典故、经、史、子、文、杂6类。

所谓"上有所好,下必甚之"。明代官修书目的咨意任情,导致四分体系郁暗不彰,直接影响到了明代私修目录分类的"以自为方"。例如,陆深(1477—1544)《江东藏书目》将图书分为14大类,嘉靖中晁瑮《宝文堂书目》以御制为首,上卷分诸经总录、易、书、诗经、春秋、礼、四书、性理、史、子、文集、诗词等,中卷分类书、子杂、乐府、四六、经济、举业等,下卷分韵书、政书、兵书、刑书、阴阳、医书、农圃、艺谱、算法、图志、年谱、姓氏、佛藏、道藏、法帖等,共33类。嘉靖间孙楼(1515—1584)所撰《博雅堂藏书目录》分制书、经、史、诸

---

❶ 陈祖武,朱彤窗.乾嘉学术编年[M].石家庄:河北人民出版社,2005:225.

子、文集、诗集、类书、理学书、国朝杂记、小说家、志书、字学书、医书、刑家、兵家、方技、禅学（附道书）、词林书等18类，并附以试录、墨卷，计20大类。崇祯间茅元仪（1594—1644）《白华楼书目》分九学十部：一曰经学，二曰史学，三曰文学，四曰说学，五曰小学，六曰兵学，七曰类学，八曰数学，九曰外学，此外，另有"世学"一目，但不实际收录具体文献。明末陈第《世善堂藏书目录》六卷，将文献分为经、四书、子、史、集、各家六部。

　　另外，祁承㸁《澹生堂藏书目》虽恪遵经史子集四部体系，但大量增加二级类目和三级子目的数量，例如，经部新增理学类，该类之下复分性理、诠集、遗书、语录、论著、图说等六子目，颇具特色。又如，史部之下列丛书类，类下复分国朝史、经史子集、子汇、说汇、杂集、汇集等六子目，成为古代目录中"丛书"类目独立之始。总体上，该目经部11类、史部15类、子部13类、集部7类，计分46个二级类目；类下再复分子目，计有243个三级子目，子目之详明，在明代私目中堪称高标独秀。焦竑则仿郑樵《通志·艺文略》编有《国史经籍志》，在类目设置上亦极尽铺张之能事，从而既保证了每种图书各有攸归，亦简明直观，颇便检索。例如，子部道家增诸经、杂著，释家增经、律、论、义疏、偈、杂著，等等，践行了郑樵"类例详明"的分类学理念。

　　清代不守四分法的目录也有很多，但主要局限于私修书目。例如，钱曾《也是园书目》分为8部150类。季振宜（1630—?）《季沧苇藏书目》分宋版、宋元杂版、崇祯历书总目、经解目录四类，其中宋元杂版又分经部、史部、古文选、韵书、子书、文集、诗集部、类书、杂部、内典、儒书、医书、方舆等小类。卢文弨（1717—1795）《常郡八邑艺文志》按体裁分为：诏、制、敕、诰、谕、祭文、表、疏、议论等12类。尤其是，在《四库总目》颁行后，孙星衍《孙氏词堂书目》将图书分为经学、小学、诸子、天文、地理、医律、文学、金石、类书、词赋、书画、说部等十二类，显示了作者可贵的探索精神。

　　综上，中国古代占主流地位的分类是经史子集四分体系。但在《隋志》《四库总目》为四分法树立楷式之后，仍有大量书目致力于"突破"四分法，形成了中国古代书目分类史上多元并存的景象，集中反映了中国古代的分类本质上是书目主体对文献规划的认知，客观性以及由此而来的"标准化"并不是它的取向。进一步,文献或文化世界是一个由人参与的世界,人与文献或文化世界的关系是由人的理解或意志概括出来的。人并不是被动地接受客观文献世界的前提必然性,人对文献价值的主观界定才是"客观"世界存在的合法依据。而书目就是根据主体人的认识和理解,从"应该"而不是"必然"的角度规划文献类别,从而规范着一个社会的文化理想,并助益整个社会的秩序化运作。

第三节　中国古代目录分类体系的宏观建构

类似《中图法》这样的现代分类体系,是由若干类名及其分类代码(又称标记符号、分类标记、分类号)结构而成的符号网络。类名是语词,分类表是词典,而创造和运用类名以表达文献内容并有效地实现检索的一整套规则则构成了语法。语法包括主要用于分类表编制过程的词法和主要用于文献标引与检索的句法。在现代分类中,词法和句法是彼此分离的,类表往往由学者或专门的委员会预先编制;而根据业已编制的类表标引或检索文献则是馆员和读者的任务。相比而言,中国古代没有分类代码符号,其类表主要是由若干层次有别的类名建构而成,类别的脉络直接体现在类名之中。并且,"因书设类"的类表建构与"即类归书"或"即类检书"的具体文献标引与检索往往是同一个主体。

本节拟重点分析古代书目中的"因书设类"问题,它大致包括类表的宏观体系、具体类别和类名的选择等方面的内容。

一、类表的宏观体系

西方原子思维重视从个别到一般的归纳,关注个体元素的明晰性,整体是由明晰性的个体理性地建构的。而中国的整体思维重视从一般到个别的演绎,个别不是思维的起点,它必须受到整体的制约。所以,古代目录强调从体系看类例,从类例看文献单元,形成了以大观小、综合知解的目录体系。每一个具体文献,都不是在形态上自足的单位,而是在超文本内涵上彼此密切联系的开放体系。它不追求文献单元在形式上的绝对明晰,而是根据超文本内涵,将具体文献部次条别在某个适当的位置。然后,所有具有"适当"位置的文献单元共同构成一幅天人一致、物我相谐的人文景观。它为我们勾勒出当时文化的全部,实现了由文献的机械物理秩序上升为文化的有机理想秩序的目录学飞跃。借观现代分类学的认识成果可知,类表的宏观体系主要体现在基本部类之中,基本部类反映了对文献及其背后文化的统一性认知,但这种统一性是建立在逻辑推理和概念系统之上的。

(一)现代分类的基本部类

分类表中首先进行的最概括、最本质的划分,称为基本部类。例如,《中图法》所分22个基本大类可以概括为五个基本部类:(1)马列主义、毛泽东思想或马列、毛泽东著作;(2)哲学;(3)社会科学;(4)自然科学;(5)综合性图书。

由基本部类展开而来的第一级类目,形成基本大类。如《中图法》有22个基本大类,基本上反映了西方自文艺复兴以来的学科或主题领域:A马克思主义、列宁主义、毛泽东思想、邓小平理论;B哲学、宗教;C社会科学总论;D政治、法律;E军事;F经济;G文化、科学、教育、体育;H语言、文字;I文学;J艺术;K历史、地理;N自然科学总论;O数理科学和化学;P天文学、地球科学;Q生物科学;R医药、卫生;S农业科学;T工业技术;U交通运输;V航空、航天;X环境科学、安全科学;Z综合性图书。

总体上,基本部类和基本大类的结构、数量和排序,体现了书目主体对知识分类或学科分类的看法。例如,西方早期分类大多跟亚里士多德的理论哲学、实用哲学、生产哲学的知识三分体系有关。16世纪法国布鲁涅的《法国体系》将图书分为神学、法学、科学与技术、文学、历史的五分体系则可以从基督教神学观中找到依据。而作为图书分类划时代著作的DDC,其大类可以推源于17世纪英国哲学家培根的知识三分体系——历史(记忆的)、诗歌(想象的)、哲学(理性的)。在三大基本部类的基础上,DDC进一步展开为10个基本大类:000总论;100哲学;200宗教;300社会科学;400语言;500自然科学和数学;600技术(应用科学);700艺术、美术和装饰艺术;800文学;900地理、历史及辅助学科。值得一提的是,受培根知识三分体系的启发,杨家骆(1912—1991)1946年出版的专著《四库全书通论》第二章中曾指出:古代四部分类反映了传统文化的根、干和枝三大结构。其中,经是文化之根,是学问的根基和人生圭臬;史是记忆性的,子部是思想性的,两者共同构成文化之干,集是想象性的,属于文化之枝❶。

中国古代书目类表的宏观体系首先体现为对基本大类(一级类目)的设计,《七略》《四库总目》等目录,也往往以"七""四"之类的数字命题,以点明该目所包含的大类数量。但事实上,古代书目在基本大类之外,另有对基本部类的认识。基本部类站在哲学的高度表述、组织和认识文化,并使我们在其自足的整体价值中成功地建构和组织起知觉、概念和主观的世界,具有一种真正的整体能量。书目中的具体文献和具体类别不再是个别的,而是获得了一种文化背景意义上的全新定位和整体关照。

(二)中国古代目录中的基本部类

《七略》在六略、三十八种的基础上还将文献区别为两大部类——"学"部和"术"部,而"学""术"也构成了中国古代书目分类体系的基本部类。

众所周知,章学诚"《校雠通义》的内容百分之九十以上是讨论《汉书·艺文志》的"❷;"章氏著《校雠通义》……仅就《汉书·艺文志》参互钩稽而为之说"❸。而章氏《校雠通义》提出的"辨章学术考镜源流"中的"学术",正是从"部类"的意义上立说的❹。

"学术"一词,"和中国传统的图书分类法关系非常大"❺,郑樵"类例既分,学术自明"、章学诚"辨章学术考镜源流"的命题都深刻地指出了图书分类与学术文化的密切关系。其中的"学"是指《汉志》前三略(六艺略、诸子略、诗赋略),大致相当于文史哲的内容,可对比于西方的古典人文科学(humanities)。

❶ 傅荣贤.中国古代图书分类学研究[M].台湾:学生书局,1999:黄庆萱序.

❷ 王重民.《校雠通义》通解[M].上海:上海古籍出版社,1987:13.

❸ 余嘉锡.目录学发微[M].成都:巴蜀书社,1991:8.

❹ 傅荣贤."辨章学术考镜源流"正诂[J].图书馆理论与实践,2008(4).

❺ 李零.简帛古书与学术源流[M].北京:三联书店,2004:12.

humanities 一词即由专志研究古希腊和古罗马的文学、历史和哲学等学问引申而来。《汉志》后三略（兵书略、数术略和方技略）是章学诚所说的"术"，多与职业知识有关（《孟子》所谓"术不可不慎"，即是针对择业而言的），是技术或技艺意思上的、关乎自然和社会领域里的各种实用性的知识门类。其内容主要包括用兵之道、天文、历法、五行、占卜、地理、命相、风水、医学、养生等各类知识与技能。对比于西方，主要对应于 science & technology[1]。

　　结合出土简帛可知，在《汉志》六大类中，"过去我们把关注的重点放在精英阶层文化，即《汉书·艺文志》中前三类——六艺、诸子、诗赋，而忽略了后三类——兵书、术数、方技。出土的简牍、帛书文献却有相当大的部分恰恰是'兵书''术数''方技'，天象星占、择日龟卜、医方养生、兵家阴阳的知识在古代随葬文献中的数量，表明它在实际生活中占了很大的分量，也常常是古代思想的背景"[2]。对照《汉志》可以发现，古书亡佚最多的是讲实用技术的后三略，即兵书、数术、方技（当然，诗赋类文献也亡佚较多）——尽管，它们基本不在秦始皇焚书的范围之内。而出土简帛对古书补充最多的地方恰恰就在这几方面。例如，银雀山汉简以兵书居多，马王堆帛书以数术、方技居多。方旭东指出：这些出土古书提示我们，中国文化其实还存在另外一条线索，即以数术方技为代表，上承原始思维，下启阴阳家和道家以及道教文化的线索。方术的思想内容相当丰富，其中，数术涉及天文、历术、算术、地学和物候学；方技涉及医学、药剂学、房中术（性学、优生学等）、养生术以及与药剂学有关的植物学、动物学、矿物学和化学知识，它们不仅囊括了中国古代自然科学的所有"基础学科"，而且还影响到农艺学、工艺学和军事技术的发展。总之，对方术的研究可以弥补现存古代思想史研究在"知识体系"上的不足[3]。

　　历史上，秦始皇焚书是在首先区别文书与图书的基础上，再进一步将图书区别为学和术两大部类的。秦汉之际的文书主要由"吏"掌管，图书则主要由"士"职掌。而"士"又分为文学士和方术士，简称学士和术士，如《史记·秦始皇本纪》曰："悉召文学、方术士甚众，欲以兴太平。"这两类"士"分别掌管学

❶ 傅荣贤."辨章学术考镜源流"正诂[J].图书馆理论与实践,2008(4).

❷ 沈颂金.二十世纪简帛学研究[M].北京:学苑出版社,2003:11.

❸ 方旭东.影响思想史的20世纪出土古书(下)[J].哲学动态,2000(10).

部图书和术部图书❶。又如,秦汉时期的阴阳家可分为两大类别:一是以邹衍(前324—前250)为代表、倡言"五德始终"的一派;二是专营星占、堪舆、卜筮等活动的"数术"之学。大致来说,前者为诸子,是刘勰《文心雕龙·诸子》所谓"入道见志"之书,属于"学"的范畴。后者是具体的数术技艺,属于"术"的范畴。例如,"长沙子弹库战国楚帛书就属于阴阳学家著作,应归《汉书·艺文志》中的数术略"❷。事实上,出土简帛中属于"诸子略·阴阳"的文献只有长沙子弹库楚帛书、银雀山汉简《阴阳散》和《曹氏阴阳》等有限的几种。相反,属于数术略的文献则十分繁富,由此可见"学"与"术"不同的社会地位。

魏晋以降,尤其是《隋志》以后,经史子集四部体系成为分类体系的主流,作为"术"的兵书、数术、方技皆入之"子"部,反映了中国古代总体知识结构由秦汉之际的"学""术"并重,向重"学"轻"术"甚至有"学"无"术"的转向❸。

总体上,基本大类有明确的类名作为标识,如六略、四部。基本部类则往往幽隐不彰,但却反映了关于文献及其文化的系统统一性认知,具有极其深刻的本体论意识。

二、《七略》中的阴阳五行秩序

中国古代博大精深的传统文化,坚持《中庸》所谓"万物并育而不相害,诸道并行而不相悖"的根本信念,从而也成就了中华文明"有容乃大""和合融汇"的文化个性。这在古代目录学中主要表现为强调不同文献"化均""治一",多元并存,承认文献之间具有互补性质从而最终承认文献之间的多样性统一。而目录系统的文化建构是和汉民族世界观的建构紧密相连的,从中可以看到知识的统一与存在的和谐。兹以《七略》文献秩序背后的阴阳五行秩序为例予以说明❹。

---

❶ 傅荣贤.论秦朝图书与档案的分野及其"以法治国"的行政取向[J].图书情报工作,2009(8).

❷ 骈宇骞.出土简帛书籍分类述略(数术略)[J].中国典籍与文化,2006(2).

❸ 傅荣贤."辨章学术考镜源流"正诂[J].图书馆理论与实践,2008(4).

❹ 傅荣贤.中国古代书目中的文献秩序、人伦秩序和天道秩序[J].图书馆杂志,2003(12).

（一）儒家六经的阴阳五行秩序

《七略》以阴阳五行作为最根本的文献秩序,这首先反映在儒家六经中。《汉志·六艺略序》云:"六艺之文:《乐》以和神,仁之表也;《诗》以正言,义之用也;《礼》以明体,明者著见,故无训也;《书》以广听,知之术也;《春秋》以断事,信之符也。五者,盖五常之道,相须而备,而《易》为之原。故曰:'《易》不可见,则乾坤或几乎息矣。'言与天地为终始也。至于五学,世有变改,犹五行之更用事焉。"

这里的核心思想有三:

首先,阐述了除《易》之外的五经(乐、诗、礼、书、春秋)的价值功能,如"《乐》以和神""《诗》以正言",即从政治教化的角度定位文献,表明儒家经典主要是价值论存在,体现了中国古代"文以载道"的思想。《庄子·天下》云:"《诗》以道志,《书》以道事,《礼》以道行,《乐》以道和,《易》以道阴阳,《春秋》以道名分。"《礼记·经解》曰:"孔子曰:入其国,其教可知也。其为人也,温柔敦厚,《诗》教也;疏通知远,《书》教也;广博易良,《乐》教也;洁静精微,《易》教也;恭俭庄敬,《礼》教也;属辞比事,《春秋》教也。"此外,《荀子》的《劝学》和《儒效》,《新语·道基》《淮南子·泰族训》《春秋繁露·玉杯》,《史记》的《滑稽列传》和《太史公自序》等文篇也都曾言及儒家经典的功用。

其次,将五经与仁、义、礼、知、信"五常"相配,如《乐》是"仁之表也"、《诗》是"义之用也",由此形成了一个"五常之道,相须而备"的自足体系。在我国思想史上,孟子首先提出仁、义、礼、智"四端",董仲舒(前179—前104)的《春秋繁露》在此基础上进一步扩充为仁、义、礼、智、信"五常",并落实为政治制度上的五官之义:木－司农－仁,火－司马－智,土－司营－信,金－司徒－义,水－司寇－礼。显见,由孟子四端发展为董仲舒的五常,乃是出于与木火土金水五行相配的考虑。而五行作为表征世界万物多样性统一的范畴,是一个相对完满和自足的体系,五经也因五常(最终因五行)而成为逻辑周延性的范畴体系。这无疑是在董仲舒五行结构体系基础上对文献本质及其结构关系的创造性发挥。

再次,强调六经中的《易》为五经"之原""与天地为终始"。《庄子·天下》

曰：“《易》以道阴阳。”阴阳集中反映在《易》的乾坤二卦上，《六艺略》引《易传》云：“《易》不可见，则乾坤或几乎息矣。”而乾坤二卦又代表天地。《汉书·五行志》引刘歆的观点曰：“虙羲氏继天而王，受《河图》，则而画之，八卦是也；禹治洪水，赐《雒书》，法而陈之，《洪范》是也……则《乾》《坤》之阴阳，效《洪范》之咎征，天人之道粲然著矣。”刘歆认为，“天人之道”得以朗现的基本路径是“则《乾》《坤》之阴阳”“效《洪范》之咎征”，而《洪范》即五行。因此，“天人之道”就是由阴阳五行构建的秩序。除《易》之外的五经即五常，也即“五行”；《易》则以“道阴阳”而成为五经之原，并与五经共同构成一个与阴阳五行同质同构的范畴体系，阴阳五行秩序遂成为规划文献的重要依据。

显见，《六艺略》谓《易》为五经“之原”，是因为阴阳（《易》）是五行（五经）“之原”；《六艺略》谓“与天地为终始”，是因为阴阳五行是“天人之道”的最高秩序。《易》之阴阳与五经之五行相配，既使六经获得了阴阳五行的本体论依归，也确证了六经的神圣地位。我们知道，先秦已有“六经”之名，但六经次第基本是以《诗》《书》为主体，以《易》和《春秋》殿后。在六经次第的漫长演变过程中，最终因《七略》“用易居首”而确定了《易》在六经中的优先地位。这其中的演变过程及其原因学界多有论及，但最根本的原因恐怕还是出于阴阳五行思想的考虑。

综上，六经的最大特点是表征了阴阳五行秩序。而阴阳五行秩序既是社会人伦秩序也是天道秩序，具有形而上的本体论色彩。

（二）《七略》中的其他文献对阴阳五行秩序的构拟

六艺略无疑是《七略》六分体系中最为重要的文献，而六艺略所分九种，又以易、书、诗、礼、乐、春秋“六经”为首，因此，六经在《七略》“六百三家”文献中是具有典型性和示范意义的。

《七略》开篇谓“昔仲尼没而微言绝，七十子丧而大义乖”，明确指出《七略》旨在对不复仲尼法度的文本予以整饬和规范，以期恢复孔子及其七十弟子的“微言”和“大义”。而六经是孔子的文本，其中的《易》更是和合天人的重要文献。《六艺略·易类序》云：“《易》曰：‘宓戏氏仰观象于天，俯观法于地,观鸟兽之文与地之宜,近取诸身,远取诸物,于是始作八卦,以通神明之德,以类万物之情。'至于殷、周之际,纣在上位,逆天暴物,文王以诸侯顺命而行道,天人之占可得而效,于是重《易》六爻,作上下篇。孔氏为之《彖》《象》《系辞》《文言》《序卦》之属十篇。故曰:'《易》道深矣,人更三圣,世历三古。'"

可见,经由宓戏氏仰观俯察、近取远取而"始作"的八卦,有效地贯通了天人之际。效宓戏而起的周文王重爻及作《上下篇》,也臻致"天人之占可得而效"的境界。进一步,孔子所作《彖》《象》等十篇(即《十翼》)也是对天人之道的归趋。因此,"《易》学思想贯通着《七略》的各个部分,是支配整部《七略》的内在精神观念"❶。

不仅如此,表征阴阳五行秩序的六经对整部《七略》也构成了一个重要的约束。据统计,"《七略》各大小序中共引书16种70次,其中六艺经传占10种62次,《易》则有18次,居于群经之首"❷。对六经不厌其烦的反复征引,本质上表明对六经背后的阴阳五行秩序的充分认可和主动趋附。例如,《诸子略序》曰:"诸子十家,其可观者九家而已。皆起于王道既微,诸侯力政,时君世主,好恶殊方,是以九家之术蜂出并作,各引一端,崇其所善,以此驰说,取合诸侯。其言虽殊,辟犹水火,相灭亦相生也。仁之与义,敬之与和,相反而皆相成也。《易》曰:'天下同归而殊涂,一致而百虑。'今异家者各推所长,穷知究虑,以明其指,虽有蔽短,合其要归,亦《六经》之支与流裔。使其人遭明王圣主,得其所折中,皆股肱之材已。仲尼有言:'礼失而求诸野。'方今去圣久远,道术缺废,无所更索,彼九家者,不犹愈于野乎?若能修六艺之术,而观此九家之言,舍短取长,则可以通万方之略矣。"

这里强调,诸子略所分的十家文献言殊而归同,皆是"《六经》之支与流裔",因而也符合阴阳五行秩序。而所谓阴阳五行秩序主要包括社会人伦秩序和天道秩序,因此,是否符合人伦之道与天地之道,也成为评骘文献得失的重要标准甚至是唯一标准。例如,《诸子略》的道家、名家和墨家的序言分别云:

❶ 邓骏捷.刘向校书考论[M].北京:人民出版社,2012:314.

❷ 邓骏捷.刘向校书考论[M].北京:人民出版社,2012:313.

　　道家者流,盖出于史官,历记成败存亡祸福古今之道,然后知秉要执本,清虚以自守,卑弱以自持,此君人南面之术也。合于尧之克攘,《易》之嗛嗛,一谦而四益,此其所长也。及放者为之,则欲绝去礼学,兼弃仁义,曰独任清虚可以为治。

　　名家者流,盖出于礼官。古者名位不同,礼亦异数。孔子曰:"必也正名乎! 名不正则言不顺,言不顺则事不成。"此其所长也。及警者为之,则苟钩鈲鈝析乱而已。

　　墨家者流,盖出于清庙之守。茅屋采椽,是以贵俭;养三老五更,是以兼爱;选士大射,是以上贤;宗祀严父,是以右鬼;顺四时而行,是以非命;以孝视天下,是以上同;此其所长也。及蔽者为之,见俭之利,因以非礼,推兼爱之意,而不知别亲疏。

　　上述三"种"文献,其评价方式或者引儒经(如引《易》)或者引儒家名人(如孔子)或者以儒家标准(如"选士大射""宗祀严父""顺四时而行""以孝视天下")为依据,形成评论性的二分话语,这在整个《七略》中是颇有代表性的。亦即,在儒经、儒者或儒学标准的文辞之前,都是肯定相关文献的优长之辞;而此后则是揭示其不足之语。说明六经的阴阳五行秩序也是《七略》"六百三家"文献的共同秩序。诚然,中国"从古代开始,先是阴阳、然后是阴阳五行之说就在中国广为流行,上至皇帝下至黎民,在做事的时候,往往都把阴阳五行中的说法作为准则,进行'是非判断'或者'是否判定'"❶。在这个意义上,《七略》的最大特色即在于将文献秩序纳入到阴阳五行体系之中,从而既使文献秩序获得阴阳五行秩序的本体论依归,也丰富和发展了阴阳五行秩序的具体内容。

　　而阴阳五行既是社会人伦秩序,又是天地秩序。当阴阳五行成为文献秩序的本体依据,文献秩序又可以反过来参赞阴阳五行,从而成为襄助天道和社会人伦之道的重要因素。因此,古代书目不仅要提供文献规整性的"小序",更要揭示天道和社会人伦之道的"大序",从而超越了单纯的分类技术,成为入世的传统文化的一部分。

---

　　❶史宁中.中国古代哲学中的命题、定义和推理(下)[J].哲学研究,2009(4).

三、古代目录中的天道秩序和人道秩序❶

《七略》以六经为重点,论证了文献与阴阳五行范畴的有机联系。而阴阳五行是一个统括天人的结构体系,集中反映了天人和合的思维模式。因此,文献秩序、人伦秩序和天道秩序三者之间是高度统一的。文献、人道和天道被放在统一的"场"中作整体的考察,三者相互贯通、彼此融合,显示了文献秩序的深刻性。

(一)天道秩序

中国先哲都持守"天人合一"学说,肯定人类与宇宙万物的有机联系。阴阳五行作为一种解释世界的范畴,也是贯通天(宇宙自然)、人(人类社会)的,人类的一切活动都"参赞化育",力求与天地自然协调、和谐,达到理想化的生态平衡境界,天道是整个宇宙"无所逃乎是"的根本法则。同样,古代的文献行为也要依循自然、遥契天道。

《七略》文献秩序藉由阴阳五行的模式而被整体性地纳入到了天道所规范的结构体系中,这一努力上达天道的精神诉求,对后世目录影响很大。例如,陈梦雷(1650—1741)《古今图书集成目录》取易学框架将各种文献资料分为六大类(类下再分32个二级类目),一是历象汇编,二是方舆汇编,三是明伦汇编,四是博物汇编,五是理学汇编,六是经济汇编。六者分别对应于《易经》"仰则观象于天""俯则察法于地""近取诸身""远取诸物""以通神明之德"和"以类万物之情"的天人模式。《四库全书》则选用四种不同色彩的包背绫衣来区别四库图书,乾隆皇帝题诗曰:"浩如虑其迷五色,挈领提纲分四季。终诚元矣标以青,赤哉亨哉史之类,子肖秋收白也宜,集乃冬藏黑其位。"大意是说,为了易于识别,用象征四季(亦配东南西北四方)的颜色来标志四部图书的部别。经书居典籍之首,如同新春更始,应标以绿色;史部著述繁盛,如火如炽,应用红色;子部采撷百家之学,有如秋收,以白色或浅色为宜;集部文稿荟萃,好比冬藏,应用黑色或深色,其最终目的是为了"合四时之序"。"从文渊、文源、文津、文溯四阁书的装帧情况来看,与诗中所描述的情况虽然稍有

❶ 傅荣贤.中国古代书目中的文献秩序、人伦秩序和天道秩序[J].图书馆杂志,2003(12).

差别,但大体上还是不错的"❶。麟庆(1791—1846)《娜嬛妙境藏书目录》自序曰:"岁乙巳(道光二十五年,1845),家居养疴,暇日率二子崇实、崇厚检旧箧、庋新架,坐拥自娱。所惜卷帙浩繁,每难探手而得。因仿《四库全书》例,析经史子集四门,标签以显。签分四色,经黄、史青、子绿、集白。"而清人孙星衍《孙氏祠堂书目》将当时的文献分为十二个大类,是以一年十二个月为计,"以应岁周之数"。

可以肯定,从《古今图书集成目录》到《孙氏祠堂书目》,都是要将文献的类别演化为天道秩序,即"合四时之序"或"应岁周之数"从而"与天地相参"。这一认识显然与《七略》以阴阳五行作为文献最高秩序的思想一脉相承。尽管,努力将文献秩序上达天道,具有十分明显的附会和机械对应的性质,但其本质是要肯定人的活动皆发端于天,并具有上达天道的可能。"它不是强调主体人对客体对象世界的主宰与征服,而是强调天道秩序是人类一切行为赖以进行的背景条件,作为人类行为之一的文献活动,也要在天人合一的境界中仿照天道秩序以构建文献秩序,从而发挥认知物理、承担道德义务并进一步化裁万物的能动性。相应地,是否恪守天道,也成为包括文献活动在内的人事之得失的根本依据"❷。

我们知道,中国哲学普遍抱持世界整体性的观点,古代的天、道、阴阳、五行、理、气、心等都是用于描述世界统一性的哲学范畴。正像它们的字面含义不尽相同一样,尽管对于世界到底统一于什么存在歧见,但在承认世界具有统一性的问题上则是一致的。周敦颐"形异理同",程颐"理一分殊",朱熹"人人有一太极,物物有一太极",中医"人体小宇宙"等认识,都是对世界整体性认识的表述。而这种整体性是通观天(宇宙自然)、人(人类社会)的。虽然中国古代天人关系中的"天"包含有一定程度的神道内容,但其根本和主体仍是要强调尊重宇宙本身的实在性以及敬畏自然法则的不可抗拒性,同时,也强调天作为道德之源对于人的既超越又内在的价值特征。因而,天的神秘性已经被创造性地转化为主体人的内在道德律令。例如,《论语》"获罪于天无所祷也","天生德于予桓魋其如予何","文王既没文不在兹乎……匡人其如予

---

❶ 华立.四库全书纵横谈[M].上海:上海古籍出版社,1988:70.

❷ 傅荣贤.博征、确证、的论——邓骏捷博士《刘向校书考论》平议[J].图书情报知识,2013(5).

何","吾谁欺欺天乎","天丧予天丧予"等等,看似留有天命论的尾巴,没有对天命的权威加以限制,但孔子同时认为,个体的主观努力正是天给予他的使命,从而也为人力的作用预留了空间。总之,"儒家天人之学把人类看作自然界的产物,肯定人类与天地万物的有机联系,并追求人类活动与自然界的协调与和谐,最终目的是要形成一种理想化的生态平衡。"❶

(二)人伦秩序

中国古代哲学中的"道"涵盖天人,是天人的最高秩序。《老子》强调"人法地,地法天,天法道,道法自然"(25章)。表明天道规范并服务于人道,人道承绪并上达天道。《诗·大雅·烝民》"天生烝民,有物有则,民之秉彝,好是懿德",强调人间秩序来自天道。《中庸》"天命之谓性,率性之谓道,修道之谓教",主张天道性命相贯通。程朱理学正是以此为起点论证社会人伦秩序遥契天道,从而获得本体论依据的。总之,社会人伦之人道来源于天道、并与天道同质同构,而人伦秩序的变化就是五行天道的变化。《汉书·董仲舒传》曰:"仁谊(义)礼知信五常之道,王者所当修饬也。五者修饬,故受天之晁,而享鬼神之灵,德施于方外,延及群生也。"说明天道是五行生克的演化,而人道(五常)也是五行生克的流行。因此,王者若能躬行五常,即可受佑于天道、鬼神,五常因而也是社会人伦的当然准则❷。

同样,以阴阳五行之"道"为本原的文献秩序,在上达天道的同时,也必须落实为人道秩序。所以,《七略·六艺略》曰:"至于五学,世有变改,犹五行之更用事。"《白虎通》卷九则云:"经所以有五何？经,常也。有五常之道,故曰《五经》。《乐》仁、《书》义、《礼》礼、《易》智、《诗》信也。人情有五性,怀五常不能自成,是以圣人象天五常之道而明之,以教人成其德也。"《白虎通》与《六艺略》有关经书与五常(五行)的具体配置方式虽不尽相同,但从人伦教化的层面上论证文献合法性的思想则是一致的。

因此,古代目录学中的文献秩序集中表现为:通过对天道的体悟和仿拟,推衍相应的人道,从而在文献活动中安顿人伦,确证社会秩序。文献秩序遂

---

❶ 刘文英.儒家文明论纲[J].孔子研究,2000(4).

❷ 傅荣贤.中国古代书目中的文献秩序、人伦秩序和天道秩序[J].图书馆杂志,2013(12).

被赋予了超越文献本身的职能,成为维护人伦、充任社会治乱的重要工具。所以,古代分类既"别同异"也"明贵贱",既条理文献的秩序也体现人对社会秩序的理解。例如,麟庆《嬢嬛妙境藏书目录》自序曰:"仿《四库全书》例,析经史子集四门……每类首列御制及钦定书,尊王也;次列先人撰述,尊祖也;又次列师长著作,尊师也;其他人诗文,彰友谊也;余为弁言,与余诗文序。"该目经史子集之下皆按人物社会伦理等第列类,从而既概括文献客体归属上的区别,更要在人的主观心理上确立一种社会关系。又如,陈鱣(1753—1817)所撰《续唐书》,认为后唐和南唐皆上承唐祚,下启宋朝,应当作为五代十国之正统,其《序》云:"唐受命二百九十年而后唐兴,历三十年;后唐废而南唐兴,又历三十年而亡。此六十九年,唐之统因未绝也。"故其书不称"五代"而题为"续唐"。相应地,"经籍志"亦称《续唐书·经籍志》。再如,侯康(1798—1837)在编《补三国艺文志》时,依习凿齿(328—383)《汉晋春秋》、朱熹《通鉴纲目》之见,先蜀次魏次吴,以强调刘蜀的正统地位,与陈寿(233—297)《三国志》先魏次蜀次吴的顺序不同。相应地,在文献排列上,如史部杂传类,诸葛亮(181—234)、陈述等蜀人之传先于魏文帝、魏明帝之传。显然,"古代书目直面社会问题,更为重视类别的人文性和文化功能,并以服务于社会伦理为当然使命"❶。

古代书目工作的实质是对大道、天理和人的生命存在的哲学反思,并以"天人合一"为理想模型,努力呈现天道性命之理,它从道德观念勾画文献秩序,又在文献秩序中推演社会理想,远远超越了现代书目知性演算的层次,代表了迄今为止人类目录学的最高理想。现代目录学对文献的观察和描述是从一个确切的起点(如学科属性、主题概念的逻辑类项)出发的,它关注的是文献可观察的部分,论断的是文献的物理属性或表层内涵,"是或不是"是其终极旨归。因此,现代书目的文献秩序直接体现为一个清晰的逻辑结构。我们知道,谢拉(Jesse Hauk Shera,1903—1982)等学者提出的图书馆哲学,本质上是西方后现代思潮对现代图书馆学"理性滥用"的反思,重在追问理性背后的形上依据。但是,西方原子分析和主客二分的学术范型,决定了谢拉关

---

❶ 李满花.浅议中国古代书目中的类名[J].图书情报工作,2010(9).

于图书馆哲学的思考只能局限在"人文"层次,而缺乏关于"天文"层次的深刻洞见。

而中国古代目录学的最高境界是"道"。清儒章学诚在《校雠通义·序》中不懈陈辞:自西汉刘向以来的我国目录"不徒为甲乙纪数之需""不徒为甲乙部次计",即不能停留在逻辑结构的层面,而必须"明于道术精微",臻致"申明大道"的境界。而表征最高秩序的"道"兼有社会秩序和自然秩序的含义,藉由"部次条别""甲乙部次"或"甲乙纪数"而成就的文献规整性的"小序",必须契协人伦、天道之"大序",只有合乎天道秩序、参赞人伦秩序才是文献秩序的理想状态。唯其如此,乾隆皇帝《日讲易经解义》提要指出,御定的《四库总目》大旨是"即阴阳,往来,刚柔,进退,明治乱之依附,君子小人之消长,以示人事之宜"。它肯定文献活动和所有其他形式的人事活动一样,直接参与建构社会和自然运行的规律(道)和秩序(纲纪),甚至成为后者赖以存在和发生的条件和环境。

综上,中国先贤以强烈的社会感和天道观关注并探索文献意义,很少关心目录形式和分类系统的自然意义,从而超越了机械论,上升到了有机论的高度。它付出了缺乏形式化因而不便于检索文献的代价,但却显现了对目录学本质的深刻理解和对目录功能的极富价值的运用。它启迪我们,目录学乃至图书馆学完全有可能肩负更大的社会担当,而不是局限于学科内部自说自话。目录学的文献活动必须参赞天人,按照宇宙规律变化、发育,达到人文与天文的优化平衡。由此,目录学也成为一种道德行为,它把仁德从社会人际推广到一切生命和自然宇宙,具有生态伦理与生态哲学的意味。

第四节　中国古代目录的具体类别及其建构原则

类表是若干类名建构而成的网络体系,不同的类名又分别代表了各不相同的一组现实文献。因此,类表的建构是以现实的文献及其背后的文化为依据的。

一、中国古代目录基本大类(一级类目)的建构

分类结构中的基本部类,如古代的"学""术"二部或DDC"记忆知识""理智知识""想象知识"三分结构,都没有明确的类名标记其名目。从类名(有时也包括类号)中能够直接观察到的类表结构主要是基本大类(一级类目)以及作为其下位类的二级、三级等类目。类似《七略》《四库总目》这样的综合性目录,其一级类目的名称、数量及其结构关系,本质上涉及对"天下"文献及其背后文化的根本态度和总体认识。

《七略》将"中秘"所藏典籍分为六略,余嘉锡以为:"盖有二义:一则因校书之分职,一则酌篇卷之多寡。"❶

1. 因校书之分职

《汉志·总序》曰:"(汉成帝)诏光禄大夫刘向校经传、诸子、诗赋,步兵校尉任宏校兵书,太史令尹咸校数术,侍医李柱国校方技。"但揆以常理,《七略》校书当是因书设职,而不是因职设类。并且,除刘向、任宏、尹咸和李柱国等四人外,参与校书者至少还有刘歆、班斿、杜参、房凤、王龚、臣望、刘伋、富参、叙(佚姓)等人❷。如是因人立类,当不止六类,至少不必一定是这六类。

2. 酌篇卷之多寡

篇卷之多寡确实可以解释诸如《七略》中"史类"没有独立标部,"诗赋"出于《三百篇》而又独立为一"略"等问题。郑樵《校雠略·编次之讹论》云:"月令乃礼家之一类,以其书之多,故为专类。"其《通志·艺文略》第十二小类即设为"月令"类。又如,《唐志》设有"起居注"类目,但《四库总目》所收起居注类典籍甚少,故取消此类而将相关文献附于"史部·编年类"。《四库总目·编年类序》云:"(起居注)存于今者《穆天子传》六卷,温大雅《大唐创业起居注》三卷而已……不能自为门目,稽其体例,亦属编年,今并为一。"又如,《隋志》设有"谱系"类,乃因六朝世族门阀重选举、婚姻、品第人物,故撰作谱牒的风气盛行。而"自唐以后,谱学殆绝",则与门阀制度式微、科举取士兴起有关。所

❶ 余嘉锡.目录学发微[M].成都:巴蜀书社,1991:128.
❷ 王承略.杨锦先.刘向校书同僚学行考[J].文献,1998(3).

以,《四库总目》等后世目录多删去谱系类。总之,"酌篇卷之多寡",以求"类聚得体,多寡适均",确实是中国古代书目分类的一条重要原则,反映了现实文献对类表的前提地位,符合今人所谓"文献保证原则"。

但是,"酌篇卷之多寡"并不是类表宏观设计的根本依据。今计《七略》六略文献的家数和篇卷可知:六艺略103家,3123篇;诸子略189家,4324篇(实为4541篇,多217篇);诗赋略106家,1318篇;兵书略53家,790篇(实为799篇,多9篇);数术略190家,2528篇(实为109家,2539。朱一新《汉书管见》曰:"十字衍文。"故少81家,多11篇);方技略36家,868篇(实为881篇,多13篇)。今按实数共计596家,13201篇。如平均分为六大类,每类约为99家,2200篇。可见"六略"之家数和篇数既彼此相去悬绝,亦与均数出入甚大。例如,兵书799卷,数术2539卷,方技881卷,皆与2200卷的均数相去甚远。即使"酌篇卷之多寡"确为《七略》立类标准,亦可裒多益寡、称物施平,施以二分、三分、四分、五分、七分、八分等等,而不一定是"六分"。并且,史部入春秋而不独立为部,论者皆以为"史书颇少,诚得其例"。但这只能解释史部不列为大类(略),而不能解释为什么不列为小类(种)。

我们认为,《七略》之六分,主要是从"尚六"思想以及学术二分的基本部类推衍而来的❶。汉初贾谊(前200—前168)《新书·六术篇》云:"德有六理……谓之六法……外遂六术,故谓之六行……而天地有六合之事,人则有仁义礼智圣之行,行和则乐,与乐则六……是故内本六法,外体六行,以与《诗》《书》《易》《春秋》《礼》《乐》六者之术,以为大义,谓之六艺。令人缘之以自修,修成则得六行矣。六行不正,反合六法。艺之所以六者,法六法而体六行故也,故曰六则备矣。六者非独为六艺本也,他事亦皆以六为度。声音之道,以六为首……故曰六律……声五也,必六而备,故曰声与音六……人有六亲……备六……数度之道,以六为法……备于六……事之以六为法者,不可胜数也。"

贾谊"事之以六为法者不可胜数"的观点代表了一种"尚六"思想,它根源于五德终始说。《尚书·洪范》云:"一曰水,二曰火,三曰木,四曰金,五曰土。"

❶ 傅荣贤.《七略》六分论[J].图书馆杂志,2003(4).

其序数即五行生数,五行生数各加五便是五行成数:水数六、火数七、木数八、金数九、土数十。《吕氏春秋》的"十二纪"、《淮南子》的"时则训"、《汉书》的《律历志》和《五行志》等文篇皆有记载。《史记·秦始皇本纪》说:"始皇推终始五德之传,秦代周德,从所不胜。方今水德之始。"而水数为六,所以,"符、法冠皆六寸,而舆六尺,六尺为步,乘六马……"都表现出明显的"尚六"意识。《七略》的六分体系,当是"汉承秦制"的"尚六"思想在文献分类中的反映。

而魏晋以降经由《隋志》《四库总目》等提倡,经史子集四部体系成为古代书目基本大类的主体类型,今天的古籍分类仍遵用四部法(或增益丛书为五部)。四部法长达1300多年的一尊地位,既反映了其背后暗含着的以儒经为渊源而展开的记忆(史)、理智(子)、想象(集)的知识体系大致反映了中国古代文献的总体状况,更反映了其类别结构的深层隐含与主流传统文化的极端适应。事实上,四部分类体系的历史大致与科举史相终始,当非偶然或巧合。

类表宏观体系的设计主要包括横向结构和纵向结构两个向度。纵向结构反映类名之间的等级和从属关系,横向结构反映同级类名之间(如经史子集之间,或如经部之下的易、书、诗等之间)的线性次序关系。中国古代目录是分类目录而不是主题目录,因而特别重视"体系性",这首先反映在类表的纵向结构中。

二、类表的纵向结构

纵向结构体现为同一类系中上位类与下位类之间的等级关系。例如,在《四库总目》{集部[楚辞、别集、总集、诗文评、词曲(词集、词选、词话、词谱词韵、南北曲)]}中,作为一级类目的"集部"又划分为楚辞、别集等5个二级类目,作为二级类目的词曲又划分为词集、词选等5个三级类目。其中,作为二级类目的楚辞、别集等之间,以及作为三级类目的词集、词选等之间都是横向线性关系;而集部与楚辞、别集等二级类目,词曲与词集、词选等三级类目,以及"集部—词曲—词集、词选、词话、词谱词韵、南北曲"之间都是纵向的等级关系。

（一）类表纵向结构的呈现方式

纵向等级结构是中国古代目录类表的重要维度。在中国古代目录学史上，明人焦竑《国史经籍志》分为制书、经、史、子、集五部，部下分54类、类下分303属，其类名和类别基本是祖述郑樵《通志·艺文略》而来。但焦氏在子部天文类下又列天文、历数两个子目，从而使类别层次达到四级，成为我国历史上第一部明确将类名层次划分到四级的目录。明末清初释智旭（1599—1655）《阅藏知津》分经律论和杂藏四大类，类下分部、部下分目、个别目下又分为细目，形成四大类、五级类目的分类体系，成为我国古代唯一一部将类目划分到五级的目录。但总体上，我国古代目录的类表层次基本局限于二、三级体系，如《四库总目》就是三级体系。郑樵虽以"类例详明"自励，但《通志·艺文略》也只有三级。

然而，古人除了通过类名明确地表示类表的纵向层次之外，还通过各种方式隐性地（即不用类名）反映纵向结构的多级关系。

1. 通过"加标题于每书之上"建构多重等级体系

蒋元卿（1905—1999）1937年出版于中华书局的《中国图书分类之沿革》一书认为《汉志》在六略三十八种之下，"各复分类"，形成三级类目。但第三级类目不是通过具体类名而是通过"加标题于每书之上"实现的。蒋先生曰："试观《六艺略》中易家：《易经》十二篇、《易传周氏》二篇、《古五子》十八篇、《古杂》八十篇、《章句》施、孟、梁丘各二篇。曰经、曰传、曰古、曰杂、曰章句，皆分别标题之法也。盖如此则治易学者始知若者为经、若者为传、若者为古、若者为杂、若者为章句，虽不必读其书，即就标题观之而书之大体可了然心目矣。至礼家之《司马法》则以'军礼'二字标题于上；乐家之《赵氏》《师氏》《龙氏》，则以'雅琴'二字标题于上，亦所以分别著明之也。"

我们知道，《汉志·礼》中的"《军礼司马法》"是从《七略·兵权谋》"出此入彼"而来，从《史记·司马穰苴列传》和后世《隋志》《四库总目》来看，该书原名为《司马法》，多出的"军礼"二字是班固所加。按照蒋先生的见解，班固加这两个字的目的是为了"各复分类"，即在"礼"的类名下再细分出"军礼"小类。同样，乐家集中著录了《雅琴赵氏》《雅琴师氏》《雅琴龙氏》三种文献，它们共有的"雅琴"二字也是在"乐"的类名之下进一步细分出来的小类。

"加标题于每书之上"使文献按不同的特征聚合成群,意味着存在另一个或几个隐含的层次。又如,《汉志·天文》类下《海中星占验》《海中五星经杂事》等有"海中"二字的六种文献是集中著录的,"海中"类文献无疑是"天文"这个类名下的又一个层次。再如,《汉志·诗赋略》下分"赋""杂赋""歌诗"三个二级类目,而"赋"下又以人列目,计分三种,即屈原赋之属、陆贾赋之属、孙卿赋之属,事实上形成了三级类目。"赋分三种",章学诚揣度"当日必有义例",但未能指实"义例"的具体内容。章太炎《国故论衡·辨诗》从"言情、效物、纵横"的不同予以分析,刘师培(1884—1919)《论文杂记》以"写怀、阐理、骋辞"作为区别的依据。汪祚民则认为,"按品分类编次,屈原之属为上品,陆贾之属为中品,荀卿之属为下品"❶。但不管怎样,"屈原赋之属"等是以具体文献的形式指出了诗赋略(一级类目)的赋(二级类目)又分为三个三级类目。

2. 通过"蒙省"建构多重等级体系

清儒姚振宗《汉书艺文志条理》在"《丁氏》八篇"下指出:"自《周氏》至此凡七家,皆蒙上文'易传'二字,《志》欲其简,故省文。旧本文相连属……今本分条排比,始于正嘉之时而又不能逐条釐订,故多有分析不明之处。联写与分条似无大出入,可以互通,而不知各有义例也。如此篇'易传'二字唯联写可以包下文七家之书。若改为分条,便不相属矣。"姚先生所谓"《周氏》"是指《易传周氏》,依他之见,其中的"易传"二字一直管到《易传周氏》以下,从《服氏》到《丁氏》的六种文献。换言之,《服氏》实为《易传服氏》,《丁氏》实为《易传丁氏》等,它们都"蒙"《易传周氏》而"省"了"易传"二字。姚振宗又说:"自《古五子》至此(今按:'此'是指《京氏段嘉》十二篇)凡八家,皆古今杂说阴阳灾异占候之书,别为一类。又此八家皆有'易传'之名,乃'易传'之别派,亦统属上文'易传'二字,特其中有分别耳。"也就是说,《丁氏》(实为《丁氏易传》)下面,从《古五子》到《京氏段嘉》这八种典籍,也都蒙省了"易传"二字。因此,《古五子》实为《易传古五子》,《京氏段嘉》实为《易传京氏段嘉》,等等。但是,

---

❶ 汪祚民.《汉书艺文志》赋分三种新探[J].安庆师范学院学报,1999(5).

这八种"易传"性质的典籍和《易传周氏》等同为"易传"性质的典籍之间又同中有异,"特其中有分别耳",由此形成了四级分类体系:

这里,"六艺略"属于一级类目,"易"属于二级类目,"易传"和"易经""(易)章句"等并列,属于三级类目。而"特其中有分别耳"的《易传周氏》等和《易传古五子》等则都是三级类目"易传"之下的四级类目。

显然,"加标题于每书之上"与"蒙省"虽形式不同,但都是在同一类目下暗分小类的方法手段。并且,它们都是通过文献本身(而不是通过额外赋予的类名)传达类目形象,从而把类别层次提升到了一个崭新的高度。笼统地指出《汉志》形成了六大类、三十八小类的二级分类体系,未免有失考之嫌。

3. 通过对类目的合并归类揭示类目暗含的可能层次

在《四库总目》所分四部、四十四类、六十六属三级体系中,有不少同级类目又被根据性之所近而做出了进一步的概括。例如,上引《四库总目·子部大序》又将子部十四类划分为"皆治世者所有事"六家、"皆小道之可观者"二家、"皆旁资参考者"四家以释道二家"外学"四个层次。《四库总目·史部大序》曰:"今总括群书,分为十五类:首曰正史,大纲也;次曰编年,[曰纪事本末],曰别史,曰杂史,曰诏令奏议,曰传记,曰史抄,曰载记,皆参考纪传者也;曰时令,曰地理,曰职官,曰政书,曰目录,皆参考诸志者也;曰史评,参考论赞者也。"即将史部的十五个子目概括为"大纲""皆参考纪传者""皆参考诸志者"和"参考论赞者"四个层次,算上原本的部、类、属三级体系,遂有四级之别。进一步,地理类下的十个三级类目又可以概括为"尊宸居""大一统""辨方域""崇实用""备考核"和"广见闻"六个层次。《地理类小序》曰:"其编类,首宫殿疏,尊宸居也。次总志,大一统也。次都会郡县,辨方域也。次河防,次边防,崇实用也。次山川,次古迹,次杂记,次游记,备考核也。次外纪,广见闻也。"这样,一级类目的"史",其细目可分为:

大纲：正史

皆参考纪传者：编年、纪事本末、杂史、别史、诏令奏议（诏令、奏议）、传记（圣贤、名人、总录、杂录、别录）、史钞、载记

皆参考诸志者：时令、地理[尊宸居（宫殿疏）、大一统（总志）、辨方域（都会郡县）、崇实用（河渠、边防）、备考核（山川、古迹、杂记、游记、外记)]、职官（官制、官箴）、政书（通制、典礼、邦计、军政、法令、考工）、目录（经籍、金石）

参考论赞者：史评

其中，属于"皆参考诸志者"（二级）的地理（三级），可分为"尊宸居""辨方域""崇实用""备考核"等四级层次。"崇实用"又可分为河渠、边防，"备考核"又可分为山川、古迹、杂记、游记、外记等五级层次。

类比于《诗经》可知，其所分的风雅颂中，风又分为周南、召南等十五国风，雅又分为大雅、小雅，颂又分为周颂、鲁颂和商颂。同样，《吕氏春秋》又分为十二纪、八览、六论，《史记》又分为十二本纪、三十世家、七十列传、十表、八书。对类目的这种进一步概括，有助于确立类目在分类体系中的位置、控制类链的长度和规模，它虽然不是严格的类目划分，但却显示了类表隐含着的可能层次。

4. 对暗分子目的认识

郑樵《校雠略·编次有叙论》曰："易本一类也，以数不可合于图，图不可合于音，谶纬不可合于传注，故分为十六种。诗本一类也，以图不可合于音，音不可合于谱，名物不可合于诂训，故分为十二种……《隋志》每于一书而有数种学者，虽不标别，然亦有次第。如春秋三传，虽不分为三家，而有先后之列，先左氏，次公羊，次穀梁，次国语，可以次求类……《隋志》于礼类有丧服一种，虽不别出，而于仪礼之后，自成一类。以丧服者，仪礼之一篇也。后之仪礼者，因而讲究，遂成一家之书，尤多于三礼，故为之别异。可以见先后之次，可以见因革之宜，而无所紊滥……以此观之，《七略》所分，自为苟简；《四库》所部，无乃荒唐。"

"苟简"是就不分细类而言，"荒唐"是就不合逻辑来说，"苟简"和"荒唐"的共同特点是过分考虑图书的实际而降低了学术分类的内在原则。而弥补

的方案主要是力求做到"类例详明"。郑樵反复强调,"类书犹持军也。若有条理,虽多而治;若无条理,虽寡而纷。类例不患其多也,患处多之无术耳"。郑樵以"编次必谨类例"为信念,其《通志·艺文略》"总十二类百家四百二十二种",其中的类(一级类目)、家(二级类目)、种(三级类目)都配置了专门的类名。例如,易下分古易、石经、章句、传、注、集注、义疏、论说、类例、谱、考证、数、图、音、谶纬、拟易等十六目。余嘉锡曰:"考之樵之《艺文略》,虽不免牴牾讹谬,而其每类之中,所分子目,剖析流别,至为纤悉,实秩然有条理。盖真能适用类例以存专门之学者也。"❶

但事实上,《汉志》等通过"加标题于每书之上"与"蒙省"的形式,预设了一个与陈说的内容密切相关的文献对象的存在,从而实现了暗分子目的目的。表明文献的分布固然受到类名的限制,但也要受到类目和文献环境的制约,通过后者同样可以获得言外之意和语法默契,并可省却浮华的精致结构,也弥补了"松散"结构所带来的缺陷。《汉志》通过具体文献(如《易传周氏》)而不是配置专门的类名来体现这种类别层次,由此也导致了书目组织上灵活多变、显隐自如的特点。从这个意义上说,郑樵区而别之并明确赋予一个个类名,只是从形态上对《汉志》做了修缮,而没有增添新的分类内容。相应地,《汉志》并不"苟简",《四库》亦非"荒唐"。

"加标题于每书之上"与"蒙省"都隐藏了类目的等级层次。说它是隐藏而不是省略,是因为这个次级类目在具体文献中是真实存在的,只不过它们因没有配置专门的类名而处于幽隐状态而已。而层次的细化意味着意义的深入,本质上表明书目在类名结构之外还有潜在的东西值得诱发出来。例如,通过对《汉志·六艺略》下易、书、诗、礼、春秋等类目层次的分析可知,"章句"这个层次总是排在"传""说"等之后,反映了西汉时期"章句"在儒家经学体系中相对而言等而下之的现实地位❷。可见,古代书目类别结构的层次之分不仅是形态上的而且也是意义上的。类别层次凝聚着汉族人的历史情感并融入了丰富的文化含义,表明纳入书目的所有文献都是处于有条件、有规则的联系之中的,相应地,目录系统本身也具备了有条理、可理解的性质。

❶ 余嘉锡.目录学发微[M].成都:巴蜀书社,1991:10.

❷ 傅荣贤.从《汉志》看西汉解释学规范的建立[J].贵州师范大学学报,2004(2).

（二）类表纵向结构的限制因素

现代分类的等级结构是建立在学科和逻辑基础上的，上下位类之间的等级关系具有明确的理性关联。中国古代哲学不是原子主义的，被现代分类视为生命的"逻辑"也不构成古代书目纵向类别的主要依据。那么，在中国古代目录中，某一下位类列入这个（而不是那个）上位类的依据是什么？或者，某上位类为什么会划分出这些（而不是那些）下位类？例如，《四库总目》中的词曲为什么在集部之下，词曲为什么又划分出词集、词选、词话、词谱词韵、南北曲等次级类目呢？《四库总目·凡例》第四则曰："《唐志》题曰'经解'，则不见其为群经；朱彝尊《经义考》题曰'群经'，又不见其为经解；徐乾学《通志堂》所刻，改名曰'总经解'，何焯又讥其杜撰。今取《隋志》之义，名之曰'五经总义'。凡斯之类，皆务求典据，非事更张。"这里，"五经总义"类名的确定主要是以"务求典据"即符合语义的逻辑要求为原则，反映了四库馆臣以事实知识为取向的文献组织原则。然而，古代目录学在"纲纪群书"的基础上还要"纲纪"人伦，纯粹客观化的因素，并不是类目纵向等级关系的唯一限制因素。

1. 文化现实与文献现实

文献保证原则、与知识发展同步原则以及用户保证原则，是近现代科学分类语言的重要编制依据。例如，早在1911年，英国学者休姆（E.W.Hulme）在《分类法原则》一文中即指出："如果已知关于某一主题的存在，则将该主题的术语立为类目是有根据的；如果已知没有文献的存在，则将该主题的术语立为类目是无根据的，不应予以保留……分类法类目设置不应当以任何理论上的知识分类为基础，应当取决于文献本身在逻辑上可能形成的分组。"●

然而，文献的总体状况，既反映了特定的文化现实，又与文化现实并不完全等同。先秦时期，儒家六经和诸子，是文献和文化的主要渊薮，后世典籍主要是通过对六经和诸子的注解、阐释而形成的。《庄子·天下》即已出现六经之名："孔子谓老聃曰：丘治《诗》《书》《礼》《乐》《易》《春秋》六经。"《七略》用易、书、诗、礼、乐、春秋作为类名且列在六艺略下，正是对六经及其注解与阐释文本大量出现之文化现实的反应。然而，《七略·六艺略》除了易、书、诗、礼、乐、

● 侯汉清,王荣授.图书馆分类工作手册[M].北京:中国科学技术出版社 1992:42.

春秋典型属于"六艺"的类名之外,还包括论语、孝经、小学。王先谦(1842—1918)《汉书补注》在"序六艺为九种"下注曰:"先谦案:序六艺兼及《论语》。以下书者,别《论语》于儒家,尊孔子也。侪《孝经》于六艺,尊其书也。《弟子职》缘《孝经》而入者也。《尔雅》《古今字》所以通知经义经字,故与五经杂义并附于此。"拿其中的小学(文字、音韵、训诂)来说,自《七略》以来,小学多入经部,视其地位与儒经同等。这和汉人"识字读经"的认识有关,而与小学的学科属性或主题概念的逻辑类项无涉。

同样,司马谈《论六家要旨》将秦汉诸子总结为六家(阴阳、儒、墨、名、法、道德),《七略》取儒、道、阴阳、法、名、墨(次序与司马谈不同)为类名并列于诸子略下,也是对诸子及相关阐释文献蜂起的回应。但《七略·诸子略》还包括纵横、杂、农、小说四家。梁启超《司马谈〈论六家要旨〉书后》云:"刘歆《七略》踵谈之绪,以此六家置九流之前六,然以通行诸书未能尽摄也,则更立纵横、杂、农、小说四家以广之,彼为目录学上著录方便计,原未始不可,若绳以学术上分类之轨则,则殊觉不伦。"❶依梁氏之说,诸子别为"九流"并不符合实际,而只是出于图书分类(而不是学术分类)的权宜之计。

显然,易、书等入六艺略,儒、道等入诸子略,是对文化现实的回应;而论语、孝经等入六艺略以及纵横、杂、农等入诸子略则是对文献现实的回应。就后者而言,文献的现实状况有可能突破学术或文化而独立地构成类目纵向等级结构的重要依据。例如,曾朴(1872—1935)《补后汉书艺文志并考》认为四部非后汉所有,西汉《七略》又不尽符合后汉实际,故斟酌诸家,列为六艺、传记、子兵、文翰、数术、方伎、道佛七类,并作类序详明其分类之由。又如,《四库总目·杂家类小序》曰:"衰周之季,百氏争鸣。立说著书,各为流品。《汉志》所列备矣。或其学不传,后无所述;或其名不美,人不肯居;故绝续不同,不能一概著录。后人株守旧文,于是墨家仅《墨子》《晏子》二书,名家仅《公孙龙子》《尹文子》《人物志》三书,纵横家仅《鬼谷子》一书,亦别立标题,自为支派,此拘泥门目之过也。黄虞稷《千顷堂书目》于寥寥不能成类者并入杂家。杂之义广,无所不包。班固所谓合儒、墨,兼名、法也。变而得宜,于例为善。今

❶ 梁启超.司马谈《论六家要旨》书后[M]//梁启超全集.北京:北京出版社,1999:4696.

从其说,以立说者谓之杂学,辨证者谓之杂考,议论而兼叙述者谓之杂说,旁究物理、胪陈纤琐者谓之杂品,类辑旧文,涂兼众轨者谓之杂纂,合刻诸书、不名一体者谓之杂编,凡六类。"墨家、名家、纵横家作为学术是存在的,但相关文献则所存无多。这样,文献现实(而不是学术现实)便改变了类别的面貌。同样,钱曾《读书敏求记》是善本书目,所以,类目设置与《也是园书目》《述古堂书目》等普通藏书目不同。例如,经部下面仅有礼乐、字书、韵书、书、数术、小学6个小目。而《也是园书目》经部下设经总类、易、书、诗、春秋、三礼、乐舞、论语、续语、孝经、尔雅、孟子、四书、字书、韵书、碑刻、书(收录法书、书谱等)、数、小学等19小类;《述古堂书目》经部分易、书、诗、春秋、礼、韵学、文书、金石等8小类。这种不同,也是由家藏善本或普通图书的现实决定的。

所以,尽管中国古代目录绝大多数是藏书目录,有其书则列其类是其主要特点,但也有不少书目突破了该目所录文献的实际情况,而结合文化现实立类,于是就有了空列其目的类别。例如,倪灿(1627—1688)撰、卢文弨校正的《宋史艺文志补》分四部四十类。其中,史部国史、政刑二类以及集部制诏类皆空列其目,有类无书。亦即,国史、政刑和制诏作为文化现象是真实存在的,所以设置了这三个类别;但该目并没有收录这三个类目的相关文献,故列其目而不实著录文献。同样,朱彝尊《经义考》计分三十类,其中宣讲、立学、家学、自叙四类有目无书。沈复粲(1779—1850)《鸣野山房书目》分经之目、史之目、子之目、集之目和四部汇(即丛书)五大类,类下分目,但经之目下"四书"、子之目下"稗家四·演义"等皆空列其目。侯康《补后汉书艺文志》按四部排列,但子部的"兵家""历算""五行""医方""杂艺"皆有目无书。侯氏《补三国艺文志》子部下的"农家""历算""五行""医方""杂艺"亦有目无书。

2. 价值因素

西方学术重分析,把认知对象看作是由无数个细小部分组成的复合体。其概念与范畴通常可以看成是其他次级概念与范畴的分析母体,或者是其他更为基本的概念与范畴的分析结果。原子主义与还原主义是西方思维的主要模式,分析性与逻辑性是西方学术的基本特征。相应地,西方图书分类可以通过概念之间的逻辑概括与划分或者分析与综合,形成等级式的或分面组配式的形式主义分类体系。

　　在等级分类体系中，类表的纵向等级关系直接反映概念之间的隶属和并列关系，给人以"鸟瞰全局""触类旁通"的极大方便，因而普遍为人们所采用。等级体系的类别确定，是通过从众多殊相(实)中归纳和抽象出一般性的内涵而建立的，殊相成为共相的前提，亦即，实决定名，因而强调"名必副实"。中国先哲往往主观地指出作为共相的名是什么，然后在"正名"的名义下，要求归入该"名"下的所有元素之"实"必须符合"名"的要求，它遵守的是"实必副名"的近似于演绎的思路。某个"名"下，能否纳入某个"实"，要看该"实"的价值内涵。例如，明代陆深《江东藏书目》共分十三大类，其中的第十二位类为小学、医药类。陆氏《序》曰："不幼教者不懋成，不早医者不速起，其道一也。"小学重视"幼教"、医药强调"早医"，因而两者合为一类。显然，类名(符号)的本质在于能指而非所指，类别是在能指而非所指的意义上建构的。由此形成的"类"，是内涵类而不是肤浅的形式类，它必须由主观参与，而非取决于对象本身的属性，这与努力排斥人为因素的西方式的逻辑分类迥异其趣。

　　因此，古代书目中的类名既是一种客观、自足、独立的存在，也是一种主观的价值和意义存在。制约等级体系的主要因素不是学科属性或逻辑条件，而只能是一种主观心理条件。例如，《四库总目·诏令奏议类小序》曰："记言记动，二史分司。起居注，右史事也，左史所录蔑闻焉。王言所敷，惟'诏令'耳。《唐志·史部》初立此门，黄虞稷《千顷堂书目》则移'制诰'于'集部'，次于'别集'。夫涣号明堂，义无虚发，治乱得失，于是可稽。此政事之枢机，非仅文章类也。抑居词赋，于理为衮。《尚书》誓诰，经有明徵。今仍载'史部'，从古义也。《文献通考》始以'奏议'自为一门，亦居'集'末。考《汉志》载《奏事》十八篇，列《战国策》《史记》之间，附'春秋'末。则论事之文，当归'史部'，其证昭然。今亦并改隶，俾易与'纪传'互考焉。"《凡例》第四则亦举例指出："如诏令、奏议，《文献通考》入集部。今以其事关国政，诏令从《唐志》例，入史部；奏议从《汉志》例，亦入史部。"《总目》将诏令奏议类从集部改隶史部，主要是根据诏令奏议类文献具有"治乱得失，于是可稽"的意义和功能，类名及其背后相关文献所携带的意义和功能,才是决定类名纵向隶属关系的重要因素。

综上,古代目录学中的"类"是多元的而不是一元的。现代分类执定学科属性和主题概念之逻辑类项的单一因素,众多不同的类别划分往往只有一种是"正确"的,其他分类结果则是"欠正确"或"完全不正确"的。但中国古代目录的纵向等级结构既要受到客观之"物"即现实文献或文化状况的制约,又要受到主观之"我"即个体主观见解的制约。《庄子·齐物论》云:"非彼无我,非我无所取。""彼"固然是客观的,但它离不开主观之"我"而独立存在。"我"又是生存于天人合一思维背景下的个体,无论是天还是人,皆强调贵贱尊卑的等级关系。因此,"我"对书目纵向结构的主观"设计",也就有了价值论的主观维度。目录的结构问题也变成了目录的表达问题,它不是与人无关的行为,这与强调知识论逻辑真值性的现代西方式的分类迥然有别。基本上,古代目录的类别确定,旨在培养人伦教养,获得心学良知,发现、形成、推广和传播特定的价值观念。因而,类别时刻准备向人伦妥协,牺牲逻辑亦在所不惜。

三、类表的横向结构

类表的横向结构主要涉及同一级类目的类名(如作为一级类目的经、史、子、集)或同一上位类下的类名(如经部之下易、书、诗、礼、乐、春秋等)之间的先后关系。姚名达曰:"遍辨其名谓之目,详定其次谓之录,有多数之名且有一定之秩序谓之目录。"❶次序是古代目录的重要内涵,而次序本质上是横向的先后问题,不是纵向的等级问题。

(一)横向次序在古代目录分类中的地位

古代书目中的类名虽有等级之分,如经部和易类、书类之间即存在等级关系,但作为一级类目的经、史、子、集等类名只是一种概略性的模糊范畴,既不代表事物或主题,也不是学科或专业的指称。并且,一个类名(如经、史、子、集)只要能划分出下位类,它就不具有安置文献的职能。在古代目录中,

---

❶ 姚名达.中国目录学史[M].上海:上海书店,1984:1.

由一个指定类目的直接领域、第二阶段领域、第三阶段领域等所组成的任何一个完整的类系,例如《四库总目》中包含三级类目的一个类系{子部[天文算法(推步、算书)]}中,只有最下位类(推步、算书)具有安置文献的职能,如《周髀算经》入"推步"类、《九章算术》入"算书"类,而没有任何文献被安置在"子部"或"天文算法"这样可以划分出下位类的类名之下。这样,一级类目的"子部"、二级类目的"天文算法"和三级类目的"推步""算书"之间虽然有明确的等级关系,但并不映射到被类分的文献之上。换言之,文献主题并不随类名而作形式逻辑类项上的划分,"传统分类中被类分的文献并不像类名那样按照等级或从属等逻辑关系来处理,亦即,文献主题并不作逻辑类项的划分。因此,传统分类不可能是等级几何式的形式结构"❶。也正是因为只有最下位类的类目才能分类文献,所以,姚际恒(1647—约1715)《好古堂书目》史部下所分二十类中,既有地理类,又有名胜、川渎二小类;既有食货,又有器用、虫鱼。显然,名胜、川渎应该从属于地理,器用、虫鱼应该属于食货,但为了使"地理"和"食货"这两个能够划分出下位类的上位类目能够安置文献,姚氏遂将地理和名胜、川渎,食货与器用、虫鱼等具有等级关系的类名作了横向线性处理。

1902年出版的徐维则、顾燮光《增版东西学书录》"学部"设有"理学"一级类目,下分理学、文学,兼附书目计三个二级小类。因为理学是可以划分出下位类的上位类目,作者为了安置《天演论》《辨学启蒙》《格致新知》等文献,"理学"大类下设置了"理学"小类。亦即,"理学"既为大类类名,亦为小类类名,正是为了解决上位类目不能安置文献的现实。同样,1989年康有为《日本书目志》生理门第一下列"生理学"小类、文学门第十一下列"文学"小类、美术门第十三下列"美术书"小类,也是基于相同原因的考虑。这也说明,这些被视为"近代"的书目,仍与传统书目存在千丝万缕的联系。

也正因为如此,宋代王尧臣等所撰《崇文总目》凡分45类,按四部经史子集顺序排序,但没有标出作为一级类目的"经、史、子、集"四部名称。陈振孙《直斋书录解题》、尤袤《遂初堂书目》,明代的陆深《江东藏书目》、孙楼《博雅

---

❶ 傅荣贤.中国古代图书分类的形式结构——以线性次序为基础的结构模式[J].图书与情报,1996(4).

堂藏书目录》、沈节甫（1532—1601）《玩易楼藏书目录》、茅元仪《白华楼书目》、晁瑮《宝文堂书目》、孙能传于明万历三十三年（1605）所编《内阁藏书目录》，清代的钱谦益《绛云楼书目》、钱曾《述古堂书目》和《读书敏求记》、王闻远（1663—1741）《孝慈堂书目》、周厚堉[乾隆时期（1736—1795）人]《来雨楼书目》等，都是按四部分类但却没有标出"经、史、子、集"四部之名的目录。不标四部之名现象的大量存在，本质上表明标或不标类名在实际效果上是一致的。这种效果上的一致性，正是源于一个基本事实：任何一个类名，只要能划分出下位类名，它就不具备安置文献的职能，而作为一级类名的经史子集肯定能划分出下位类。

就此而言，中国古代书目分类是以线性次序为基础的结构模式，而不是等级几何式的立体构架。等级几何结构本质上来源于形式逻辑中主题概念的概括与划分，现代等级分类体系是典型的形式逻辑规约下的产物，表现出明显的逻辑特征。例如，《中图法》第五版中 B 大类的一个类系：

B	哲学、宗教
B01	哲学基本问题
B016	本体论
B016.8	宇宙论

这里，从 B 到 B016.8 的完整类系中，可以十分明显地反映出类目的等级性、结构性和层次性关系。并且，B/B016.8 的任何一级类目都具有安置文献的职能。若干相关文献将会根据各自主题概念的形式逻辑类项划分，而被安置到 B/B016.8 中的任何一级更为贴切的类目之中，类目之间的逻辑关系被完整地映射到相关文献之中，逻辑关系乃是若干文献得以联系和组织的有效形式。

现代等级分类利用概念内涵由反映事物本质属性的概念因素构成、概念因素的增加或减小可以形成新的概念、概念内涵与外延成反变关系等性质，对概念进行划分（缩小）或概括（扩大），形成更为专指或更为泛指的新概念，用以区别若干文献；并利用划分或概括过程中所产生的概念隶属关系和并列关系，建立分类体系。这种逻辑修养和科学精神从亚里士多德以来就一直支撑着西方的学术传统。而中国古代没有亚氏逻辑,中国古代的"类"是关于定名、立辞和推理的基本概念。"类"不是形式或性质的集合,而是功能和意义的集合。功能和意义是主体范畴,只有大小之分,没有等级层次之别。相应地,中国古代书目中的分类体系也不是等级谱系结构,而是以线性次序为基础的结构模式。所有被分类的文献都在线性平面中呈"一"字型排列,文献与文献之间只有线性的次序先后,而没有立体几何式的等级或层次,它们不表现为并列、从属等逻辑关系。

线性次序是确立若干文献之间相互关系的主要维度。陆德明(约550—630)《经典释文》卷一专设《次第》一章,讨论作为该书考古音、辨义训之对象的14部"经典"的次序。14部"经典"包括《周易》《尚书》《毛诗》《周礼》《仪礼》《礼记》《春秋左传》《公羊传》《穀梁传》《孝经》《论语》《老子》《庄子》《尔雅》。陆氏曰:"《孝经》虽与《春秋》俱是夫子述作,然《春秋》周公垂训,史书旧章,《孝经》专是夫子之意,故宜在《春秋》之后。《七志》以《孝经》居《易》之首,今所不同。《论语》此是门徒所记,故次《孝经》,《艺文志》及《七录》以《论语》在《孝经》前,今不同此次。"又如,明末清初科学家宋应星(1587—1661)所撰《天工开物》是世界上第一部关于农业和手工业生产的综合性著作,据该书《序》,作者以"贵五谷而贱金玉之义"为原则,将全书分为《乃粒》(谷物)、《乃服》(纺织)、《彰施》(染色)、《粹精》(谷物加工)、《作咸》(制盐)、《甘嗜》(食糖)、《膏液》(食油)、《陶埏》(陶瓷)、《冶铸》《舟车》《锤锻》《燔石》(煤石烧制)、《杀青》(造纸)、《五金》《佳兵》(兵器)、《丹青》(矿物颜料)、《曲糵》(酒曲)和《珠玉》共18卷。同样,古代目录也十分重视类名的横向排序。所以,《隋志·序》说《七录》"其分部题目,颇有次序"。《四库总目·释家类小序》指出:"诸志皆道先于释,然《魏书》已称《释老志》,《七录》旧目载于释道宣《广弘明集》者,亦以释先于道。故今所叙录,以释家居前焉。"

总体上,中国古代书目分类通过事理逻辑(而不是形式逻辑)表达"关系",而关系信息主要是通过次序传达出来的,这就确保了文献之间的功能和意义之大小得以比较,因而没有形式逻辑标志,线性次序(而不是纵向等级)才是其类别的基本结构模式。那么,制约线性次序的因素是什么呢?

(二)类名横向次序的限制因素

1. 时间顺序原则

现实生活中,人们习惯于将先发生的事件排在后发生的事件之前。中国古代书目中的类名,也大量运用了对时间的这种感知能力,类名在线性平面中的次序往往取决于该类名所代表的文献产生的先后顺序或它们所表示的观念里的状态或事件的时间顺序❶。例如,《四库总目·集部序》云:"集部之目,楚辞最古,别集次之,总集次之,诗文评又晚出,词曲则其闰余。"集部所分楚辞、别集、总集、诗文评和词曲五小类主要是根据时间先后来排定的。

总体上,西人重视自然时空,尤其重视空间的自然真实性,现代分类以概念化的类名(及其相关类号)为中心,递相叠加,形成的正是逻辑性的空间构造。而中国人更加重视流动的时间,空间仿佛是静止的。相应地,历时性的先后,也成为中国古代书目类别的重要次序原则。在这一意义上,中西书目结构的不同,反映了中西方从心理时间还是从物理空间看待世界的差异。

2. 根据"人"的现实地位排序

所谓"人",既包括类名所代表的文献作者,也包括类名所代表的文献所涉人物对象。

古代目录中"制书"类的设置,就是十分典型的依作者地位分类的例证。历史上,《文渊阁书目》首列"国朝"类,收录明代御制、敕撰、政书、实录等图书。焦竑《国史经籍志》因之,在经史子集四部之前首设"制书"大类,专收帝王之作。其序云:"今之所录,亦准勤例,以当代见存之书,统于四部,而御制诸书则冠其首焉。"制书类下,又分御制、中宫御制、勅修、记注时政四目,以收录当代御制和其他有关文武之道的著述。范懋柱(约1718—1788)《天一阁书目》按四部排列,但四部之前首列御赐书、御题书、御赐图、进呈书。《江东藏书目》也以制书独立一类且位居前列,作者陆深在《序言》中说:"圣作物睹,一代彰矣,宣圣从周,遵一统故也。特为一录,以次宸章令甲,示不敢渎云,目为制书。"同样,《玩易楼藏书目》曰:"首重王言,故一曰制。"《脉竹堂书目》曰:"先

---

❶ 傅荣贤.《七略》图书分类理据中的时序原则[J].图书馆理论与实践,1995(2).

之以制,尊朝廷也。"章学诚《论修史籍考要略》也提出"制书宜尊""禁例宜明"的主张。制书类的设置及其在分类目录中前置,其背后的人伦隐含是不彰自显的。

　　根据文献内容所涉人物的社会地位排序,可以《四库总目·史部·传记》为例予以说明。《传记类序》曰:"一曰圣贤,如《孔孟年谱》之类。二曰名人,如《魏郑公谏》之类。三曰总录,如《列女传》之类。四曰杂录,如《骖鸾录》之类。其杜大圭《碑传》、《琬琰集》、苏天爵《名臣事略》诸书,虽无传记之名,亦各核其实,依类编入。至安禄山、黄巢、刘豫诸书,既不能遽削其名,亦未可薰莸同器,则从叛臣诸传附载史末之例,自为一类,谓之曰别录。"这里,"圣贤"是指孔子、孟子、周公一类人物,"名人"是指正人君子、名臣高士、孝子隐逸、道学忠义、贞女烈妇以至翰墨文章,"总录"是指记载多人传记的图书,"杂录"是指有关传记资料的书,"别录"是指所谓"逆乱"人物的传记。无疑,其列类标准及其先后次第,是按照被传人物的实际社会等级为依据的。不同的人物良莠有别,高低有序,反映了儒家的正统观念。

3. 现实程序原则

　　即根据类名所代表的一组文献类别在现实社会文化生活的影响力来排列。章学诚《校雠通义·汉志诗赋》云:"赋者,古诗之流,刘勰所谓'六义附庸,蔚成大国'者是也。义当列诗于前而叙赋于后,乃得文章承变之次第。刘、班顾以赋居诗前,则标略之称诗赋,岂非颠倒欤?每怪萧梁《文选》赋冠诗前,绝无义理,而后人竟效法之,为不可解,今知刘、班著录已启之矣。"章氏认为《七略·诗赋略》"赋"居前而"歌诗"殿后,颠倒了赋以诗为本源的伦叙,而这一舛误甚至影响到了《文选》。但事实上,时序原则并不是类名次序的唯一限制条件。《七略》先赋后诗的排列原则,其关注焦点是两种文献的现实社会地位。我们知道,汉代的主要文体形式是赋而不是诗。赋虽渊源于诗,但比诗的现实地位更高。并且,"诗赋略"(而不是"赋诗略")这个类名也暗示了刘向刘歆父子或班固对于两种文体的时间先后是了然于心的。

　　又如,《七志》和《七录》皆有佛道二目。《七志》先道后佛,以本土的道教居先。但《七录·序》主张:"盖所宗有不同,亦由其教有浅深也。"即根据教义的深浅及其现实的社会影响排序,因而《七录》先佛后道。马端临《文献通考·经籍考》"以类相从",类名排列以及同一类目下的文献排列努力反映事物的固有次序和发展层次。如"起居注"次于"编年",是从文献外在特征上考虑的;史部的"杂史"和"杂传",内容有"参错互见者",若"相去悬隔,难以参照",故两者相继无间。又如,《四库总目·医家类小序》曰:"《周礼》有兽医,《隋志》载《治马经》等九家,杂列医书间,今从其例,附录此门,而退置于末简,贵人贱物之义也。"四库馆臣以"贵人贱物"为依据条理文献,其意甚显。

总体上,现实程序原则既概括文献客体归属上的区别,又在人的主观心理层次上确立一种社会秩序,反映了相关文献在人的现实需要上存在不同的意义和价值。

4. 道器关系原则

古代书目是一种基于汉民族文化心理的意义结构,类名的线性排序往往反映独特的思维习惯。正像中国人的时间是以年月日为序、地点从省到市再到县和乡镇、做报告要先谈形势、讨论夫妻关系和谐先从培养共同理想说起,古代目录中的类名也是从大到小的带有演绎性质的排列,章学诚称为先道后器。

《校雠通义·补校汉艺文志》曰:"'形而上者谓之道,形而下者谓之器',善法具举。徒善徒法,皆一偏也。本末兼该,部次相从,有伦有脊,使求书者可以即器而明道,会偏而得全……部次先后,体用分明,能使不知其学者,观其部录,亦可了然而窥其统要,此专官守书之明数也。充类求之,则后世之仪注当附礼经为部次。《史记》当附春秋为部次,纵使篇帙繁多,别出门类,亦当申明叙例,俾承学之士得考源流,庶几无憾。"源流的考镜就是道器的合一,这才是"庶几无憾"的根本原因。他在《补校汉艺文志》篇中举例指出:"以道器合求之,则阴阳、蓍龟、杂占三条,当附易经为部次;历谱当附春秋为部次;五行当附尚书为部次。纵使书部浩繁,或如诗赋浩繁,离诗经而别自为略,亦当申明源委于叙录之后也。"又如,天文类著录的《泰一》等文献都是名数法度之"器",因此需要通过"申明源委"的方式,补充著录"《宣夜》《周髀》《浑天》诸家,下逮《安天》之论,《谈天》之说"等理论性的"道"类典籍。再如,法律类目的建立,应该"就诸子中掇取申韩议法家言,部于首条,所谓道也;其承用律令格式之属,附条别次,所谓器也……岂有读著录部次而不能考索学术源流者乎?"

其《校雠通义·汉志诸子》又曰:"名家之书当叙于法家之前,而今列于后,失事理之伦叙矣。盖名家论其理,而法家又详于事也。虽曰二家各有所本,其中亦有相通之源委也。"章氏认为类名的线性次序应该遵守先道后器、先理后事的原则,务虚的理论性信息必须放在务实的实践性内容之前。但事实上,《汉志·诸子略》的排序大抵以司马谈《论六家要旨》为准而又小有移易,司马谈之排序正是先名后法。并且,《汉志·名家》主要收邓析、尹文、公孙龙、惠施等著作,虽"盖出于礼官",强调"名位不同,礼亦异数",但主要是讨论逻辑问题而不是社会伦理问题,名家已不再是"论其理"的法家。因此,章氏的质疑是成问题的。但他的分析提醒我们,先道后器、先理后事应是中国古代书目中类名线性排列的基本原则。而理事关系可以理解为哲学意义上的道器关系。大致来说,章氏是要将讲"道"的书列于讲"器"的书之前,从而实现"道器合一"的分类理想。从一级类目来看,《汉志》将"入道见志"的诸子略排在职业技能意义上的"兵书略""数术略"和"方技略"之前、"兵书略"中将讲战略的"权谋"列在讲战术的"形势"等类目之前、"方技略"中将讲病理的"医经"列在讲具体施药的"经方"等之前,都是对先道后器、先理后事原则的具体落实。

总之,"申明源委"或"考索源流",将反映"道"的理论文献前置,并依次相从有关方法名数的"器"类书籍,从而"道器并举",才能达到《补校汉艺文志》所谓"专门部勒,自有经纬"、"自立门类,别从道法,大纲既立,细目标分,岂不整齐有当"的目标❶。

5. 古代书目中类名横向次序的基本特点

首先,类名的线性次序及其制约因素不是西方式的学科化、逻辑化的单一视角,而是形成了多元并存的态势。它既"随物而宛转",考虑到文献的现实客观性;"亦与心而徘徊"(刘勰语),努力通过类名的选用赋予静物以品格,

---

❶ 傅荣贤.论章学诚"辨章学术考镜源流"的本质[J].大学图书馆学报,2016(2).

表现出人格化的象征功能。而不同的次序选择,取决于对不同信息焦点的确定,负载着书目主体的兴趣、情感或意志,涉及对信息重心的格外强调等等。如《汉志·诗赋略》先"赋"后"歌诗",更加关注不同文体的现实地位,而章学诚认为这一排序颠倒了诗为赋之本源的"伦叙",更为看重时间顺序原则。但总体上,类名次序反映了人们对现实世界的一种临摹和投影,突出了人类认知经验在分类学实践中的应有地位和作用。

其次,我们知道,言语和句子一般是"尾重心",即把要表达的关键思想放在一句话的尾部。因为言语和句子是动态的流线过程,尾重心有助于受话人抓住发话人的信息焦点。而书目体系是一个结合具体文献的静态的既成序列或格局,因此,在书目序列中,关键性的类名是放在前面的。例如,通过价值和功能定位的类名,意义和功能大者排在意义和功能小的类名之前,意义和功能相同或相近的类名在线性平面中的位置也趋于靠得比较近。这是一种典型的位首重心主义,它无疑是与人们的接受习惯相一致的❶。

再次,古代书目将类名信息的分布同线性次序选择联系在一起,具有独特的规律性。例如,按照内涵的意义和功能递减顺序排序的类名意味着对社会人伦意义与功能价值的重视与强调,用刘国钧的话说,是"以得道之偏全,定部类之先后"❷。这一独特的认知限制,有助于揭示现实的程序是如何投射为书目类名的横向排列规律的,从而从现实程序出发,揭示类表组织的理据。反过来,类名顺序既然是对现实程序的临摹,因而也可以从类名顺序结构中洞察社会政治文化生活诸方面的若干原则隐含❸。

四、具体文献对类目设置的影响

在书目分类中,类名给人以观察文献世界的尺度,有了类名才能理解文献世界,度量文化的连续或分离的诸种关系。但类名本身不是目的,"所以

---

❶ 傅荣贤.从核心文献看中国古代书目分类的一般特色[J].四川图书馆学报,2002(5).

❷ 刘国钧.四库分类法之研究[M].图书馆学季刊,1926(9).

❸ 傅荣贤.从核心文献看中国古代书目分类的一般特色[J].四川图书馆学报,2002(5).

谓"的类名不能脱离"所谓"的文献实际。因此,相对于文献现实而言,类名不是自足的甚至不是自省的❶。古代类名的设置理据,往往建立在个别或部分文献的基础上,而不是建立在该类全部文献的基础上,同一类名之下的文献并不平等,因而存在典型成员和非典型成员之分。

(一)同一类目中的典型成员和非典型成员

文献是具体的、纷繁芜杂的,如果充分考虑到所有文献的个别特征,类表的结构必然非常臃肿。《四库总目·凡例》曰:"文章流别,历代增新。古来有是一家,即应立是一类;作者有是一体,即应备是一格。"但在现实编目中,不可能为每一具体文献都确定一个专指性的类目,从而把所有文献的特征都照顾到。《孟子·告子上》曰:"举同类者,举相似也。""同类"只是"相似",它是相辅相成的"和",而不是性质全等的"同"。这样,数量不多的某些文献就会根据"相似"(而不是"相同")程度随附在某个类目之下,导致一个类目既有典型成员,也存在"相似"的非典型成员。例如,胡宗楙(1867—1935)1925年所编《金华经籍志》依《四库总目》分类,但谱牒文献收书不多,故不立谱牒类目,而是将相关文献并入了史部"传记"。无疑,典型成员和类名的关系紧致,维系着类名之"名"与文献之"实"的相对统一;非典型成员与类名的关系相对松散,从而意味着几乎所有的类名都斑斓驳杂,体例不纯。例如,《汉志》"六艺略分为九种","六"下含"九",说明不是客观地知性分析的结果。大致而言,"九种"中的易、书、诗、礼、乐、春秋代表了"六艺"这个类名的确切意义,《易》《书》《诗》《礼》《乐》《春秋》等文献也可视为"六艺略"的典型成员。而"论语""孝经""尔雅"及其所代表的文献《论语》《孝经》《尔雅》,则是非典型成员。非典型成员的存在,通过改变外延的方式改变了类名的内涵,使得作为类名的"六艺"与传统文史意义上的"六艺"虽有联系,但并不一致。

显然,同一类目下的若干文献之间存在差异和层次,是古代书目组织的一大特色。作为编码基本单位的"类",所包含的一组文献并不是形式逻辑意义上"具有共同特征的文献集合",若干文献虽为"同类",却是分级和分组的,

---

❶ 傅荣贤.古代书目结构中具体文献的作用探析及对现代知识管理的启示[J].图书情报工作,2007(12).

级或组是类别的脉络,从而细化了类目的层次性,并把有意义的局部变成了更有意义的整体。例如,在《汉志》孝经类中,位于首位的《孝经古孔氏》是该类的当然成员,放在"孝经类"下是该文献的唯一类别选择。同时,该文献也强化了"孝经"类目的表意性。但是,该类还包括作为解经之作的《尔雅》,清儒王引之《经籍训诂·序》云:"训诂之学,发端于《尔雅》。"所以,《隋志》以降,便将文字(以《说文解字》为典型文献)、音韵(以《切韵》为典型文献)、训诂(以《尔雅》为典型文献)作为三个独立类名改隶于"小学"类名之下。这一改隶,是由某类下的非典型文献的发展变化而推动的:当非典型文献(如《尔雅》)数量不多或地位不尊时,往往先依附于某个"相似"的类目之下,但当它们数量或地位发生变化、甚至蔚为大国,就会导致对自身依附地位的反思并最终导致类目的增减省并。

(二)非典型成员导致的类目变化

1. 因文献品种和数量的减少而省并类目

类名作为一批文献的代表者和指称物,它们在排列成某种次序后,会不同程度地相互吸引或相互排斥。那些吸引力强的类名会凝固成一个复合的新类名,并构成新的分类焦点。

例如,《汉志》中的杂家是"九流十家"之一,和儒家、道家等并列为"诸子略"的一类。但到了《四库总目》,因墨家仅两种,名家仅三种,纵横家仅一种,《四库总目》遂从黄虞稷(1629—1691)《千顷书目》例,将"寥寥不能成类者,并入杂家。杂之义广,无所不包。"此乃《杂家序》所谓"变而得宜,于例为善"。这样,《四库总目》中的杂家就不再是"九流十家"之一,而是书少不能成类的墨、名和纵横诸家的"杂"合。《目录类序》说金石"无类可归",从《宋志》附目录类。《隋志》则将天文、历仪、五行、阴阳、卜筮、形势六类合并为"数术",尤袤《遂初堂书目》将孝经、孟子二类附于"论语"类下,史部中的"夷狄类"附于伪史类等,都是因文献数量(或该书目所收实际数量)减少而导致相邻类目合并的例证。

省并的主要方式是某/些文献以非典型成员的身份"随附"于典型成员,其结果则是类名外延扩大从而导致内涵减小。例如,《汉志·农家类小序》曰:

"（农家）出于农稷之官,播百谷、劝耕桑,以足衣食……及鄙者为之,以为无所事圣王,欲使君臣并耕。"说明农家是与儒、道、墨等各家并列的诸子百家之一,重在"入道见志"的理论主张,而不是具体农业生产技艺。该类收录神农、野老、宰氏、董安国等传说或信史人物所作之书,书名体现人名,如《神农》二十篇、《董安国》十六篇等,显然是诸"子"所作,也符合"诸子略"文献"以人命书"的著录要求。但因农家强调君民并耕,既泯灭了必要的社会分工,更不符合君臣之分的人伦"大义",遂致其说不昌,学术渐衰,但"农家"类名则被保留了下来。如《旧唐志·农家》只收《齐民要术》《种植法》等农业技术类文献,说明随着《神农》等著作的亡佚,"农家"类名已经由"入道见志"的理论下降为具体农业技术。进一步,后世书目逐渐将养殖类图书（如《蚕经》）、谱录类图书（如《菊谱》）、时令类图书（如《月令章句》）、农业经济类图书（如《救荒本草》）等滥入其中。如《宋志·子部·农家》即包括《夏小正戴氏传》《月令章句》等时令类文献以及《竹谱》《钱谱》等谱录类文献。《郡斋读书志·农家类》又因包含《茶经》《茶谱》《荔枝谱》诸"谱"而附入《钱谱》。但《四库总目·谱录序》曰:"香谱、鹰谱之属,旧志无所附丽,强入农家。今从尤袤《遂初堂书目》例,立谱录一门。"说明《遂初堂书目》已经明确认识到谱录类文献并不能"随附"于农家,从而直接导致了"谱录"类目的产生。

又如,阮孝绪《七录》"文集录"又分《楚辞》部、别集部、总集部、杂文部,其中的杂文部兼收挚虞《文章流别志、论》、李充《翰林论》等后世称之为"诗文评"的文献。《隋志》集部承袭《七录》但取消了"杂文部",挚虞、李充等相关著述遂附于总集之内,并指出:"今次其前后,并解释评论,总于此篇。"这样,"杂文部"便被省并到"总集"之中了。

显然,古代书目因"随附"非典型成员而导致"体例不淳",又产生了与省并相反的"增设"新类目的冲动。而由具体文献导致的类目变更,也是文化发展的一面镜子,可以折射出不同时代的文化价值取向。如"农家"类目实际收书情况的变迁,即反映了我国农学思想发生、发展的历史轨迹。也说明类目并不全等于学术部类,文献的现状与分类类别的设置不尽等同。总体上,随附文献在数量上的增加或质量上的精进,都可能导致类目的增设。

2. 因典型文献的分蘖导致类目的增设

非典型文献列入某类不是因为它们与类名之间存在逻辑关联,而是因为它们与该类之下某典型成员之间存在"相似"关系,由此形成的是"随附"分类。例如,《隋志》将《典论》《文心雕龙》等文学评论性质的文献附"总集"之内。方孝岳(1897—1973)指出:"虞挚的《流别》(按:指《文章流别集》),既然已经失传,我们就以昭明太子的《文选》为编'总集'的正式祖师……凡是选录诗文的人,都是批评家,何况《文选》一书,在总集一类中,真是所谓'日月丽天,江河行地'。那么,他做书的目的,去取的标准,和所有分门别类的义例,岂不是在我国文学批评史中,应该占有一个很重要的位置么?"❶一方面,"总集"对收入的作品必有所选择,因而涉及文学观;对文体必有所区分,因而涉及文体分类的具体意见,故与文学理论和文学批评密切相关。例如,姚铉(968—1020)以《文苑英华》为蓝本选辑的《唐文粹》,《四库总目提要》曰:"文赋惟收古体,而四六之文不录;诗歌亦惟古体,而五七言近体不录。"即表达了姚铉对韩愈"古文"概念和传统的全面认同。所以,《隋志》等书目将《文心》这样的文献收入"总集"并非"体例不淳",而只是理解问题的角度和分类表达方式不同而已。另一方面,《文心》等文献主要是文学评论,它与虽涉文学评论但主要是指"汇集两人以上的作品的合集"❷的"总集"在内涵与外延上皆不一致,因而只有"总集"这个类名的部分属性。它们随附于"总集"类,只是一种"苟安",随时存在着从"总集"中独立出来自立门户的可能。

《四库总目·诗文评类小序》云:"文章莫盛于两汉,浑浑灏灏,文成法立,无格律之可拘。建安、黄初,体裁渐备。故文论之说出焉。《典论》其首也,其勒为一书传于今者,则断自刘勰、钟嵘。"随着文学批评类文献的增益,《总目》设置了"诗文评"类,并以刘勰《文心雕龙》列于首位,成为该类的典型成员,其他所有"究文体之源流,而评其工拙"的文献悉置该类之下。这里,《文心》等文献被《隋志》列为"总集类",事属"随附",因而是非典型成员。但因该类文献"体裁渐备。故文论之说出焉",《四库总目》遂独立为"诗文评"类目,《文

❶ 方孝岳.中国文学批评[M].上海:三联书店,1986:63.
❷ 张三夕.中国古典文献学[M].武汉:华中师范大学出版社,2007:55.

心》等文献也由"总集"类下的非典型成员,演变为"诗文评"下的典型成员。这一演变,既体现了"诗文评"从"总集"中独立出来的过程,也反映了"文学批评"作为一个独立的文化现象或学科被广泛认可的过程。

　　基本上,每个类名都至少有一个典型成员,典型成员确定类名和类别,并构成分类焦点,"协助"类名组织和驾驭若干非典型成员,突出它支配其他文献义类的类例特征。当非典型成员的地位突显或数量激增之后,就会造成"循名责实"时的不安,从而导致类目的增列。例如,在《直斋书录解题》中,"史部·别史"指私家纪传体著作,私家非纪传体史书入"杂史",两者区别甚严。但《宋志》只列"别史"类,因此,私撰非纪传体史书只能"随附"于"别史"。而《文献通考·经籍考》只列"杂史",因此,私撰纪传体史书只能"随附"于"杂史"。《四库总目》曰:"《东都事略》之属不可入正史而亦不可入杂史者,从《宋史》例立'别史'一门。"这样,就在《文献通考·经籍考》只列"杂史"的基础上,将原来随附于该类的《东都事略》之属独立了出来,从而恢复了《直斋书录解题》的"别史"类目。

　　又如,上述挚虞《文章流别志、论》、李充《翰林论》等后世称之为"诗文评"的文献被《隋志》列入总集类,唐人吴兢(670—749)《西斋书目》新设"文史类",为后世书目所继承,正如马端临《文献通考·经籍考》所云:"晋李充始著《翰林论》,梁刘勰又著《文心雕龙》,言文章体制。又钟嵘为《诗品》,其后述略例者多矣。至于扬摧史法,著为类例者,亦各名家焉。前代志录散在'杂家'或'总集',然皆所未安。惟吴氏《西斋》有'文史'之别,今取其名而条次之。"

　　显然,非典型文献数量的增加或地位的突出,首先导致了类目数量的增加,例如,《七略》将"史"附于《春秋》类,荀勖《中经新簿》四分法中的"史"和阮孝绪《七录》中的"纪传录"遂将史部独立。《隋志·经部·论语》将五经总义类的书籍与《尔雅》类的书籍随附于"论语",毋煚《古今书录》深感不安,遂在唐代官修《群书目录》基础上,增加经解和训诂二目,为《旧唐志》所遵循。其次,非典型文献数量的增加或地位的突出也导致了类目地位的提高。例如,阮孝绪《七录·术数录》仿《七略·术数略》,但又分裂出"谶纬类",乃《七略》以后新兴的一门学问。《孟子》自《七略》以来到宋《崇文总目》一直列入诸子儒家类。自南宋尤袤《遂初堂书目》以降，多将其列入经部论语或四书类中，马端临则将孟子独立为一类，设置了专门类目。

而类目数量的增加与类目地位的提高往往又是统一的。正像《史记》在《汉志·春秋》中是非典型成员，而到了《七录》因史籍"所撰尤繁"而数量大增并设立了"经传录"，《史记》也成为该类目的典型成员一样；非典型成员变成典型成员并导致类目增加的过程，很大程度上是同类的其他文献共同推动的。具体而言，正是"所撰尤繁"的史籍在数量上的增加，导致书目不能回避或无视它们的现实存在。所以，阮孝绪《七录·序》云："刘氏之世，史书甚寡，附见春秋，诚得其例。今众家纪传，倍于经典，犹从此志，实为繁芜。"

（三）文献改变类目设置的过程及其本质

中国古代书目把确立文献之间实际的、因而也是真实的联系置于优先地位，自然类的边界往往是模糊的，相邻范畴并不通过严格的逻辑而截然分开，它们往往互相重叠、彼此渗透。

首先，类名不是逻辑范畴，而是围绕某个或某些典型成员确定自身意义的，因而不能通过逻辑化的定义获得类名的确切义指。这样，就可以根据相似性而随附一些非典型成员。典型文献是理想的成员，并成为类目范畴中的原型，非典型文献以淡化某些个性特征为代价而进入该类别，始终存在不稳定性。因此，书目组织并不是完全以类名为中心，而是基于表达功能和事理逻辑，允许与典型成员相似的其他非典型成员的介入。

其次，类名的意义是动态的，分类不是对文献作逻辑化的"类像"管理。非典型成员的介入导致了类名外延的增加和内涵的减小，并导致类名的非典型意义。当非典型意义被强调到一定程度的时候，即导致类目的省并或增益。《隋志·论语类序》曰："《尔雅》诸书，解古今之意，并五经总义，附于此篇。"这里，"论语"作为类名，其确切的内容来自于《论语》这一典型成员，但随附"尔雅"之后，"论语"类名与《论语》文献之间产生了张力，类名中"解古今之意"的含义被激活了出来。南宋《中兴馆阁书目》首先达疑"谥法"入"经解类"，并在史部立"谥法"专类。陈振孙《直斋书录解题》将

"谥法"列入经部"经解类","谥法与解经无预,而前志皆入此类,今姑从之,其实合在礼注"。陈振孙认为谥法究其名实,应归入礼部,但仍因袭《隋志》而随附于"经解",从而也激活了经解类名"通古今之意"的内涵。《四库总目》则将"谥法"列入史部政书类典礼之属。这里,"谥法"文献类别归属的变化虽不尽相同,但以"解古今之意"随附语论类导致的不安,无疑是增设"谥法"类的主要动因。

综上,中国古代书目始终是面向具体文献的,是对当下特定文献的分类。书目组织表面上是由类名为纲目,但类名不是逻辑范畴,它的意义是由特定的文献表达的。类名在将一个个松散的文献观念聚合为"类"时,只能以具体文献为着眼点。古人使用的"类例"这个词中的"例"本身也有举例的意义,即通过特色化的文献点明"类"的内涵,起到示范意义。因此,文献既是有待分类的对象,也是分类赖以进行的条件。具体文献是古代目录"振本而末从"的"本"、"知一而万毕"的"一",决定着古代书目的结构规律。古代目录没有纯粹的抽象结构,只有基于文献本身各种特征所形成的关于文献的组织关系。

相比而言,现代等级列举式分类重视对程式、规范和普遍性的关注,但忽视了各种文化现象的细节和特殊性。由于受到单线排列的限制,现代分类对于复杂主题和列举主题以外的文献只能按分类学规则放到规定的类目和较大的类目里,不能做出完全适应文献广度和深度的标引。此外,还存在产生不能互斥的同位类、只能体现主题间的种属关系等局限。由此,生动具体的内容消失了,一切都决定于潜在的规定程序,其结果不可避免地使研究趋于简单化和公式化。而在古代书目中,由于具体文献的介入,书目结构显得简洁而富于弹性,有利于最大限度地利用类别的组织空间。书目中的一个文献不仅是独立的个体(具有内涵和形式属性),也是和其他文献有区别和联系的一种关系存在(具有功能属性)。"关系"是具体的而不是逻辑的,明确化、形式化和规范化不是其唯一取向。文献不是纯粹受理智或逻辑主宰的对象,当文献独自存在时,它的组织功能是隐藏的,而一旦进入书目组织,其功能特征就会表现出来。这一分析把注意力集中到了书目系统内部典型成员与非典型成员之间的关系及其转变之上,从而把积淀为文献的文化视为不断运动和发展变化、具有自我演化和自我生成的过程❶。

第五节　中国古代目录中的分类标识和分类类名

　　分类目录的类表是由若干层次有别的类名及其分类标记结构而成的统一体系。类名是规定类目含义和内容范围的名称,通过类名描述和指称文献,才能超越一本本文献的具体性,在理性的高度规划文献,并进一步把握文献背后的文化世界。分类标记(又称标记符号、分类号)是类目的代号,"它起着固定类目在分类表中的位置,表示类目次序的作用,有时还可以从标记上识别类目之间的关系。分类标记的作用有助于图书馆进行排架、排片、流通、标引、检索等多项工作"❷。和现代分类相比,中国古代的类名及其标识有两个最本质的特点。

　　首先,现代图书分类(如《中图法》)中的类名是一个个确切的概念,具有明确的内涵和外延。虽然图书分类与逻辑分类并不全然等同,但类名仍以矛盾律、排中律、同一律为原则,接受着形式逻辑的严格约束。逻辑化的类名,表征一组具有共同特征的文献集合。文献通过逻辑类项和学科标志而进入逻辑化的类名网络,同一类目下的所有文献成员其地位是平等的。但中国古代的类名并不是严格的逻辑范畴,因而不具有明确的逻辑边界。

　　其次,现代分类一般都在类名的基础上配置了由阿拉伯数字和/或拉丁字母组成的标识符号。标识符号的构成和配置,往往决定一部分类法的性能,直接影响到分类法的使用和管理。标识与类名配套,是分类体系赖以建构的基本元素和模型,文献组织可以分析为类名标识的纯粹符号系统,从而也强化了类名与文献的逻辑性。但中国古代书目并没有逻辑代码化的标识,这无疑与类名的非逻辑化特征直接相关。

　　显然,类名和标识既是分类技术,也是分类本体,其品种和数量、构成和

---

❶ 傅荣贤.从核心文献看中国古代书目分类的一般特色[J].四川图书馆学报,2002(5).

❷ 侯汉清,王荣授.图书馆分类工作手册[M].北京:中国科学技术出版社,1992:2.

配置可以非常明显地反映出类表结构和文献组织的基本状态及其走向。因此,类名和标识不能被定义在一个狭窄的范围之内。它们不只是机械的符号,而是我们把握文献的条件,具有广泛的职能和文化联系。同样,"中国古代分类是先贤认识、区别和组织文献,从而进一步建构文化秩序的一种基本方式。为了实现这一目的,古代目录编织着属于自己的符号网络和类名系统,它们是解剖中国古代目录学的关键要素之一"❶。

一、中国古代目录中的分类标记

现代分类中的标识符号是类名的代号,类名比标识符号更具逻辑优先性。但类号本身的结构规则也能反向作用于类名,并对现实的文献分类产生影响。例如,DDC机械地恪守"十进十退"原则,"由百而十,由十而个,个以下以小数若干位分别表示"❷,直接影响到了类名的选用及其配置。正是因为类号的强大作用,"用标记符号代表类目"的1917年的《仿杜威书目十类法》,被认为"是图书分类法史上的一次革命,它标志着我国现代图书分类法的诞生"❸。相比而言,中国古代并没有由阿拉伯数字和/或拉丁字母结构而成的标识符号,但曾一度使用字符顺序标识以揭示众多类名之间的关系。

(一)字符顺序标识

中国古代目录中的分类标识总体上包括下述三大类型。

1. 以甲乙干支为号

魏晋之际,随着四部分类法的确立,人们开始用甲乙丙丁四个天干符号来"总括群书",形成了中国古代特有的干支符号标识系统。《隋志·序》云:"魏秘书郎郑默始制《中经》,荀勖又因《中经》更著《新簿》,分为四部,总括群书。一曰甲部……;二曰乙部……;三曰景(丙)部……;四曰丁部……。"甲乙丙丁,大致分别指称经、子、史、集四大类图书。东晋李充的《晋元帝四部书目》

❶ 傅荣贤.中国古代图书分类的形式结构——以线性次序为基础的结构模式[J].图书与情报,1996(4).

❷ 关鸿.旧学新探:王云五论学文选[M].上海:学林出版社,1997:225.

❸ 全根先.中国近代目录学家传略[M].北京:国家图书馆出版社,2011:200.

也以干支为类号，但他在荀勖的基础上互换乙丙，从而也确立了经、史、子、集的四部顺序。《唐六典》卷九曰："集贤殿书院书有四部，一曰甲为经，二曰乙为史，三曰景为子，四曰丁为集，故分四库。"卷十曰："秘书郎掌四部图籍，分库以藏之，以甲乙景丁为之部目。甲部为经，其类有十。乙部为史，其类一十有三，景部为子，其类一十有四，丁部为集，其类有三。"

王鸣盛《十七史商榷》卷六十七指出："甲乙丙丁亦不如直名经史子集，《隋志》依荀而又改移之。自后，唐宋以下为目者皆不能违。"余嘉锡云："自宋以后，始无复有以甲乙分部者矣。"[1]但事实上，丁国钧（？—1919）《补晋书艺文志》既列甲乙丙丁，又标经史子集四部之名，计分四卷，甲部经录，乙部史录，丙部子录，丁部集录。赵宗建（1827—1900）《旧山楼书目》不分卷，亦不分类，仅以甲乙丙丁戊己庚七个序号为次。朱记荣（约1855—1925）于光绪年间所编《行素堂目睹书录》不分卷，亦不分类，按甲乙丙丁戊己庚辛壬癸十天干为十编。说明"唐宋以下"或"自宋以后"的目录仍有用干支标目者。但总体上仍可以说，甲乙记号只在历史上踟蹰了"一会儿"，就向纯文字的类名方向回归了。

2."千字文"为号

宋释惟白（约14世纪在世）《大藏经纲目指要录》所收释智升《开元释教录略出》四卷，每书著录书名、卷数、译撰人名、帙数以及用纸张数，在帙数下用"千字文"编次字号，一帙一号。"这是我国现存最早的藏书目录排架号，旨在使图书的提取和还架两得其便"[2]。明杨士奇等编于明英宗正统六年（1441）的《文渊阁书目》也以千字文排序，自"天"字至"往"字（始于"天地玄黄"，终于"寒来暑往"），凡二十号，共五十橱，三十八类，计贮书七千二百九十七种，其卷数也按此分类号订为二十卷。如，"天"字共5橱322号：国朝；"地"字共4橱555号：易、书、诗、春秋、周礼、仪礼、礼记；"玄"字1橱149号：礼书、乐书、诸经总类；"黄"字3橱474号：四书、性理、附、经济，等等。作为官修目录，《文渊阁书目》对后世目录产生了较大的影响，叶盛（1420—1474）《菉竹堂书目》、范钦

---

❶ 余嘉锡.目录学发微[M].成都：巴蜀书社，1991：141.

❷ 吕绍虞.中国目录学史稿[M].合肥：安徽教育出版社，1984：124.

（1506—1585）《天一阁藏书目》、赵琦美（1563—1624）《脉望馆书目》、毛晋（1599—1659）《汲古阁藏书目》皆仿《文渊阁书目》而以千字文为号。同样，徐乾学（1631—1694）《传是楼宋元版书目》收书450种，以天、地、玄、黄、宇、宙、洪、荒8字为格，每字格下再分一格、二格或下格。

3. 以诗文或名言锦句为号

朱彝尊《竹垞行笈书目》后跋云："此册以'心事数茎，白发生涯，一片青山，空林有雪，相待古道，无人独还'二十四字编目，不分四部，殆行笈之记号也。"阮元于嘉庆十四年（1809）创立的杭州灵隐书藏，"乃于大悲佛阁后造木厨，以唐'鹫岭郁岧峣'诗字编为号，选云林寺玉峰、偶然二僧簿录管钥之。别订条例，使可永守。"❶阮元于嘉庆十八年（1813年）创立的镇江焦山书藏，"以《瘗鹤铭》'相此胎禽'等七十四字编号，属借庵簿录管钥之，复刻铜章，书楼扁，订条例，一如灵隐。"❷唐翰（1816—？）《唯自勉斋书目》按藏书地点分为三部分，分别按"桃红复舍宿雨，柳绿更带朝烟，花落家僮未归，鸟啼山客犹眠"；"布衣暖、菜根香、兴会佳、师法古"；"恭敬撙节退让以明礼，和亲康乐安平为一书"编号。麟庆《婳嬛妙境藏书目录》自序曰："仿《四库全书》例，析经史子集四门，标签以显。签分四色，经黄、史青、子绿、集白。架以黄山谷诗'万卷藏书宜子弟'七字为号，有余则分贮别室，随编《书目》。"

类似这种诗文次序，在一书篇目中也有体现。例如，谢枋得（1226—1289）《文章轨范》以"王侯将相有种乎"七字分标七卷，韩邦奇（1479—1556）《启蒙意见》四卷以《易经》"元亨利贞"为次，王兆云（1610年前后在世）《王氏青箱余》十卷，前后五卷分别以"仁义礼智信"和"乾元亨利贞"为次。创刊于光绪十年（1884）的《点石斋画报》共五函44册。44=6+8+8+10+12。其中，六册一函的次序用"礼乐射御书数"六艺；八册一函的次序分别用"金石丝竹匏土革木"八音和"元亨利贞忠信文行"《周易》卦爻辞；十册一函的次序用十天干；十二册一函的用十二地支。清《佩文斋咏物诗选》的情况也很相像，如其中八册一函的顺序用唐人司空图（837—908）《二十四诗品·典雅》的最后两句

---

❶ 阮元.揅经室集:三集卷二[M].四部丛刊景清道光本:345.
❷ 阮元.揅经室集:三集卷二[M].四部丛刊景清道光本:246.

八个字"落花无言,人淡如菊"来标指❶。

综上,干支、千字文、诗文锦句等虽有顺序性,但与阿拉伯数字和/或拉丁字母相比,仍不是严格的顺序代号。"中国古代书目主要仍是以文字性的类名为类别标志的,类名作为分类焦点,同时兼起类号的作用,而没有在类名的基础上另外配置一套代码符号来固定类目"❷。当然,中国古代与其说"没有"代码标记,不如说"不能"用代码标记。因为中国古代的文献是一个关乎主体的意义范畴,类名也不是精确的逻辑概念,因而不能像现代分类那样使用逻辑性的分类代码。

(二)文字与代码符号的本质区别❸

类名及其标记攸关人们观察文献和认识文化并赋予其意义的方式。近现代分类一般都在类名的基础上配制了一套四平八稳的代码符号以固定类目,这和其逻辑化的文献定位和类名定位是一致的。而中国古代书目坚持不用代码标识,本质上是确立了"兼起类号作用的"类名之所由的某种可证性:类名和文献之间存在自然的和内在的联系。可以认为,符号化的代码脱离了古籍的非知识化的实际,也不符合汉族人的文献理解和接受心理。

1. 代码符号的客体元素具有明确的边界

无论是阿拉伯数字还是拉丁字母,其元素个体在形式和意义上都是确定的,A是A而不是B,A是A而不是非A。任何个体元素的形式和意义都具有"非此即彼"的明晰性,都符合逻辑同一律。而文字字符中词类活用、一词多义、一义多词的现象却相当普遍。可以认为,类名和文献指称之间的非一一对应性,是和类名没有明确的内涵界定一致的,而这又反过来决定了古代类名不可能同时配套使用边界明确的分类代码。

2. 代码符号个体之间具有明确的从左到右的线性顺序及其连续性

英语26个字母就是一个从A到Z的连续性的(continuous)体系。并且,A总是排在B之前,B总是排在C之前,等等。而文字字符之间只能排列出间断

---

❶ 傅荣贤.论分类语言的局限性[J].晋图学刊,1996(4).

❷ 傅荣贤.中国古代图书分类的标识符号[J].图书与情报,1995(4).

❸ 傅荣贤.中国古代图书分类的标识符号[J].图书与情报,1995(4).

性的(continual)音序或形序(数笔画),不能反映出个体字符内涵之间的顺序先后。

3. 代码符号素之间可以通过不同的排列组合反映一定的组织结构和层次

符号系统中,作为不可分的最小单元的符号素必须组合成符号串,并进一步组成系统,才能表达整体信息。组合的规则即语法,语法可视为符号素的结构模式。分类符号是一个统一的整体,它的整体结构是有层次的,层次是系统性的一种表现形式,它保证了编码的唯一性和结构关系。例如,在等级层累制分类体系中,不同类号之间的组合、套叠可以表示类目之间的从属、并列等各种关系。分面分类中,标记可使主题的各个不同组面得以分隔。并且,类目内涵度正比于标记长度,比较若干类号,可以判断这些类目之间的关系。相比而言,文字性的标识缺乏抽象性,其排列也存在诸多局限,因而不能反映类表的几何结构和层次关系。例如,干支体系只能单向度排序,即允许存在"甲乙",而不允许有"乙甲";不能多层次使用,即"甲乙丙丁"和"甲子""乙丑"等不能同时使用,等等。而"落花无言,人淡如菊"之类的名言锦句或典故除了具有上述局限之外,还需要有一定的文史知识为底蕴。

显然,代码标识是与现代分类的科学主义精神相适应的,它从原子切分的角度观察和描述文献,而这又得益于现代人对具体文献在类别归属上非此即彼的逻辑预设。相应地,现代分类能够而且必须建构出一套同样具有非此即彼特征的标识符号,以便在具体和个别化的水平上掌握对具体文献单元的描写和标引,并进一步上升为模拟化的层次,认识和把握文献乃是通过符号范畴的一种间接化的处理过程。中国古代没有选用具有明确边界的分类代码,这跟古代文献不具有明确的逻辑边界有关。古典文献是一个主体性的价值存在,在内容上没有知识论上"非此即彼"的明晰性,只能对它们做出主观的灵活流动的整体把握。模糊性的文献,导致了模糊性的分类组织建构,而后者又导致了标识不可能选用具有明晰性、连续性、顺序性以及具有一定组织结构和层次的、形态外显、关系裸露的代码符号。相应地,古代目录类表的组织结构也表现出变动不居、富于弹性的特征。

二、中国古代目录中的类名

类名是分类表的基本结构本位,为分类系统建构了一个全新的焦点,并维系着分类思维的统一,类名的选用及其组合规律凝聚着分类表的基本特征。

(一)类名疏于定义

中国古代类名的最大特点是疏于定义,未能形成具有逻辑严谨性的抽象范畴,而这也是没有配置逻辑代码化的标识符号的根本原因。例如,《汉志》"凡六艺一百三家,三千一百二十三篇"中的"六艺",是一级类目的类名,类似这样的类名计有6个;"凡易十三家,二百九十四篇"中的"易"是二级类目的类名,共有38个。《汉志》中的这44个类名,没有一个是通过严格定义而显示其意义的。没有定义,意味着类名并不是认知范畴,不能通过逻辑形态的单一因素判断文献类别的归属,并做出唯一性的分类标引。

相应地,古代分类也不遵守"子项之和必须穷尽母项""上位类名和下位类名之间必须是严格的种属关系"等逻辑学科条。甚至同一部书目中也会出现相同的类名,如《汉志》诸子略下有"阴阳",兵书略下也有"阴阳"。今人每称兵书略下的"阴阳"应为"兵阴阳",但这只是出于已然接受西方形式逻辑规训的今人的一厢情愿。《汉志·兵书略·阴阳序》曰:"右阴阳二六家,二百四十九篇,图十卷。"又曰:"阴阳者,顺时而发,推刑德,随斗击,因五胜,假鬼神而为助者也。"皆径言"阴阳"而不称"兵阴阳"。不同的书目中,名同实异的类名更是俯拾即是。例如,《汉志》"小学"代表语言文字学,而南宋赵希弁[淳佑九年(1249)前后在世]《读书附志》的"小学"还包含讲洒扫应对的"幼仪书"。《新唐志·集部》有"文史"类,收《文心雕龙》等文学评论性书籍;而《百川书志》中的"文史"是史部"史咏"和"野史"之间的一个类名,收《游文小史》等"汇编古今载籍托物兴辞,采其事迹,设为史传,以文滑稽圣门者也"的文献。两个"文史"显然名同而实异。又如,《明志》虽以《千顷堂书目》为蓝本,但后者的"正史"和国史、通史、编年等类目分列,而前者则将国史、通史、编年和正史合并,统称"正史"。

与一词多义相对的是一义多词。例如,《直斋书录解题》"别史"是指私人以纪传体撰写的史书,非纪传体入杂史类;《宋史·艺文志》(以下简称《宋志》)则不分纪传体或非纪传体,凡私人所撰皆名之别史。《文献通考·经籍考》同《宋志》,但名称改为"杂史"。后世书目大体依兴追仿,并无定准。又如,钱谦益《绛云楼书目》史部"刑法类",究其所收内容,实即《四库总目》"政书类"。而倪灿撰、卢文弨校正的《宋史艺文志补》又易名为"政刑"。

再如,《汉志》六艺略下分九种,其中的"乐"只是以河间献王与毛生等"共采《周官》及诸子言乐事者"的《乐记》为该类的代表文献,早已不是"诗书礼乐易春秋"中的"乐"了,说明六艺并不绝对是指《诗》《书》《礼》《乐》《易》《春秋》六经。并且,"六艺略"分"九"种,其名称明显不合逻辑。历史上,王俭《七志》改六艺略为经典志、阮孝绪《七录》易名为经典录、后世四部书目改题"经部",都改变了"六艺"实分"九种"的名实相符问题。然而,《文心雕龙·宗经》曰:"经者,常也。"而礼、乐的内容是要随时代变化的,小学更没有"常"的基本义项。宋人郑樵《艺文略》将礼、乐、小学从经部独立出来,上升为一级类目,正是考虑到了礼、乐、小学并不符合"经者,常也"的内涵本质。因而,"六艺略"被更名为经典志、经典录或经部,只是从数字或数量上回避了作为一级类目的经部与所分二级类目的称名凿枘,但没有改变经部类名因缺乏定义而内涵混沌不明的事实。就此而言,荀勖《中经》等目录用甲乙丙丁标目而弃用诸如经史子集之类的文字性类名,正是要回避文字性的类名之"能指"与实收文献之"所指"的不符,也就是余嘉锡所谓"因其中所收之书为例不纯,无可指名,而姑以是名之也"❶。

总之,古代目录的类名疏于定义,适合表达模糊的概念,它更像一种征候或象征,而不是抽象的符号。这与试图以客观主义和逻辑理性为原则建立不以人的意志为转移的类名体系的现代分类学适成对照。

(二)从外延的角度限定类名的可能指涉

类名没有严格的定义,因而不是纯粹的代码,其内涵往往混沌不明、所指不一。因此,古代书目往往从外延着眼以限定类名的可能范围,即从现象解

❶ 余嘉锡.目录学发微[M].成都:巴蜀书社,1991:135.

释本质,以抵消因缺乏定义而导致的认识模糊,从而"循名责实",确定类名的可能指称。

《汉志》即已奠定了从外延界定类名内容的策略。例如,《汉志》"刑法"这一类名即没有定义,其义未明。但《形法》类序指出:"形法者,大举九州之势以立城郭室舍形、人及六畜骨法之度数、器物之形容以求其声气贵贱吉凶。"这就从外延概括了刑法的内涵,它对应于该类实际所收的六种具体文献:《山海经》《国朝》《宫宅地形》指涉"九州之势以立城郭室舍形",《相人》《相六畜》指涉"人及六畜骨法之度数",《相宝剑刀》指涉"器物之形容"。因此,"'形法'与其说是一个逻辑概念,不如说是一个主体范畴,它以语用学中的'合作原则'来表达从主体范畴到完整思维的任何东西,并按照本书目特征所能容许的程度,把完整思维的质料包含得多一些或少一些"❶。又如,《汉志·兵书略》中的"权谋"类序云:"以正守国,以奇用兵,先计而后战。"说明"权谋"是从战略高度着眼的,显然超越了临机决断的战术层次。《荀子·王霸》曰:"故用国者,义立而王,信立而霸,权谋立而亡。"这里,权谋是和仁义、诚信等相对的范畴,反映了荀子以儒家仁信为信念的政治主张。从荀子的认识以及《说苑》中的《权谋篇》来看,权谋就是《孙子兵法》中《计》(或称《始计》)篇的内容。然而,《孙子兵法》除了《计》篇之外,还有《谋攻》《用间》等"战术"层面上的内容。因此,《兵书略·权谋》类序为了确保"权谋"类名对相关"战术类"文献的统属能力,又指出"权谋"兼有"兼形势,包阴阳,用技巧者也"的外延,以求自圆其说。

《隋志》是首部明确用经史子集四个类名为标目的四部分类目录,但所谓"经",《隋志》在卷一末的尾题中是以"六艺经纬"为标题的。其类序曰:"班固列六艺为九种,或以纬书解经,合为十种。"这里,虽然没有关于"经"或"经部"的确切定义,但却通过对外延的分析,指明了经部的文献范围:包括班固《汉志·六艺略》九种,再加上纬书解经类典籍。同样,《子部类序》曰:"自六经以外立说者,皆子书也。"勉强给出了"子"的可能框限。但是,作为史学研究的"史评"和作为文学研究的"诗文评"也是"六经之外立说者",却

---

❶ 傅荣贤.古代书目结构中具体文献的作用探析及对现代知识管理的启示[J].图书情报工作,2007(12).

又不在"子"部。于是《子部类序》进一步指出："《汉书》有诸子、兵书、数术、方技之略,今合而叙之,为十四种,谓之子部。"即以举例的形式指明"六经之外立说"的确切义指,从而也把"史评"和"诗文评"排除在了子部的范围之外。

清代的《四库总目》也主要是通过指定类名外延的方式,交代其可能的收书范围。如《经部类序》曰:"盖经者非他,即天下之公理而已。今参稽众说,务取持平,各明去取之故,分为十类:曰易、曰书、曰诗、曰礼、曰春秋、曰孝经、曰五经总义、曰四书、曰乐、曰小学。"指出经部的外延(即该类可能包括的文献)而缺乏对"经部"类名内涵的逻辑分析。《史部·别史类序》曰:"汉《艺文志》无史名,《战国策》《史记》均附见于'春秋'。厥后著作渐繁,《隋志》乃分正史、古史、霸史诸目。然梁武帝、元帝《实录》列诸杂史,义未安也。陈振孙《书录解题》创立别史一门,以处上不至于正史,下不至于杂史者。义例独善,今特从之。"作者没有给出"别史"的定义,但交代了其"上不至于正史,下不至于杂史"的外延范围。又如,《子部·术数类·相宅相墓之属》案语曰:"考《汉志》有《宫宅地形》二十卷,列于形法,其名稍近。然形法所列,兼相人、相物,则非相宅、相地之专名,亦属假借。""形法"类名多有假借,没有确切义指。但由于类序概括了其外延的范围,因而并不会造成过多歧义。事实上,中国古代对于类名的说明,多散见于类序之中。这些说明性的文字基本都是提示性的,即通过指定类名外延的方式反过来确证其内涵的可能含义,正如周彦文指出,中国古代目录"在归类时把不同类的书放在同一部门之下,却不能说某部内容应当是什么"❶。

有什么样的思维,就会出现什么样的标识系统。古代类名作为一个非逻辑化因而不清晰的概念,拥有着一张诗意的面孔,这是与古人的思维相统一的,从而也保证了符号与意义之间的同构关系。亦即,针对古籍兼具知识与价值的二重性特征,中国古代目录学建构了属于自己所独有的分类特征,这些特征又是与古代目录学所选用的类名本质相一致的,从而也维持了思想的材料、过程、结果与思想对象之间的高度趋同性。

---

❶ 周彦文.中国目录学理论[M].台北:学生书局,1995:32.

三、中国古代目录中类名的来源

现代分类将文献视为记录客观知识的载体,因而是相对清晰和明确的逻辑概念。相应地,类名也是从逻辑上加以规定的范畴,与类名配套的分类标识作为逻辑化的代码,则强化了类名和文献的逻辑性。因此,现代分类的类名不能直接表达现实文献,它们并非"自然语言",而是不同于日常语言的专业术语——人工语言,这是西方人长期自觉地追求理性精神的必然结果。由此,类名也进入了纯粹"科学"的领域,体现了西方人特有的生存方式或文化体验方式。中国古代类名的最大特点是没有精确的逻辑定义,本质上反映了不同于西方的目录学取向以及目录学背后不同的生存方式或文化体验方式。相应地,中国先贤在选择什么词汇作为类名的问题上,亦匠心独具❶。

(一)以具体文献之名作为类名

我们知道,《诗经》中的风、雅、颂,《史记》中的本纪、世家、表等都可视为某类文献的类别指称。而《七略》中的六"略"和三十八"种"之称名,则是中国古代目录学中最早的分类类名。《七略》是刘氏父子在校勘具体文献的基础上形成的目录,这就需要在数百种复杂的文献中寻找规律、理出头绪,由此确立的类名也不是抽象的概念,它们往往直接取自具体文献之名。例如,"六艺略"的易、书、诗、礼、春秋、论语、孝经,"诗赋略"的屈原赋之属、陆贾赋之属、孙卿赋之属,既是某一具体文献的专名,又是一组相关文献的总称(如"易"既是"易经十二篇"这一文献的专名,又是"凡易十三家"文献的总称)。又如,陈梦雷《古今图书集成·经籍典》旨在汇总历代正史、专史艺文和经籍志,不标四部之名,但实际按照经史子集的次序分为65类。包括:易、书、诗、春秋、礼记、仪礼、周礼、论语、大学、中庸、孟子、孝经、尔雅;国语、战国策、廿一史、资治通鉴;老子、庄子、列子、墨子、管子、商子、孙子、韩子、荀子、淮南子、扬子、文中子等,基本都是以重要典籍为类名,缀以历代笺释、传注、义疏、考证之作附于其下。

通过具体文献而生成的类名,很容易触发人们的具象联想,并在联想的

---

❶ 李满花.浅议中国古代书目中的类名[J].图书情报工作,2010(9).

协同作用下感性地把握和组织一批相关文献。以"易"为例,对"凡易十三家二百九十四篇"这一批文献的组织正是通过具体文献"易经十二篇"而实现的。所谓"易经十二篇",颜师古注曰:"上下经及十翼,故十二篇",亦即《易经》上下篇和《易传》十篇,也就是今天概言之的《易经》或《周易》。这样,就可以通过人皆尽知的"易经十二篇"(而不是通过抽象的类名)来把握该类的十三种文献。这里,"易"不仅传达一个概念,还结合"易经十二篇"这一具体文献而诉诸感觉,给人一个生动可感的形象,从而有助于对一组文献的形象化把握。又如,"方技"这个类名不为一般人所知,但通过该类位首文献《黄帝内经》18卷,可知"方技"关乎医学。由具体文献来提供具象特征,从形象发展到典型观念,就是深具特色的个别和高度概括的一般的有机统一。它将简单的性状(具体文献)和抽象的概念(类名)统一起来整体性地把握类别特征,"故虽理想家也是写实家"(王国维语)。

《唐六典》卷10《秘书省》曾简介《隋志》中每个类名的可能含义,但又以附注的形式,举出各个类目的代表性典籍。其曰:"甲部为经,其类有十:一曰《易》,以纪阴阳变化(《经籍志》:《归藏》等六十九部,五百五十一卷。);二曰书,以纪帝王遗范(《古文尚书》等三十二部,二百三十七卷。);三曰诗,以纪兴衰诵叹(《韩诗》等三十九部,四百三十二卷。);四曰《礼》,以纪文物体制(《周官》等一百三十六部,一千六百二十二卷。);五曰《乐》,以纪声容律度(《乐社大义》等三十二部,一百四十三卷。)……"这里,"一曰《易》,以纪阴阳变化"的简单化说明,以"《归藏》等六十九部,五百五十一卷"为注脚;"二曰书,以纪帝王遗范",以"《古文尚书等》三十二部,二百三十七卷"为注脚等,都是通过具体文献(如《归藏》)辅助说明类名(如"易")的内涵,类名的含义通过"观物取象"的象性思维而得到了充分的"暗示"。就此而言,类名不是抽象的,它携带了一个确定的个体意义,因而可分析为一个有形(具体文献)与无形(类名概念)的组合。它用代表性文献之具象,使得类名概念生动可感而又有所依托,反映了汉民族以直觉形象的眼光看待一切的致思途径:类名给人以观察文献世界的尺度,有了类名才能理解文献世界,但类名本身不是目的,"所以谓"的类名不能脱离"所谓"的文献实际。

类名通过直接取自具体文献之名而体现出具象性,既有助于捕捉类目的含义、描绘心中的感受,还能引起每一个受过同样文化熏陶的人的内心共鸣,类名的有限概念理性也因结合具体文献而做出了感性的渲染。具体文献的存在,时刻颠覆着类名的抽象性,使类名所表征的内涵处于可把握、可感知的层次之上。张岱年(1909—2004)指出:"中国哲学家都承认本根不离事物。西洋哲学中常认为本根在现象背后,现象现而不实,本根实而不现,现象与本体是对立的两世界。这种'本根是虚幻现象之背后实在'之观念,多数中国哲人,实不主持之。中国哲人决不认为本根实而不现,事物现而不实,而以为事物亦实,本根亦现;于现象即见本根,于本根即含现象。"❶赫大维(David Hall)、安乐哲(Roger Ames)亦指出:"孔子的哲学是事件的本体论,而不是实体的本体论。了解人类事件并不需求助于'质''属性''特性'。因此,孔子更关心的是特定环境中特定的人的活动,而不是作为抽象道德的善的根本性质。"❷这是本末合一、体用不分的本体论,本体存在于具体之中,而非高悬于具体之上,因而只能藉由具体而朗现自我。

所以,段玉裁(1735—1815)注《说文解字》曰:"(《说文》)分别其部为五百四十,每部各建一首。而同首者,则曰凡某之属皆从某。于是形立而音义明。凡字必有所属之首,五百四十字可以统释天下古今之字。"在《说文》中,五百四十首虽不是五百四十字,但作者许慎又从形音义的角度对它们进行解说,表明他是把五百四十部首视为五百四十字的。这样,部首既是具体的一个字,又是抽象的一类范畴,符合《易经·系辞》"其称名也小,其取类也大"的原则,说明在表象"称名"之外,都有更为深刻而广泛的"取类"。这一认识方式虽然缺乏逻辑意义上的"真",但能把复杂的信息描绘出来,意蕴非常丰润,本质上反映了一种与现代逻辑化、客观化、形式化为取向的信息观迥然而别的学术类型,也与书目中的类名兼有具体文献的具象性特征异曲同工。

总之,每一个类名首先与一个代表性的文献直接对应,它的逻辑起点不是明确的概念和判断,而是可以引起直观联想的具体文献,具体文献是类名意义得以辨明的重要手段。由此形成的书目结构组织原则的心理视点落在

❶ 张岱年.中国哲学大纲[M].北京:中国社会科学出版社,1982:15.
❷ 赫大维,安乐哲.孔子哲学思微[M].蒋弋声,译.南京:江苏人民出版社,1996:7.

类名所代表的具体文献之上,具体文献建立了一个内容和结构的意义支点,并形成聚零为整的辐射性网络。表面上,一批相关文献是通过类名及其结构关系组织起来的,但类名并不是自足的,它的内涵必须通过与之相关的具体文献来揭示。文献的属性才是关于书目事实的最深刻而又最有内容的知识,它不仅反映书目中文献的外部联系,而且反映文献之间内部本质上的联系。离开了具体文献,书目就不能反映文献之间的普遍联系和多样性的统一,不能从最简单的规律上升到具体的系统。它反映了汉民族文化心理的结构意义,正如袁仁林[清雍正年间(1722—1735)贡生])《虚字说》所谓:"盖天地间虚实恒相倚,体用不相离,至静之中有至动之理,凡物皆然。"❶古代目录把众多文献放在一个虚(类名)与实(具体文献)的互相衬映中加以感受,关注的是功能,呈现的是辩证关系,价值判断是多元而非一元的。而这正体现了袁仁林"盖天地间虚实恒相倚"的认识。

(二)选用同类合并和对立统一的名词术语作为类名

汉语中的双字词比单词只字辞气浑厚,因此,中国古代目录中的类名也大多由两个字构成,它注重词在自身组合中的形式张力,具有深厚的语言学内涵。例如,《汉志·诸子略》中的"阴阳""纵横"这两个类名,所表达的概念是对立的,同时也是相互依存、不可分割的,集中反映了世界万物之间的对立统一规律。由对偶性的两个字(概念)构造类名,形成两个相关概念的彼此映衬,从而生成一个完整的表述单位,本质上意味着书目看待文献的样式是对偶的,是要在对应、对称和对立中把握统一。

与"对立统一"相联系的另一种类型的类名是,重视构成类名的两个字(概念)的同义或对待关系,反映了某种特定的文化心理结构。仍以《汉志》为例,"诗赋略"中的歌诗,"兵书略"中的权谋、形势、技巧,"数术略"中的历谱、蓍龟,"方技略"中的神仙等等皆是。这类类名都是由两个相关概念共同构成另一个概念,以反映两种相似或同类文献之间的关系。以"历谱"为例,其中的"历"主要是指各种年表和月表,"谱"主要是世谱和年谱❷。谱、历相配,表

---

❶ 转引自:郑奠,麦梅翘.古汉语语法学资料汇编[Z].北京:中华书局,1964:109.

❷ 李零.简帛古书与学术源流[M].北京:三联书店,2004:283.

明两者关系密切。班固在《汉书·楚元王传》中说刘歆"典儒林史卜之官,考定律历,著《三统历谱》",在《汉书·律历志》中又说刘歆"作三统《历》及《谱》,以说《春秋》"。我们知道,《汉书·律历志》分上、下两部分,上部分的前半部为《钟律书》,先追述武帝制定《太初历》的历史,然后指出:"至孝成世,刘向总六历,列是非,作《五纪论》。向子歆究其微眇,作《三统历》及《谱》以说《春秋》,推法密要,故述焉。"《钟律书》之后(也就是《志上》的后半部分以及《志下》)为《三统历》和《三统谱》,亦即历法的内容。可见,《三统历》和《三统谱》彼此相关,但又为一物,它们结合为类名后,无论是对"历"的认识还是对"谱"的认识,都是放在彼此参与构成的背景中进行的。

同样,蓍和龟是两种不同的卜筮形式,"蓍"是用蓍草或竹木棍占筮,"龟"是用龟甲或兽骨占卜,两者并不相同,所以《左传》中有"筮短龟长"之说。然而,这两者之间又有一定的联系,体现出某种心理上的"同类"关系。这样,可以在蓍或龟两者彼此内涵的互相衬映中体现各自的意义,"蓍"可以理解为像"龟"那样具有占卜性质的文献,反之亦然。类似的还有"传记",《四库总目》把传记解释为"传记者,总名也,类而别之,则叙一人之始末者为传之属;叙一事之始末者为记之属"。这里,"叙一人之始末者"的"传"与"叙一事之始末者"的"记",也是通过彼此衬映以显示意义的。

总之,这些类名都是由相互联系的两部分组成的,这两部分近乎同义但又有区别。文献一旦进入这样的类别,就不再是"客观"的,而是反映了人对"客观"文献及其背后文化的对立统一的认识。

(三)选用文化生活词汇或历史典故作为类名

在《汉志》中,"六艺略"中的小学,"诸子略"中的儒、道、阴阳、法、名、墨、纵横、杂、农、小说,"数术略"中的天文、五行、杂占、形法,"方技略"中的经方、房中等皆是文化生活中的常用词,携带着丰富的历史文化内涵,逻辑化不是它的取向。此外,作为一级类名的六艺、诸子、诗赋、数术、兵书、方技也属于这类情况。拿"方技"来说,"方技略"收医学文献。现代人对"方技"一词颇为陌生,然而"方技"之称和《史记》中的用语是一致的。《史记·扁鹊仓公列传》称医生为"方者",称医药书为"方书"。《史记·始皇本纪》曰:"方士欲以练求奇药。"所谓"方士"虽指求长生不老者,但他们求不老的手段也与"药"有关。可见,类名因与历史文化相关而生发出丰富的内涵和联想,便于在意会中把握文献的组织方式。类名的设立从编码角度是"造境",从解码角度是"联想",无论是编码还是解码,都必须放在传统文化的"上下文"中来理解。

和现代类名的精确定义不同,中国古代目录的类名讲究油然神会,"神会"与否直接取决于文史功底和对传统文化的感悟能力。习惯于古代目录学的学者,在潜意识里就习惯了从传统文化的宏大背景中来理解类名,从而理解由类名组织起来的文献,因而《汉志》以降的中国古代目录学也始终沿着文化阐释之路发展。例如,明代医学家殷仲春(1596年前后在世)所撰《医藏书目》是作者经眼的医书目录,著录590余种医书,共分20函。主要包括:无上函(内难类)、正法函(伤寒类)、法流函(各科医书)、结集函(各科医书)、旁通函(各科医书)、散圣函(各科医书)、玄通函(各科医书)、理窟函(脉学)、机在函(眼科类)、秘密函(医学杂书)、普醒函(本草类)、印正函(各科医书)、诵法函(各科医书)、声闻函(各科医书)、化生函(妇科类)、杨肘浸假函(外科类)、妙窍函(针灸类)、慈爱函(儿科类)、指归函(医学基础类)、法真函(养生类)[1]。这里,作者以佛教术语相比附,以确立医书的类别,类名不再只是纲纪文献的枢纽,也是表达医学见解的重要手段。例如,殷氏将妇科类文献归在化生函、儿科类文献归在慈爱函等,表明医学与佛教一样,都具有"济度群生"的旨趣。

又如,光绪二十三年(1897)杨檗(1866—1926)《拟仿朱氏经义考例纂史籍考》一文建议将史籍分为十四类。其中的"书壁"类,是取典孔壁尚书,"著录有《后汉书》司马彪注,就是说彪注是后来经梁刘昭注,又经宋孙奭手始合于章怀太子注范晔《后汉书》中,情况类似从孔壁发现《尚书》那样"[2]。而"毖纬"类,则是取毖慎纬书的意思。显然,选用文化生活词汇或历史典故作为类名,可以映照和衬托出一个无言的境界,它符合一个社会所能接受的思想表达习惯,因而也符合今天的用户保证原则。再如,《四库总目·政书类小序》曰:"《隋志》载《汉武故事》,滥及稗官。《唐志》载《魏文贞故事》,横牵家传。循

[1] 乔好勤.中国目录学史[M].武汉:武汉大学出版社,1992:268.
[2] 来新夏.古典目录学浅说[M].北京:中华书局,1981:169.

名误列,义例殊乖。今总核遗文,惟以国政朝章六官所职者,入于斯类,以符《周官》故府之遗。至仪注条格,旧皆别出;然均为成宪,义可同归。惟我皇上制作日新,垂谟册府,业已恭登新笈,未可仍袭旧名。考钱溥《秘阁书目》有'政书'一类,谨据以标目,见综括古今之意焉。"这里,"政书"类名来自《周官》故府,即"故事之府"。所谓"故事",是指过去("故")的盟誓约定,而盟誓约定的主要内容是要求被策命者履行国家行政之"事"❶。刘勰《文心雕龙》的《章表》篇曰:"按《七略》《艺文》,谣咏必录,章表奏议,经国之枢机,然阙而不纂者,乃各有故事而在职司也。"《书记》篇指出,"职司"庋藏的公文,"虽艺文之末品,而政事之先务也"。因此,"故府"所藏主要是国家行政文书,《四库总目》袭其意而又改题为政书,反映了特定的文化取向或态度。孙德谦认为:"如是(按《政书类序》)所言,纠正隋唐者,亦极精审。然概名'政书',一切职官、仪注,均得入之。为例未免太宽,不如仍从史志立'故事'为本。"❷孙先生之论,实未得其中三昧。

这些文化生活词汇的本质是"自然语言",历史、文化、语言传统以及已有的知识储备都是生发理解的前提,同时也制约着理解的结果。《庄子·秋水》曰:"可以言论者,物之粗也;可以意致者,物之精也;言之所不能论,意之所不能致者,不期精粗焉。"说明符号是软弱的,儒家"言不尽意"、佛教"无言"、道家"言者不知",皆强调符号的模糊性。而符号成型后,又往往导致心理定势,构成文化认同心理的表征,并反向作用于认知的模糊性。同样,在古代目录学中,类名确定范畴,范畴的边界就是当时文化的边界,类名不是单纯标识文献的工具,而是知识组织和文化认知、进而是观察世界和解释经验的特殊手段,借助类名可以分析出特定时空条件下的特定社会结构和意识形态。而由于古代的类名蕴含了丰富的文化内涵,将它们组织起来,遂成为一组组生动可感的画卷。它不是在推理中得出结论,而是在具象的排列中悄悄展开抽象过程,体现结论,使抽象的思维形象可感,并成为中国人表述、组织和认识文献和文化的独特模式。

---

❶ 傅荣贤."故府"正诂[J].档案学研究,2012(6).
❷ 孙德谦.四库提要校订[J].亚洲学术季刊,1922(4).

四、类名的知识论内涵和价值论内涵

类名是书目赖以建构分类体系的枢纽,也是书目看待文献和文化的支点。类名的差异,不仅是书目类型的差异,也意味着对文化的不同认识,对类名的分析可以揭示目录的取向乃至文化的精神脉络。

阮孝绪《七录·序》可视为中国现存最早的目录学理论文篇,对类名的研究是阮氏讨论目录学规律的一个重要方面。其云:"刘有兵书略,王以'兵'字浅薄,'军'言深广,故改'兵'为'军'。窃谓古有兵革、兵戎、治兵、用兵之言,斯则武事之总名也。所以还改'军'从'兵'……王以'诗赋'之名,不兼余制,故改为'文翰'。窃以顷世文词,总谓之'集',变'翰'为'集',于名尤显。"阮氏本旨在解释其《七录》分类类别及类名之所由,但他"斟酌刘王",成为现存最早研究《七略》和《七志》类名的文献。他认为理想的类名,应该"于名尤显",名实相副。而"名""实"之不符,既包括类名与文献"客观"事实的不符,也包括因类名所附带的价值判断而造成的"主观"不符。换言之,类名除了字面上的知识论含义,还引起人们主观心理的不同反应因而具有背后的价值论内涵。相应地,"不正确"的类名既有认知判断问题也有价值判断问题,既有语法问题也有语用实践问题。在不断调节与校正类名"能指"和文献"所指"的统一性过程中,必须同时考虑到文献的"真实性"和社会伦理的"正当性",这无疑是与古代文献兼具知识论与价值论的双重本质一致的❶。

例如,《四库总目·载记类序》曰:"五马南浮,中原云扰。偏方割据,各设史官。其事迹亦不容泯灭,故阮孝绪作《七录》,'伪史'立焉。《隋志》改称'霸史',《文献通考》则兼用二名。然年祀绵邈,文籍散佚,当时僭撰,久已无存。存于今者,大抵后人追记而已。曰'霸'曰'伪',皆非其实也。案《后汉书·班固传》,称撰平林、新市、公孙述事为'载记'。《史通》亦称平林、下江诸人《东观》列为'载记'。又《晋书》附叙十六国,亦云'载记'。是实立乎中朝,以叙述列国之名。今采《吴越春秋》以下,述偏方僭乱遗迹者,准《东观汉记》《晋书》之例,总题曰'载记',于义为允。惟《越史略》一书为其国所自作,僭号纪年,真为伪史。然外方私记,不过附存,以声罪示诛,足昭名分,固无庸为此数

---

❶ 傅荣贤. 浅论阮孝绪《七录·序》的目录学思想及其影响[J].图书馆理论与实践,2011(5).

卷别区门目焉。"《七录》《隋志》中的"伪史""霸史"等类名包含着对"偏方割据"的贬抑,《总目》改用中性色彩的"载记",也是出于价值判断(而不是认知判断)的考虑。类名作为一类文献及其背后文化的类别范畴,其改易意味着对文献(文化)的不同认识。我们知道,清朝亦为异族政权,改题"载记",暗含着对自我政权合法性的关怀。

又如,唐刘知几《史通·古今正史》中的"正史"与"偏记小说"相对,所以,纪传体的《史记》、记言体的《尚书》、编年体的《春秋》、国别体的《国语》等皆为"正史"。《隋志》首列"正史"类,但并非在刘知几的意义上使用这个类名,而是专收官修或官方认可的私修纪传体史书。因此,《尚书》《春秋》《国语》等非纪传体史籍就被排除在了"正史"之外。这固然有书目分类上的考虑,但更多地是在强调"正史"之"正"的政治内涵,诚如《四库总目·正史》指出:"盖正史体尊,义与经配,非悬诸令典,莫敢私增,所由与稗官野记异也。"显然,就是非对错而言,刘知几是"正确"的,但就应然与否而言,《隋志》《四库总目》是"应当"的。类名不仅体现知识论的逻辑还反映价值论的心理,恰当的类名必须同时符合在逻辑位置和心理位置上的双重"正确"。

综上,类名符号的意义包括字面的理性意义,也包括通过联想而获得的超越意义。理性意义诉诸认知,它明白无误地"在那里",可以作"是或不是"的逻辑识别,但理性并不是规范类名的唯一标尺。超越意义诉诸主观,它没有理性认知那样"顾名思义"或"明明显然",而是随个人经验及社会语境的不同而不断变化。然而,类名体现的超越意义不仅体现在类名本身的特点及其选择上,还反映在类名的结构关系上。毕竟,类表是由若干类名"有机地"组织起来的,这决定了古代书目的排序和组织也有独特的价值标准,本质上反映了标准背后独特的汉民族文化精神。

五、古代目录类名的本质:兼与现代类名比较

一个民族、一个时代的文化生活中的主要细节大都是用属于不同领域的一些关键词来表示的。借助词汇,人类学语言学家能够获得某个民族对世界的基本认识和看法。例如,有"马背上的民族"之称的蒙古民族,词汇中就包

含了大批反映关于"马"的复杂术语的词语,而离不开骆驼的阿拉伯,则有大量关于骆驼的词汇。同样,在书目分类中,类名确定范畴,正是根据这些范畴,某些被视为相同或相似的文献才有可能与另一些被视为不同的文献区别开来。因此,类名是书目体系的结构本位,也是关于文献最基本形式和普遍关系的表述,类名不仅反映书目的技术问题,更反映了书目的本体问题。

现代分类中的类名一般用简短、确切的名词或名词词组表达类目的含义和内容范围,它是由必要和充分特征联合定义的,因而是逻辑范畴,具有确切的内涵从而也保证了外延的明晰,而分类代码则强化了类名的逻辑明晰性。用代码符号固定类目,意味着类名、进而意味着文献主题的逻辑代码性,也是现代分类一整套理论、原则和方法的逻辑化取向在类名中的反映。概念化的类名可供判断一个特定文献是或不是该类,这种判断是建立在主客二分基础上的,即所有文献都是立于我们面前的客观之物,我们能够也应该从形式逻辑和学科属性的角度,予以理性地认知。分类的过程也就是把对文献主题分析的结果转换为检索标记的文献标引过程,而为了实现标引用语和检索用语的一致性,只能对类名进行词汇控制,以消除自然语言的不确定性。由此获得的类名确定性、唯一性、单义性、精练化、形式化和结构化,固然提高了文献的检索效率,但它是基于静态义素分析的语法化描述,因而存在很多局限。

首先,类名的明确性要求把所有文献都视为非此即彼的逻辑存在,但文献主题是意义整体,难以区分出独立的构成义素。相应地,不同文献之间的差别也并不都是泾渭分明,甲文献主题与乙文献主题往往呈现出渐进式的过渡,体现为一个连续性的统一状态。这样,类名概念的内涵越精确,对文献主题描述的准确性就越差,从而也意味着,对类名概念的严谨控制未必是分类语言的福音。

其次,运用类名标记进行文献主题分析时,易于忽略一些动态的文化背景环境。例如,据熊学亮的研究,"单身汉"一词的确切含义是指未婚的成年男性。但在现实生活中,该词的边界并不明晰,诸如离婚后没有新娶者、牧师、同性恋、可以娶四个妻子但仅娶三位的穆斯林教徒、与女子有长期同居关系而未婚的男子、自幼被遗弃在深山老林中的男人等,他们到底算不算单身汉,不同的文化环境有不同的认定❶。因此,逻辑化的现代类名在赢得检索效率的同时,也与用户基于自然语言的习惯性提问渐行渐远。它只是获得了对文献认识的理性真实,但在对文献如此"类像化"管理之后,也把文献背后的文化经验类像化了,从而不可避免地割裂、歪曲乃至破坏了文献及其背后文化的本质。

中国古代目录也是借助于类名而获得对文献的认识并使之条理化的,类名、古代文献、古代书目、传统文化,这四者之间是相互通约的。类名是对文献的编码,也是对文化的范畴化表达,对类名的选择意味着对文献组织方式和文化认识模式的不同选择。中国古代文献是主体人的精神体现和生命观照,并不完全是客观的知识论存在,不能用清晰、精确的逻辑去表达。因此,古代目录追求在动态中寄托主体的情思,由此形成的文献编码不追求表面的形似、机械的真实,也因放弃了西方目录视为生命的形态限制和关系框架而充满活力,并为主体意识的驰骋和想象力的张扬提供了充分的可能和余地。

综上,西方分类的本质是用逻辑化的类别控制文献,而古代目录对文献的判断是多元的,隐喻的,两者之不同,就是多元中心和单一中心之别。西方努力由前提得出结论,而中方则努力得出没有前提的结论。中国哲人认为宇宙是超逻辑的,《庄子·秋水》所谓"言之所不能论,意之所不能致"的精微之处需要突破"逻格斯中心主义",综合直观地把握。因此,如何在相对的意义上趋近于文献和文化活动的无限意蕴,才是目录学的关键所在。而如果我们用是否具有"逻辑性"与"科学性"判定目录学成熟与否,便会陷入缘木求鱼的境地。

第六节　中国古代目录中的具体文献归类

"因书设类"的类表建构,为文献分类提供了结构分明、层次有别的类别框架,并为"纲纪群籍,部属甲乙"提供了可能。然而,一本本具体文献到底被

---

❶ 熊学亮.语言的ICM和语言研究的ICM[J].复旦学报(社会科学版),2003(2).

分到哪个具体的类名之下,以及同一类名之下不同文献之间的先后关系等问题,仍需进一步斟酌,由此产生了"即类归书"的问题。

一、有关具体文献归类的研究现状

中国古代非常重视对具体文献归类问题的研究,这与今人更加(或主要)重视对类表、类目(类名及类号)的研究取向不尽相同。

首先,中国古代类表的建构主要是通过对现实文献的度量而进行的,即根据"天下"文献现实或该书目实收文献的现状而设计类表,本质上表明现实存在(有时也包括"曾经"存在)的文献对于类表的前提地位,具体文献的分类既是类表的建构目标也是类表的建构依据。因此,古人在重视类表建构的同时,也十分重视对具体文献分类的研究。相比而言,现代分类是西方科学意义上的知识分类,虽然有"文献保证原则"等要求,但主要是根据"天下"知识的进展而进行的门类划分。

并且,现代文献的分类与编目独立于类表的编制,两者主体不同,过程亦不同时。"因书设类"的类表编制多由"专家"担当,"即类分书"的具体文献归类一般属于馆员的实践工作。但在中国古代,"因书设类"和"即类分书"两者不仅在学理上是辩证统一的,在现实中也多由同一个主体来完成。目录学家和书目分编者往往是同一个人,他需要熟悉每一本被类分的文献,关注它们的作者、内容、版本、校雠、真伪等信息。相应地,目录学并不具有学术分科意义上的独立地位,目录学家也多是"大学问家""通人"或"博儒"。

其次,在中国古代,理论意义上的书目分类研究主要是由书目实践主体担当的,理论主体与实践主体合二而一。历代具有理论建树的目录学家,往往都有从事书目分类实践的背景,郑樵和章学诚即是典型代表。郑樵的目录学理论文篇《校雠略》固然奠基于对《汉志》《隋志》及唐宋时期的各种主要目录的分析,但也来源于对其《艺文略》《图谱略》和《金石略》等书目实践的总结,郑樵没有脱离具体目录工作而空穴来风或向壁虚造任何理论。这使得他的理论认识包含着深思熟虑和理由清晰的证明,理论思考的基础更为坚实。同样,章学诚撰写了标志我国古代目录学最高成就的《校雠通义》,但他也有

《和州志·艺文书》《藉书园书目》《天门县志·艺文考》《瀡云山房乙卯藏书目记》《瀡云楼书目》等具体编目成果,另有《史籍考总目》残存,俱见《章氏遗书》❶。这种理论联系实际,因在目录实践中有所思、有所得,从而水到渠成地提出理论思考的做法是有代表性的。考申畅(1935—)所编《中国目录学家辞典》❷共收2200余人,其中1911年以前的"古代"目录学家大都首先是目录工作实践者。流风所及,近代张之洞、康有为、梁启超等学者,亦无不是在现实编目的基础上而展开他们的目录学理论思考的。

可以肯定,所有的理论都是派生的、第二性的,也都必须接受实践的检验。古人从实践出发从事理论探求,意味着理论思考的非独立性,不利于研究深度的发掘和研究广度的拓展。但它包含着一个基本信念:任何纯理论的研究,其价值都无法和更为基础的目录工作实践等量齐观。然而,受益于学术体制的发展,当代社会造就了一批理论研究队伍,从而标志着理论研究独立性的实现。但若忘记"有璞而后施雕,有质而后运斤"的基本道理,在没有任何书目实践的基础上进行空洞的理论思考,将只能停留在纯学术的争执上,难以深入到目录学的本质层次。目录学家必须有长期的目录实践,才能真正准确地理解目录学的一般理论、原则和方法。

最后,中国古人对目录学史的回顾,往往带有总结经验、汲取智慧并转化为当下文献编目实践的用意。例如,郑樵《通志·校雠略》分析了《汉志》等目录对具体文献归类的正误(如《司马法》入经部礼类还是入子部兵家),既折中前贤,又对其《艺文略》等书目的编制提供了参照。焦竑《国史经籍志·纠谬》"纠"《汉志》《隋志》等九种书目具体文献分类之"谬",从而也为其《国史经籍志》的编制积累了经验。又如,《四库总目·建康实录》提要曰:"唐许嵩撰。嵩自署曰高阳,盖其郡望。其始末则不可考。书中备记六朝事迹,起吴大帝迄陈后主,凡四百年,而以后梁附之。六朝皆都建康,故以为名……《郡斋读书志》载入实录类,已不免循名失实。马端临《经籍考》载入起居注类,则乖舛弥甚。至郑樵《艺文略》编年一类,本案代分编,乃以此书系诸刘宋之下,与《宋

---

❶ 章学诚.章氏遗书[M].吴兴刘氏嘉业堂刊本,北京文物出版社更名为《章学诚遗书》于1985年出版.

❷ 申畅.中国目录学家辞典[M].郑州:河南人民出版社,1988.

春秋》《宋纪》并列,尤为纰缪。今考所载,惟吴为僭国,然《三国志》已列正史,故隶之于别史类焉。"这里,作者分析了《郡斋读书志》、马端临《经籍考》、郑樵《艺文略》等书目对《建康实录》一书的分类得失,最终目的正是为了确立分入"别史类"的理据。

总之,对具体文献归于何类的分析,是中国古代目录学研究的重要内容之一。缺乏对具体文献归类的分析,对整个中国古代目录学的认识不仅是不全部的,也是不准确的。局限于类表建构的研究路径,本质上是放弃了研究的对象和客体,而去研究代表对象或客体的符号系统,误认为客观存在的信息是通过间接的符号系统表现出来的,认识过程必须从对文献的观察和描述,上升为模拟化的水平,并以模拟的形式把文献表现出来。这种西方式的认知,是建立在文献现实基础上的模型或图式,而不是文献现实本身,它的研究目的是为了把目录学中的"规矩"揭示出来。但在中国古代,类名及其结构与文献保持着全息关系,具体文献的分类与整个类表的建构是密不可分的,分类的原则植根于具体文献的整序之中而不是抽象的概念体系之中。因此,类表并不是抽象的符号体系,而是直面具体文献的现实问题。

这些问题主要包括两大面向:一是某文献在类目中的位置选择,即归于哪个具体类目;二是某文献在类表的横向线性次序中的位置选择,即同一类目中诸多文献之间的先后次序。

二、具体文献在类目中的类别确定

具体文献归于何类,涉及分类标准问题。分类标准亦称分类特征,是"对一批文献进行划分时所依据的某种属性或特征"❶。使用什么分类标准以及使用各种标准的先后次序,意味着对文献的这一/些特征的倾向性认可,并直接影响到分类体系的结构和分类表的质量。现代分类一般均以文献内容的学科属性作为主要标准,必要时以有检索意义的文献外表特征(如类型、载体、时代、地域)作为辅助标准。用刘国钧的话说,"图书的分类虽然以学术的

---

❶ 侯汉清,王荣授.图书馆分类工作手册[M].北京:中国科学技术出版社,1992:10.

性质为主,但同时不能不顾及著述的体裁……著述所用文字……著作人的国籍……著作人的时代……"❶它是从知识的系统统一性和形态完满性的角度对文献的划分。但文献有多方面的特征,具有多向成类的可能。学科只是观察文献的一个视角,逻辑也只允许以一种标准进行,以此为依据把文献统一到一个系统中,必然导致对视点多样性的遮蔽。就像西洋画,仅从一个单一视点布置景物、安排光线和色彩,欣赏者的角度也是唯一的。而中国画从多个视点来观察对象,描摹景物,欣赏者也左顾右盼,从不同的心理来欣赏画面上的景物。正像西洋画和国画一样,不同的分类标准,也意味着不同的思想体系和不同的文化心理。分类标准是书目系统更为本质的原则隐含,它深刻地指明了书目系统的精髓。

张舜徽分析《七略》分类标准指出,《七略》部类的分合,是按照事物发展的实际情况来处理的。第一,根据书籍发展的实际情况,对于卷数较少的书籍,设法使之归并于同性质的门类;在同性质的书籍中,如果某一部分太丰富,便单独把它别立一部。第二,重视书籍作用方面的联系性,而合其所当合。例如,论语、孝经、小学置于六艺略就是如此。《论语》《孝经》,汉代称为传记,是解经的,小学是阅读经典的基础。第三,重视书籍性质方面的距离性,分其所当分。例如,兵书、数术、方技三者看似诸子百家的支流,应该归并在诸子略,但这三类书属于技术,与诸子确有不同。第四,类下分子目,极其细密❷。

我们认为,中国古代目录的分类标准主要包括客观的事实标准和主观的价值标准两个维度,这是由作为分类对象的古籍兼具知识论内涵和价值论内涵决定。《四库总目》曾将具体文献的分类标准概括为"辨体"和"辨义"。所谓"辨体"属于文献形态的范畴,所谓"辨义"既包括文献的知识论内涵,也包括文献的价值论内涵。而知识论内涵与"辨体"一样,都是根据文献的客观信息取值的,因而属于事实标准;价值论内涵是根据主体化的原则取值的,因而是价值标准。

---

❶ 刘国钧.图书馆学要旨[M].上海:中华书局,1934:39.

❷ 张舜徽.中国古代史籍校读法[M].上海:上海古籍出版社,1980:65-68.

（一）事实标准

所谓事实标准即根据文献内容或形式方面的某一/些客观事实为依据而进行分类。它主要包括"辨体"以及根据文献客观化的知识论内涵分类。

1."辨体"

所谓"辨体"，即根据文献体裁确定其类别归属。

《汉志》中的诗赋略是典型的"辨体"类目。在《四库总目》中，同为记载宋代史实的历史书，《宋史》入正史类，《续资治通鉴长编》入编年类，《宋史纪事本末》入纪事本末类，《隆平集》（纪宋太祖至英宗五朝事）入别史类，《钱塘遗事》（纪南宋一代事）入杂史类，也是根据体裁原则分类的结果。《东观汉纪》和《通志》等文献虽亦为纪传体，但也根据体裁标准分到了别史类（而不是正史类）。体裁仅仅是文献的一种形式化指标，因此，"辨体"直接导致同一内容的书籍不能相对集中。如在《四库总目·谱录》类目之下，又分器物、食谱（饮馔）、草木鸟兽虫鱼三个子目，其"器物之属"与杂家类"杂品之属"的界限就很不明确。"杂品之属"案语云："今于其专明一事一物者，皆别为谱录。其杂陈众品者，自《洞天清录》以下，并类聚于此门。"即谈一种器物的书入"器物之属"，谈多种器物的书入"杂品之属"。这样，同一内容的书就两分了。

然而，不同内容的书，由于体裁相同又被集中到了一类。例如，尤袤《遂初堂书目》创"谱录"一门，以收刀剑古物、茶经、酒史、食品、草木虫鱼等书。这样，它们就根据体裁上都是"谱录"而分到了一起。《四库总目》因之，将刀剑古物、茶经等内容虽不同但体裁皆属"谱录"的文献列为一类。更有甚者，像《云林石谱》一书，本不是什么器物，《四库总目》为了把它附在本类，在该书案语中勉强给出理据："宋以后书，多出于古来门类之外。如此谱所品诸石，既非器用，又非珍宝，且自然而成，亦非技艺。岂但四库中无可系属，即谱录一门，亦无类可从，亦以器物之材，附之器物之末焉。"

辨体原则将"体裁"这一非本质性的指标强调到了不恰当的高度，因而不能有效地表述、组织和认识文献。所以，古代书目对"辨体"多有修正。例如，《列仙传赞》《神仙传》等书，《旧唐志》根据体裁入之史部杂传，《新唐志》则着眼于内容而移入子部道家。又如，《穆天子传》一书，《隋志》、新旧《唐志》《通

志》《通考》等皆执着于体裁(该书以干支纪年的方式,历记周穆王西游的神怪故事),将之列入史部起居注,但《四库总目》着眼于内容,以其所记"恍惚无征"而入之子部小说类异闻之属。可见,古代分类作为逐步完善的知识组织模式,本质上是一种极其理智的文化行为,作为文献外部特征的"体裁"原则,不断地被作为内在特征的"辨义"原则挤压着空间。

2. 知识论层面上的"辨义"

"辨义"是古代书目分类中更为重要、更为纲领性的类别标准。历史上,郑樵主张"书以学类",章学诚强调通过"部次条别"达到"即类求书,因书究学"的目标,都属于"辨义"的范畴。可以认为,中国古代绝大多数书目中的绝大多数文献都是以"辨义"为原则而各归其类的。然而,郑樵、章学诚所谓"学"并非今天科学意义上的严格的"学术","辨义"之"义"除了学科化、逻辑化的知识论内涵之外,还有政教人伦层面上的价值论内涵。当然,古代文献首先具有知识论内涵,具有相对的客观性,可以作对与错的二元逻辑判分,也是古代书目分类的重要标准之一,兹以《四库总目》为例略作分析。

《经部·礼类·三礼总义之属》案语云:"郑康成有《三礼目录》一卷。此三礼通编之始,其文不可分属。令其为一类,亦五经总义之例也。其不标三礼之名,而义实兼释三礼者,亦并附焉。"所谓"其不标三礼之名,而义实兼释三礼者",即某文献虽没有三礼之名,但实际内容兼及三礼,应该据实列入"三礼总义之属"这个类目。

《史钞类序》曰:"若倪思《班马异同》惟品文字,娄机《班马字类》惟明音训,及《三国志文类》总汇文章者,则各从本类,不列此门。"《班马异同》"惟品文字",故入小学类而不入史钞,就是根据文献知识论内涵而定夺的,《班马字类》和《三国志文类》亦据知识论内涵而各有攸归。《地理类序》曰:"《山海经》《十洲记》之属,体杂小说,则各从其本类,兹不录焉。"《山海经》等因"体杂小说"列入了子部小说家类,而不是列在史部地理类。《编年类序》曰:"《穆天子传》虽编次年月,类小说传记,不可以为信史。"《穆天子传》"编次年月"徒有编年之体而无信史之实,故入传记而不入编年。《钦定蒙古源流》案语曰:"此书为外藩所录,于例应入载记类中。然所述多元朝帝王之事,与高丽、安南诸史究有不同，是以仍编于杂史。"《钦定蒙古源流》不入载记而入杂史，也是根据文献知识论内涵循名责实的结果。

《钟鼎款识》案语曰："此书虽以《钟鼎款识》为名，然所释者诸器之文字，非诸器之体制。改隶字书，从其实也。至《博古图》中之因器及铭者则宜入谱录，不在此例。《隋志》并石经入小学，以刻文同异可资参考之故。然万斯大《石经考》之类，皆但溯源流，不陈字体，与小学无涉，今仍附之金石焉。"这里，南宋薛尚功《钟鼎款识》一书并不是如其书名所显示的那样关乎"诸器"并归之谱录类，而是旨在解释"诸器之文字"，属于字书，故应归入小学。北宋王楚《博古图》（即《宣和博古图》三十卷）"因器及铭"，虽涉文字（"铭"），但以器物图谱为主体，故归到谱录类下。而万斯大（1633—1683）《石经考》之类"不陈字体，与小学无涉"，故归在金石类而不是列入小学类。《医家类序》曰："《太素脉法》，不关治疗，今别收入术数家，兹不著录。"《太素脉法》因"不关治疗"而从子部医家转入术数。

四库馆臣还从纯洁类名的角度，确立文献分类的知识论原则。《四库总目·五经总义类序》曰："汉代经师如韩婴治《诗》兼治《易》者，其训故皆各自为书。宣帝时，始有《石渠五经杂义》十八篇。《汉志》无类可隶，遂杂置之《孝经》中。《隋志》录许慎《五经异义》以下诸家，亦附《论语》之末。《旧唐书志》始别名'经解'，诸家著录因之，然不见兼括诸经之义。朱彝尊作《经义考》，别目曰'群经'。盖觉其未安而采刘勰《正纬》之语以改之，又不见为训诂之文。徐乾学刻《九经解》，顾湄兼采总集经解之义，名曰'总经解'，何焯复斥其不通，语见沈廷芳所刻何焯《点校经解目录》中，盖正名若是之难也。考《隋志》于统说诸经者虽不别为部分，然论语类末称《孔丛》《家语》《尔雅》诸书，并'五经总义'附于此篇，则固称'五经总义'矣。今准以立名，庶犹近古。《论语》《孝经》《孟子》虽自为书，实均《五经》之流别，亦足以统该之矣。其校正文字及传经诸图并约略附焉，从其类也。"这里，馆臣在历考"五经总义"类名渊源的基础上，以循名责实为原则，将"校正文字及传经诸图并约略"者列入"五经总义"，从而也为相关文献的归类指明了标准和层次。

又如，《小学类序》曰："古小学所教，不过六书之类。故《汉志》以《弟子职》附孝经,而《史籀》等十家四十五篇列为小学。《隋志》增以金石刻文,《唐志》增以书法、书品,已非初旨。自朱子作《小学》以配《大学》,赵希弁《读书附志》遂以《弟子职》之类并入小学,又以蒙求之类相参并列,而小学益多歧矣。考订源流,惟《汉志》根据经义,要为近古。今以论幼仪者别入儒家,以论笔法者别入杂艺,以蒙求之属隶故事,以便记诵者别入类书,惟以《尔雅》以下编为训诂,《说文》以下编为字书,《广韵》以下编为韵书。庶体例谨严,不失古义。"馆臣在溯源"小学"类名的基础上,将"论幼仪者别入儒家""《尔雅》以下编为训诂"等,从而实现了"体例谨严,不失古义"的分类理想。《小学类·韵书之属》案语亦曰:"《篆韵》之类,本不为韵而作者,则仍归之于字书。"

再如,《杂史类序》曰:"杂史之目,肇于《隋书》。盖载籍既繁,难于条析。义取乎兼包众体,宏括殊名。故王嘉《拾遗记》《汲冢琐语》得与《魏尚书》《梁实录》并列,不为嫌也。然既系史名,事殊小说。著书有体,焉可无分。今仍用旧文,立此一类。凡所著录,则务示别裁。大抵取其事系庙堂,语关军国。或但具一事之始末,非一代之全编;或但述一时之见闻,只一家之私记。要期遗文旧事,足以存掌故,资考证,备读史者之参稽云尔。若夫语神怪,供诙啁,里巷琐言,稗官所述,则别有杂家、小说家存焉。"作者追溯了"杂史"类目的来源、类目义指及其可能范围,并重点指出该目"既系史名,事殊小说"的特点。因此,"若夫语神怪,供诙啁,里巷琐言,稗官所述"之类的文献不得列入此类。

总体而言,文献的知识论内涵具有相对的客观性,因而可作逻辑判断,而判断的结果则具有相对的公度性,殊少言人人殊的自由发挥空间。然而,事实性的知识作为"器"是低于并服务于作为"道"的价值内涵知识的,围绕客体(自然)对象的研究成果只是"小道"或"奇技淫巧",它们必须奔赴于价值内涵的最终目标。因而,文献背后的价值内涵更加重要,也是中国古代文献分类的真正依据。

(二)价值标准

价值是一个主体范畴,表征客体的属性和功能与主体需要之间的效用或效应关系。价值因介入了需要、欲求、希冀等主体因素而改变了对象的纯粹客观性,往往不可作对与错的二元判分。古代分类中的价值依据,主要体现为依人归类和根据文献的价值内涵分类,而这两者又是高度统一的。

1. 依人归类

"依人归类"的"人",既包括文献作者,也包括文献内容所涉人物。这与类名的依人设类是一致的。

(1)对不同作者的文献,有不同的分类选择

郑樵《通志·校雠略》指出:"班固以《太玄》扬雄所作,而列于儒家,后人因之,遂以《太玄》一家之书为儒家类。"《太玄》一书,究其本质,当为象数文献,但《汉志》考虑到其作者是"大儒"扬雄,故分到了诸子略的儒家类。

按作者分类,《四库总目》称之为"论人而不论其书"。针对那些内容虽不算高明,但作者在"忠节"之列的文献,需要努力提高其书的身价。例如,乾隆四十一年(1776)钦定《胜朝殉节诸臣录》将明代历朝抗节死难者计3787人,"皆胪列姓名,考证史迹",一一加以表扬,对他们的著作也要略示变通,另眼相待。《凡例》第十六则云:"文章德行,在孔门既已分科,两擅厥长,代不一二。今所录者,如龚诩、杨继盛之文集,周宗建、黄道周之经解,则论人而不论其书。"如黄道周(1585—1646)《礼论》五篇,本意不是解经,而是借以讽谏,不应列入经部,但编者强调他"不失圣人垂教之心",虽不是"解经之正轨,而不能不列之经部"。黄道周《易象正》案语又曰:"此及倪云璐《儿易》,有轇轕于易外者,犹有据经立义,发挥于易中者,且皆忠节之士,宜因人以重其书。故此二编仍著录于经部,非通例也。""非通例"而为特例,旨在表彰他们"死不忘君,无惭臣节"。同样,龚诩(1381—1469)和杨继盛(1516—1555)的文集、周宗建(1582—1627)的经解也都因"人品高尚"而列入经部。此外,《四库总目·正史类序》曰:"盖正史体尊,义与经配,非悬诸令典,莫敢私增,所由与稗官野记异也。"正史类文献具有"义与经配"的价值论内涵,也具有"非悬诸令典,莫敢私增"的特点,因而与稗官野记不同。亦即,正史或者是官修(如《隋书》《明史》)、或者虽是私修(如《史记》《汉书》)但得到了官方认可,它们被列为"正史",亦可视为对广义"作者"的表彰。

（2）根据传记对象社会身份的不同而施以旌别

《汉志》中有《高祖传》《孝文传》，据班注可知，二书分别是"高祖与大臣述古语及诏策也"和"文帝所称及诏策"，显为历史书籍，因《汉志》无历史类而归之"诸子略·儒家类"。然而，据《校雠通义》的《郑樵误校汉志》和《焦竑误校汉志》，郑樵和焦竑在已列"史部"的情况下，仍因所传人物为高祖、孝文而建议列入经部尚书类。郑、焦二人还认为，《汉志》将《帝王诸侯世谱》《古来帝王年谱》等与"帝王"有关的世谱与年谱列入数术类并不妥当。同样，《四库总目·杂史》中有《明高皇后传》，该书因所"传"对象是皇后，故不放在传记类，而放在了杂史类。又如，《四库总目·马端肃三记》案语曰："此《三记》皆文升所自述，宜入传记类中。然三事皆明代大征伐，文升特董其役耳，实朝廷之事，非文升一人之事也，故仍隶之杂史类焉。"这里，《马端肃三记》事涉朝廷征伐，而非作者马文升（1426—1510）个人传记，故入杂史类，而不是列在传记类。

总体上，根据作者地位或文献所涉人物地位的不同而确立相关文献的分类类别，具有明显的主观好恶，本质上是要在条理文献的过程中条理社会和人，堪称社会与人的象征定位过程。

2. 价值论层面上的"辨义"

中国古代类名"能指"与文献"所指"之间并不完全是知识论意义上的对应，"求真"也不是中国古代目录学的主要取向。结合宗法社会现实而"求善"才是古代目录学的旨归，其总体精神是倾向于放弃西方式的知识论与形式逻辑。《四库总目·书类序》曰："《书》以道政事，儒者不能异说也……班固牵《洪范》于《洛书》，诸儒并及《河图》，支离蔓衍，淆经义矣。故王柏《书疑》、蔡沈《皇极数》之类，非解经之正轨者，咸无取焉。"《四库总目》"书类"末论及蔡沈（1167—1230）《洪范皇极数》时又指出，该书"虽以《洪范》为名，实以洛书九数推演成文，于《洪范》绝无所涉，旧以为书类，于义殊乖。今悉退列子部术数类中，庶不使旁门小技淆乱圣经之大义焉"。这里，《洪范皇极数》"旧以为书类"，无疑是执着于知识论分类的结果。但"书"这个二级类目是从属于"经"这个一级类目的。一级类目"圣经之大义"的价值内涵决定了《洪范皇极数》不能列入"书"类。

如上所述,类名不仅是知识论概念,也是价值论范畴。通过"正名"的方式要求归入某类中的文献之"实"必须符合该类之"名"的价值论内涵,它强调类别的排他性,即不允许类似《洪范皇极数》这样的非经典文献列入经部。事实上,"经"本身就是因为对儒家政治教化和人伦彝常的诠释而被尊称为"经"的,"经者,常也",包含着非时间化的、放之四海而皆准的真理。同样,《礼类·通礼之属》案语曰:"公私仪注,《隋志》皆附之《礼类》。今以朝廷制作,事关国典者,隶史部政书类中。其私家仪注,无可附丽,谨汇为《杂礼书》一门,附礼类之末,犹律吕诸书皆得入经部乐类例也。"国家制定的礼因有史料性而入史部政书类,私人所作的关于论"礼"和谈私家仪注的书入杂礼类。表面上,入"政书类"和入"杂礼类"的标准是公私著者的分别,但也强调"朝廷制作,事关国典",与史部政书类的功能相同。而这也与《新唐志》以笔记杂著有补于史而列入杂史类的分类用意近同。显然,价值论层面上的"辨义",旨在突显文献内涵在生活意义、人性价值、社会政治上的功能,本质上意味着对文献的道学认可。

又如,《四库总目》将有关博弈、歌舞、射法、投壶的书列入艺术类杂技之属,是知识论上的"辨义"。但同时,编者又用尊卑的标准进一步区分这类图书,从而也进入了价值论的层次。《艺术类序》曰:"琴本雅音,旧列乐部,后世俗工拨捩,率造新声,非复《清庙》《生民》之奏,是特一技耳。摹印本六体之一,自汉白玄朱,务矜镌刻,与小学远矣。《射义》《投壶》,载于《戴记》,诸家所述,亦事异礼经。均退列艺术,于义差允。至于谱博弈,谕歌舞,名品纷繁,事皆琐屑,亦并为一类,统曰杂技焉。"如《羯鼓录》《乐府杂录》二书,《新唐志》等根据二书所涉"射义投壶"的知识内容"载于《戴记》",而列入经部礼类,但四库馆臣认为二书的价值内容与儒家经典关系不大,并在区别"雅郑"的名义下将它们分到了艺术类杂技之属。《乐类序》亦曰:"汉初制氏所记,盖其遗谱,非别有一经为圣人手定也。特以宣豫导和,感神人而通天地,厥用至大,厥义至精,故尊其教得配于经。而后代钟律之书亦遂得著录于经部,不与艺术同科。顾自汉氏以来,兼陈雅俗,艳歌侧调,并隶云韶。于是诸史所登,虽细至筝琶,亦附于经末。循是以往,将小说稗官未尝不记言记事,亦附之书与春秋乎？悖理伤教,于斯为甚。今区别诸书,惟以辨律吕、明雅乐者仍列于经,其讴歌末技,弦管繁声,均退列杂艺、词曲两类中。用以见大乐元音,道侔天地,非郑声所得而奸也。"显然,"悖理伤教"与"道侔天地"的价值论内涵,才是决定具体文献归类的重要考量。

综上,古代分类从政治教化和人伦彝常的角度确立分类依据,充盈着强烈的人文主义色彩。书目不再仅仅属于认知的领域,而且还属于价值的领域。分类的过程既要了解可形式化的文献之实物、性质、事件等,还要了解不可形式化的价值和意义。《四库总目·圣学大成》提要曰:"所引皆讲学之语,当列于儒家。以其中杨起元辈俨然自号比丘者亦厕简牍,则其流不一矣,故改录之于杂家。"《圣学大成》根据"所引皆讲学之语"的知识论内涵,当列在子部儒家,但因"其中杨起元辈俨然自号比丘者亦厕简牍,则其流不一矣",故改隶子部杂家。显然,自然主义的客观分析并不是揭示古代类别的自足方法,日常生活和社会人伦中的经验、常识之类的价值因素才是古代分类更为本质和核心的成分。

(三)作为分类补苴手段的互著和别裁

从"辨义"的角度来看,文献归类的本质即在于通过对某文献知识论内涵或价值论内涵的考察,将其归入某个同样具有该内涵的类名之下。然而,正像道与器的辩证关系一样,知识论内涵与价值论内涵往往呈现出某种矛盾关系。例如,《四库总目·春秋繁露》提要云:"《春秋繁露》虽颇本《春秋》以立论,而无关经义者多,实《尚书大传》《诗外传》之类,向来列之经解中,非其实也。今亦置之于附录。"即反映了"本《春秋》以立论"的知识论内涵与是否关乎"经义"的价值论内容的矛盾,从而导致类别归属上的困难。互著和别裁正是在这一基础上被提出来的,它们是两种并行而又互为补苴的分类方法。

1. 关于"互著"

互著也称互注,是根据某文献之"义"把一书著录在两个(或两个以上)类目中。

章学诚《校雠通义·互著》曰:"至理有互通,书有两用者,未尝不兼收并载,初不以重复为嫌,其于甲乙部次之下,但加互注,以便稽检而已。"他在罗举《七略·兵书略》中十个重复互见的例子之后指出："惜此外之重复互见者，不尽见于著录，容有散逸失传之文。然即此之十家一书两载，则古人之申明流别，独重家学，而不避重复著录明矣。自班固并省部次，而后人不复知有家法，乃始以著录之业，专为甲乙部次之需尔。"而《汉志·兵书略》正有"省十家二百七十一篇，重"之语。但王重民认为："这十家中《诸子略》中所著录的都是全本，所以共有532篇，《兵书略》所著录的都是言兵部分和别出本，所以只有271篇。经过班固的点查，发觉《兵书略》中的271篇与《诸子略》中相重复，所以他在《汉书·艺文志》中把《兵书略》中重复的都'省'去了。"❶王先生又说："但如果按互著法的正确意义来说，十种书中只有这一种（按：指《鹖冠子》）符合（互著之例）。"❷《鹖冠子》只有一篇，经班固核对，两处著录的内容和篇卷完全相同，故被"省"了，其余九种，应属于别裁而不是互著。并且，硕果仅存的这一例尚不是有意识的互著，而只是由于刘向和负责兵书的任宏没有及时互通信息，"幸而偶中"罢了。

据王重民考证，"马端临在十四世纪初编成的《文献通考·经籍考》已正式使用互著法，但只有一两处"❸，如经部易类著录焦延寿《易林》，注云"说见占筮门"。而子部占筮类正有《焦氏易林》十六卷，其下引晁公武、陈振孙、叶氏诸人之语以为辑录体提要，是典型的属于辅助著录的互著方法。降及明代，祁承煠在《庚申整书例略》中首次"明确提出了编目上的'通'和'互'的方法，互就是互著，并且在他的《澹生堂书目》内，灵活地使用了这一方法"❹。王国强则认为，"明高儒《百川书志》是率先采用互著法的明代目录"❺；晁瑮"《宝文堂书目》以互著法著录图书较多"❻。

2. 关于"别裁"

别裁是根据某文献之"义"把一书中的重要部分（或篇章）裁出，著录在相

---

❶ 王重民.《校雠通义》通释[M].上海:上海世纪出版集团,2009:18.

❷ 王重民.《校雠通义》通释[M].上海:上海世纪出版集团,2009:19.

❸ 王重民.《校雠通义》通释[M].上海:上海世纪出版集团,2009:15.

❹ 王重民.《校雠通义》通释[M].上海:上海世纪出版集团,2009:15.

❺ 王国强.中国古代书目著录中的互著法和别裁法[J].郑州大学学报(哲社版),2002(4).

❻ 王国强.《宝文堂书目》及其文献价值[J].图书馆学通讯,1990(3).

关的另一类(或另几类)里面。

章学诚《校雠通义·别裁》曰:"其所采之书,别有本旨,或历时已久,不知所出;又或所著之篇,于书之内自为一类者,并得裁其篇章,补苴部次,别出门类,以辨著述源流。至其全书,篇次具存,无所更易,隶于本类,亦自两不相妨。盖权于宾主重轻之间,知其无庸互见者,而始有裁篇别出之法耳。"在《校雠通义·焦竑误校汉志》中,章学诚以《弟子职》为《管子》的一篇、《孔子三朝记》出于《礼记》为例指出:"裁篇别出之法,《汉志》仅存于此篇(今按:指《弟子职》)及《孔子三朝记》之出于《礼记》而已。"但事实上,这两处和《兵书略》中除《鹖冠子》之外的另九个别裁(章氏自己误以为互著)的例子一样,都是当时的单行本,不是刘氏有意"裁篇别出"。刘氏是据"别出行世之本,故亦从而别裁之耳",用章学诚的话说也是"幸而偶中"。另外,章氏还认为《汉志》中该别裁而未别裁之处亦复不少。如《校雠通义·汉志诸子》云:"商君《开塞》《耕战》诸篇,可互见于兵书之权谋条;韩非《解老》《喻老》诸篇,可互见于道家之《老子》经。"同样,这里的所谓"互见",其实也是别裁。《四库总目》也曾零星采用过别裁互见方法,如清人邵泰衢(雍正(1723—1735)初年任钦天监左监制)所撰《史记疑问》和《檀弓疑问》本来合编为一书,《总目》析出前者入史部,以"伸各从其类"。

无疑,章学诚在对《汉志》的研究中,提出了有关互著和别裁的分类学理论,并认为这是刘氏的家法。可惜班固不得其要,通过"省并部次"其法不显,久而失传了。但是,在具体例证中他往往并不能严格区分两者的关系,属于别裁的,他多误入互著。并且,互著和别裁都不是章氏的首创。其实例可追源到马端临,其理论则可追源到祁承㸁。但在中国古代目录学史上,仍以章氏《校雠通义》中阐述的互著和别裁之理论和方法最为成熟。

章氏拈出互著、别裁之法,本旨是要实现目录学"辨章学术考镜源流"的学术理想。《校雠通义·互著》云:"古人著录,不徒为甲乙部次计。如徒为甲乙部次计,则一掌故令史足矣。"这是对不明互著,导致不能充分考辨学术的批评。在《焦竑误校汉志》中,他举例说明别裁的具体运用,其云:"叙地理之书,当取《禹贡》《职方》《管子·地图》《淮南·地形》、诸史《地志》诸篇,裁列地理部首,而后专门地理之书以次列为类焉,则后人求其学术源流,皆可无遗憾矣。"

总之,互著和别裁是条别源流,超越"徒为甲乙部次计"从而回归目录学之"源"、之"道"的重要分类手段。《和州志艺文书序例》总结指出:"夫篇次可以别出,则学术源流无阙间不全之患也;部目可以互见,则分纲别纪,无两歧牵掣之患也。学术之源流无阙间不全,分纲别纪无两歧牵掣,则《周官》六卿联事之意存,而《太史》列传互详之旨见。"显然,章学诚的互著、别裁,是为其"辨章学术考镜源流"的内容本体服务的,而不是像祁承㸁那样只是出于便利检阅的动机。然而,互著和别裁本质上说明文献之"义"是多维的而不是单一向度的,就此而言,也超出了章学诚"辨章学术考镜源流"的层次。

（四）随附相关文献

如上所述,古代目录中用于指称一批文献的类名,往往直接来自具体文献之名。这使得某文献的分类有时并不隶属于某个类名,而是直接隶属于某类名下的某个具体文献。例如,王先谦《汉书补注》在"《尔雅》三卷二十篇"条下指出:"叶德辉曰:《尔雅》与《孝经》同为释经总会之书,故列入孝经家。《隋志》析入论语,非也。"《尔雅》显然不在"孝经"这个类名之下,但《尔雅》与"《孝经》"这一文献都是"释经总会之书",所以在《汉志》中被列入了"孝经"类。这里,《孝经》这本具体文献(而不是"孝经"这个类名)成为《尔雅》归类的重要依托。显然,与只能从逻辑化的单一视点入手的西方形式分类不同,古代书目的分类机制体现为文献意义相互映衬而引发的一种"意合"关系,映衬所形成的语境意义,为单个文献提供了"意义场"效应,从而也成就了其类别选择。

正像决定《尔雅》归类的支点不是类名而是该类名下的另一本文献一样,中国古代书目的文献分类,往往追迹另一本/批具体文献而不是某个"类名"。例如,《四库总目·农家类小序》曰:"农家条目,至为芜杂。诸家著录,大抵辗转旁牵:因耕而及《相牛经》,因《相牛经》及《相马经》《相鹤经》《鹰经》《蟹录》至于《相贝经》,而《香谱》《钱谱》相随入矣。因五谷而及《圃史》,因《圃史》而及《竹谱》《荔支谱》《橘谱》至于《梅谱》《菊谱》,而《唐昌玉蕊辨证》《扬州琼花谱》相随入矣。因蚕桑而及《茶经》,因《茶经》及《酒史》《糖霜谱》至于《蔬食谱》,而《易牙遗意》《饮膳正要》相随入矣。触类蔓延,将因《四民月令》而及算术、天文,因《田家五行》而及风角、鸟占,因《救荒本草》而及《素问》《灵枢》乎? 今逐类汰除,惟存本业,用以见重农贵粟,其道至大,其义至深,庶几不失《豳风》《无逸》之初旨。茶事一类,与农家稍近,然龙团凤饼之制,银匙玉碗之华,终非耕织者所事,今亦别入谱录类,明不以末先本也。"这里重点指出,历代书目农家类"辗转旁牵""触类蔓延"的失分,并立志"逐类汰除,惟存本业"从而纯洁农家类目。所谓"辗转旁牵""触类蔓延"即随附相关文献,如"因耕而及《相牛经》,因《相牛经》及《相马经》《相鹤经》《鹰经》《蟹录》至于《相贝经》,而《香谱》《钱谱》相随入矣"。耕作类文献列在农家诚合其类,但因"耕作"用牛而将《相牛经》列入本类,因《相牛经》而及《相马经》等文献,因《相马经》等有谱录性质而随附《香谱》《钱谱》等,则明显体例不纯。但也说明,"某一文献只要在分类者的主观心理现实之上与另一文献取得联系,就可以形成分组,合为一类。由此形成的书目秩序不是机械的,它不重视局部的雕琢,而在于意群的序列推移,景随步移,曲径通幽,提供可资联想的类别模式。这使得书目的规则简洁而富于变化,这一类与那一类的分类标准或组织原则可以不尽相同,呈现出多姿多彩的类别风格"❶。

又如,象棋方面的文献本以娱乐为要旨,但因其"楚河汉界""将士相"之类与军事颇有一比,《隋志》遂将《棋谱》列入兵书类。而《棋谱》多以"谱"的形式出现,故《竹谱》《钱谱》之类也一并收入。再如,《隋志·五行类》著录272部文献,类目堪称猥杂,然其内部仍有脉络可寻。如该类有《阴阳婚嫁书》一书,显为关于婚嫁方面的算命书,入之五行,诚合其类。由《阴阳婚嫁书》而将《产乳书》《产经》《产图》等文献也附入五行类。这里,《产乳书》等虽不属五行类,但它跟属于五行类的《阴阳婚嫁书》关系密切,故随《阴阳婚嫁书》而附于"五行"。像《阴阳婚嫁书》这样的具体文献可以作为"语境",它虽不是类别范畴,但能够揭示文献之间的具体联系,也颠覆了类名作为分类依据的唯一性。显见,这种因具体文献而"随附"的层次往往不止一个。如《隋志·史部·杂传类》曰:"古之史官,必广其所记,非独人君之举。"大抵是要著录君王之外的人物传记。但该序又曰:"因其事类相继,而作者甚众,名目转广,而又杂以虚诞怪

❶ 傅荣贤.古代书目结构中具体文献的作用探析及对现代知识管理的启示[J].图书情报工作,2007(12).

妄之说。推其本源,盖亦史官之末事也。"该类因包括《释氏谱》《高僧传》等,而附入非记实性的《神仙传》,又因《神仙传》而附入《搜神记》等志怪小说。这里,《神仙传》和《搜神记》列在"杂传"这个类名之下并不准确,但从《高僧传》到《神仙传》再到《搜神记》,不同层次的小类板块环环相因,迂回曲折地组合为类,其内在"理据"十分清晰,并被以"史官之末事"的名义得以自圆其说。它是以具体文献构成小类板块作为类别的基本活动单位,并随小类变化的自然过程揭示书目类别的基本格局。类别的含义,在循序渐进的小类流转中显示事理,断续相间,从容不迫。小类板块之间不是通过类名而是通过特定文献显示其结构关系和联系方式,然后,再循自然事理之势推演为一个个小类类别,类别之间流动游走之势代替了缜密的逻辑规划❶。

郑樵《校雠略·编次之讹论》曰:"一类之书,当集在一处,不可有所间也。"表面上,郑氏之论与西方形式逻辑中的"排中律"要求是一致的,但中国古代的"类"诉诸价值而不是诉诸知识,因而并不是形式主义的逻辑"类"。郑玄注《礼记·学记》"九年知类通达"云:"知类,知事义之比也。""类"作为一种类比法式,只要在"譬"与被"譬"之间有事理同一性,就允许《说苑·善说》所谓"夫说者,以其所知谕其所不知而使人知之"❷。同样,中国古代的"分类",本质上也是某种"类比"的结果。这种连类而及的文献比附方法表明,分类视点不由单一中心的"类名"形态决定,而由该类之下若干文献的多重视点决定,具体文献在书目结构中充当了更为本质的角色。多个视点随着事理关系而移动,随事态变化而衔接,表现出简明而有序的律动规律,因而虽纷繁但不累赘沓。

显然,古代分类可以不受形式之累,完全以意义作为文献整序的理据和原则。分类学的形式是一种经得起意义内涵追究的、丝毫不脱离内涵的形式,而意义和功能既与客观有关也与主观有关,可以根据主体需要随时改变或调整类别的结构和位置,从而最大程度地实现文献的社会功能和人伦价值。而如果对文献作机械的定性和析解,那它只能进入四角全封、密不透气

❶ 傅荣贤.古代书目结构中具体文献的作用探析及对现代知识管理的启示[J].图书情报工作,2007(12).

❷ 傅荣贤.中西目录学比较研究刍议[J].四川图书馆学报,2009(1).

的僵硬的形式之中,并将丧失对它作任何重新解释的可能。这一文献编码方法显然不"科学",但却灵活多变且简洁明了地描述了文献关系。

现实中,每一个文献都包含多重含义;文化的每一个要素也都扮演特定的角色和功能。因此,可以从不同的视角揭示单个文献在较大的序列中的分布情况和网络位置,从而在类别中同其他文献单位形成不同的搭配。一般地,一旦出现《产乳书》或《钱谱》这样"突兀"的文献,往往即意味着同一类名下另一个类别层次的存在。而这另一个层次并没有类名标志,它只是通过位于前面的某个具体文献来揭示关系。这使得古代分类学能够允许在现代分类学看来有"破绽"的分类编码,由此导致文献排检功能的不昌,也不符合"辨章学术考镜源流"的旨趣。但它以"意合"的方式组织文献,表明某文献所受到的制约和影响是多方面的,一个具体文献只要在某一点上有所依托,交代出某个方向上的影响从而确证它不是孤立的,它就可以在书目类别中求得安身之所,从而也显示了书目组织结构的合格度具有极大的弹性❶。

三、具体文献在横向线性次序中的位置选择

横向线性次序的位置选择,涉及同一类目之下的若干文献之间的先后关系问题。

现代分类立足于空间逻辑,若干文献一旦被归为同类,就意味着彼此之间在学科属性和逻辑类项上具有一致性,同一类的各文献之间遂构成了平等关系。所以,刘国钧初版于1929年的《中国图书分类法》中有关"同类书籍排列法"的认识,主要根据"著者,书名,板本,印行年份等"❷;现代图书馆一般根据同类文献入馆时间的先后确立种次号,这一处理方案,是以默认同一类目中若干文献具有性质之"同"为前提的,它反映了形式逻辑中一般与具体之间的种属关系。例如,从鸡、鸭、鹅等具体动物概括家禽的一般特征,鸡、鸭、鹅都有"家禽"本质上的一致性,它们的个性差异可以忽略不计。这是一种典型

---

❶ 傅荣贤.古代书目结构中具体文献的作用探析及对现代知识管理的启示[J].图书情报工作,2007(12).

❷ 全根先.中国近代目录学家传略[M].北京:国家图书馆出版社,2011:303.

的"透过现象看本质"的思维,抓住了本质之共性便不再重视现象之个性。中国先贤强调鸡、鸭、鹅的具体性及其相互关系,即从鸡分析家禽,鸡就是一类家禽,鸭、鹅也是一类家禽。这里,"家禽"的共性并不是关注焦点,鸡、鸭、鹅的个性差异才是关注所在。同样,在古代书目中,同一类名之下的文献并不平等,因此,确立同一类名之下各不平等的诸多文献之间的关系就显得特别重要。

《四库总目·凡例》第七则曰:"至其编次先后,《汉书·艺文志》以高帝、文帝所撰杂置诸臣之中,殊为非体。《隋书·经籍志》以帝王各冠本代,于义为允,今从其例。其余概以登第之年、生卒之岁为之排比或据所往来倡和之人为次。无可考者,则附本代之末。"总体上,"以登第之年、生卒之岁为之排比",是古代书目中文献横向排列的重要原则,此外,也存在"以帝王各冠本代"等变通性的排列原则。

(一)"以登第之年、生卒之岁为之排比"的时间顺序原则

将作者在先的文献排在作者在后的文献之前,这与"人类认知时间的经验习惯一致:现实中,先发生的事件一般总是排在后发生的事件之前的"❶。例如,释道安《综理众经目录·经论录》著录从汉朝安世高(约2世纪)到西晋(266—316)末法立(生卒年不详)共17家,依译人年代先后逐家汇列。郑樵《金石略》按时代及人物分为诸多小类,记载了从上古到唐代的各种金石铭刻。清代《天禄琳琅书目》以经史子集为类,每类之中,宋、金、元、明刊版及影写宋本各以时代为次;每代又以经史子集分部,每部再以时代为次。《四库总目》评黄虞稷《千顷堂书目》云:"其别集类以朝代科分为先后,无科分者酌于各科之末。视唐宋二《志》之糅乱,特为清晰,体例可云最善。"因此,《四库总目》"别集类,因图书较多,以时代先后进行排列:分汉至五代、北宋建隆至靖康、南宋建炎至德祐、金、元、明洪武至崇祯、清初至乾隆六段,虽没有标明是小类,实际是暗分子目"❷。《四库总目·医家类小序》曰:"儒有定理,而医无定法。病情万变,难守一宗。故今所叙录,兼众说焉。明制,定医院十三科,颇

❶ 傅荣贤.《七略》图书分类理据中的时序原则[J].图书馆理论与实践,1995(2).
❷ 北京大学图书馆学系,武汉大学图书馆学系.图书馆古籍编目[M].北京:中华书局,1985:248.

为繁碎。而诸家所著，往往以一书兼数科，分隶为难。今通以时代为次。"

又如，《隋志·经部·易类》从第2种"《周易》二卷 魏文侯师卜子夏传，残缺。梁六卷"、第3种"《周易》十卷 汉魏郡太守京房章句"直至第16种"《周易》三卷 晋骠骑将军王廙注，残缺。梁有十卷"，都是关于"周代"的《周易》，其排序主要以作者时间先后为序，时间跨度从战国时的子夏，到西汉京房、孟喜，到后汉郑玄、刘表（142—208）、荀爽（128—190），到三国之际的魏王肃（195—256）、王弼，吴姚信（生卒年不详）、虞翻（164—233）、陆绩（187—219），到晋黄颖（生卒年不详）、干宝（？—336）、王廙（276—322）、张璠（生卒年不详）。并且，隋以前的作者均冠朝代名，隋代作者则不冠"隋"字，如"《周易太义》二卷 陆德明撰""《周易开题义》十卷 梁蕃撰"，陆德明和梁蕃皆为隋人而不冠"隋"字。基本上，《隋志》凡所收文献以撰者卒年为断，隋义宁二年（大业十四年，618）以后卒者绝不载入。可见《隋志》著录条例明确，编排有序。另需指出的是，在中国古代，"登第之年"比"生卒之岁"更具逻辑优先性。因此，曾国藩（1811—1872）年长胡林翼（1812—1861）一岁，但因胡是道光十六年（1836）进士，而曾为道光十八年（1838）进士，胡比曾登第早，故曾称胡为前辈。古人所谓的"同年"也主要是指同榜或同一年考中科举者。

此外，文献文本的时间顺序往往优于文献作者的时间顺序。例如，《汉志·易·丁氏》八篇下，姚振宗《汉书艺文志条理》曰："按以传易先后言之，则丁宽当在服生之前。然详究类例，又似以成书先后为次。此则非见本书不能定。或《七略》旧第本来如此。"姚振宗"成书先后"优先于作者"登第之年、生卒之岁"的推测是可信的。在《隋志·经部·易类》中，"《归藏》十三卷 晋太尉参军薛贞注"的作者是晋人，"《周易》二卷 魏文侯师卜子夏传，残缺。梁六卷"的作者是战国时魏人，但《归藏》是商代之"易"，而《周易》是周代之"易"，所以《归藏》排在《周易》之前。

进一步，时间顺序有时还表现为主观心理时间轴上的顺序而不一定是现实的时序。例如，在《汉志·杂家》中，《孔甲盘盂》26篇显然不可能是真正的黄帝之史或夏帝孔甲所作，但在人们的主观观念里，还是倾向于认为它在时间上产生得最早，故排在"杂家"类的篇首。"小说家"中，虽明言《伊尹说》27篇

"其语浅薄，似依托也"、《鬻子说》19篇为"后世所加"，但在心理上仍习惯于认为它们起源最早，所以编次分别在"小说家"位首和第二的位置。这种将先产生的文献排在后产生的文献之前的线性排列原则，反映了目录学家从观念上看待时间先后的根本态度，它比被现代分类学视为核心的文献内容、学科属性等分类理据更加形象、可感，也更易于为人们所接受❶。

（二）对时间顺序原则的变通

时间原则是约束同一类目之下若干文献之间排列顺序的重要因素。与此同时，古代书目还存在故意违反时间原则的变通或例外，说明古代书目并不是"一掌故令史足矣"的流水作业。

1."以帝王各冠本代"

古代书目中的文献排序，往往涉及对有关人物的象征性定位，人的现实社会地位有别，对相关文献的排列也不尽相同。所以，在同一类名之下的同代文献都是首列帝王著作的。《四库总目·凡例》第二则曰："所录诸书，各以时代为次。其历代帝王著作，从《隋书·经籍志》例，冠各代之首。至于列朝圣制、皇上御撰……各从门目，弁于国朝著述之前。"如谢启昆《小学考》首列《康熙字典》《清文鉴》等敕撰之书。范懋柱（约1718—1788）《天一阁书目》按四部排列，但四部之前首列御赐书、御题书、御赐图、进呈书。

此外，记录有关帝王言行、事迹、思想的文献，亦多冠于各代之首。如《七略·儒家类》中，《高祖传》13篇列于《陆贾》23篇和《刘敬》3篇之前；《孝文传》11篇列于《贾山》8篇和《太常蓼侯孔臧》10篇之前，都是将有关本朝帝王的文献列在记述大臣事迹的文献之前，可视为对客观世界的模拟，反映了现实中"尊卑有序"的社会人伦秩序，亦即：高祖、孝文等帝王高高在上，具有绝对权威；而文人臣子在下，权威相对较小。

2."笺释旧文，则仍从所注之书"

《四库总目·凡例》第八则曰："诸书次序，虽从其时代，至于笺释旧文，则仍从所注之书，而不论作注之人。如儒家类明曹端《太极图述解》，以注周子

❶ 傅荣贤.《七略》图书分类理据中的时序原则[J].图书馆理论与实践,1995(2).

之书,则列于《张子全书》前。"派生性著作(关于一书的研究、注释、考证的著作)随原书归类,突破时序原则也在所不惜。又如,《四库总目·史部·正史》"《史记疑问》附《史记》后,《班马异同》附《汉书》后"。章学诚《校雠通义·汉志诸子》认为,同一小类之下若干文献之间的次序,既要遵循先出文献排在后出文献之前的原则,还应遵循"创书之人"居于"传书之人"之前的原则。《校雠通义·汉志诸子》曰:"阴阳家《公梼生阴阳》十四篇,在《邹子终始》五十六篇之前,而班固注云:'公梼传邹奭《始终书》。'岂可使创书之人居传书之人后乎?"这实际上就是强调原创著作应列在传注之作前面。他又说:"墨家《随巢子》六篇、《胡非子》三篇,班固俱注:'墨翟弟子。'而叙书在《墨子》之前;《我子》一篇,刘向《别录》云:'为墨子之学。'其时更在后矣,叙书在《随巢子》之前,此亦理之不可解者也,或当日必有错误也。"但姚振宗《汉书艺文志条理》认为:"《墨子》书中称'子墨子',亦墨氏之徒所录,其徒众几遍天下,增长、附益其书者不知凡几,至其成书之时已在随巢、胡非、我子之后,故《七略》以之为墨家之殿。"这里,章学诚基于时序原则的质疑,姚振宗从实际成书先后的角度做出了回应。

3. 对内容价值的强调

姚振宗《汉书艺文志条理叙》评《汉志·诸子略·儒家类》云:"是篇章段凡四。晏子与孔子同时,时代最先,故以此一家居首。以下自子思至芊子,皆孔门及七十二弟子之所撰述,凡十二家,是为第一段;《内业》以至《功议》七家,多周室故府之遗文,莫详其作者,为第二段;《宁越》至《虞氏春秋》十一家,为周、秦六国近人之所作,其平原君、朱建一家,旧当在汉人之中,为后人妄移次第,是为第三段。《高祖传》以下至扬雄二十一家,则西汉一代天子王侯卿大夫之所论叙,迄于王莽世,为第四段终焉。"这里,第二三四段体现了明显的时序原则。然而,第一段从"与孔子同时"的晏子到"孔子及七十二弟子之所撰述凡十二家"在时间上无疑要后于"多周室故府之遗文"的第二段,但是在顺序轴上,第一段反而放在了第二段的前面。又如,《道家》的《列子》8篇和《公子牟》4篇,班注皆云:"先庄子,庄子称之。"而两者的排序却在《庄子》52篇之后[1]。

---

[1] 傅荣贤.《七略》图书分类理据中的时序原则[J].图书馆理论与实践,1995(2).

这种突显原则显然与分类编码者的主体爱好、价值取向和牵涉焦点有关。就道家学派而言,《庄子》比先于它的《列子》《公子牟》更具代表性和典型意义。因而,《庄子》成了"道家"的焦点文献,故列于《列子》和《公子牟》等文献之前。同样,《汉志·儒家类》也以孔子及其门弟子为儒家类的焦点,故而位置被提前了。再如,"法家"的《慎子》注云:"先《申韩》。"而《申子》在前;"阴阳家"的《闾丘子》注云:"在《南公》前。"《将钜子》注云:"先《南公》。"而《南公》次于两者之前。

突显原则和时序原则实际上是一个问题的两个方面。前者的存在恰恰从正面肯定(而不是从反面否定)了后者在《汉志》分类理据中的重要地位。同样,清释智旭《阅藏知津》对于异译之书,总目和正文皆首列最好的译本,其他译本在总目中逊一行著录,正文中则辨明译文特点、异同;丁福保(1874—1952)《算学书目提要》分中算类、西算类、中西算总类三大类,每类文献按内容由浅入深排列,都可视为根据内容价值的排序。

(三)体裁原则

根据体裁确立文献之间的次序关系,《四库总目》称为"辨体"。体裁原则可以追溯到先秦时期,《尚书》中就有典、谟、诰、誓等不同类别的体裁。三百零五篇《诗经》按体裁可划分为风、雅、颂三大类,"风"按国别又有区分,"雅"又分大雅、小雅等。体裁原则可以使相同体裁的文献相对集中,便于从体裁的角度表述、组织和认识文献。吕绍虞说:"《七略》凡是性质或体例相同的,虽然没有另列细目,还是分组排序的。如'六艺略·易类',首先著录《易经》12篇,以下分为易传、灾异、章句三组。从《周氏》《服氏》《杨氏》《蔡氏》《韩氏》《王氏》《丁氏》七家之书以及《孟氏京房》11篇,都是解说易义的书籍。其次是《灾异孟氏京房》66篇、《五鹿充宗略说》3篇、《京氏段嘉》12篇等书。末了则是章句施、孟、梁丘氏各2篇。不过在《丁氏》8篇和《孟氏京房》11篇之间,夹杂有《古五子》18篇、《淮南道训》2篇、《古杂》80篇、《杂灾异》35篇、《神输》5篇,图1,颇见杂乱,这些书可能原本都在灾异这一组,为后人所错乱了的。"❶但仍可见《七略·六艺略·易类》文献排序中的体裁意识,而这在"诗""论语"等

---

❶ 吕绍虞.中国目录学史稿[M].合肥:安徽教育出版社,1984:13.

类中,也可以十分清晰地发现。总体上,《汉志·六艺略》同时兼有"传"和"章句"两种注释体例时,"传"体文献总是排在"章句"体文献之前,如易类的"《易传周氏》二篇"排在"《章句》施、孟、梁丘各二篇"之前,"《(书)传》四十一篇"排在"《欧阳章句》三十一卷""《夏侯章句》各二十九卷"之前。它直接对应于"传"和"章句"这两种阐释体例在学术创造中的重要程度,有助于重新认识儒学原典的诠释原则和诠释方法❶。

再以《隋志·经部·易类》为例,从第2种"《周易》二卷 魏文侯师卜子夏传,残缺。梁六卷"到最后一种"《周易谱》一卷",大致以"传""注""系辞""音""论""义""疏""谱"为序,不同体裁的文献相对集中。如《周易爻义》一卷、《周易乾坤义》一卷、《周易大义》二十一卷、《周易几义》一卷、《周易大义》一卷、《周易太义》二卷、《周易释序义》三卷、《周易开题义》等文献都以"义"为体例,它们相对集中地著录在一起。而"传""注""系辞"等不同体裁之间排列的先后顺序,既反映了作者对各种体裁文献之重要性递减的认识,也具有暗分小类的用意,因而都可以看成是经部易类下暗分的三级类目。

同样,《隋志·经部·易类》所附"亡书"的著录也多根据体裁"离其疏远,合其近密"。例如,"《周易杨氏集二王注》五卷,梁有《集马、郑、二王解》十卷,亡",亡佚的《集马、郑、二王解》附注于见存的《周易杨氏集二王注》之下,盖因它们都是"集注"体著作。"《周易系辞》二卷 梁太中大夫宋褰注。又有宋东阳太守卞伯玉注《系辞》二卷,亡",亡佚的卞伯玉注《系辞》二卷附诸《周易系辞》二卷是因为两者都是对《周易系辞》的注解。

(四)根据作者关系依附于相关文献

我们知道,《隋志》用大字著录者都是存本,小字著录者多为亡本。《隋志·总序》所谓"离其疏远,合其近密",首先是针对附见于小注中的残本、别本和亡书而言的,它们"离其疏远,合其近密"的著录依据多与作者因素有关。

1. 同一作者的已亡之书附见于其实存文献之下

例如,"《周易尽神论》一卷魏司空钟会撰。梁有《周易无互体论》三卷,钟

---

❶ 傅荣贤.从《汉志》看西汉解释学规范的建立[J].贵州师范大学学报,2004(2).

会撰,亡",钟会(225—264)亡佚的《周易无互体论》,附于其见存的《周易尽神论》之下。"《周易系辞义疏》二卷 萧子政撰。梁有《周易乾坤三象》《周易新图》各一卷;又《周易普玄图》八卷,薛景和撰;《周易大演通统》一卷,颜氏撰",萧子政亡佚的《周易乾坤三象》《周易新图》各一卷附于其见存的《周易系辞义疏》二卷之下。

2. 根据作者关系亲疏"离其疏远,合其近密"

例如,"《周易》八卷 汉曲台长孟喜章句,残缺。梁十卷。又有汉单父长费直注《周易》四卷,亡"。这是根据作者的生卒年而将亡佚之书附丽于与其生卒生相近的某作者的实存文献下面。根据《汉志·易》类序可知,费直易传于民间,孟喜易立于学官,两者都是西汉初年的人物,在时间上相近。"《周易》九卷 后汉大司农郑玄注。梁又有汉南郡太守马融注《周易》一卷,亡",亡佚的马融注《周易》一卷附于见存的郑玄注《周易》九卷之后,是因为郑玄(127—200)师从马融(79—166),既有师生之谊,亦在时间上接近。

又如,"《周易》五卷汉荆州牧刘表章句。梁有汉荆州五业从事宋忠注《周易》十卷,亡",亡佚的宋忠著作附于见存的刘表著作之后,是因为宋忠为"汉荆州五业从事",为"汉荆州牧"刘表的属僚。可见,所谓作者"关系亲疏"有多重指涉。同样,在"《周易》十卷 魏尚书郎王弼注《六十四卦》六卷,韩康伯注《系辞》以下三卷,王弼又撰《易略例》一卷,梁有魏大司农卿董遇注《周易》十卷,魏散骑常侍荀煇注《周易》十卷,亡"中,既根据作者原则将王弼的《易略例》一卷附见于王弼自己的《周易》十卷之下,又根据内容原则而将韩康伯、董遇注、荀煇等人的著作附丽其下。众所周知,收入清《四库全书》的《五经正义》本《周易》即为"魏王弼、晋韩康伯注、唐孔颖达疏"之本。因此,韩康伯注《系辞》以下三卷与王弼注《六十四卦》六卷之间在内容上有十分密切的关系。

(五)横向线性顺序小结

现代形式逻辑重视一般和特殊之间的关系并以把握共性为目标,中国古人则重视具体对象之间的关系并以把握差异为目标。反映在分类中,现代分类可以无视同一类名之下若干文献的差异——它们既然在同一类名之下,说明它们具有逻辑意义上的"一般"。而中国古代分类不是根据形式逻辑操作的,同一类目下的若干文献之间不仅有"同"更有"异",因此,彼此之间的排序就构成了独特的线性结构模式。

1. 古代的类不是形式逻辑类

形式逻辑恪守同一律、矛盾律、排中律,一个"类"是同一性质的事物集合。相应地,书目分类中的一个类别只能容纳一种性质的书籍,概念化的类名是判断一个特定文献是或不是某类的范畴。因此,同一类目下的若干文献,其逻辑地位是平等的。尽管,它们事实上存在"个性",但都在"透过现象看本质"的要求下被忽略了。

中国古代的"类"并不是形式逻辑类,同一类目之下的若干文献同中有异。例如,在《四库总目·经部·书类》中,唐孔颖达(574—648)《尚书正义》以训诂章句为主,江昱(1706—1775)《尚书私学》是"据理意断"的宏观性理论著作,顾栋高(1679—1759)《尚书质疑》是"惟标举疑义,每条撰论一篇"的论文集性质的理论汇编,宋毛晃[南宋绍兴二十一年(1151)进士]《禹贡指南》、杨简(1141—1225)《五诰解》、赵善湘(? — 1242)《洪范统一》等仅就《尚书》中的某一/些篇章作解,宋胡士行(生卒年不详)《尚书详解》是以《孔传》为主而间引杨时(1053 - 1130)、林之奇(1112—1176)等人之说的集注性文献,元陈师凯(生卒年不详)《书蔡传旁通》缘蔡沈(1167—1230)《书集传》而入说,陈悦道(生卒年不详)《书义断法》是关于《书》的科举习题汇编,明马明衡[正德九年(1514)进士]《尚书疑义》是关于《尚书》的疑难问题集,陈第《尚书疏衍》乃考证之作,毛奇龄(1623—1716)《古文尚书冤词》以辨《古文尚书》非伪书为鹄的,蒋廷锡(1669—1732)《尚书地理今释》专释《尚书》的地名。因此,同一类名之下的若干文献是差异性存在,不能用西方严密的逻辑思维对其逐层分析,力求得出条理清楚、逻辑分明的结论。

而总体上,同类中的若干文献排序与生活中的直接经验有关,例如,时序原则、帝王著作在前等,即反映了外部世界的事理现实,实为对现实的模拟或投影。

2. 同类之下若干文献次序的"学术史"价值

将一批文献组织起来形成书目,即表明文献是关系性存在,而非个别化的存在,文献之间的顺序对应于特定的意义表达。因此,古代书目不仅要在纵向上探其类属,还要在横向上究其流别。

清人章学诚用"辨章学术考镜源流"概括古代书目的特征,反映在分类上,主要表现为对"次序"的强调。如上所述,《校雠通义·汉志诸子》之十四专论同一类目的诸书排列问题。他给出了二条原则:一是原创著作应在传注之作前面。二是以时代为次。此外,《汉志诸子》之二十一专就墨家的著录讨论同一类目中图书的排序,而《汉志诸子》之二十二论墨、道两家文献中的伪托,本质上仍是讨论排序。因为伪托之书并不是真的有那么悠久的历史,不能列在前面。而《宗刘》之二、之三、之四、五、之六还分别专论正史、名墨两家、集部、类书、钞书的源流。《校雠通义·互著》则指出:"古人最重家学,叙列一家之书,凡有涉此一家之学者,无不穷源至委,竟其流别。"因此,时间层次上的顺序既是一种结构,更是一种意义。它既涉及信息的第一关注点以及相关的价值权衡、评估依据等问题(考"源"),也涉及由本原性信息发展而来的信息多样性的描述(别"流")。当然,正如第二章第一节指出,章氏的源流以三代为节点,而目录通过文献组织,能够揭示信息在长程时间维度上发生、发展、演化的历程,诚如明人胡应麟《少室山房笔丛》卷二《经籍会通》所谓:"观其类例,而四部之盛衰始末亦可以概见矣。"

这样,目录中的学术既是持续性的,也是顺序性的,目录不仅实现了文献信息从混沌走向秩序的飞跃,也实现了从间断走向连续的飞跃。而在这两个飞跃中,文献的历时性排序起到了关键性的作用。历时性排序,既重视对本原信息的把握,又重视本原信息在长程历史中的自我演化及其规律性分析,从而将所有的文献信息都统一到了一个时间秩序体系之中。然而,无论是"辨章学术考镜源流"还是更为"长程"的"学术史",只是重视文献信息在历时性维度上的生成论和过程论,而没有考虑到文献信息还是共时性的广延意义上的空间存在。因此,对"辨考"或"学术史"命题的过度迷恋,"事实上导致了对书目空间结构的固定化和静止化认识,空间仿佛是时间的附庸。这样,揭示书目在共时层面上的结构规律就显得极其重要"❶。

---

❶ 李满花.中国古代书目的文献信息观及其现代价值[J].国家图书馆学刊,2010(1).

　　和类名一样,中国古代目录中的具体文献归类涉及纵向归类和横向排序,因而类名和文献都处于两个坐标之上,一是纵向的空间轴线,关乎共时存在关系问题;二是横向的时间轴线,显示历时性的演变问题。

　　现代分类只涉及类名"能指"与文献"所指"之间的等价性符号转换,因而是共时性的认知结构,具体文献的纵向归宿成为现代分类的关注焦点,"通过对空间结构的激活,能够获得广延性的文献信息观念,并进一步揭示文献信息的性质特点、功能关系和演化方式。这样,历史时间序列就被当作空间原则来处理了,目录系统中只有差别和对立,从而降低了意义在符号体系中的重要地位,也否定了历史内容在文化研究中的地位"❶。它强调超历史、超个体的非连续性认知,而不能显示时间系统上的关系,历史文化遂被归结为抽象的符号序列,因而是形式化而不是实质性的分类结构。

　　中国古代分类既重视纵向等级,也重视横向排序,横向次序上的失序,同样会使人们感到不安。因此,众多文献获得纵向类别位置之后,还必须按一定的线性次序予以横向排列,从而体现文献意义内涵先后、大小、重轻等方面的关系。这跟古代的"类"并不是具有某种共同属性的集合有关。总体上,古代书目重"道"甚于重"器",不纠缠于文献"客观"性质,而是注重从多种角度和因素的协同作用来分析其特征,使逻辑合格度大打折扣。文献分入何类,在哪个文献之后,往往不是逻辑上的一致,即不一定要考虑类名的范畴化能力,而是更多地考虑它和左邻右舍文献之间的关系是否符合事理自然,是否顺序清晰,逻辑问题遂转化成为和其他文献的次序关系是否合适的非逻辑问题。这就模糊了认识手段与认识对象以及逻辑模式和历史结构之间的界限。

　　然而,诚如上文指出,在横向坐标轴上的非典型成员品种和数量的变化,也会突破原来的类目设置,生成新的类目,它往往意味着一个新主题的出现,从而对类表的结构产生反向能动作用。这样,文献之间先后本末的历时关系,就转化为左邻右舍的共时关系。"类"没有明显的结构标志,其信息是隐藏的,必须联系编码者的主体意识、书目环境、表达功能来判断。因此,

---

❶ 李满花.中国古代书目的文献信息观及其现代价值[J].国家图书馆学刊,2010(1).

古代目录学不是论证型的学术范式而是发现型的学术范式。它以自己的特殊性丰富着人类对书目的认识,表明西方基于客观、静止的形式分析的形而下的书目并不是人类文献整序的唯一方式,相应地,人类的文化组织模式也不止一种。

第七节　中国古代目录中的序言

正像著录不能完全揭示"每一书"的形式和内容,因而往往用"提要"作进一步说明一样;分类也不能完全揭示"每类书"的形式和内容,因而往往需要"序言"对每类书作进一步的说明。

一、历代目录序言概况

我们知道,中国古代目录的结构框架主要包括著录、提要、分类和序言四大部分。其中,著录和分类是古代书目的本体,具有文献标引和组织的直接现实性,也是书目的必备因素,提要和序言则是可有可无的备选项。余嘉锡认为:"计现存书目,有小序(按即序言)者,《汉志》《隋志》《崇文总目》《四库提要》四家而已。"❶余氏之论,不尽符合史实,如《续通志·艺文略》所分12大类中,除天文类之外都有大序,所分64家、85小类中也有小序16篇。如《经类大序》云:"臣等谨按,郑《志》经类有易、书、诗、春秋、国语、孝经、论语、尔雅、经解九门。国语自宋庠《国语补音》外,尠所著录,兹故阙之。论语与孟子、大学、中庸,朱子作《章句集注》,遂称四书。今改论语门为四书门,至诸门细目,郑《志》过为区分,为之随宜酌并。元明无石经,隋焚禁谶纬,后亦无托是名著书者,概从删削。"《皇朝通志·艺文略》所分12大类中除"类书类"之外也都有大序,所分62家、63小类中,则有23篇小序。如《文类·别集小序》云:"臣等谨案,文类别集所收皆宋、元、明人著作,惟前代诸集经宋、元、明人注释编次,无可附见。特立注解、编录二门收之。凡宋人诗文即为宋人注释及后人选辑、

---

❶ 余嘉锡.目录学发微[M].成都:巴蜀书社,1991:60.

元人文集为明人评选者,统归此二门登载焉。"

序言是针对一类书的文字说明,而"类"是有层次的。因此,序言也表现出了明显的层次性。例如,《汉志》将图书分为六略、三十八种两个层次,相应地,它也有六篇大序和三十三篇小序(诗赋略所分五种没有小序)。此外,《汉志》还有一篇总序以挈纲领。

(一)历代书目的总序

虽然并不是每一个目录都有旨在进一步说明"每类书"基本情况的大小序,但古代目录一般都有一篇总序,以交代目录的编撰源起、依据、目的、收书范围、分类体例、历史沿革、立名之由乃至某些具体文献的分类依据等问题。当然,文廷式(1856—1904)《补晋书艺文志》、顾櫰三《补后汉书艺文志》、阮元《文选楼藏书记》等极个别书目,不仅没有大小序,连总序都没有,但这种情况在中国目录学史上并不多见。

《四库总目》虽无总序,但卷首有"圣谕"一卷,集乾隆在纂修《四库全书》时的有关谕旨。又接以《凡例》二十则,叙述编纂宗旨、原则,涉及该目体例、收录范围、分类原则、著录格式、图书排列次序等问题,实际上起到了总序的作用。如《凡例》第十则曰:"四部之首,各冠以总序,撮述其源流正变,以挈纲领。四十三[四]类之首亦各冠以小序,详述其分并改隶,以析条目。如其义有未尽,例有未该,则或于子目之末,或于本条之下,附注案语,以明通变之由。"

《二十五史补编》中收录的几十种补史志基本都有一篇总序而没有大小序。如丁国钧(约1860—1919)《补晋书艺文志》篇首有《例略》一篇,实即总序,主要交代其分类原则和收录标准。作者在简述四部分类法历史的基础上,指出"斯《志》轨辙一准《隋志》,伐柯取则,无事求远,刘《略》班《志》,非所敢知",即遵循经史子集四部而非《七略》分类体系。关于著录范围,作者指出:"凡及太始初者胥加征采""撰著各家身入宋魏者,即不入录矣""区以'存疑''黜伪'二目,退列附录用备稽考",反映了作者"断代著录,首严弃取"的收录标准。

一般来说,总序对目录编制情况的说明大多是建立在简述目录学史的基础上的。例如,上引丁国钧《补晋书·艺文志》篇首的《例略》即是。又如,阮孝绪《七录·序》叙述《别录》《七略》《中经》《晋元帝四部书目》《宋元徽元年四部书目录》《四部书目》《梁文德殿四部目录》等政府藏书目录，《汉志》《后汉·艺文志》等史志目录，《七志》等私家目录，从而也比较清晰地勾勒了中国目录学的发展简史。在此基础上，阮孝绪进一步分析了其《七录》的编撰原则，如通过对刘歆《七略》和王俭《七志》类目体系和类名的分析，说明《七录》设置类目和更改类名的理由。

（二）历代书目的大小序

书目的大小序是针对所分大类和小序的序言，可以合称为类序。刘勰《文心雕龙·序志》云："铨序一文为易，弥纶群言为难。"余嘉锡亦曰："目录之书莫难于叙录，而小序则尤难之难者。"❶唯其"尤难之难者"，历史上并不是所有的目录都撰写了大小序。

《隋志·总序》曰："（王）俭又别撰《七志》……其道、佛附见，合九条。然亦不述作者之意，但于书名之下，每立一传，而又作九篇条例，编乎首卷之中。文义浅近，未为典则。"这里，《七志》"编乎首卷之中"的九篇"条例"实即序言。《隋书·许善心传》曰："善心仿阮孝绪《七录》，更制《七林》，各为总序，冠于篇首。又于部录之下，明作者之意，区别其类例焉。"说明《七林》亦有"冠于篇首"的类序。同样"《七录》于每一录各有总序一篇，部录之下亦有小序，与汉、隋《志》同"❷。

《旧唐志·序》曰："（毋）煚等撰集，依班固《艺文志》体例，诸书随部皆有小序，发明其旨。近史官撰《隋书·经籍志》，其例亦然。窃以纪录简编异题，卷部相沿，序述无出前修。今之杀青，亦所不取，但纪部帙而已。"又曰："煚等《四部目》及《释道目》，并有小序及注撰人姓氏，卷轴繁多，今并略之，但纪篇部，以表我朝文物之大。"镇海张寿荣（1827—？）《八史经籍志序》亦曰："自班志以来，四部中随类讫系，以小序发明，煚等撰集，循例无改，而旧志（《旧唐志》）意主简略，尽行汰删；但以各书著录……煚等《四部目》及《释道目》并有小序及注撰人姓名，卷轴繁多，今并略之，但纪篇部。"说明《隋志》和唐代目录

---

❶ 余嘉锡.目录学发微[M].成都:巴蜀书社,1991:60.

❷ 同①.

学家毋煚的《古今书录》也有序言,尤其《隋志》序言,包括总序、大序、小序,继承了《汉志》的优良传统。但《旧唐志》虽以毋煚《古今书录》为蓝本,却删其小序,并给出了删削的"理由"。《旧唐志》"不取"序言之举,被认为是开了后世史志目录不立序言的"恶例"。余嘉锡即认为:"自唐以下,学术源流多不可考,不能不追憾《旧唐志》之陋也。"❶

南宋郑樵《通志·校雠略》认为,"类例既分,学术自明,以其先后本末具在"。又曰:"学之不专者,为书之不明也;书之不明者,为类例之不分也。有专门之书,则有专门之学;有专门之学,则有世守之能。人守其学,学守其书,书守其类。"即认为提要和序言旨在补救著录与分类之不逮,如果类别详明,就无须提要与序言。他说:"盖经入经类,何必更言经?史入史类,何必更言史?但随凡目,则其书自显。"并批评某些目录的小序解题"泛释无义","强为之说,使人意怠"。因此,他的《通志·艺文略》并无大小序,甚至总序也是与《通志》全书的总序合为一篇的。

总体上,《旧唐志》的践行与郑樵的理念彼此唱和,导致嗣后目录类序之不昌。拿史志目录来说,《旧唐志》仅1篇总序、1篇后序,《新唐志》《宋志》和《明志》仅总序1篇,《清志》有总序1篇,经部后序1篇,大小序呈每况愈下之势。

但宋代官修的三朝、两朝《国史·艺文志》和《中兴艺文志》皆有序言,惜乎不传。同样是官修的《崇文总目》前有总序,每类有小序,今总序已不存,但由欧阳修执笔的小序有不少尚存于《欧阳文忠公全集》卷124中,包括经部8篇、史部12篇、子部10篇,共计30篇,虽不完整,但可藉以窥斑见豹,略知其梗概。这些小序继承了《汉志》和《隋志》的编撰传统,叙述学术源流,脉络极其分明。例如,《经部·易类小序》曰:"前史谓秦焚三代之书,《易》以卜筮而得不焚。及汉募群书,类多散佚,而《易》以故最完。及学者传之,遂分为三:一曰田何之易,始自子夏传之孔子,《卦》《象》《爻》与《文言》《说卦》等合为十二篇,而说者自为章句,易之本经也。二曰焦赣之易,无所师授,自言得之隐者。第述阴阳灾异之言,不类圣人之经。三曰费直之易,亦无师授,专以《彖》《象》

❶ 余嘉锡.目录学发微[M].成都:巴蜀书社,1991:60.

《文言》等参解卦爻。凡以《彖》《象》《文言》杂八卦中者,自费氏始。田何之学,施、孟、梁丘之徒最盛。费氏初微,止传民间;至后汉时,陈元、郑众、康成之徒,皆学费氏,费氏兴而田学遂息。古十二篇之易遂亡其本。及王弼为注,亦用《卦》《象》相杂之经。自晋以后,弼学独行,遂传至今。然易比五经,其来最远。自伏羲画卦,下更三代,别为三易。其变卦五十有六,命名皆殊。至于七八九六筮占之法亦异。周之末世,夏商之易已亡。汉初虽有归藏,已非古经。今书三篇,莫可究矣。独有《周易》,时更三圣,世历三古,虽说者各自名家,而圣人法天地之蕴,则具存焉。"作者将重点放在对《周易》的成书、流传、派别以及演变过程的说明上,具有明显的"学术史"意识。

在宋代私修目录中,晁公武《郡斋读书志》只有大序,没有小序;陈振孙《直斋书录解题》四部皆有大序,四部以下各小类中,语孟、起居注、时令、农家、阴阳家、音乐、诗集、章奏等类有小序,其他门类的序言则付阙如。盖这些类目都是作者分合、改隶而生成的新类目,因与传统类目不同而予以特别说明。例如,陈氏把《孟子》提升到经部,并与《论语》合为"语孟类",这是此前的目录所没有的。《语孟类小序》曰:"前志《孟子》本列于儒家……今国家设科取士,《语》《孟》并列为经,而程氏诸儒训解二书常相表里,故今合为一类。"

余嘉锡评价宋代官私目录类序指出:"《崇文总目》每类有序,然尚空谈而少实证,不足以继轨《汉》《隋》。晁、陈书目号为佳书,晁氏但能为四部各作一总序,至于各类无所论说;陈氏并不能为总序,虽或间有小序,惟说门目分合之意,于学术殊少发明也。"❶

宋末元初具备小序体式的目录还有马端临的《文献通考·经籍考》,但其小序亦取辑录之体,内容由它书资料比排而成。

明代目录撰写大小序者,基本阒而无闻。

清代《四库总目》又恢复和发展了序言体式,有大序置于各部之首,小序置于各类之首,与《汉志》《隋志》各序皆置该部、该类著录文献之后不同。《总目》类序多能切中肯綮、要言不繁,在撰写方法上达到了古代目录序言的顶峰。并且,《总目》类序的内容亦大抵直接回应古代目录学的三大内容旨趣,

---

❶ 余嘉锡.目录学发微[M].成都:巴蜀书社,1991:59.

而又以考辨学术源流为主要聚焦。如《正史类小序》云：

正史之名，见于《隋志》。至宋而定著十有七。明刊监版，合宋、辽、金、元四《史》为二十有一。皇上钦定《明史》，又诏增《旧唐书》为二十有三。近搜罗四库，薛居正《旧五代史》得裒集成编。钦禀睿裁，与欧阳修书并列，共为二十有四。今并从官本校录。凡未经宸断者，则悉不滥登。盖正史体尊，义与经配，非悬诸令典，莫敢私增，所由与稗官野记异也。其他训释音义者，如《史记索隐》之类；掇拾遗阙者，如《补后汉书年表》之类；辨正异同者，如《新唐书纠谬》之类；校正字句者，如《两汉刊误补遗》之类；若别为编次，寻检为繁，即各附本书，用资参证。至宋、辽、金、元四《史》译语，旧皆舛谬，今悉改正，以存其真。其子部、集部亦均视此，以考校厘订。自正史始，谨发其凡于此。

这里，四库馆臣除确定了24部正史的范围以及正史"非悬诸令典，莫敢私增"的性质之外，还交代类似"训释音义者，如《史记索隐》之类"依附于正史的分类原则，并指出"子部、集部亦均视此"的发凡起例作用。

历史上，大小序虽是书目的可选择项，但学界多以有序言者为上乘，序言撰作的优劣也是评骘书目好坏的一个重要标准。章学诚《校雠通义·汉志六艺》云："《艺文》一志，实为学术之宗，明道之要，而列传之与为表里发明，此则用史翼经之明验也。而后人著录乃用之为甲乙计数而已矣，则校雠失职之故也。"即表达了对阙失序言致使不能充分考辨学术的不满。章氏指出，刘歆的《辑略》"最为明道之要"。他把有叙录（即大小序）、提要者叫做校雠学，视为书目正宗。把"徒为甲乙纪数之需"者叫目录学，视为书目之末流。《章氏遗书·信摭》说目录学不过"贫儿卖弄家私，不值一笑。"他反对"别有目录之学"，目录工作不过是"校雠之学"的一道工序，而"校雠之学"的任务即是考辨学术。《校雠通义·宗刘》在总论"四部之不能返《七略》"的五条理由之后，又分别于《宗刘》之二、之三、之四、之五、之六中为史部、名墨、集部、类书、钞书、评点书等类目拟写了小序。《汉志诸子》之十三云："今为阴阳家作叙例，当云：……"是为阴阳家拟作的序言，这些都是他重视序言的明证❶。

---

❶ 傅荣贤."辨章学术考镜源流"正诂[J].图书馆理论与实践,2008(4).

二、古代目录序言——以《汉志》为例

《汉志》40篇序言包括1篇总序、6篇大序、33篇小序，是我国古代目录序言的最早见存。这40篇序言层次有别，行文不枝不蔓，比较准确地分析了周秦至西汉末季的文献聚散和学术源流。同时，序言还积极配合"哑巴"类例，对类目设置和类名含义有所发明。从《汉志》序言的来源看，正像《汉志》以《七略》为蓝本"删其要，以备篇籍"而成篇，其序言也是源自《七略》的《辑略》。阮孝绪《七录·序》云："一篇即六篇之总最，故以《辑略》为名。"颜师古注曰："辑与集同，谓诸书之总最。"姚振宗《七略别录佚文》亦曰："《七略》首一篇，盖六略分门别类之总要也。大抵六艺传记则上溯于孔子，诸子以下各详稽其官守，皆一一言师承之授受，学术之源流，杂而不越，各有攸归。"余嘉锡指出："班固就《七略》删取其要以为《艺文志》，因散《辑略》之文，分载各类之后，以便观览。后之学者不知其然，以为《七略》只存其六，其实《辑略》之原文具在也。"❶

（一）总序

《汉志》总序冠于篇首，是全志的纲领，类似于今天的"前言"。其云：

昔仲尼没而微言绝，七十子丧而大义乖。故《春秋》分为五，《诗》分为四，《易》有数家之传。战国纵衡，真伪分争，诸子之言纷然殽乱。至秦患之，乃燔灭文章，以愚黔首。汉兴，改秦之败，大收篇籍，广开献书之路。迄孝武世，书缺简脱，礼坏乐崩，圣上喟然而称曰："朕甚闵焉！"于是建藏书之策，置写书之官，下及诸子传说，皆充秘府。至成帝时，以书颇散亡，使谒者陈农求遗书于天下。诏光禄大夫刘向校经传诸子诗赋，步兵校尉任宏校兵书，太史令尹咸校数术，侍医李柱国校方技。每一书已，向辄条其篇目，撮其指意，录而奏之。会向卒，哀帝复使向子侍中奉车都尉歆卒父业。歆于是总群书而奏其《七略》，故有辑略，有六艺略，有诸子略，有诗赋略，有兵书略，有术数略，有方技略。今删其要，以备篇籍。

总体上，《汉志》三百余字的总序，其内容主要包括三大方面。

❶ 余嘉锡.目录学发微[M].成都:巴蜀书社,1991:55.

1. 简述文献(文化)的发展历程

作者回顾了"天下"文献发展、流传、存亡情况以及文献背后"天下"文化发生发展及其流变得失,重点指出,自孔子(仲尼)以来,中国典籍命途多舛,既有秦火对文献实体的燔灭,更有自孔子及其七十弟子亡故之后,世人对文献内容理解上的歧义。相应地,"汉兴"以来,既有"大收篇籍""广开献书之路""建藏书之策""置写书之官"等藏书建设举措;也诏令刘向、任宏、尹咸、李柱国等学者典校文献。无疑,这两大举措是有针对性的,前者针对秦朝燔书而导致的典籍散亡;后者则针对"昔仲尼没而微言绝,七十子丧而大义乖"的文本理解歧义,努力通过文献整理纠偏"不复仲尼法度"的文本理解。《汉书》通过删节《七略》而成《艺文志》,正是要通过文献的收藏、整理和编纂,既总结过去又展望未来,在物理形态和意义内涵的双重层面上对文献予以规范。

2. 分析刘向刘歆文献工作的异同

王重民认为,"刘向死的时候,六大类中所包括的主要图书都校定了新本,每一个新本都编撰了叙录"[1]。班固"每一书已,向辄条其篇目,撮其指意,录而奏之",凝练地概括了刘向等学者通过文献整理工作(即"校"),为"每一书"所写叙录的主要内容:

一是"条其篇目",即确立一本书的篇目次第,从而确立一本书的内在结构。

二是"撮其指意",即提要钩玄、撰写叙录,内容主要包括叙述该书的校雠经过,介绍作者的生平事迹以及图书的学术思想和学术价值。

显见,刘向以"每一书"的单本文献整理为对象的校雠工作,并不涉及旨在编目群书的目录学。而《别录》就是汇编刘向校书时为每一本书所写的、"皆载在本书"的一篇篇叙录的结集。当然,"时又别集众录"而成的《别录》,至少应有六大分类体系。

相比而言,刘歆《七略》的主要特色是以《别录》为据"种别群书",以分类为工作重点。深玩"歆于是总群书而奏其《七略》"之辞可知,《七略》当为刘向生前预作之书,旨在"种别"的《七略》也是刘向未竟事业的一部分。尽管如

---

[1] 王重民.论《七略》在我国目录学史上的成就和影响[J].历史研究,1963(4).

此，《别录》的主体内容仍在于为"每一书"撰写旨在"条其篇目"和"撮其指意"的叙录；而《七略》则形成了"故有辑略，有六艺略，有诸子略，有诗赋略，有兵书略，有术数略，有方技略"的"七"大类别。这就交代了刘向、刘歆父子以及《别录》《七略》的关系。

3. 揭示《汉志》与《七略》的渊源关系

七卷《七略》本自二十卷《别录》，篇卷仅及其三分之一强，但"《七略》立志'种别群书'，文化视野更为开阔。由这种大视野引领，《七略》形成了一套完整的目录编制原则和方法，反映了当时学术思想和科学技术的体系与流派，直接导致了《汉志》的产生"❶。"今删其要，以备篇籍"表明，《汉志》是以《七略》为蓝本删削而成。所谓"删"其要，实为反训，即删其"不要"而留其"要"。语例有似《论语·泰伯》："武王曰：'予有乱臣十人。'"这里的"乱"反训为"治"，"乱臣"即治国之臣。《汉志》删其"不要"而留其"要"，主要保存了《七略》的分类著录体系。《别录》《七略》亡佚后，《汉志》遂成为中国现存首部书目，也是首部典籍文献的总结系统以及西汉末叶之前学术文化的渊薮，还开启了史志目录多以官修书目为蓝本的先河。

综上，"刘向领衔负责校书历时19载而成篇的《别录》是刘歆《七略》之蓝本，20卷《别录》变为7卷本的《七略》，意味着目录系统、学术系统乃至文化系统的建立。而《七略》之被删节为1卷本《汉志》，则标志着目录学从广义校雠学（包括目录学、校勘学、藏书学、辑佚学等）中的进一步分化"❷。

（二）大序

《汉志》六篇大序是对六"略"（大类）文献及其背后文化总体情况的分析说明，重在叙述该"略"文献和文化的学术渊源、流别、演变大势及其得失。如《六艺略序》云：

六艺之文：《乐》以和神，仁之表也；《诗》以正言，义之用也；《礼》以明体，明者著见，故无训也；《书》以广听，知之术也；《春秋》以断事，信之符也。五者，盖五常之道，相须而备，而《易》为之原。故曰："《易》不可见，则乾坤或几

❶ 傅荣贤.《汉书艺文志》研究源流考[M].合肥:黄山书社,2007:3-4.

❷ 傅荣贤.《汉书艺文志》研究源流考[M].合肥:黄山书社,2007:9.

乎息矣。"言与天地为终始也。至于五学,世有变改,犹五行之更用事焉。古之学者耕且养,三年而通一艺,存其大体,玩经文而已,是故用日少而畜德多,三十而五经立也。后世经传既已乖离,博学者又不思多闻阙疑之义,而务碎义逃难,便辞巧说,破坏形体;说五字之文,至于二三万言。后进弥以驰逐,故幼童而守一艺,白首而后能言;安其所习,毁所不见,终以自蔽。此学者之大患也。序六艺为九种。

显见,《六艺略序》的内容主要包括:

首先,以易、书、诗、礼、乐、春秋为主体,从总体系的意义关联上讨论"六艺略"所分各小类文献的内容实质。作者认为,书、诗、礼、乐、春秋五小类文献,"盖五常之道,相须而备",分别凝聚了知(智)、义、礼、仁、信的五种德性,同时又相互补充、彼此依存,并无一不归宗于《易》。

其次,从历时性的角度简单勾勒该"略"文献的学术走向。重点指出"古之学"贵在得六经思想之要,以"畜德"为本务;"博学者"致力于文本词句的分析,已远离六经之旨;"后进"更是迷途不返,专务词句而失其思想精髓。

《六艺略序》在《汉志》六篇大序中是有代表性,其"古之学"和后世"博学者"及"后进"的二分话语体系在《汉志》全部39篇大小序中,甚至在中国古代所有目录的大小序中都具有代表性。中国古代目录的每一篇大小序几乎都采用了"好"和"坏"的二分话语模式,旨在从价值论(而不是知识论)意义上彰善瘅恶。其基本预设是,所有的文献都可以从价值上划分为善恶,而大小序的重要目标之一即在于指呈善恶之所在,从而劝善和惩戒,规范人伦道德,引领社会和谐。

(三)小序

《汉志》三十三篇小序旨在说明除诗赋略所分五种之外的33个门类的学术渊源、流别及其演变大势和得失。今以《易类小序》为例,以见其余。

《易》曰:"宓戏氏仰观象于天,俯察法于地,观鸟兽之文,与地之宜,近取诸身,远取诸物,于是始作八卦,以通神明之德,以类万物之情。"至于殷、周之际,纣在上位,逆天暴物,文王以诸侯顺命而行道,天人之占可得而效,于是重《易》六爻,作上下篇。孔氏为之《彖》《象》《系辞》《文言》《序卦》之属十篇。故曰："《易》道深矣,人更三圣,世历三古。"及秦燔书,而《易》为筮卜之事,传者不绝。汉兴,田何传之。讫于宣、元,有施、孟、梁丘、京氏列于学官,而民间有费、高二家之说。刘向以中《古文易经》校施、孟、梁丘经,或脱去"无咎""悔亡",唯费氏经与古文同。

显见,《易类小序》的内容主要包括:

1. 揭示《易经》十二篇的成书过程

具体来说,《易经》八卦是宓戏氏仰观俯察、近取远取的结果,目的是为了"以通神明之德,以类万物之情"。文王重《易》六爻,生成六十四卦,并作卦爻辞,完成《易经》上下篇的撰作。孔子作《彖》《象》《系辞》《文言》《序卦》等七种十篇之《易传》。由此,在"人更三圣,世历三古"前后继踵的劳作中,完成了《易经》十二篇的创作。

2. 分析《易经》的传流及衍分的派别

主要包括:《易经》作为卜筮之书,与医药、种树之书一样,并不在秦朝的焚燔之列。"汉兴",田何传易,成为西汉易学的先师。降及宣、元之际,有施雠、孟喜、梁丘贺和京房四家易学列于学官。民间则有费直、高相两家之说,未能列于学官。

3. 反映刘向校书的情况

刘向以"中""古文"《易》——即皇家秘府所藏、用先秦东方六国文字书写的《易》——为底本校勘文献,结果是:传于民间的费直《易》"与古文同";而列于学官的施、孟、梁丘三家今文经"或脱去'无咎''悔亡'"。应该说,《易经》文本在流传过程中破坏不大,这主要跟《易经》没有经过秦火有关。

需要指出的是,在《汉志》33篇小序中,《六艺略》所分前八种(易、书、诗、礼、乐、春秋、论语、孝经)中都有类似《易小序》有关反映刘向校书情况的文字。而《六艺略·小学》及其余24篇小序(合计25篇)一般都只包括上述三大内容中的前两大方面:一是该类文献的发生源起;二是该类文献的历史流变,并以"汉兴"以来直到西汉末季的流变情况为主。换言之,这25篇小序没有关于刘向校书情况的说明。但《汉志》所著录的"五百九十六家"文献除了"入三家"为班固所增补之外,其余文献基本都是刘向等学者手自校雠的结果。它们的具体校雠情况之所以没有特别说明,主要是因为在当时"独尊儒术"的现实语境下,后25类文献没有"六艺略"所分前8小类文献重要。所以,《汉志》出于节省篇幅的考虑而将它们删削了❶。

4. 确立二分话语的叙述框架

类似上文《六艺略序》所述的话语二分体系虽然在《易小序》中并不十分明显,但《汉志》大小序乃至中国古代几乎所有的序言都暗含着这种话语二分原则。例如,在诸子略所分十家中,《儒家小序》云:"儒家者流,盖出于司徒之官,助人君顺阳阳明教化者也。游文于六经之中,留意于仁义之际,祖述尧舜,宪章文武,宗师仲尼,以重其言,于道最为高。孔子曰:'如有所誉,其有所试。'唐虞之隆,殷周之盛,仲尼之业,已试之效者也。然惑者既失精微,而辟者又随时抑扬,违离道本,苟以哗众取宠。后进循之,是以《五经》乖析,儒学浸衰,此辟儒之患。"作者在论述儒家的源起("盖出于司徒之官")、职志("助人君顺阳阳明教化")、特点("游文于六经""留意于仁义""宗师仲尼")、成就("于道最为高")的基础上,用一个"然"字陡转笔锋,重点强调儒家末流("惑者")违离儒家原旨而误入歧途。这里,"然惑者"是转折的关键,也是《汉志》小序的主要行文体例。《道家小序》"及放者为之"、《阴阳家小序》"及拘者为之"、《法家小序》"及刻者为之"、《名家小序》"及警者为之"、《墨家小序》"及蔽者为之"、《纵横家小序》"及邪人为之"、《杂家小序》"及荡者为之"、《农家小序》"及鄙者为之"等等,都是判分好坏或善恶的关键。其本质是强调,某类文献及其背后学术文化的发展存在迥然有异的二途,两者的差异主要是价值论而不是知识论意义上的,而《汉志》序言的重要目标之一,即在于惩恶扬善,达到衮铖斯昭的政教人伦目的。

在中国古代目录学史上,《汉志》序言所表达的学术史思想,甚至它的话语形式,对后世皆有启幽烛照之功。后世书目序言多仿效《汉志》,甚至直接因袭其词句。例如,《隋志》"自哲人萎而微言绝,七十子散而大义乖,战国纵横,真伪莫辨,诸子之言,纷然淆乱",《旧唐书·经籍志》"自仲尼没而微言绝,七十子丧而大义乖",都是袭自《汉志·总序》。《汉志》本《周官》而倡言"诸子出

---

❶ 傅荣贤.刘向"校中秘书"相关问题考论[J].图书馆,2012(2).

于王官论"，也为历代书目诸子类序言所继承。如杂家，《汉志》以为出于议官，《隋志》考虑到《周官》中并无议官，遂改杂家为出于"史官"，其他诸子皆承《汉志》而无大异词。又如，保存在《欧阳文忠公全集》中的《崇文总目》类序，如《史部·实录类序》曰："实录起于唐世，自高祖至于武宗，其后兵盗相交，史不暇录。而贾纬始作《补录》，十或得其二三。五代之际，尤多故矣，天下乖隔，号令并出，传记之士，讹谬尤多。幸而中国之君，实录粗备，其盛衰善恶之迹，皎然而著者，不可泯矣。"重点指出"实录"类文献的起源、发展，及其历史变迁所反映的"盛衰善恶之迹"。《子部·道家类序》曰："道家者流，本清虚，去健羡，泊然自守，故曰：'我无为而民自化，我好静而民自正。'虽圣人南面之术，不可易也。至或不究其本，弃去仁义，而归之自然，以因循为用，则儒者病之。"这里的重点不是道家文献的发展流变，而是以"至或不究其本"为转捩，从得失二分的角度对道家类文献的价值予以分析，由此可见《汉志》类序的影响。

显然，《七略》诞生于汉武帝"罢黜百家，独尊儒术"之后，儒家思想为统治者所推崇，成为当时社会精神生活和道德观念的基本准则。《七略》的文献分析和类别厘定就是刘氏对当时社会文化取向的积极回应。刘氏"种别为《七略》"，将当时六百多种零碎、个别、缺乏联系的文献组织起来，形成文献与文献之间的基本关系模式并进一步揭示了文化的秩序和规律。书目不只是一种简单的工具以供人们确立文献的类别，而是蕴含着书目主体对文化的某种基本信念。一方面，目录学家将他所遭遇到的当时的主流文献用书目的形式固定下来，人不再生活在一个单纯的、因浩如烟海而杂乱无章的文献之流中，而是可以通过书目的表层结构来检索文献、考辨学术。另一方面，又通过书目的深层结构而建构文化世界的意义和价值，并规范着民族文化的走向。由此，书目便具有了和意识、经验等概念相同的逻辑地位，"关于文化"与"关于书目"两者之间密切相关，文化就是经书目描述和整理的那个文化，考察书目就是考察文化。

三、中国古代目录序言的史料来源

我们知道，《诗》《书》之序分为大序和小序两个层次，小序针对"每一篇"，大序则针对全书。如果说，《诗》《书》小序为目录提要所取资的话，序言则可视为大序的发展。

　　孙德谦所著《汉书艺文志举例》"列举"《汉志》"条例"总计四十六则，以为《汉志》的所谓"笔法"，其中的"辨章得失见后论例"指出，《汉志》大小序就好比"列传之论赞，其义相同也"。亦即，在史书中，旨在评论人物得失的列传之论赞，是放在一篇之后的。同理，"史"志对文献的议论也集中放在该类之后的序言中。然而，"盖专家目录于一书之得失，可以畅所欲言。史志而亦若是，则不免失之繁"。因此，《汉志》虽没有像《四库总目》那样为每部书都撰写提要，一一讨论其得失，但每略和每种都有序言，集中讨论一类文献的得失❶。说明《汉志》等史志目录的序言和史书中的传记具有本质上的一致性，两者都有掇拾源流的动机，史书传记可以作为目录之序的参考。

　　章学诚《校雠通义·补校汉艺文志》也认为："《汉志》最重学术源流，似有得于《太史叙传》《庄子·天下篇》《荀子·非十二子篇》之意，此叙述著录，所以有关于明道之要，而非后世仅志部目者之所及也。"《校雠通义·汉志诸子》"还通过比较司马迁《史记》中有关篇章和《汉志》的异同，认为《史记》在叙述学术渊源方面优于《汉志》"❷。相对《汉志》而言的优势，使得史书传记对于目录序言的编写具有不可估量的参考价值，也成为后人解读《汉志》的重要参考。其《汉志六艺》云：

　　读"六艺略"者必参观于《儒林列传》，犹之读"诸子略"必参观于《孟荀》《管晏》《老庄申韩列传》也（诗赋略之《邹阳》《枚乘》《相如》《扬雄》等传，兵书略之《孙吴》《穰苴》等传，数术略之《龟策》《日者》等传，方技略之《扁鹊仓公》等传，无不皆然）。孟子曰："诵其诗，读其书，不知其人，可乎？"《艺文》虽始于班固，而司马迁之列传实讨论之。观其叙述战国秦汉之间著书诸人之列传，未尝不于学术渊源，文词流别，反复而论次焉。刘向、刘歆盖知其意矣。故其校书诸叙论，既审定其篇次，又推论其生平。以书而言，谓之叙录可也；以人

❶ 傅荣贤.孙德谦《汉书·艺文志》研究得失评[J].图书馆,2014(5).
❷ 傅荣贤.中国古代目录学学术价值之反思[J].图书情报知识,2008(2).

而言,谓之列传可也。史家存其部目于《艺文》,载其行事于列传,所以为详略互见之例也。是以诸子、诗赋、兵书诸略,凡遇史有列传者,必注"有列传"字于其下,所以使人参互而观也。《艺文》据籍而纪,其于现书部目之外,不能越界而书,固其势也。古人师授渊源,口耳传习不著竹帛者,实为后代群籍所由起,盖参观于列传而后知其深微也。且如田何授《易》于王同、周王孙、丁宽三人,《艺文》既载三家易传矣,其云商瞿受《易》于孔子,五传而至田何,汉之易家盖自田何始,何而上未尝有书。然则所谓五传之际,岂无口耳受授之学乎?不观儒林之传,何由知三家易传,其先固有所受乎?费、高二家之易,《汉志》不著于录,后人以为不立学官故也。然《孔氏古文尚书》《毛氏诗传》《左氏春秋》皆不列于学官,《汉志》未尝不并著也。不观儒林之传,何由知二家并无章句,直以口授弟子,犹夫田何以上之传授也。由是推之,则古学渊源,师徒传授,承学流别,皆可考矣。《艺文》一志,实为学术之宗,明道之要,而列传之与为表里发明,此则用史翼经之明验也。而后人著录乃用之为甲乙计数而已矣,则校雠失职之故也。

章学诚重点指出:第一,司马迁《史记》中的列传对"学术渊源,文词流别,反复而论次焉",因而成为刘向叙录的重要参考。如现存刘向《管子》《荀子》等书的叙录,就袭用了不少《史记·管晏列传》和《史记·孟荀列传》中的相关内容。第二,"史家存其部目于《艺文》,载其行事于列传",《艺文志》作为《汉书》的一篇,与《史记》《汉书》的列传实际上是"详略互见"的关系。《艺文志》"据籍而纪",但史传则可以脱离文献,对"口耳受授之学"也能有所交代,因此,"参观史传"才能完整地揭示学术源流。第三,《艺文志》与列传互为表里,以"学术之宗,明道之要"为职志,而不只是"甲乙计数"的文献次序罗列。

章学诚《校雠通义·汉志诸子》又云:

六艺之书与儒家之言,固当参观于《儒林列传》,道家、名家、墨家之书,则列传而外,又当参观于庄周《天下》之篇也。盖司马迁《叙录》所推六艺宗旨,尚未究其流别,而庄周《天下》一篇,实为诸家学术之权衡,著录诸家宜取法也。观其首章列叙旧法世传之史与《诗》《书》六艺之文,则后世经史之大原也。其后叙及墨翟、禽滑釐之学,则墨支(墨翟弟子)、墨别(相里勤以下诸人)、墨言(禹湮洪水以下是也)、墨经(苦获、己齿、邓陵子之属),皆诵墨经是也,具有经纬条贯,较之刘、班著录,源委尤为秩然,不啻《儒林列传》之于六艺略也。宋鈃、尹文、田骈、慎到、关尹、老聃以至惠施、公孙龙之属,皆诸子略中道家、名家所互见,然则古人著书,苟欲推明大道,未有不辨诸家学术源流,著录虽始于刘、班,而义法实本于前古也。

除史传之外,章学诚还重视诸如《庄子·天下》这样的学术史文献对于《汉志·诸子略》的参考价值,尤其道家、名家、墨家等诸子之书,《汉志》序言不足之处,皆应参考其他相关学术史文献以补其阙。他还指出,目录学的核心价值在于"辨章学术考镜源流",而《庄子·天下》等已启学术源流的"义法"。

总之,章学诚认为目录以文献著录为形式,以"辨章学术考镜源流"为宗旨,形式和宗旨之间往往左支右绌。为此,有必要参考史书和学术史文献。从颜师古《汉书注》可知,东汉服虔、应昭等人即已"互参"《史记》和《汉书》的《儒林传》等学术史文篇来注解《汉志》,可视为章学诚思想的源头❶。而经章氏总结,对后人又有莫大启示。如李澄宇(1882—1882)《读汉书蠡述》在《汉志·道家序》"秉要执本,清虚以自守,卑弱以自持,此君人南面之术"下注曰:"宜与《论语·雍也》'可使南面'章参看。"章学诚通过对《汉志》和《史记》《庄子·天下》等文献的比较,认为它们都以探渊源、述流别为己任,所不同的是,史书以传记为体裁,书目以文献著录为形式,后者的前提是必然形成白纸黑字的现实文本。

我们认为,中国古代的学术史著述主要有三大类别。

1. 学术史专篇

历史上,"《史记·儒林列传》曾对儒家学术思想加以论断(主要围绕六经源起、发展、授受统绪诸方面展开);《史记·扁鹊仓公列传》有对医学史的简评;《史记》的《日者列传》和《龟策列传》致力于对数术史的概述;另有从《庄子·天下》、《荀子》(《非十二子》《天论》《解蔽》诸篇)、《韩非子·显学》《尸子·广

---

❶ 傅荣贤.《汉书艺文志》研究源流考[M].合肥:黄山书社,2007:319.

泽》《淮南子·要略》《吕氏春秋·不二》到司马谈《论六家要旨》的诸子学术总结系统;《礼记》中的《学记》《儒行》《檀弓》诸篇也有对晚周学术的蜻蜓点水般的简论,其中又以对诸子学术系统的总结最为完备"❶。

2. 学案体著作

历史上,齐梁时期的释僧祐《出三藏记集》、唐释智升《开元释教录》、宋释普济《五灯会元》和志磐《佛祖统纪》开佛学学术史之脉。朱熹《伊洛渊源录》是一部理学学术史。这批著作虽未以"学案"为题,但皆有学案体之实。作为比较完备的、严格意义上的"学案"著作形成较晚。黄宗羲(1610—1695)《明儒学案》,以及经黄百家(1643—1709)和全祖望续撰而成的《宋元学案》是学案体著作的杰作代表。清人江藩《国朝汉学师承记》,梁启超《中国近三百年学术史》《清代学术概论》等在形式上虽与学案不尽相同,但皆可视为"学案"体著述。

3. 书目体著作

以《汉志》《四库总目》等为代表的古代书目,以文献著录为根柢,通过著录、提要等形式记载文献的具体状况(包括作者、题名、篇卷、内容、流传、版本等);并通过分类和序言揭示具体文献在整个文化环境中的位置。

总体上,学术史专篇和学案体著述可以突破文献著录的形式羁绊,具有书目所不具备的"直抒胸臆"的优势,但它们多局限于学术之一端(相当于《汉志》中的一略,亦即一个学术门类),基本都是"专题"性的。而书目通过文献著录的形式,勾勒了学术文化的总体状况,具有前两种学术著述难以企及的价值。正是在这一意义上,章太炎《检论》卷二《征七略》云:"《御览》引刘氏书,或云《刘向别传》,或云《七略别传》。今观诸子叙录,皆撮举爵里事状,其体与《老韩》《孟荀》《儒林》诸体相类,盖淮南王安为《离骚传》,太史公尝举其文以传屈原,于古有征,而辀近为学案者往往效之,兼得传称,有以也。"章氏自注又曰:"班孟坚《离骚序》引淮南《离骚传》文,与《屈原列传》正同,知此传非太史公自纂也。"❷可见,诸子叙录,上承《史记》的《老韩》《孟荀》诸篇(而《屈

❶ 傅荣贤.《汉书艺文志》研究源流考[M].合肥:黄山书社,2007:13.

❷ 刘梦溪.中国现当代学术经典·章太炎卷[M].石家庄:河北教育出版社,1996:206.

原列传》又上承《离骚传》），下启"学案"之体，本旨是撮拾源流，为典型的学术史文篇。

四、对序言价值的再认识

章学诚《校雠通义·原道》曰："由刘氏之旨以博求古今载籍，则著录部次，辨章流别，将以折中六艺，宣明大道，不徒为甲乙纪数之需，亦已明矣。"相应地，承绪刘氏的《汉志》，其主要职能即为"辨章学术考镜源流"，而不是充任检索性的工具。章氏的这一目录学定位，得到了后世学者的广泛响应，"辨章学术考镜源流"也成为中国古代目录学定论久孚的核心命题。但正如第二章第一节指出，章氏之"源流"以"三代"为判分节点，三代为"源"，其学术特征是"官师合一"，"以切于人伦日用"和"视诸政事"为指向；三代以下（他亦称为"衰周"）为"流"，"流"作为"私门著述"的结果则不复三代法度。因此，"源流"之别不仅是时间上的判分，也是价值上的裁定。他认为目录学的本质即在于通过源流的疏浚，揭示"流"回归于"源"从而遥契三代之道的必要性及其可能路径。

而大小序是目录藉以考辨学术源流的主要因素，《校雠通义·宗刘》曰："四部之中，附以辨章流别之义，以见文字之必有源委，亦治书之要法。而郑樵顾删去《崇文》叙录，乃使观者如阅甲乙簿注，而更不识其讨论流别之义焉。"明确指出应重视大小序（叙录）以发挥目录的学术辨考职能，而删削大小序的目录"使观者如阅甲乙簿注，而更不识其讨论流别之义焉"。然而，需要强调指出的是：

1. 序言重视文献、学术和思想信仰三者合一的历时性勾勒，并不局限于章氏以三代为区隔的、狭义的"源""流"

例如，上引《汉志·易类小序》揭示《易经》十二篇的成书过程、分析《易经》的传流及衍分的派别；《汉志·六艺略大序》从历时性的角度简单勾勒该"略"（大类）文献的学术走向等，都具有考辨文献及其学术之长程历史的性质。又如，《四库总目·经部·易类序》首先强调"《易》之为书，推天道以明人事者也"的要旨，然后指出"《左传》所记诸占，盖犹太卜之遗法。汉儒言象数，去古未远也"，尚能持守易学本质。接着分析了象数"一变而为京、焦，入于機祥，再变而为陈、邵，务穷造化"，遂致易学"不切于民用"；而启端于王弼的"尽黜象数，说以老庄"，"一变而胡瑗、程子，始阐明儒理，再变而李光、杨万里，又参证史事，《易》遂日启其论端"。由此形成互相攻驳的"两派六宗"；并指出"天文、地理、乐律、兵法、韵学、算术以逮方外之炉火"皆"援《易》以为说"以及"好异者又援以入《易》"，导致"《易》说愈繁"，从而为我们梳理了易学发展的大致历程。最后，作者以"六十四卦大象皆有'君子以'字"以回应开头"《易》之为书，推天道以明人事者也"的本质。

可见，序言从历时性的角度分析总体文献发展流变之大势，并进一步分析文献背后的学术变迁以及政治和人伦的演进，其核心内容有三：一是对文献总体流变的写实性描述；二是对文献背后学术流变的揭示；三是对文献、学术背后文运兴衰的价值性揭示。其中，文献发展流变、学术发展流变和文运兴衰三者共沉浮，本质上是要用历史的眼光看待文献、学术和文运，以期发现制约人类文明进程的普遍规律。由此，目录成为一种文化态度，它是对社会历史文化的一种象征性理解，文化秩序是奠定在历史观与史学解释上的。

2. 序言在对历史"源流"的梳理中，表达着对文献、学术、文运之好坏、善恶的二元判分

一般地，"源"阶段是好或善的，而在"流"阶段是坏或恶的，但关于"源流"判分的节点则有不同的认识。总体上，《汉志》之崇古，主要是崇尚三代，即以"三代"为源，代表了正面价值。这也是聚焦于《汉志》的章学诚《校雠通义》"辨章学术考镜源流"之"源"的确切所指。例如，《汉志·数术略序》即暗含对源头意义上"明堂羲和史卜之职"的充分肯定以及对"史官之废久矣，其书既不能具，虽有其书而无其人"之流别意义上的不满。又如，《汉志·诸子略·阴阳家序》云："阴阳家者流，盖出于羲和之官，敬顺昊天，历象日月星辰，敬授民时，此其所长也。及拘者为之，则牵于禁忌，泥于小数，舍人事而任鬼神。"源头意义上"盖出于羲和之官"的阴阳家，因"敬顺昊天，历象日月星辰，敬授民时"而尽显优长，而流别意义上的"及拘者为之"则不复"盖出于羲和之官"的原初法度了。这种推本溯源或正本清源的工作，是古人崇古思想在目录学上的反映。

但后世目录虽承绪"源流"二分话语,但并不以三代为节点。例如,《四库总目·经部大序》分别用"拘""杂""悍""党""肆""琐"归纳经学在不同历史时期的流弊,然后概言"要其归宿,则不过汉学、宋学两家互为胜负。夫汉学具有根柢,讲学者以浅陋轻之,不足服汉儒也;宋学具有精微,读书者以空疏薄之,亦不足服宋儒也。消融门户之见而各取所长,则私心袪而公理出",即旨在伸张一种和会汉宋的学风。

3. 序言除了学术考辨功能之外,还具有检索、组织文献和申明大道的功能,由此也实现了由文献之序到伦理之序的学术认同

《隋志·经部序言》"班固列六艺为九种,或以纬书解经,合为十种",即交代了经部文献的收录范围(除了《汉志·六艺略》九种之外,另加纬书)。又如,《四库总目·政书类序》云:"志艺文者有故事一类。其间祖宗创法,奕叶慎守,是为一朝之故事;后鉴前师,与时损益者,是为前代之故事。史家著录,大抵前代事也。《隋志》载《汉武故事》,滥及稗官。《唐志》载《魏文贞故事》,横牵家传。循名误列,义例殊乖。今总核遗文,惟以国政朝章六官所职者,入于斯类,以符周官故府之遗。至仪注条格,旧皆别出;然均为成宪,义可同归。惟我皇上制作日新,垂谟册府,业已恭登新笈,未可仍袭旧名。考钱溥《秘阁书目》有《政书》一类,谨据以标目,见综括古今之意焉。"这里,作者对政书类目的设计与具体文献的分类给出了说明:"政书"类目源自《新唐书》"故事",但多收藏前代之事,《四库总目》则并收清代典章制度之书,所谓"我皇上制作日新,垂谟册府,业已恭登新笈",从而辅助类目以组织文献,也部分地发挥了检索的作用。

4. 中国古代目录中的序言和著录、提要、分类等其他形式要素相互配合、彼此补足,因而并不能对序言作独立的"提纯"研究

序言之外的著录、提要、分类等其他目录因素也具有考辨学术的功能。例如,《汉书·东方朔传》曰:"凡刘向所录朔书具是矣。世所传他事皆非也。"班固主要根据刘歆《七略》的著录判断东方朔作品的真伪。同样,《四库总目》洋洋200卷的提要也是考辨学术的利器。郑樵则提出了分类在别白学术和揭示源流中的重要地位,其《艺文略》虽删削叙录与小序,但通过12大类、82小类、442种的严整体系,达到了"类例既分,学术自明"的目标,从而也在一定程度上补偿了叙录和序言的缺失。

因此,类似余嘉锡"小序之体,所以辨章学术得失也"❶,即认为目录学学术考辨功能主要是通过序言而实现的认识是有失偏颇的。并且,余先生这里所说的"小序"实际上是包括大序和小序的类序的总称,后人不明斯意,致有类似周少川《古籍目录学》的下述误读:"小序的作用是为了'辨章学术,考镜源流',它对各类书籍的学术渊源、流派、演变、流传和得失特点加以论述。我们讲古籍目录中'序'的内容结构,主要是讲小序,它是古籍目录中特别重要的内容,也是一部目录书中最难撰写的部分。"同理,因七部正史目录皆有序言而无提要,那种认为"主张辨章学术剖析源流者,则史家之目录是也""所谓辨章学术,考镜源流者,本史家志艺文之天职。溺其职者,则非良史"❷;《班志》的一派,着重在'辨章学术,考镜源流'"❸等观点也是值得商榷的。这不是说,史志目录没有考辨学术的职能,而是说考辨学术是中国古代几乎所有目录的特征,甚至"甲乙簿录"也能通过"部次条别"的类例功夫而部分地实现考辨学术的功能。

❶ 余嘉锡.目录学发微[M].成都:巴蜀书社,1991:55.

❷ 汪辟疆.目录学研究[M].上海:华东师范大学出版社,2000:64.

❸ 姚名达.目录学[M].上海:商务印书馆,1938:123.

第五章　中国古代目录学的
本质及其现代价值

中国古代目录学以积极的姿态界定文献的内涵,从而干预文献的现实存在,并努力影响读者对文献的接受和认识。它首先起步于将文献与作者主体及其时代背景联系起来,从而从价值论的高度定位文献的本质。其次,从价值论高度规划文献单元之间的关系,并在文献总体系的意义关联上进一步确证"文献们"的价值论内涵,最终建构一幅天人合一、社会和谐有序的文明图式。这一活跃在精神层面的目录学"大智慧",对技术上"小聪明"的现代目录学启迪良多。

一、中国古代目录学的本质

和现代目录学一样,中国古代目录学也要在对文献单元描述和标引的基础上进一步揭示文献单元之间的关系。但在对"文献是什么"这一具有前提性问题的认识上,中国先贤的思路与西方中心的现代目录学认知大异其趣。中国先贤把文献视为价值论存在而不是知识论存在,因而格外重视和强调文献与"人"的关系。这里的"人"包括三重内涵:一是在源头层面上强调文献与作者的合一;二是在传递层面上强调目录学家或书目编制者对现实文献的主体干预从而充分突显文献的价值内涵;三是在读者层面上强调"以意逆志"从而捕获文献的价值内涵并与作者完成交际。

总之,无论是文献生产意义上的作者,文献标引与组织意义的书目主体,抑或文献检索和利用意义上的读者,他们与文献的关系都不是西方主客二分思维下的主体人与客体文献之间的关系,而是主体与主体之间的关系,体现为拉康·雅克(Lacan,Jacaueo,1901—1981)所谓的"主体间性"(inter-subjectivity)。这与现代目录学将文献的本质定位为客观知识、书目主体科学地从事文献的标引和组织以及读者理性地检索和利用文献所记录的客观知识的整套认识和操作迥然而别。

(一)文献的主体性及其读者主体的介入

中国古代文献是作者主体心性与志业的显现,而不是记录客观知识的载体。因此,文献并不是已然存在的独立的客体对象,而是价值论存在,具有明显的主体性特征。所谓读书,表面上是以"书"为对象,实质上是以作者为对象的,读书即是"读作者"。明儒胡广(1370—1418)《性理大全·读书法》强调,"开卷伏读,必起恭敬如对圣贤,掩卷沈思,必根义理以闲邪僻""读《论语》如对孔门圣贤,读《孟子》如对孟子,读《杜诗》《苏文》则又凝神静虑,如目击二公。如此用心,虽生千载之下,可以见千载人矣"。

相应地,读者要"用心"与古人"神交",即用"主体之'心'与作为另一个主体的作者之'心'进行'心与心'的交流,斯为读书的根本大法"❶。《性理大全·读书法》曰:"观书必总其言,而求作者之意……至于读书则平心定气,端庄严肃,须以吾心默观圣贤之语,常使圣贤之意自入于吾心,如以镜照物,妍丑自见,镜何心哉。今人所以不善读书,非是圣贤之意难明,乃是吾心纷扰,反以汨乱圣贤之意。读书只是沈静精密,则自然见得分明。"又曰:"读书者,当观圣人所以作经之意,与圣人所以为圣人,而吾之所以未至者。求圣人之心,而吾之所以未得焉者,昼诵而味之,中夜而思之,平其心,易其气,阙其疑,其必有见矣。"读书并不是面对客观、冰冷的物理文本,读者应从自我主体心性的角度积极回应作为另一个主体的作者的主体心性。只有读者主体结合自我生存境遇的用"心"参悟,才能完成与作者的"交际",阅读的过程不再是"我个人的世界,而是从一开始就是一个主体际世界,是一个我与我同

---

❶ 傅荣贤.作者主体的信息化存在:对中国古代"文献"的另类解读[J].大学图书馆学报,2011(2).

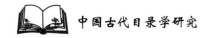

伴共享的世界"❶。

"用心"参悟,古人总结为"以意逆志"。《孟子·万章下》云:"故说《诗》者,不以文害辞,不以辞害志。以意逆志,是为得之。"面对《诗经》文本,读者不能迷失于其艺术表现或仅仅抓住文字符号的表层意思,而应该充分发挥读者主体自我的审美能力和心理要素(意)去揣摩、体验(逆)作者的原创意图(志),把文本化了的作者心灵还原回去,从而把握作者的创作意图,理解作品的深层思想意义。

明儒薛瑄《读书录》的《体认》篇指出:"读书之久,见得书上之理与自家身上之理一一契合,方始有得处。读书体贴到自己身心上,方有味。"《论学》篇曰:"读圣贤书,于凡切要之言,皆体贴到自己身心上,必欲实得而力践之,乃有益。不然,书自书,我自我,虽尽读圣贤书,终无益也。读书不于身心有得,懵然而已。"又曰:"圣贤之书,神而明之,在乎人。不然,书特尘编耳。书能神而明之,则活泼泼地。圣贤之书,所载皆天地古今万事万物之理,能因书以知理,则理有实用,不然书自书,理自理,何以有实用哉。"薛瑄重点强调,"用心"是读者与作者完成交际从而把握并践行文献价值论内涵的根本。《论学》篇又曰:"为学第一工夫,立心为本,心存则读书穷理,躬行践履,皆自此进。孟子曰:'学问之道无他,求其放心而已。'程子曰:'圣贤千言万语,只是欲人将已放之心收之。'"用心既是获得文献价值内涵的主要路径,更是践行价值内涵的不二法门。离开了读者的"用心"接受或回应,文献就失去了意义,其"修己""经世"的价值就无从兑现。

然而,强调读者的主体地位,必然导致因个人境遇、识见或需要而导致对文本理解的歧义,甚至异化为由单数"我"说了算的个体任意性。例如,《汉志·总序》开篇曰:"昔仲尼没而微言绝,七十子丧而大义乖。故《春秋》分为五,《诗》分为四,《易》有数家之传。战国从衡,真伪分争,诸子之言纷然殽乱。"面对同一《春秋》文本而有五家歧说,面对同一《诗经》文本而有四家异见,等等。而文献又是直接关乎人伦教化与社会和谐有序的精神产品,这就需要书目主体树立"澄清天下之志",肩负起统一文本思想的重任。目录学家

❶ 阿尔弗雷德·许茨.社会实在问题[M].霍桂桓,译.北京:华夏出版社,2001:409.

必须通过主体干预界定文献的"确切"内涵,书目不再是"客观地"组织与整理"客观的"文献,而是要基于社稷实用主义,关注书目对社会的现实效果和教化功能,从而影响读者对文献的接受和认知。

(二)古代目录对文献本质的定位及其对读者文献认知的规范

古代文献的价值论特征,预设了书目主体作为特定的"读者"介入客体文献的必要性及其现实可能性。书目主体借助于著录、提要、分类和序言等形式,在"准确"定位文献内涵的基础上,标引和组织文献,从而引领广泛的社会读者群"准确地"认读文献,实现文献"修己""经世"的价值目标。由此,目录学不只是条理文献的工具性技艺,也是一种积极参与净化世道人心和建构社会和谐的学术行为。

1. 书目对文献的定位

古代目录在"人"的高度定位文献,因而特别重视对作者生平事迹的交代。例如,中国古代以"知人论世"为主要特征的提要,本质上即在于强调文化回归主体尺度的必要性及其可能向度。所以,只有了解作者其人及其文本创作所处的特定历史环境,才能把握文献的内涵。如刘向《雅琴赵氏叙录》云:"赵氏者,勃海人赵定也。宣帝时元康、神爵间,丞相奏能鼓琴者。勃海赵定、梁国龙德皆召入,见温室,使鼓琴,待诏。定为人尚清静,少言语,善鼓琴;时燕闲为散操,多为之涕泣者。"这里,对作者赵定"尚清静,少言语"的人品肯认,是有助于对《雅琴赵氏》之滋味品评的。又如,《四库总目·常建诗》提要不是客观地分析诗人常建[唐开元十五年(727)进士]诗歌的内容,而是强调其"名位不倡",所作57首诗"与王(昌龄)、孟(浩然)抗行",最后以"盖恬淡寡营、泊然声利之外者,宜所造独深矣"的主观认识作结,从而也伸张了一种淡泊名利的品行。

在知人论世的基础上,古代目录进一步区别文献的知识和价值,并突显价值内涵的重要性。古代目录虽不乏对文献知识的揭橥,但主要是强调文献的价值内涵。乾隆皇帝《办理四库全书圣谕》所谓"读书固在得其要领,而多识前言往行以畜其德",即强调对作者"前言往行"知识论的把握,必须转化为对提升个体道德境界("畜德")的兑现。

再拿分类来说,古代目录中的每一"类"文献并不追求文献形式、主题概念或学科专业等客观维度上的逻辑同一,而是追求文献内涵在修己和经世之价值功能上的一致。所以,表征类别范畴的类名,其意义既有字面上的内涵,也有使用语境所赋予的内涵。字面内涵是可以作逻辑定义的因而也是确定的,但语境是变化的,语境不同必须导致类名意义的不确定。相应地,类名不仅有对错问题,还有好坏或善恶问题。因此,类名既是客观的,又是主观的,它没有绝对固定的确切义指,也不存在必定和当然的语法规则。中国古代的"类"属于表义功能类,它根据修己和经世之功能价值的大小为首要依据组织和排序文献:功能大者排在前面,功能近同者在分类结构中的位置趋于靠近,也就是"以得道之偏全,定部类之先后"❶,本质上意味着对文献的价值论认可。例如,古代四分法尊经、重史、轻子、鄙集的类别设定,其价值论用意是十分明显的。同样,《四库总目·职官类序》曰:"(职官)厘为官制、官箴二子目,亦足以稽考掌故,激劝官方。"对职官类文献的认识和区分,不是要获得有关职官的知识,而是要达到"激劝官方"的现实目的。

而文献的价值内涵大致可以区分为好坏两个维度。因此,古代书目的重要志趣,即在于《四库总目·凡例》所谓"旌别兼施""衮钺斯昭",著录、提要、分类、序言等书目要素无不留意于此。如《汉志·六艺略·诗序》曰:"孔子纯取周诗,上采殷,下取鲁,凡三百五篇,遭秦而全者,以其讽诵,不独在竹帛故也。汉兴,鲁申公为《诗》训故,而齐辕固、燕韩生皆为之传。或取《春秋》,采杂说,咸非其本义。与不得已,鲁最为近之。"这是从二分的角度指陈当下诗说"咸非其本义",并致力于对仲尼诗说原旨的追问与回归。又如,薛瑄《读书录·论学》曰:"凡不正之书皆不可读。自有文籍以来,汗牛充栋之书日益多,要当择其是而去其非可也。郑声乱雅乐,杂书乱圣经。"文献内容的选择直接攸关政治成败。因此,在著录范围上,《隋志》"其旧录所取,文义浅俗,无益教益者,并删去之";《四库总目·凡例》则云:"辨厥妍媸,严为去取。"都强调对文献价

❶ 刘国钧.四库分类法之研究[J].图书馆学季刊,1926(9).

值的二元区分，从而直接限定读者的文献获得，使读者"读好书""做好人"。又如，《四库总目·四书类》案语曰："今所采录，惟取先儒发明经义之言，其为揣摩举业而作者则概从删汰。惟胡广《大全》既为前代之功令，又为经义明晦、学术升降之大关，亦特存之，以著明二百余年士习文风之所以弊。盖示戒，非示法也。"

古代目录还通过评点人物的方式，净化社会风气，这种点评，也是基于对文献价值内涵的好坏二分。如《四库总目·凡例》曰："至诗社之标榜声名，地志之矜夸人物，浮辞涂饰，不尽可凭，亦并详为考订，务核其真。庶几公道大彰，俾尚论者知所劝戒。"《凡例》又曰："人品学术之醇疵，国纪朝章之法戒，亦未尝不各昭彰瘅，用著劝惩。"

综上，中国古代的文献既有知识论内涵又有价值论内涵，读者不应"昧于器而不知道"，仅仅停留在对知识内涵的把握上；价值论内涵又有好坏二元分殊，读者不应薰莸同器、良莠无别，而应该弃恶扬善，汲取书中价值论内涵的"正能量"。而古代书目中的著录、分类、序言、提要乃至小注、案语等技术性软件，无不致力于对文献价值内涵醇驳得失的评骘，从而规范读者对文献的接受和认识，由此形成一种典型的主体干预，目录工作不再是"客观"行为。目录学也不满足于"为目录学而目录学"、只只局限于对操作技术的精进，而是要将技术"进之于道"，从而提升目录学的文化品位和人伦内涵，这是仅仅着眼于理性技术的现代目录学所无可比拟的。

2. 书目对读者文献接受和理解的规范

读者并非直接面对文献，而必须通过目录这一中介。唐代目录学家毋煚《古今书录·序》曰："苟不剖判条源，甄明科部，则先贤遗事，有卒代而不闻，大国经书，遂终年而空泯。使学者孤舟泳海，弱羽凭天，衔石填溟，倚杖追日，莫闻名目，岂详家代？"集中反映了目录在文献的检索和利用中的重要作用。

而目录是经过书目主体刻意设计的目录。书目主体在文献标引和组织中渗入了主观因素，努力呈现出人道指向；读者经由目录获得文献的过程也要诉诸主观，从主体情感与传统文化思维特征出发检索和利用文献。换言之，读者的解码（解境）必须紧扣馆员的编码（造境）思路。如果说，现代目录学的核心问题是如何"客观地"标引和组织"记录客观知识的"文献,从而使读者"客观地"检索和利用"客观的"文献知识内容;中国古代目录学的核心问题则是,书目主体如何以主体干预的方式强调文献的价值内涵从而让读者在文献接受和认读中提升个体道德并最终达到"天下归仁"的理想境界。

这样,文献不仅意味着作者主体的心性存在,读者需要"用心"与文献背后的作者实现心与心的"交流";还意味着文献经过书目的定位而叠加了一个书目主体,读者还需要与书目主体形成交互关系。而书目主体的目录工作旨在突显文献修己与经世的价值,并在文献总体系的高度反思大道、天理和人的生命存在。这一编码(造境)指向,要求读者也必须从人伦彝常和政治教化的高度接受文献、审视文献,并在这种接受和审视中提升个体道德境界,成为道德高尚的人,并拓展为"天下归仁"的社会和谐理想的实现。

古代目录是一种主体干预式的、对读者的文献接受和理解施以影响的整序方式。例如,郑振铎《研究中国文学的新途径》一文即曾指出,《四库总目》把《西游记》与《搜神记》放在一起,把《红楼梦》与《枫桥杂记》放在一起,把弹词附于小学类等"不清楚的分类""颇足以迷乱了后来者的心目"[1]。目录是一个书目主体将个体道德与社会和谐有序的理想,通过目录施之于读者的过程。因此,书目主体只有作为道德主体才能胜任形而下的具体目录工作。《礼记·中庸》曰:"唯天下之至诚,为能尽其性。能尽其性,则能尽人之性。能尽人之性,则能尽物之性。能尽物之性,则可以赞天地之化育。可以赞天地之化育,则可以与天地参矣。"起步于个体身心和谐的道德养成,不仅具有"成人"、实现人际和谐的目的,还可以"与天地参""赞天地之化育",精进为社会和谐有序。因此,古代书目主体可视为以"仁"为指向的君子,君子也是全部文献活动(包括文献的生产、组织和利用)的人格担当者。这里,"彻底的经验主义导致了彻底的人本精神,本质上反映了古代目录的文献组织模式与汉民族文化心理结构的深层通约和兼容"[2]。

中国传统文化始终以人为本位,"万物皆备于我"。同样,古代目录也以主体人为本位,把人类精神视为目录工作的出发点和归宿点,目录具有

---

[1] 全根先.中国近代目录学家传略[M].北京:国家图书馆出版社,2011:263.

[2] 傅荣贤.中国古代图书分类学研究[M].台北:学生书局,1999:131.

了"大弘文教"和"为治之具"的指向。读者涵泳于馆员精心设计的目录之中,在检索和利用文献的同时,不能不受目录的影响,从而不负馆员对目录"用心良苦"的设计。由此,透过人生看文献,借助文献谈世道,在对文献的理解中表达对自然、社会和他人的理解;在对社会和他人的理解中,关照生命的存在价值、思考人的生活意义,最终形成对文献和对世界反向可逆的双重理解,达到"天下有道"的理想境界。因此,古代书目因关乎文献的标引和组织而具有现实操作性;因关乎人道理想而呈现出高妙的境界,目录工作既是文献的又是人生的,既是现实的又是理想的。与只仅聚焦于现实文献的现代目录学相比,古代目录学无疑多了一层人生理想和社会境界的追求。

综上,古代目录从价值内涵的角度定位文献,表明文献的概念及其可能条件不在于纯粹形式或逻辑系统,而是一个与人相关的范畴,因而是被主体人不断地解释与构造的对象。相应地,文献背后的记录内容也不是从理智或认识论的角度打量的对象。

二、中国古代目录学的现代价值

古代目录采用明确的导向性话语,将标引和组织的"整个文献交往过程与现实的人伦理想和政治教化功用完美地结合起来。它不是从原子分析主义的观点出发追求某种可验证的文献编码与解码效果,也缺乏形式或性质上的真值性"。古代目录以"善"为取向——书目主体对读者以及对人生处世的诚意,上升为伦理规范,"是一种文化精神极其充沛、人生境界极其高尚的学术标准与追求"❶。所谓合格的书目主体,并不只是熟悉分类编目等具体业务的技术人员,目录也不局限于仅仅传递文献、提供知识服务,而是致力于某种价值层面上的突破与超越,并成为一种崇尚礼乐教化的文化活动。就此而言,其现代价值集中体现在以下几个方面。

---

❶ 傅荣贤.中国古代图书馆学思想的理想追求[J].山东图书馆学刊,2013(4).

（一）反思文献的知识论定位

西方"科学"是一种原子论,只要认识了构成事物的基本单元,就彻底认识了事物。同样,现代目录学也把文献当作物理性的存在,重视对文献对象的分析与解剖以及对文献客观属性的抽取,由此导致文献丰富内涵的丧失。这集中反映在"文献是记录有知识的一切载体"的现代定义之中。

既然文献只记录了客观性的知识,读者只是接受客观知识的"容器",读书的目的遂被限定在"求知"的唯一向度之上。"知识就是力量"的"培根设计"直接强调知识的工具理性价值,而知识经济时代"知识就是金钱"的理念则强化了知识的功利取向。于是,求知就是求力量和求金钱,其心理动因自觉地服务于经济利益。读书与人们的文化修养、生命体验和个人成长失去了联系,成为与提升个人品德无关的追求。"就是力量"甚至"就是金钱"的知识被强调到了远远超出知识本身的地位,有知识的人完全可以没有德性,而这已经不幸成为当今社会不争的现实❶。

然而,文献作为人的精神产品,既包括客观知识,又关乎人的道德情操、理想信念和价值取向,这是由人的精神广泛涉及理智、情感、道德、信念的本质决定的。读书固然需要求知,但也要获得"畜德"的个体精神境界的提升,从而从掌握知识的"片面人"发展为接受文化的"全面人"。正如英国教育家怀特海(Alfred North Whitehead,1861—1947)指出:"我们要造就的是既有文化又掌握专门知识的人才。专业知识为他们奠定起步的基础,而文化则像哲学和艺术一样将他们引向深奥高远之境。"❷读书的目标应该着眼于"全面人"的塑造。《论语·为政》说"君子不器",《庄子·山木》强调"物物而不物于物",像器物一样提供工具理性的专门用途是和人的全面发展相违背的,因而不是"君子"之所为。"君子"取向的人格追求"使人作为人能够成为人,即成为人本身而不是成为'某种人'"❸。作为全面人,既要有知识取向的"真"的目标,也

❶ 傅荣贤,马海群.从文献的本质看图书馆的使命和图书馆学的学科取向[J].情报资料工作,2011(6).

❷ 怀特海.教育的目的[M].徐汝舟,译.北京:三联书店,2002:1.

❸ 安希孟.智识与知识[J].现代哲学,1999(3).

要有文化取向的"善"和"美"的目标,既要着眼于智力开发也要致力于人格的全面培养。学科专业意义上的客观知识只能使人成为"某种人",并丧失了"全面人"的素质、教养和境界,从而形成《老子》第四十八章所谓"为学日益,为道日损"的目的与手段之间的"吊诡"(paradox)。

中国古代目录学"不仅要揭示文献所记录的形而下层面的实证知识,还要揭示形而上层面的理想、信念、精神境界、价值观和人生观等内涵,从而真正全方位地提高读者素质"❶,正是在怀特海所谓广义教育的层面上运思的。古代文献既被预设为价值论存在,也肯定读者具有对文献潜在意义的追求,读者利用目录检索文献不仅为了求知,更要学会做人。而目录学则致力于在价值与意义的高度沟通文献与读者,有助于纠偏知识论至上主义。

(二)反思目录的客观化追求

知识既然具有客观性、真理性和必然性,记录知识的现代文献也必然具有相应性的特征。因此,现代目录对文献的标引和组织也必须恪守客观原则。这就将主体与客体对立了起来,既压制了人的主观能动性,也将书目技术异化为本体,文献及其文化被置于追逐技术发展的必然性要求之下。

首先,书目必须撇开个人的价值前见,仅仅对文献的物理特征、学科分类和主题概念的逻辑类项等"客观"属性的刺激做出反应。它强调彻底的可计算性方法并追求统一的物质基础。例如,"客观性"要求同一文献在某个分类体系(如《中图法》)中只能有同一个类号,一千个编目员对同一文献的标引也应该是相同的。编目者作为"理性主体",只是熟谙著录、分类等具体业务的专业人员,他们仿佛是在毫不掺杂个性情感的条件下,"纯洁地"从事着目录工作。熟悉这些具体业务和操作技术,既是编目者职业身份的标签,也是充任编目员的唯一条件。这样,目录工作只是一个机械化和格式化的过程,既没有生气和乐趣,也缺乏对主体能动性和创造性的激发,更没有对作为心性存在的人的自我改造和自我完善,好似马克斯·韦伯(Max Weber,1864—1920)所说的"专家没有灵魂"。它与人的理想、信念、体验等内心世界无关,

---

❶ 傅荣贤.中国古代图书馆学思想的理想追求[J].山东图书馆学刊,2013(4).

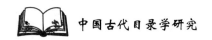

从而彻底遮蔽了人的主体性存在。

尽管,已然存在的文献是书目主体的对象,它们"不以人的意志为转移",但这并不意味着主体必须完全接受对象之物的控制和摆布。例如,西汉刘向根据自己的思想、认识和体验,在为当时"中秘"所藏603种文献建构秩序的基础上,实现了以"仲尼法度"为旨归的文化秩序的构建,目录因而成为一个有精神负载和理想诉求的价值选择行为,突显了刘向作为书目主体的能动性。显见,主体人根据自我能动性的不同,完全可以设计出不同指向的目录。它深刻地揭示,目录工作是鲜活的人面对鲜活的文献,馆员应涵泳于人类文化,并根据自己的主体精神和可能境界,超越"客观性"的本能局限,为人类文化的表述、组织和认识提供多种模式,由此,目录也进入了无限扩展的精神领域❶。

其次,基于"文献是记录有知识的一切载体"的预设,现代目录学努力从"极其理性"的角度充当从文献到读者的传递者的角色,追求像投影仪那样将图片信息准确、客观地投射给对象,投影仪本身"默默无闻",不表达任何见解。这一书目原则跟西方形式逻辑传统有关,不仅对文献的描写和认识是逻辑的,对书目结构的分析也是理智的。所以,现代目录选择文献的形式因素(诸如书名、著者的姓氏笔画)以及学科属性和主题概念的逻辑类项等客观特征,"公正地"标引和组织文献,目录工作的所有环节和方面都排除了个人情感好恶的"玷污",完全以自明的客观存在而进入人们的视野。它追求对文献流的征服和随心所欲地控制,本质上是征服性、扩张性的思维,是典型的对实有的形式化说解。

诚然,"目录工作的实践依赖性决定了目录必须具有一定程度的可计量性,目录学必需生成指导具体编目实践的工具技术。但所有的工具都是由人生产的也是为人服务的,因而它们都具有人性或文化规定性。我们在使用技术时,必须仔细考察技术的目的性,考察人对技术的文化态度"❷。从书目主体的文献编码到读者的文献解码是一个复杂的互动过程,它是在特定的语境

---

❶ 傅荣贤,马海群.从文献的本质看图书馆的使命和图书馆学的学科取向[J].情报资料工作,2011(6).

❷ 同①.

中完成交际的。书目必须根据读者的知识状况和当时的社会语境条件进行编码,读者也要根据书目的知识状况和当时的社会语境条件进行解码,个体的人(书目主体和读者)及其生存语境乃是生成目录的前提条件。因此,目录不是一个静止的概念,而只能是一个互动和交往的范畴。这也是为什么,即使在理性原则大行其道的今天,如何突破语法化的文献标引和组织,仍是从业者无可回避的课题。正如马费成指出:"知识信息的计量必须从语法层次向语义和语用层次发展。"❶中国古代书目的文献标引和组织重视综合直观,甚至主张玄览、顿悟,从而透过书目的表层,考察形式所蕴藏的普遍意义,最终形成了一种基于世道的目录学审视以及基于目录学的人生反思。意味着人类不可能像自然科学那样排除现实的经验,把文献和书目的世界作为一个与己无关的自在对象。由此形成的书目也超越了繁琐的语法形态,实现了对文献标引与组织的语义化和语用化,对语法化的现代目录学不无启迪。

(三)反思作为唯一认知方式的理性原则

古代文献固然是知识论意义上的"器",但更是价值论意义上的"道"。同样,古代书目既是"器"——文献秩序体系,又"道寓于器",成为人伦秩序体系。伸张政治教化与人伦彝常,既是一本本文献得以标引和组织的精神纲领,也是具体文献标引和组织从而造就目录系统的必然旨归。张娟芳认为,"道"本身即有社会与自然之"秩序"的含义,而"秩序"在中西文化中的义指又不尽相同。西方文化中的"秩序"有"结构"之意,是可以用逻辑分析透彻的,而中国文化中的"秩序"则不可以用逻辑分析说清楚。尽管它亦是由各种独立部分与各种关系组成,但将各部分整合到一起的那个东西却是难以捉摸、难以名状的❷。

相应地,作为文献秩序体系的书目,在现代西方主要体现为可作逻辑分析的结构;而在古代中国则体现为"道"意义上的社会人伦内涵。因此,古代书目在文献秩序体系的表层结构之外,还具有文化秩序、社会秩序、人道秩序

---

❶ 马费成.在数字环境下实现知识的组织和提供[J].郑州大学学报(哲学社会科学版),2005(1).

❷ 张娟芳.《老子》的神秘主义思想——史华慈的《老子》思想研究[J].哲学研究,2006(10).

的底蕴。书目体系表达着文化的总体特征,并最终回答了文化的本原、演进、结构、规律以及人与文化的关系等方面的问题。例如,《隋志》着重说明图书的兴衰与学术的关系,最终目的是要"经天地,纬阴阳,正纪纲,弘道德";而由《夹漈遗稿·寄方礼部书》可知,《通志·艺文略》体现了作者郑樵"会通"的史学哲学思想,最终目的是要会通天地人三才之道,实现"寻纪法制""可为后代有国家者之纪纲规模"的理想。章学诚《文史通义·答客问上》认为,目录旨在"纲纪天人,推明大道,所以通古今之变而成一家之言者"。

现代目录学作为一种学科化、逻辑化的客观体系,其基本观念是建立在一系列"排斥"的基础上的,这些排斥假定了与道德操守、审美价值相脱离的真理观。而古代目录学强调主体介入,意味着书目体系并没有建立在可视化的文献物理形态和知识逻辑之上,它既是对纯粹知性认识的批判,也是对客体化的标引与组织的反思。中国古人相信,人是宇宙间唯一有价值的主体,而每一本文献背后又都站着一个或多个作者,因而是修己与经世意义上的价值论存在。世界上并不存在与善、美和神圣相分离的纯粹的知识,对文献的识读与整理必须充分调动诸如信仰、感情、价值观等内在主体因素。相应地,整序文献的过程不是主体人对客体文献的控制,而是不同主体(作者、编目者或读者)之间的相互理解和彼此交流与认同。

总之,古代书目和整个社会的伦理道德融为一体,从道德理想出发,规划文献(进而规划文化)世界的可能图式,反映了汉民族意识中的实用理性精神,也代表了人类有史以来最美好的理想。目录广泛涉及整体性文化现象之本质和一般规律的功能方法,具有系统思维的典型特点。系统思维作为古代目录学的灵魂,既使目录本身走向成熟,也为其他学科提供了一种思维手段;同时,也维持了文化系统的整合,保持了信仰与价值观的稳定,具有一种深层的哲学本体论意识。而中国两千年目录学历史的存在,表明建立在可视化的物理形态和形式逻辑基础上的"科学"并不是认识和组织文献的唯一方式。那些被我们视为必定和当然的目录技术,在发展取向上可以存在根本性的其他选择,目录完全有可能根据馆员主体的不同定位,而导致大异其趣的设计。

（四）反思西方一元论中心的世界文化取向

人是以对文献形式和意义的分析为中心而理解和阐释文化的。而人对文献的理解，又是通过书目进行的，只有书目才能使人在纷繁芜杂的文献总体和文化现象中清理出秩序。因此，书目在很大程度上提高了我们记忆力的清晰度，掌握了书目也就了解了一种文化秩序。书目对人的认识不仅有一种启示和规范作用，还制约了我们的想象力和理解方式。简言之，书目所包含的文化信息和意义密码，又反过来为民族文化心理的阐释提供了系统性的依据。因此，目录学不仅要生成工具性和功利性的操作技术，还要致力于提升操作工具本身的文化品位和精神境界。由此，目录和目录学也成为改造文化的参与者。但是，书目在"怎么整理"的问题上，涉及"知识如何存在"的存在论问题以及"知识如何被认识"的认识论问题。因此，目录本身虽然并不能改变文献的实然存在，但却能够导致对文献所记录的知识本质的倾向性认识，从而能动地表达书目主体的自我理解。

总体上，以《中图法》为代表的现代分类，秉承了DDC的原则，一方面，将古今中外的所有曾有、现有乃至未来可能出现的文献都纳入到了一个总体体系之中。这是一种从总体高度俯视"天下"知识的分类方法，即努力将全人类现有及未来可能出现的知识类型都通盘考虑在内，其中的主要知识节点都设为类目，并进一步追问各类目之间的层次和结构关系。然而，这个包罗中外、范围古今的体系是以学科化和逻辑化为建构依据的。刘国钧指出："近世学术，侧重专门，故西方之图书分类亦主精详。中土学风，素尊赅博。故图书类部，常厌繁琐。窥测将来之学术界，则分工研究，殆为不二之途。"❶这里，被刘国钧预测为"不二之途"的"分工研究"，其本质就是基于西方近现代科学理念的学术分科。

事实上，从1917年《仿杜威书目十类法》到今天的《中图法》，其类表建构、类目设计以及具体图书的分类，正是以学术分科为基本原则的。而当传统中学典籍"根据新法，混合中西"被纳入《仿杜威书目十类法》或《中图法》之后，学术分科原则便成为接受和理解传统中学和旧籍的主要视角，突显了书目之

❶ 刘国钧.刘国钧图书馆学论文选集[Z].北京:书目文献出版社,1983:55.

于学术理解的能动作用❶。例如,孙宝瑄(1874—1924)曰:"今于经,又别为二类:一曰哲学类,一曰史学类。《尚书》载言,《春秋》(三传附)载事,《周礼》载制度,《仪礼》载典礼,《毛诗》载乐章,皆史学也。《周易》发明阴阳消息,刚柔进退存亡原理,为哲学正宗。《论》《孟》《孝经》乃圣贤语录,其于人伦道德及治国平天下之术,三致意焉,故亦为哲学。《礼记》,丛书也,半哲半史,析而分之,各有附丽,若《大学》《中庸》《礼运》及《内则》《曲礼》等篇,皆哲学也;其他《王制》《玉藻》《丧大记》之类,乃史学中之一门,宜附于《周礼》《仪礼》。此外尚有《尔雅》一书,古训诂也,学者通是,乃可以读群经。顾其释语言,释名称,释规制、器物,皆三代以前者,考古家有所取资,当附于史学焉。"❷十进分类对传统学术的学科式"大起底"是全方位的。正如洪有丰(1892—1963)指出:"六经之根本要籍,既可以科学方法,分隶各类,其他更可依其性质而分,无独立一部之必要矣。"❸

显然,书目不是与人的主体相分离的文献体系或客观知识系统,而是一套价值系统和一个具有共同意义的概念框架,隐含着对世界的某种态度和关系,书目的差异不仅是文献标引与组织上的差异,也是价值与意义上的差异。这样,目录作为一套"额外的"系统就导致了与它所整序的文献原初语境的分离,并产生出一种超越我们通常所能解释的力量,创造了许多脱离书目就不能存在的东西。它既允许某些意义的放大,又刻意限制了另一部分意义的传播,从而最终改变着原初的文献和文化形态。而当西方式的书目取得了独步中西的地位,也就意味着作为西方近代科学产物的学科化原则,已经成为认识、理解和接受包括中国传统典籍在内的"天下"所有文献和文化的不二法则。然而,学科化是建立在主客二分的认识论基础之上的,主客二分既预设认识主体与认识对象的分离,也强调认识过程和认识结果与社会历史语境的殊途,从而保证知识的客观和有效,并最终生成了一种"以观念的分类逻辑

---

❶ 傅荣贤.近代书目分类对中国人的知识观念和知识结构的能动性建构[J]. 图书情报知识,2014(6).

❷ 孙宝瑄.忘山庐日记(下)[M].上海:上海古籍出版社,1983:1107.

❸ 昌彼得,潘美月.中国目录学[M].台北:文史哲出版社,1986:243-344.

为支撑的独立知识体系和思想独立的假象"❶。于是,人除了理性逻辑之外的其他精神内涵(诸如情感、心理、审美)以及社会历史语境皆在排斥之列,从而也完成了对"文"所载之"道"的祛魅(disenchantment)。这就导致了真理与德行、价值与事实、伦理与实际需要的二元分立,其结果则是意义的失落和价值观的混乱。

综上,目录首先是为完成或达到特定环境和条件下的特定交际目的,其一切考虑和策略都是围绕该目标而进行、而选择的。技术化的工具是自律的、非自然的、普遍化的和强制性的,它改变了文化的生产、流通和接受方式,也与文化本身固有的一系列特征相对立。因此,反省独步天下的现代书目,也成为反思西方文化一元论中心主义的必由路径。目录学应该突破基于文献知识说的真理和效用维度,实现从物化中心到人性中心,从认识论和方法论中心到本体论中心的根本性转变。目录学不仅要完善技术甚至直接成为技术研究,还要从人的目的、意义和价值的本体论高度掌控技术的根本取向。而中国古代目录学不仅以知识为对象,更关注文化的基本问题。后者要求目录学必需"以文化人",将涵养品性的目标和社会教化理想融入显性的知识传递过程之中,促进读者个体的全面发展与社会的和谐进步。相应地,目录学的使命应该定位在对文化和人的双重建构之上。它表明,中国古代目录学的能量并未耗尽,许多命题至今仍有活力,轻易地抛弃传统是不明智的。但这并不意味着,中国古代目录学是完美无缺或无懈可击的。

三、中国古代目录学的主要缺失及其中西目录学的有机融合

肯定中国古代目录学的积极意义,并不表明古代目录学业已成为文献标引与组织从而也是文献认知和文化理解的最高成就。总体上,正像古代目录学的优点来源于对文献的价值论定位一样,其主要不足也渊源于此。

---

❶ 吴兴明:"审美意识形态"与批判理论的学科化[J].四川大学学报(哲学社会科学版),2007(2).

（一）中国古代目录学的主要缺失

1. 重视文献的价值内涵，导致文献知识内涵的幽隐不彰

中国古代目录学视域下的文献是一种双重存在，既有自然物理意义上的客观内容，又有主体心性意义上的主观内容，但这种双重性主要指向后者。因此，文献主要是道德理性而不是自然理性，其哲学依据是中国古代的天人合一理念。所谓"天"，"诸家所论，均未超出哲学思辨范畴；至于结合实际，讨论真正自然之'天'（客体世界）与现实生理之'人'（主体世界），怎样相互作用，如何相生相养，诸家学说皆未涉及"❶。亦即，有关自然物理意义上的"天"及其与人之间的现实关系，并不是古人讨论的对象。因此，"中国古代贤哲大量对于自然界的敏锐观察和新颖见解，结果总是一致地导向对人心的启迪，落脚到告诉人们某种社会人生的哲理……儒家这种崇尚政治人伦之'道'、崇尚天地万物通'理'而轻贱具体科学知识和生产技艺的趋向，将千千万万儒门学者永远隔在了自然科学的门外"❷。"社会人生的哲理"作为"落脚"，是一个主体（主观）性的价值范畴，既不是可供分析的逻辑概念，也缺乏明晰性的话语体系，因而不能提供方法论意义。

显然，具有双重性特征的古代文献，未能厘清"思想和思想的对象"，既不能确立文献"客观"知识的合理性，也不能确立"主观"价值的可证性，因而无法指向明确的认知，也难以形成真实性的认识论诉求。就此而言，"为什么直到中世纪中国还比欧洲先进，后来却会让欧洲着了先鞭""近现代科学和科学产品只产生在欧洲"而没有产生于中国——这一"李约瑟难题"——某种意义上也是由中国古代目录学的人文取向参与生成的。

2. 目录学没有获得独立地位，目录学技术的发展也不充分

基于文献的人文定位，中国古代目录学主要是一种超越性的道德价值追求，甚至赋予其道德人格的地位，藉以强调人与文献以及人与目录之间的和谐关系。相应地，目录对文献和文化的反思也是一种价值视角的反思，主

---

❶ 谢承仁.中华传统思想文化渊源[M].北京:人民出版社,2004:118.

❷ 张岱年,方克立.中国文化概论[M].北京:北京师范大学出版社,1994:185.

要诉诸内在主体的精神超越而不是外在的客观规范,因而更多地对应着内在的和伦理的认知方向,形成了正当性和真诚性诉求,缺乏起码的真实性和客观性。这样,那个高高在上的"价值",便成为一个玄虚的概念,无法奠基于实证性的知识之上。中国古代文献观的核心是强调人与文献的合一关系,把主体人置于客体文献对象之中,直觉地而不是理性地把握对象。从哲学上说,是没有区别精神与物质。所以,中国古代书目的文献标引与组织几乎没有任何客观化、标准化可言。例如,分类不以任何形式逻辑意义上的主题概念的概括与划分或者综合与分析为坚强后盾,而只能向主体人的主体意识全面认同,表现出一种以事理逻辑(而不是形式逻辑)为依据、天人合一的全息性文化景观。表面上,古代书目强调"道器合一",既不可"舍器言道",亦不可"舍道言器",但道和器的相互转换在本质上是以器为前提、以道为归趣的,文献之"器"一旦进入了书目结构体系,其意义就获得散发,并凸现出"道"的隐含层面,导致中国古代目录的结构功能突出,相关的语法原则则告贫乏。

　　从现代"科学"角度看,中国古代目录学缺乏理论体系的完整性、逻辑分析的严密性、概念表达的清晰性,与其说是科学的,不如说是人文的。人文主义的书目不是形态的而是意义的,类名及其他书目范畴都与意义或价值有关,对它们的分析不能依靠单纯的形式规律来把握。它突出了人文精神而缺少科学精神,但也限制了形态主义的语法规则的生成。目录学的语法功能被一种更为重要、更具价值的社会文化功能所取代,确切地说,中国古代目录学只见功能,而没有结构。它的突出缺点是缺乏客观性,不能为每一本具体文献提供唯一性的检索点,而只能靠读者充分调动个人情感和认知"神而明之"地从事检索。所谓"明于道术精微""意在笔先""以意役法"等等,皆意味着逻辑是滞后于心理的。然而,面对日益复杂化的文献生态,尤其在当代信息化社会的特殊语境下,文献分工日趋复杂,借助于建立在理性基础上的文献标引和组织乃是十分必要的。

　　综上,单纯理智的西方文明及其规约下的现代目录学固然问题颇夥,但不可夸大理智的有限性,甚至否认存在的相对稳定性以及理性认识的确定可靠性。以理性和逻辑为基础的实证方法在认识对象和组织文献时仍具有合理性,否则,一切都将成为非决定性的、变动不拘的、不可比较和缺乏公度性的东西,人的认识也将成为一种无政府主义的嬉戏。正如汤一介指出:"古来圣贤的思想、理念并不能全然解决当今社会存在的所有问题,也并不能全都适应现代社会的要求,它只能给我们一些思考的路子,启发我们去用这些思想资源,在给以适应现代社会生活要求的新的诠释的基础上,才有可能为建设和谐的人类社会作出贡献。"❶因此,"我们既不能站在技术决定论和实证论的立场,只对技术给文化带来的变化表示欢迎,而对其工具理性问题及其负面影响视而不见;又不能站在狭隘的超越立场上,对技术带来的一切变化都持反对态度"❷。在这一意义上,中国古代目录学虽然具有若干值得借鉴的思想资源,但不能作为应对当今复杂文献生态的根本原则甚至指导思想。正像中西文明的互补因体现出人的理智因素与非理智因素的并重从而具有合理性一样,中西目录学的互补也是人类目录学的应然指向。

(二)中西目录学的有机融合

大致而言,人类迄今为止的目录学主要包括西方式的客观知识取向和中国式的主体人文取向两大类型。前者注重事实,旨在解决是与非,是实证的(positive)目录学;后者注重价值观念和道德,旨在回应应该或不应该,是规范的(normative)目录学。它们分别对应于人的理智与人的情感、价值和信念等非理智因素,说明书目工作的关键是主体人,人的理智与非理智因素在文献标引与组织工作中都有投射。就此而言,中西方两大不同类型的目录学的核心即在于对人性中理智与非理智因素的不同的倾向性偏颇。不同的偏颇意味着不同的选择,从而决定了目录学本体论的差异。由此形成目录学与它所从属于的文化背景之间的同质关系,从目录学的分歧可以观照双方文化精神的差异,反之亦然。目录学的所有问题都是关于人性的问题,但它不是广义的人性,而是在文献标引与组织中体现的人性。

---

❶ 汤一介.儒学的现代意义[N].光明日报,2006-12-14.
❷ 周宪.审美文化中的工具理性和表现理性[J].国外社会科学,1997(4).

它深刻的说明,目录学所从事的文献活动和认知行为总是要受到特定历史条件的制约,呈现出马克思所说的"具体的、历史的"规定性。中国古代目录学乃是特定时空背景下的特定历史积淀,有其固有特点,在古代的特殊语境下也具有其正当性和有效性。现代目录学本质上是西方学理的产物,直接对应于西方近现代科学文明的发展,它与中国古代目录学不在同一个历史平台上,走的不是同一条道路。然而,人类社会本身就是既有传统的延续,又在传统基础上不断突破与更新从而逐步发展起来的。传统目录学的理念为我们提供了丰富的智慧资源,而现代目录学也为观照传统目录学提供了打量视角。这就需要在坚持历史性与现实性相结合的基础上,将古代思想的诠释和现代目录学理论的重建相结合。如果说,在当代社会一味重视价值的推演最终只能归趋于无力的道德说教,那么,完全诉诸客观化的目录学努力也将是一厢情愿的无果而终。

一方面,古代目录学的超越旨趣对于我们反思西方的理性思维方式是有积极意义的。这就需要寻求古代思想中对现代目录学仍有启发价值和指导意义的成果内容。"我们强调中国古代目录学的现代价值,并不是基于'先前曾经阔过'的狭隘民族自尊,也不是认为中国古代目录学思想十全十美,而是要在充分认识西方式的现代目录学本质的前提下反思其不足,并引入先贤智慧以弥补其缺失,从而最终推动当代目录学的健康发展"❶。

另一方面,只有站在时代的高度,对古代思想资源进行充分的选择和诠释,并致力于对它们的现代转换,才能真正将传统与现代结合起来,让优秀的传统思想在当代焕发出新的生机。它不是对古代资源的简单修补,而是根据崭新的文献生态实际的重新创造。首先,将文献的内容局限在知识论"此在"的范围内,由此导致的学科自闭是显而易见。从某种意义上说,当今世界工具理性对价值理性的遮蔽,正是源自对文献的单一取向的知识论定位。其次,现代目录学习惯于用西方的主客二分理念来分析问题,逻辑理性成为主体把握客体的"精神货币"(马克思语),也是目录学研究中唯一性的独白话语。在西方主客二分话语大行其道的今天,尤其需要格外重视和强调中国古

❶ 李满花.图书馆学研究本土化何以可能:基于中国古代图书馆学思想价值的可行性思考[J].图书情报知识,2008(1).

代智慧,基于西方分析话语的现代目录学所面临的固有缺陷,亟须中国思想资源的补充和纠偏。

总之,当代目录学的发展,无论是诉诸一元论的西方模式抑或诉诸一元论的中国智慧,都有悖于人类社会多元发展的社会语境。作为一种文献标引和组织的原则,基于不同的文献本体论预设,中西方分别提供了"仁式"和"智性"的不同慧根,成为各自目录学的不同建构起点。无论是古代中国还是现代西方,迄今都没有真正实现充分彰显真、善、美三重维度的终极理想。而中西方目录学的思考成果和践行标准,分别构成了"善、美"和"真"的不同维度,因而应该成为我们今天建构包含"真、善、美"多重内涵的目录学的重要参照。

致　谢

　　本书渥蒙中国书法家协会会员、世界华人书画家协会副主席、扬州书法院顾问老铁(陆铁石)先生题签。华中师范大学历史文献研究所博士生导师张固也教授、中山大学资讯管理学院博士后周余娇同学帮助阅读初稿,提出诸多有益见解。

　　谨致谢忱!

傅荣贤

2017年5月11日于扬州大学文学院45号楼214室